Suma
contra os
Gentios
I
Tomás de Aquino

Tomás de Aquino

Suma
contra os
Gentios

Volume I

**A EXISTÊNCIA DE DEUS
A ESSÊNCIA DE DEUS
AS PERFEIÇÕES DE DEUS**

Título original:
Summa contra gentiles

O texto latino é o da Editio Leonina.

Dados Internacionais de Catalogação na Publicação (CIP)
(Câmara Brasileira do Livro, SP, Brasil)

Tomás de Aquino, Santo, 1225-1274.
  Suma contra os gentios, livro 1 / Santo Tomás de Aquino ; tradução de Joaquim F. Pereira. -- São Paulo : Edições Loyola, 2015.

  Título original: Summa contra gentiles.
  ISBN 978-85-15-04307-1

  1. Apologética - História - Idade média, 600-1500 2. Igreja Católica - Doutrinas - Obras anteriores a 1800 3. Tomás de Aquino, Santo, 1225?-1274. Suma de teologia I. Título.

15-06329   CDD-189.4

Índices para catálogo sistemático:
  1. Tomismo : Filosofia escolástica   189.4

Edições Loyola Jesuítas
Rua 1822, 341 – Ipiranga
04216-000 São Paulo, SP
T 55 11 3385 8500/8501 • 2063 4275
editorial@loyola.com.br
vendas@loyola.com.br
www.loyola.com.br

Todos os direitos reservados. Nenhuma parte desta obra pode ser reproduzida ou transmitida por qualquer forma e/ou quaisquer meios (eletrônico ou mecânico, incluindo fotocópia e gravação) ou arquivada em qualquer sistema ou banco de dados sem permissão escrita da Editora.

ISBN 978-85-15-04307-1

2ª edição: 2021

© EDIÇÕES LOYOLA, São Paulo, Brasil, 2015

Plano geral da obra

Volume I   INTRODUÇÃO [cc. 1 a 9]
            A EXISTÊNCIA DE DEUS [cc. 10 a 13]
            A ESSÊNCIA DE DEUS [cc. 14 a 27]
            AS PERFEIÇÕES DE DEUS [cc. 28 a 102]

Volume II   INTRODUÇÃO [cc. 1 a 5]
            O PRINCÍPIO DA EXISTÊNCIA DAS COISAS [cc. 6 a 38]
            A DISTINÇÃO E DIVERSIDADE DAS COISAS [cc. 39 a 45]
            A NATUREZA DAS COISAS ENQUANTO SE REFERE À LUZ DA FÉ [cc. 46 a 101]

Volume III PROÊMIO [c. 1]
            DEUS ENQUANTO É O FIM DE TODAS AS COISAS [cc. 2 a 63]
            O GOVERNO DE DEUS [cc. 64 a 110]
            DEUS GOVERNA AS NATUREZAS INTELIGENTES [cc. 111 a 163]

Volume IV   PROÊMIO [c. 1]
            O MISTÉRIO DA TRINDADE [cc. 2 a 26]
            ENCARNAÇÃO E SACRAMENTOS [cc. 27 a 78]
            A RESSURREIÇÃO E O JUÍZO [cc. 79 a 97]

Tradutores da edição brasileira

Tradutores:
Volume I   Joaquim F. Pereira
Volume II   Maurílio José de Oliveira Camello
Volume III Maurílio José de Oliveira Camello
Volume IV   Joaquim F. Pereira

Introdução geral

Santo Tomás de Aquino nasceu no castelo de sua família em Roccasseca, na Itália meridional, em 1224/1225. Morreu, na abadia de Fossanova, nas primeiras horas da manhã de uma quarta-feira, 7 de março de 1274. Estava com 49 anos[1]. *Brevis vita*. Brevíssima, se tomamos conhecimento de sua imensa produção intelectual, de suas atividades como professor em universidades, como pregador, conselheiro de papas e reis, participante em capítulos de sua ordem religiosa e em concílios. A importância de seus escritos, cuja fonte era uma espiritualidade profunda, posta ao serviço de Deus pelo ensino, foi reconhecida já durante a sua vida, e atravessou os tempos. Hoje lemos Santo Tomás não só pela autoridade que tem, proclamada pelos papas, mas por seu valor intrínseco, filosófico e teológico, revelador de uma das mentes mais privilegiadas que o Ocidente produziu. Se se pode e se deve situá-lo no século XIII, com todas as demandas, vicissitudes, conquistas e sombras desse tempo, Santo Tomás transcende os limites medievais, e muito do que temos em matéria de reflexão ética, política, metafísica e teológica enraíza-se em seu pensamento de algum modo, mesmo que não se tenha muita consciência disso. Sua grandeza está, sobretudo, na síntese perfeita por ele operada entre teologia e filosofia, síntese tanto mais grandiosa quanto revolucionária e original. Na realidade, podemos nele observar o encontro do *logos* grego, expresso no pensamento, sobretudo, de Aristóteles, com o *logos* cristão da revelação, que buscava, ontem como hoje, dar a razão do que se crê, conforme o dito petrino (os cristãos devem estar "sempre prontos a satisfazer a quem quer que lhes peça razões da esperança que os anima" — 1 Pedro 3,15).

Santo Tomás escreveu muito para os padrões nossos de hoje, mas também para os padrões medievais. Sua obra é variada, incluindo as Sumas, os Comentários a livros do Novo Testamento e às obras de Aristóteles, as Questões Discutidas, as Questões Quodlibéticas, os Comentários às Sentenças de Pedro Lombardo e muitos outros textos[2]. De toda essa produção dispomos hoje de edições completas, das quais a mais autorizada foi empreendida, sob disposição de Leão XIII, por vários anos, e hoje conhecida como "Edição Leonina"[3]. Três grandes obras de teologia se so-

---

[1] Não temos em vernáculo melhor biografia de Santo Tomás do que a de Jean-Pierre TORRELL, OP, publicada por Edições Loyola: *Iniciação a Santo Tomás de Aquino*: sua pessoa e obra. Tradução Luiz Paulo Rouanet, São Paulo, Loyola, 1999. Sintética, porém de grande interesse, é a biografia, escrita por Carlos Arthur Ribeiro do NASCIMENTO, *Um mestre no Ofício. Tomás de Aquino*, São Paulo, Paulus, 2011.

[2] Lista abrangente dessas obras pode ser encontrada em: Philotheus BOEHNER; Étienne GILSON, *História da Filosofia Cristã*, desde as origens até Nicolau de Cusa, 3. ed., Petrópolis, Vozes, 1985, p. 448-449. Bem mais completo é o "Catálogo das obras de Santo Tomás", estabelecido por G. Emery, para o livro de Torrell, acima referido (p. 386-418).

[3] O P. René-Antoine Gauthier, OP, dá, em sua Introdução, uma extensa notícia da Edição Leonina, respeitante à *Suma contra os Gentios*, de que faz também uma apreciação crítica, para que o usuário "possa saber o que pode esperar, e o que não pode pedir" a ela (p. 35). Depois das datas (entre os anos de 1918 e 1930), examina o texto e as fontes, apresentando em apêndice correções ao texto da Leonina (afirma que há cerca de 600 falhas). E, comparando a Edição Leonina com outras, tranquiliza: "Entretanto, não é preciso dramatizar: se não é inteiramente confiável, o texto da Leonina permanece um bom texto" (p. 38). Veja-se: René-Antoine GAUTHIER, OP, *Saint Thomas d'Aquin. Somme contre les Gentils. Introduction*, Paris, Editions Universitaires, 1993.

bressaem: a *Suma de Teologia*, o *Compêndio de Teologia* e a *Suma contra os gentios,* objeto, essa, da presente tradução e desta modesta apresentação.

Não se tem a intenção de produzir aqui estudo aprofundado, aos moldes dos que fizeram Chénu, Gauthier, Torrell, D. Odilão Moura, José M. de Garganta e outros[4]. Limitamo-nos a alguns aspectos que possibilitem um conhecimento prévio, básico, que ajude na leitura e compreensão desta obra "maior" de Santo Tomás. Atendamos, pois, ao contexto de sua produção, ou seja, as intenções da escrita, estrutura, valência histórico-filosófica e teológica e algumas indicações sobre a tradução e a leitura do texto. O resto, isto é, o mais importante fica por conta do encontro do leitor com o Doutor Angélico, que pode e deve ser considerado, segundo expressão consagrada, "intérprete de si mesmo" — *sui ipsius interpres*.

As intenções da escrita

Santo Tomás de Aquino escreveu a *Suma contra os gentios* em duas etapas: os capítulos 1 a 53 do Livro I foram redigidos em Paris, antes de sua partida para a Itália, onde redigiu os restantes do Livro I, o III e o IV. Nesse como em outros pontos, há variadas discussões entre os especialistas, aqui apenas referidas quando for o caso. O certo é que a obra está planejada, elaborada, revisada (e muito) e pronta entre os anos de 1258 e 1267, segundo informa R. A. Gauthier:

> É quase certo que Santo Tomás redigira em Paris, antes do verão de 1259, o original dos 53 primeiros capítulos do Livro I. Na Itália, a partir de 1260, revisou esses 53 primeiros capítulos e escreveu inteiramente o resto da *Suma contra os gentios*, desde o capítulo 54 do Livro I. É certo que a primeira redação do capítulo 84 do Livro III não pode ser anterior a 1261, e que os livros II e III estavam ainda em esboço na época. É bem provável, para não dizer certo, que o livro IV não foi terminado antes do final de 1263 ou início de 1264, porém antes de 1265-1267 estava concluído[5].

Temos então que Santo Tomás está em Paris ao iniciar sua obra. Foi durante seu primeiro magistério na Universidade parisiense, magistério começado, aliás, sob forte oposição dos seculares à presença dos mendicantes, desde que alguns mestres, como João de Santo Egidio, Alexandre de Hales e outros, haviam ingressado na ordem franciscana ou dominicana, conservando suas cátedras. Os seculares, chefiados por Guilherme de Saint-Amour, não apenas viam uma concorrência desigual nos mestres mendicantes, cujo trabalho tinha o apoio de suas ordens, mas questionavam a "legitimidade do ministério de religiosos que pretendiam se dedicar ao estudo e ao ensino, vivendo não de seu trabalho, mas da mendicidade"[6]. Sabe-se que Santo Tomás participou ativamente dessa discussão, desde o início de seu magistério. Em razão das turbulências provocadas pelos "antirreligiosos" e manifestantes que impediam ouvintes externos de comparecer, os arqueiros do rei tiveram de dar sua proteção à própria aula inaugural de Tomás. O novo mestre, na quaresma de 1256, vem a público com seu primeiro *Quodlibet* que, em seu artigo 18, responde ao *Tractatus de periculis novissimorum temporum*, que Guilherme vinha

---

[4] M.-D. CHENU, *Introduction à l'étude de Saint Thomas d'Aquin*, Montréal/Paris, Institut d'études médiévales, 1954 (4ª tiragem: 1984). GAUTHIER (veja nota anterior). TORRELL (veja-se nota 1). Dom Odilão MOURA, Introdução à Suma contra os Gentios. In: TOMÁS DE AQUINO. *Suma contra os Gentios*, v. I, Porto Alegre, Livraria Sulina, 1990, p. 3-15. P. José M. de GARGANTA, Introducción General. In: SANTO TOMÁS DE AQUINO. *Suma contra los Gentiles*, I, Madrid, Biblioteca de Autores Cristianos, 1957, p. 3-33.

[5] GAUTHIER, *Introduction*, p. 59 — Cf. TORRELL, p. 120. A comprovação desses fatos, Gauthier a faz por crítica interna e externa da obra, descendo a pormenores como o tipo de material empregado na escrita, as citações que Santo Tomás faz de Aristóteles, as correções do texto etc.

[6] TORRELL, *Iniciação*, p. 94.

de publicar. As peripécias dessa celeuma ou "querela" são narradas por Torrell[7]. Elas ecoam na *Suma contra os gentios*, na discussão sobre a pobreza voluntária como instrumento da perfeição da vida religiosa (III, cc. 130-135).

É na efervescência de uma universidade relativamente nova, e que rapidamente se torna a mais importante da Cristandade, que Santo Tomás inicia sua *Suma contra os gentios*. Os estudiosos da *Suma* apreciam lembrar a época em que Santo Tomás viveu e o ambiente cultural em que foi escrita a obra. Basta referir-nos à importância do século XIII, em que Santo Tomás esteve certamente inserido, não apenas nas atividades da Universidade de Paris, em que lecionou por duas etapas, mas também nas vicissitudes da Igreja medieval, que se transforma com o aparecimento das ordens mendicantes, com a atuação de santos e doutores, como São Francisco, São Domingos de Gusmão, São Gregório X, o beato Inocêncio V e São Pedro Celestino, com três concílios ecumênicos (Latrão IV, Lion I e II), com a criação e regulamentação de várias Universidades, cuja autoridade doutrinal passa a ser acatada. É o século de Giotto e Dante, da Magna Carta da Inglaterra, dos estatutos jurídicos das corporações, de reis santos, como São Luís e São Fernando[8].

Há muitas controvérsias sobre a motivação de Santo Tomás para escrever a *Suma contra os gentios*. A começar pelo título: o "contra gentiles" aparece num "*exemplar*" de 1272, dando origem à tradição, recebida a partir do século XVI, quando se passou a afirmar que São Raimundo de Penafort solicitara a Santo Tomás uma obra para ajudar os missionários da Ordem dominicana na conversão do Islã. Torrell sintetiza bem a história dessa discussão[9]. Os defensores da intenção missionária da *Suma* remontam ao testemunho do dominicano Pedro Marsili, cronista do reinado de Jaime I, o Conquistador (1213-1276). Marsili, em seu manuscrito de 1314, refere-se a Raimundo de Penafort, de quem conta a vida e a caridade elevada, e ao texto de Tomás:

> Ardendo também no desejo da conversão dos pagãos, frei Raimundo rogou ao célebre doutor em Santa Escritura e mestre em teologia, frei Tomás de Aquino, seu coirmão na ordem dos Pregadores, o qual passava pelo maior clérigo do mundo depois de frei Alberto, o filósofo, que escrevesse contra os erros dos pagãos uma obra que dissipasse a sombra das trevas e desvelasse a doutrina do Sol da Verdade àqueles que se recusassem a crer. Esse famoso mestre fez o que pedia a humilde prece de um pai tão eminente, e compôs a suma intitulada *Contra os gentios*, suma que, pelo reconhecimento unânime, nunca teve outra igual, em seu gênero[10].

Vê-se pelo texto de Marsili (se aceito tal qual) que Tomás escreve contra os erros (todos) passados e presentes dos pagãos, e não especificamente contra os islamitas. Gauthier se estende longamente, em apêndice, no exame do alcance do texto e na historicidade de seu testemunho, relativizando de muito o relacionamento de Tomás com Raimundo de Penafort, que não seria o Mestre para quem escreve a *Suma*: "Parece, pois, certo que Pedro Marsili, enganado pela ignorância da cronologia, projetou no passado fatos que não serão verdadeiros senão mais tarde, a notoriedade de Tomás, o prestígio de Raimundo"[11].

---

[7] TORRELL, *Iniciação*, p. 90-112.
[8] Sobre a situação geral da Igreja e do papado, como da cultura religiosa, na época, é sempre de consultar: K. BIHLMEYER, H. TUECHLE, *História da Igreja, II — Idade Média*. Tradução Pe. Ebion de Lima, SDB. São Paulo, Paulinas, 1964, p. 265-348. Também, apesar de mais antiga, é muito útil: A. FOREST; F. Van STEENBERGHEN; M. de GANDILLAC, *Le mouvement doctrinal du IXe au XIV siècle*, Paris, Bloud & Gay, 1951 (sobretudo: Le XIIIe Siècle, p. 179-328).
[9] TORRELL, op. cit., p. 122-125.
[10] O manuscrito levava por título: *Chrorica gestorum inuictissimi domini Iacobi primi Aragonie Regis*. A passagem citada acha-se na *Introduction*, de Gauthier, cit., p. 168.
[11] GAUTHIER, *Introduction*, p. 165-174, para definir, depois, o papel do erro na exposição da verdade (p. 175-176).

Excluída a intenção missionária, aliás bastante simpática a Frei José M. de Garganta e a Dom Odilão Moura[12], sustenta Gauthier[13] que a *Suma* é uma obra autêntica de teologia, um ensaio de reflexão pessoal, reflexão de teólogo, bem entendido, que não tem só por tarefa contemplar a Deus, mas dizê-lo. Esse dizer apostólico acaba por ser um ensino, cujo destinatário não são primordialmente os alunos iniciantes da faculdade de Teologia (como é o caso da *Suma de teologia*), mas todos, mesmo os eruditos, que se interessam pelas verdades da fé, que se esclarece também pela exposição dos erros que lhe são contrários, tanto do passado quanto do presente. É por isso que a *Suma contra os gentios*, na realidade, não é uma suma, um manual escolar, de modo que esse título não é autêntico: melhor seria ater-nos ao que consta de seu *"Incipit"*, corrente na tradição manuscrita:

> *Incipit líber de ueritate catholice fidei contra errores infidelium editus a fratre Thoma de Aquino ordinis fratrum predicatorum*[14].

Também não é só contra os gentios. "Infiéis" designa os pagãos, os judeus, os sarracenos, os filósofos árabes, os heréticos, os gregos e alguns teólogos latinos. Todos eles comparecem com suas doutrinas nas páginas desse tratado sobre a fé católica. Os primeiros da lista são, sobretudo, filósofos, aí inclusos Platão e Aristóteles, que, aliás, ajudam Tomás na exposição dos erros de filósofos primitivos — *antiqui* — como Pitágoras, Empédocles, Leucipo, Demócrito, Anaxágoras, Epicuro. De modo geral, erraram por afirmar a eternidade do mundo, por não entrever a felicidade eterna das almas, por não evitar o materialismo, por defender o prazer como o sumo bem. De modo especial, é condenável o pensamento de Platão e dos platônicos, pois se enganaram a respeito de Deus, professando uma hierarquia no interior da divindade, que acabou por favorecer ao arianismo; negaram a imediatidade da Providência, ensinaram uma falsa moral, desconheceram a união da alma e do corpo, creram na eternidade das almas e na metempsicose e abriram o caminho ao maniqueísmo. E para rematar, os platônicos tardios, Apuleu e Porfírio, ainda erram a respeito dos demônios, vistos como seres materiais ou naturalmente maus.

Comenta Gauthier que, quanto aos judeus, Tomás dedica uma parte ínfima da *Suma*. Merecem condenação porque afirmam, como os sarracenos, um paraíso carnal, que os sacramentos da lei antiga são para a eternidade e devem ser observados sempre, Deus os instituiu e Deus não pode arrepender-se nem mudar. Em especial, os saduceus negam a existência de criaturas espirituais (como se vê em Atos dos Apóstolos 18,3). Como os estoicos, os fariseus sustentavam que nossas escolhas eram reguladas pelos astros. A fonte dessa divisão entre os judeus pode ter sido Flávio Josefo, muito lido na Idade Média, sobretudo através da *História santa para uso das escolas*, de Pedro, o Comilão. Tomás cita duas vezes o Talmud, nos dois últimos capítulos do Livro I, e uma vez o filósofo judeu Isaac Israeli, do século X (SCG, I, 57). No geral, conclui Gauthier, parece que Santo Tomás dava pouca importância aos judeus e ao Talmud[15].

Como não parece ter se interessado muito pela religião muçulmana. A alusão aos teólogos muçulmanos (*loquentes in lege Maurorum*, III, c. 65, c. 69) não sana a falta de interesse, que, sempre segundo Gauthier, causa admiração, pois ele tinha em mãos recursos suficientes para aprofundamento (caso tivesse a intenção missionária), desde traduções do Alcorão até comentá-

---

[12] Fr. José M. de GARGANTA, *Introducción general*. In: SANTO TOMÁS DE AQUINO. *Suma contra los gentiles*, I, Madrid, Biblioteca de Autores Cristianos, 1953, p. 13-15; Dom Odilão MOURA, OSB, Introdução à Suma contra os Gentios. In: TOMÁS DE AQUINO. *Suma contra os gentios*, Livros I e II, Porto Alegre, Sulina, 1990, p. 5-6.
[13] GAUTHIER, *Introduction*, p. 150.
[14] "Começa o livro sobre a verdade da fé católica contra os erros dos infiéis, publicado pelo frei Tomás de Aquino, da ordem dos frades pregadores". GAUTHIER, *Introduction*, p. 109, 146-147.
[15] GAUTHIER, *Introduction*, p. 119.

rios, como a *Risala* do Pseudo Al-kindi. O que mais lhe interessa é a filosofia árabe, que comparece nas citações de Avicena, Averróis, Algazel, Avempace, Albumanazar e Al-Kindi. Preocupa Santo Tomás o uso que os árabes fizeram de Aristóteles, em especial a falsa interpretação feita por Averróis[16].

Alain de Libera, apresentando as frentes que intervêm na composição da SCG, destaca a heresiologia. Para ele, a *Suma* é um repertório crítico das heresias, e Santo Tomás refuta, um por um, todos os hereges dos primeiros séculos (nazarenos, ebionitas, Ário, Nestório, Eutíquio, Macário de Antioquia) como, entre os hereges de seu tempo, as seitas cátaras do norte da Itália (albaneses e concorezianos), o materialismo panteísta de David de Dinant, condenado em 1210[17]. Frequentemente, não se citam nomes, a não ser para os antigos, às vezes chamados só de "antiqui"; os medievais são os "quidam", os "aliqui". Na realidade, essa heresiologia não visa a fazer uma história das posições heterodoxas, mas esclarecer os dados de fé naqueles pontos doutrinais que interessam à exposição de Tomás: natureza de Deus, sua atividade criadora e sua transcendência, as naturezas divina e humana, e a pessoa de Cristo, a origem e a natureza da alma. Parece que se pode ressaltar a atenção que Tomás dedica à mentalidade maniqueísta de algumas seitas, que se manifesta no modo como viam os sacramentos, em especial o matrimônio, pelo uso da matéria, considerada má. O combate a esses desvios, Santo Tomás o travava com os argumentos de razão e com a elucidação da fé, numa época em que Igreja e autoridades civis, temendo pelo pior, criaram e desenvolveram os mecanismos de repressão, até física[18]. Tomás, porém, parece estar convencido de que o esclarecimento racional e/ou bíblico da verdade é mais eficaz que a força, a ser empregada apenas em casos de recalcitrantes inveterados que desprezam e prejudicam a fé[19].

São de particular interesse, por fim, as referências que Santo Tomás faz aos erros dos gregos e dos teólogos latinos[20]. Os gregos comparecem no l. IV, onde são identificados como os *quidam*, que negaram que o Espírito Santo procede do Filho (c. 24), erraram a respeito do pão ázimo (c. 69), querem subtrair-se à autoridade do Papa, como sucessor de Pedro (c. 76), e erraram sobre o purgatório (c. 91). Expõe Gauthier que, a respeito dos teólogos latinos, Tomás procede por exceção e sob o véu do anonimato. Quanto à união hipostática, pronuncia-se sobre as três opiniões enumeradas por Pedro Lombardo (Sentenças III, d. 6-7), a segunda das quais é verdadeira, mas a terceira, uma espécie de "niilismo cristológico", é atribuída aos *quidam* (posteriores a Nestório e Êutiques), cujo inventor é Abelardo (*Theologia Scholarium* III, 74-75 — SCG IV, 37), mas dela também o próprio Pedro Lombardo foi acusado. A primeira é o erro do *Assumptus homo* (cujo inventor pode ter sido Guilherme das Mãos Brancas, arcebispo de Sens (ver Gauthier, p. 104). Santo Tomás pensa nele? Em SCG III, 54, uns *aliqui* são refutados, porque pensaram que a essência divina não pode ser vista por nenhum intelecto criado (condenados em Paris, em 1241). Em III, 131, são estigmatizados falsos doutores que, seguindo a Vigilante, atacaram a pobreza

---

16 Observa Gauthier que Santo Tomás não tinha nem mesmo a intenção de combater o averroísmo latino, posterior (1265) a quando escreveu a *Suma contra os Gentios*. O Doutor Angélico, na realidade, queria justificar-se por optar por Aristóteles, opção que seria falsa se Aristóteles houvesse professado os erros que lhe atribui seu Comentador (GAUTHIER, ibidem, p. 130). Alain de Libera aponta, com razão, que a crítica de Tomás não se dirige diretamente contra os filósofos árabes, que já não mais influíam a sociedade muçulmana, mas contra o peripatetismo árabe em sua noética (ver: A. de LIBERA, Tomás de Aquino — Suma contra os gentios. In: Laurent JAFFRO; Monique LABRUNE (coord.), *Gradus Philosophicus*. Um estudo metódico para a leitura das obras, São Paulo, Mandarim, 1996, p. 515).
17 LIBERA, Suma contra os gentios (veja-se nota anterior), p. 515.
18 K. BIHLMEYER; H. TUECHLE, *História da Igreja, II — Idade Média*, p. 314-317.
19 Sobre a questão do "convencimento", na disputa teológico-filosófica, ver: GAUTHIER, *Introduction*, p. 158-163. Quanto ao emprego da força com relação aos hereges: ver Summa Theol, II/II, q. 11, a.
20 GAUTHIER, *Introduction*, p. 140-142.

evangélica: esses *aliqui* são Guilherme de Saint-Amour e seus partidários. Em III, 138, trata de ignorantes uns *quidam* que entenderam como loucura o fato de se obrigar por voto à obediência ou a qualquer observância, mas anota Gauthier que não se conhece nenhum mestre da época que tenha professado essa posição extrema.

Em conclusão geral, Gauthier afirma o lugar dos erros em teologia: é para esclarecer os espíritos, revelando em toda a sua profundidade, a verdade da fé; os erros, por seu contraste, tornam mais luminosa a verdade. Escreve o comentarista:

> O catálogo dos erros refutados por Santo Tomás, em sua *Suma contra os gentios*, é, pois, altamente significativo. Ele estabelece definitivamente que a *Suma contra os gentios* não é uma obra "missionária", mas uma obra de teologia. E o lugar que ele dedica aos erros é o lugar que é da própria teologia dedicar. Se o teólogo, ao mesmo tempo que manifesta a verdade, refuta o erro, é porque, se ele não realizasse essa dupla tarefa, não realizaria seu ofício[21].

Se, porventura, houve outras intenções de Santo Tomás, ao escrever sua *Suma*, essa parece ter sido sua intenção mais profunda.

A estrutura

A *Suma contra os gentios* assemelha-se à *Suma de teologia* no plano muito geral, já inspirado em Dionísio Pseudo-Areopagita: Deus que é contemplado em si (*principium absolute*), do qual emana, por criação, o universo (*exitus*) e ao qual retorna pela graça da redenção (*reditio*)[22]. Assim, dividida em quatro livros, a *Suma* trata da existência de Deus e de sua essência, no livro I; o livro II estuda a processão das criaturas a partir de Deus; o III, o mais volumoso, trata da Providência divina que cuida do universo e o governa; o IV aborda as verdades inacessíveis à razão, como a Trindade, a Encarnação, os sacramentos e o fim último do homem, que torna a seu princípio. Voltaremos a essa divisão, mas, para o momento, é bom acompanhar Frei José M. de Garganta[23], que, comparando a *Suma de teologia* com a *Suma contra os gentios*, ressalta a simplicidade dessa última, na qual não se observam as subdivisões que permitem visualizar o nexo entre os capítulos, mas, em troca, esse laço se percebe na intimidade do relato, de tal modo que uns capítulos são a continuação de outros e, em não poucos casos, sem outra solução de continuidade que a separação material do capítulo. Com frequência aparecem resumos do que foi dito, às vezes um capítulo é epílogo de uma série de capítulos precedentes. Sobre a estruturação dos capítulos, Garganta cita o Pe. Suermondt, para o qual a divisão em capítulos, embora exista no manuscrito autógrafo vaticano, é apenas perceptível, e continua:

> Os títulos colocados nas margens do manuscrito foram acrescentados depois de escrito o texto e, com frequência, sobretudo no livro I, faltam absolutamente. Os capítulos não estão numerados no dito manuscrito autógrafo; só se distingue a separação por um breve espaço branco ao final da última linha. Nessas condições não tem que causar estranheza que a tradição manuscrita da numeração dos capítulos e de sua titulação apresente ao crítico um emaranhado de problemas[24].

---

[21] GAUTHIER *Introduction*, p. 142.
[22] Esse "ritmo", como se sabe, tem sua fonte no neoplatônico Plotino e foi adotado, com as diferenças necessárias, por Padres da Igreja (Orígenes), pelos pensadores da Idade Média (Escoto Erígena, São Boaventura). Veja-se: Ph. BOEHNER; E. GILSON, *História da Filosofia Cristã*, 3. ed., Petrópolis, Vozes, 1985.
[23] DE GARGANTA, *Introducción General* (veja-se nota 4), p. 31.
[24] Ibidem, p. 31. Sobre a história e características do texto da *Suma contra os Gentios*, o Pe. Gauthier estendeu-se longamente, a partir dos estudos realizados desde o P. Constant Suermondt (†1925), e seu sobrinho, P. Clément Suermondt (†1953), até 1993, data de publicação da segunda edição de sua *Introduction* (p. 7-57).

O texto a seguir traduzido já está suficientemente configurado, de modo que não apresente mais as quase insuperáveis dificuldades enfrentadas pelos especialistas para análise e crítica da tradição manuscrita. Comenta o Pe. De Garganta que a liberdade na ordenação externa das partes da *Suma* é um reflexo de sua estrutura íntima, em que se observa a ausência de uma norma rígida na composição de cada artigo e na distribuição dos seus respectivos problemas. Em razão disso, nosso comentarista pode afirmar: "Esta elasticidade no método, manifestamente querida por Santo Tomás, facilita a amplitude na exposição e até a concepção, que não estão condicionadas pela rigidez arquitetônica da *Summa theologica*"[25].

É preciso mais à frente aprofundar a questão do método da *Suma contra os gentios*. Por agora, interessa mostrar sua estrutura, dividida em quatro livros. O livro **I** inicia-se com o que Torrell chamou de "discurso do método" (cc. I-9)[26]. Aí Santo Tomás se estende sobre o "ofício do sábio", a intenção da obra, modo de manifestação da verdade, as verdades investigáveis pela razão e as inacessíveis, apenas propostas para a fé, mas que não é leviano nelas crer, como não é contrária à verdade da fé cristã a verdade da razão natural e como a razão procede em relação à verdade de fé, por fim, sobre a ordem e o método seguidos na obra. São, como se pode ver, capítulos preciosos, que traduzem com clareza a posição de Santo Tomás frente ao convite e ao problema da síntese entre razão e fé, buscada desde Justino, o primeiro filósofo cristão de que se tem notícia[27]. No capítulo II, ocorre esta passagem, bastante significativa para entendermos o que se propõe Santo Tomás:

> Assumpta igitur ex divina pietate fiducia sapientis officium prossequendi, quamvis proprias vires excedat, propositum nostrae intentionis est veritatem quam Fides Catholica profitetur, pro nostro modulo manifestare, errores eliminando contrários: ut enim verbis Hilarii utar, ego hoc vel praecipuum vitae meae officium debere me Deo conscius sum, ut eum omnis sermo meus et sensus loquatur[28].

A seguir, o livro I trata da existência de Deus (caps. 10-13), depois de sua essência (caps. 14-27) e suas perfeições (caps. 28-102). Sobre a existência de Deus, Santo Tomás procede pela rejeição de duas teses, ambas muito conhecidas em seu tempo: a primeira, vinda parcialmente de Santo Anselmo (a "ratio Anselmi"), afirmava que é supérfluo demonstrar a existência divina, pois que Deus existe é evidente por si mesmo, e a segunda, que não se pode demonstrar essa verdade a não ser pela fé. Portanto, demonstrar é inútil. Não é a opinião de Santo Tomás, que está convencido de que, não sendo a existência de Deus evidente para nós, é necessário estabelecê-la, sem o que o resto do discurso teológico fica suspenso. É o caso, assim, de "expor,

---

[25] DE GARGANTA, op. cit, p. 31. Dom Odilão Moura faz interessante comparação entre as duas Sumas e o *Compêndio de Teologia*, quanto ao que têm de comum e o que os diferenciam (noção de teologia, destinatários, perspectiva teológica, método e estilo literário): veja-se *Introdução* (cf. nota 4), p. 15.

[26] TORRELL, *Iniciação*, p. 131.

[27] A literatura a respeito das tentativas de síntese é abundante. Entre nós, é de utilidade conhecer: M. NÉDONCELLE, *Existe uma filosofia cristã?*, São Paulo, Flamboyant, 1958; Urbano ZILLES, *Fé e razão no pensamento medieval*, Porto Alegre, EDIPUCRS, 1996; Christopher STEAD, *A filosofia na antiguidade cristã*, São Paulo, Paulus, 1999. As obras de São Justino têm a boa edição espanhola de Daniel RUIZ BUENO: *Padres Apologetas Griegos* (s. II), Madrid, Biblioteca de Autores Cristianos, 1979, e a portuguesa: JUSTINO DE ROMA. *I e II Apologias, Diálogo com o judeu Trifão*, São Paulo, Paulus, 1997.

[28] SCG I, cap. 2. "Cheio de confiança na bondade divina para assumir o ofício de sábio, embora exceda as nossas forças, o propósito de nossa intenção é manifestar, na medida do que nos é possível, a verdade que professa a fé católica, rejeitando os erros contrários. Utilizo-me das palavras de Santo Hilário: 'O ofício principal de minha vida do qual conscientemente sou devedor para com Deus é que a minha língua e todos os meus sentidos falem dEle'. A citação de Santo Hilário é tirada do *Tratado sobre a Trindade*, I, 37 (veja SANTO HILÁRIO DE POITIERS, *Tratado sobre a Santíssima Trindade*, São Paulo, Paulus, 2006, p. 51).

num longo capítulo, os argumentos comprobatórios, segundo os quais os filósofos e os doutores católicos provaram que Deus existe" (cap. 13). Na realidade, das cinco "vias", quatro procedem de Aristóteles e apenas a quinta é tomada da obra *A fé ordodoxa* de João Damasceno e de Averróis, o Comentador. A exposição da essência de Deus não é positiva, como a da existência. Não há como conhecer a essência de Deus em si mesma e o máximo que a inteligência humana pode alcançar é pela *via remotionis*:

> Est autem via remotionis utendum praecipue in consideratione divinae substantiae. Nam divina substantia omnem formam quam intelectus attingit, sua immensitate excedit, et sic ipsam apprehendere non possumus cognoscendo quid est. Sed aliqualem eius habemus notitiam cognoscendo quid non est. Tantoque eius notitiae magis appropinquamus, quanto plura per intellectum nostrum ab eo poterimus removere[29].

"Mais nos aproximamos de seu conhecimento quanto mais pudermos remover, por nosso intelecto, mais coisas de Deus." Essa negação em cadeia vem explicitar o princípio do "apofatismo", que Santo Tomás foi certamente colher em Pseudo-Dionísio Areopagita[30] e que, pela força da própria negação, gera, ao fim, a excelência do silêncio, como atitude diante do insondável e inefável mistério.

O que se negará de Deus? A mobilidade, a passividade, a matéria, a composição, a violência estranha à sua natureza, a corporeidade (aliás, um longo capítulo 20 para provar que Deus não é corpo). Seguem-se dois capítulos afirmativos: Deus é sua essência (cap. 21) e nele a existência identifica-se com a essência (c. 22). Reabre-se depois a série de negações: Deus não é acidente, seu ser não pode ser designado pela adição de uma diferença substancial, ele não está em gênero algum e, por fim, Deus não é o ser formal de todas as coisas (cc. 23-27)[31]. Esses capítulos negativos, de certo modo, abrem caminho e preparam a extensa exposição positiva dos atributos ou perfeições divinos. Não há contradição: Tomás, partindo da distinção entre a *ratio significata* (a perfeição designada pelo atributo) e o *modus significationis* (a maneira pela qual ela se realiza em Deus), que dá fundamento à analogia do discurso teológico, sabe que pode falar de Deus alguma coisa, sem destruir o mistério. A enumeração e a abordagem das perfeições divinas devem, assim, ser precedidas por capítulos que esclareçam as semelhanças e diferenças entre Deus e as criaturas (cc. 28-36), capítulos fundamentais que legitimam, por assim dizer, a ação do intelecto humano ao formar suas diversas proposições acerca de Deus, apesar da unidade e da simplicidade divinas absolutas. Por isso, lemos na conclusão do capítulo 36:

> Quamvis namque intellectus noster in Dei cognitionem per diversas conceptiones deveniat, ut dictum est [cap. prec.], intelligit tamen id quod omnibus eis respondet omnino

---

[29] SCG I, 14 (início). "Deve-se, portanto, usar a via da remoção principalmente na consideração da substância divina. De fato, a substância divina excede, por sua imensidade, toda forma que o intelecto atinge, e assim não podemos apreendê-la conhecendo o que é. Mas temos algum conhecimento dela conhecendo o que não é. Mais nos aproximamos de seu conhecimento quanto mais pudermos remover, por nosso intelecto, mais coisas de Deus".

[30] PSEUDO-DIONÍSIO AREOPAGITA, Teologia Mística, 3. In: *Obras completas*, Madrid, Biblioteca de Autores Cristianos, 1995, p. 375-377.

[31] Foi notada a influência do filósofo judeu Maimônides em Santo Tomás de Aquino. TORRELL, *Iniciação*, p. 131. Torrell pôde escrever: "Os especialistas em história do pensamento medieval não têm dificuldade alguma em aqui reconhecer o que Tomás de Aquino deve a Maimônides e a seu *Guia dos perdidos*. O agudo senso de transcendência do pensador judeu o conduzia a situar no primeiro plano de sua reflexão a *via negationis* e os atributos negativos, de forma que afirmava não poder conhecer de Deus 'o que ele é', mas só 'o que ele não é' — e isso, aliás, sob a condição de conceber essa existência divina como bem diferente da nossa' (p. 131-132).

unum esse: non enim intellectus modum quo intelligit rebus attribuit; sicut nec lapidi immaterialitatem, quamvis eum immaterialite cognoscat. E ideo rei unitatem proponit per compositionem verbalem, quae est identitatis nota, cum dicit, *Deus est bonus* vel *bonitas*: ita quod si qua diversitas in compositione est, ad intellectum referatur, unitas vero ad rem intellectam. Et ex hac ratione quandoque intellectus noster enuntiationem de Deo format cum aliqua diversitatis nota, praerpositionem interponendo, ut cum dicitur, *Bonitas est in Deo*: quia et hic designatur aliqua diversitas, quae competit intellectui, e aliqua unitas, quam oportet ad rem referre[32].

Entre as perfeições divinas, estudadas no resto do Livro I (cc. 37-102), a bondade vem em primeiro lugar (cc. 37-42), seguida de unidade (c. 43), infinidade (c. 43), inteligência (cc. 44-71). Anota-se que Deus é sua própria intelecção, isto é, nele identificam-se intelecção e essência, de modo que "tal intelecção será necessariamente simples, eterna, invariável, existente só em ato" (I, 45); Deus conhece-se a si mesmo em absoluta autotransparência, o que não impede, antes inclui que conheça todas as coisas diversas dele, por conhecimento próprio, ou seja, nas razões próprias de todas e cada uma. A tese se opõe ao que uns *quidam* afirmaram: que Deus só tem um conhecimento universal das coisas. Deus tem "conhecimento próprio" e a razão é de evidência: Deus conhece tudo que dele procede:

Seipso autem cognito, cognoscit quod ab ipso immediate est. Quo cognito, cognoscit iterum quod ab illo immediate est; et sic de omnibus causis mediis usque ad ultimum effectum. Ergo Deus cognoscit quicquid est in re[33].

Por muitas páginas e capítulos, Tomás aprofunda questões de grande complexidade, relativas a consequências desse princípio de que *"Deus conhece tudo o que há na realidade"*: por exemplo, como está no conhecimento divino a multiplicidade dos objetos conhecidos por Deus, dos quais a essência divina, uma e simples, é semelhança própria. Não sendo habitual nem discursivo, o conhecimento não opera compondo e dividindo, como faz nosso intelecto, e, portanto, a verdade de Deus não é a mesma que a obtida pelo homem. Antes, Deus é a Verdade, a puríssima *Veritas*, a primeira e suma Verdade (cc. 60, 61, 62). São páginas muito belas de ler-se.

Além dessas perfeições, Deus é vontade, o que se deve admitir, admitindo-se que ele é inteligente e admitindo-se que a sua intelecção é sua essência. Pois o objeto próprio da vontade é o bem apreendido pelo intelecto e, sendo assim, deve ser desejado como tal. Aqui também o querer é a própria essência divina e, no querer-se, Deus se compraz no seu ser e na sua bondade: *cum igitur ipse sit intelligens, inest sibi voluntas, qua placet sibi suum esse et sua bonitas*[34]. Ao querer-se, Deus quer também as outras coisas e isso por um só ato de sua vontade. Em sua simplicidade

---

[32] "Embora nosso intelecto chegue ao conhecimento de Deus por diversas concepções, como foi dito [cap. prec.], entende, porém, o que corresponde a todas elas como sendo totalmente uno, pois o intelecto não atribui às coisas entendidas o modo pelo qual as estende, como a imaterialidade à pedra, embora a conheça imaterialmente. E assim propõe a unidade da coisa pela composição verbal, que é característica da identidade, quando diz: *Deus é bom ou a bondade*: de fato, se há diversidade na composição, ela se refere ao intelecto, mas a unidade à coisa entendida. E por essa razão às vezes nosso intelecto forma uma enunciação sobre Deus, com alguma característica de veracidade, interpondo uma proposição, como quando diz: *em Deus há bondade*, porque também aqui se designa alguma diversidade, que compete ao intelecto, e uma unidade que é necessário se refira à coisa" (SCG I, c. 36)

[33] SCG I, 50: "Por se conhecer a si mesmo, conhece o que dEle procede imediatamente. E, isso sendo conhecido, conhece por sua vez o que disso imediatamente procede. E assim conhece todas as causas intermediárias, até o último efeito. Logo, Deus conhece tudo que existe nas coisas".

[34] SCG I, 72: "Logo, uma vez que é inteligente, existe nEle a vontade, com a qual se compraz no seu ser e na sua bondade".

de essência, Deus quer todas as coisas, dele distintas, e as quer não tirando delas a contingência nem sendo as coisas causa de seu querer. Deus só não pode querer o impossível, ou seja, aquelas coisas que têm em si alguma repugnância intrínseca, por implicar contradição (ente e não-ente). Não querendo as coisas por necessidade, atribui-se a ele o livre-arbítrio, o que significa que Deus não age por impulso natural, é senhor de seus atos e de si, como já dissera Aristóteles: *é livre o que é causa de si*[35]. Não há em Deus paixões afetivas, mas em razão da perfeição de sua operação (a autointelecção) há deleite e prazer. Em sua vontade há amor, mas não há ódio nem o mal, que não pode querer. A discussão de todos esses aspectos da essência divina é feita por uma argumentação articulada, sóbria (está-se longe da argumentação própria das *Questões disputadas*), fundamentada numa teoria do ser que apela frequentemente para Aristóteles e raramente para alguma passagem bíblica (cc. 72-96). O tratado de Deus termina, ou melhor, alcança seu belo acabamento com seis capítulos (cc. 97-102) sobre a vida de Deus. Estabelece-se primeiro que Deus tem vida e que é a sua vida, depois que sua vida é eterna, que ele é bem-aventurado e é sua própria bem-aventurança, e que a bem-aventurança de Deus excede a toda outra bem-aventurança. Assim, Deus é toda a felicidade, uma felicidade absoluta, incomparável, que ele experimenta na eterna intelecção de si. Em razão disso, o Livro I se encerrará, no seu *explicit*, com essa frase-oração: *Ipsi igitur qui singulariter beatus est, honor sit et gloria in saecula saeculorum. Amen*. "A Ele, portanto, que é bem-aventurado de um modo singular, a honra e a glória pelos séculos dos séculos. Amém." Os outros três livros também terminarão de forma semelhante, com um "amém" que diz louvor e agradecimento, como, parece, é atitude própria e esperável de um filósofo-teólogo que se crê iluminado.

O livro II trata das coisas enquanto procedem de Deus. São 101 capítulos, que se pode assim ordenar: uma introdução sobre a necessidade e a utilidade do estudo (caps. 1-5) e três partes: a primeira explica a produção das coisas no ser (cc. 6-38); a segunda aborda a distinção das coisas (cc. 39-45), e a última, a natureza dos seres criados e distintos (cc. 46-101). Na introdução, Santo Tomás ressalta a necessidade do estudo das criaturas para o esclarecimento da fé, sua importância para eliminar os erros acerca de Deus e a perspectiva diferenciada do filósofo e do teólogo na consideração das criaturas. Fica evidente, por essas páginas, que o pensador medieval distinguia com bastante clareza a tarefa da filosofia e a da teologia: não as confundia, nem tomava uma pela outra, embora pudesse haver algo de comum nas criaturas, visto pelas duas. Os princípios, porém, eram diferentes:

> Nam Philosophus argumentum assumit ex propriis rerum causis; Fidelis autem ex Causa prima; ut puta, quia sic divinitus est traditum; vel quia hoc in gloriam Dei cedit; vel quia Dei potestas est infinita. Unde et ipsa máxima sapientia dici debet, utpote superaltissimam Causam, considerans (…) et propter hoc sibi, quase principali, philosophia humana deservit. Et ideo interdum ex principiis philosophiae humanae, sapientia divina procedi[36].

Pode-se perguntar se aqui, na *Suma contra os gentios*, Tomás procede como teólogo ou como filósofo. Achou-se que, pelo menos nos três primeiros livros, Tomás, elaborando os "prolegômenos" da fé, comportava-se como filósofo. Na realidade, no todo e na intenção principal da obra, é

---

[35] Aristóteles, *Metafísica*, I, 2, 982b.
[36] SCG II, 4: "Pois o Filósofo assume argumento das próprias causas das coisas; o fiel, porém, da causa primeira, como, por exemplo, se foi divinamente transmitido; ou porque isso resulta na glória de Deus, ou porque é infinito o poder de Deus. Donde se deve chamar de máxima a sabedoria, enquanto considera a causa altíssima, (…) E por causa disso, serve-a, como a principal, a filosofia humana. E pelo mesmo motivo a sabedoria divina procede às vezes pelos princípios da filosofia humana".

teólogo, faz obra de teologia, e usa, sem maiores escrúpulos, de princípios da filosofia. Não está do lado dos que pensam uma "dupla verdade": a verdade da filosofia ou da razão e a verdade da teologia ou da fé. Está fortemente convencido de que a verdade só tem uma só fonte[37]. Mas deixou claro, ao terminar o cap. 9 do livro I, que era seu intento buscar por via da razão as verdades referentes a Deus que a razão pode investigar. E isso, declara no início do livro II, é útil à fé.

Após esses preliminares, inicia-se o tratado das criaturas, das quais Deus é o princípio ontológico universal. A Deus compete criar, isto é, ser o princípio do ser das coisas (c. 6). Pareceria estranho que a demonstração da tese se baseasse em Aristóteles (que não atingiu a ideia de criação, uma das verdades de fé) e se fechasse com uma curta citação do Livro de Jó, que "confirma" a tese: "[Deus] que faz coisas grandes, admiráveis, insondáveis e inumeráveis". Mas esse procedimento, que permeará todo o livro II, é bem a confirmação do que se escreveu acima. Pela razão se pode chegar às outras afirmações: que há em Deus potência ativa, que nele se identificam a potência e a substância, como se identifica a potência com a ação divina e, por fim, como se pode atribuir a Deus a potência, como princípio do efeito externo, já que intelecção e volição estão em Deus não como potências, mas como ações (cc. 7-9). Mas produzir no ser as criaturas implica, de algum modo, uma relação entre o princípio e o principiado (cc. 11-14). Que se entenda a natureza dessa relação: não é real em Deus, mas na criatura referente a seu princípio. Como o problema não é simples, lá se vão dois capítulos para explicar essa relação que não tem a ver com a essência divina (como a intelecção e a volição), e se predica de Deus apenas segundo o modo de entender — *secundum modum intelligendi tantum*[38].

Deus criador (cc. 16-38). É necessário, então, explicar o ato da criação. Primeiro, criar significa produzir no ser as coisas, sem algo preexistente (*ex nihilo*), por exemplo, a matéria que antigos filósofos afirmavam que sempre existiu e não tinha causa. Por isso, explica Tomás, aceitavam a opinião de que *ex nihilo nihil fit* — que pode ser verdade tratando-se de agentes particulares: *Ad universalis autem agentis, quod est totius esse activum, cognitionem nondum pervenerant, quem nihil in sua actione praesupponere necesse est*[39]. Em segundo lugar, o ato de criar não é movimento nem mudança, como não admite sucessão: *creatio in instanti*. São dados cinco argumentos, dos quais o segundo talvez seja o mais radical: em todo movimento sucessivo há algo intermediário entre os extremos, ou seja, algo que sempre se atinge antes de se chegar ao termo. Ora, entre o ser e o não-ser, os extremos da criação, não pode haver intermediário algum: logo, não há sucessão[40]. Nessas circunstâncias, só Deus pode criar e pode criar tudo, não por necessidade de sua natureza, mas pelo arbítrio de sua vontade, em oposição a alguns filósofos que diziam que Deus opera por necessidade natural[41]. Deus pode criar tudo, operando segundo sua sabedoria, mas há coisas que, parece, não pode fazer. A questão devia ter alguma importância para que tal ressalva merecesse de Tomás nada menos que 23 argumentos[42]. Não há lugar aqui para examiná-los, nem estabelecer qual deles é mais importante. Mas é sabido que a discussão sobre a onipotência divina vinha de longe, pelo menos desde o confronto entre dialéticos e antidialéticos, no século XI, quando

---

[37] A concordância entre razão e fé, acha Tomás, pode ser esclarecida de maneira puramente filosófica: SCG I, 7. E no *De Veritate* (14, 10) lista cinco razões de se considerar a fé necessária para a razão. Veja-se BOEHNER-GILSON, 1985, p. 452.
[38] SCG II, 13.
[39] SCG II, 16. "Eles não haviam ainda chegado ao conhecimento do agente universal, causa de todo ser, o qual, para sua ação, não necessita de pressupor coisa alguma".
[40] SCG II, 19.
[41] SCG II, 23 (in fine). Não se nomeiam esses filósofos, mas se pode pensar em todos os emanentistas na esteira de Plotino (*Enéadas* V, 1, 6), como, entre os cristãos, Escoto Erígena (*De Divisione Naturae* III, 7).
[42] SCG II, 25.

Pedro Damião, irritado com aqueles que banalizavam o mistério de Deus, se pôs a discutir os limites lógicos da ação divina[43].

Todo-poderosa, a ação divina é temporal em seus efeitos. Deus criou o mundo no tempo. Uma questão também de máximo interesse, para merecer de Tomás oito capítulos (cc. 31-38). A eternidade do mundo vinha de Aristóteles, que não encontrava meios de entender um antes e um depois do tempo, entendido como medida do movimento eterno do universo. Para Tomás, a eternidade do mundo não é uma boa ideia filosófica, mas se dá ao trabalho de apresentar e refutar (o termo latino empregado é *solutio*, que poderíamos entender por solução, dissolução) os argumentos levantados "da parte de Deus", os da "parte das criaturas" e, por fim, os provenientes da maneira pela qual as coisas são feitas. Isso não significa que seja aceitável a opinião de doutores cristãos para os quais se pode provar, pela razão, que o mundo teve início: os argumentos dessa opinião não concluem necessariamente (c. 38). É a fé católica que afirma com toda certeza o início do universo.

A seguir, o interesse de Tomás se volta para a distinção das coisas: Deus não só criou as coisas, mas as criou diferentes, por exemplo, as imateriais não têm possibilidade para o não-ser, como também aquelas que não têm contrariedade. A distinção entre as coisas não decorreu do acaso, nem da matéria-prima, nem da contrariedade dos agentes, nem da ordem existente entre os agentes segundos, nem foi feita por algum anjo que introduzisse formas diversas na matéria. Também não resulta dos méritos e deméritos, como afirmava Orígenes[44], que achava que a distinção proviria dos movimentos do livre-arbítrio das criaturas racionais. No início Deus, por sua bondade, criou todas as coisas iguais e todas espirituais e racionais. Depois, seguindo o livre-arbítrio, foram por caminhos diversos, umas substâncias aderindo mais a Deus (anjos), outras menos (as almas), outras se afastaram (os demônios). Deus diversificou as coisas corpóreas, segundo a diversidade das criaturas racionais: a corpos mais nobres se uniram as substâncias espirituais mais nobres, para que "a criatura corpórea servisse de várias maneiras às diversas substâncias espirituais". Embora escusando Orígenes, que se vira forçado a desenvolver essa teoria para combater antigos hereges, Tomás combate por nada menos que 15 argumentos sua opinião, para afirmar que a primeira e verdadeira causa da distinção das coisas "é o próprio querer divino, que quis dar à criatura a perfeição que lhe era possível" (c. 45).

Entre as coisas criadas e distintas por Deus estão as substâncias espirituais, primeiro as que têm uma natureza comum, isto é, inteligência, vontade, imaterialidade, e cuja essência é distinta da existência (cc. 46-55): os anjos e as almas. Consideram-se depois as almas, como substâncias espirituais unidas a corpos, e aí analisa-se a natureza dessa união, a unidade substancial, sua duração, sua origem, e como se une a alma ao corpo humano (cc. 56-90). O livro II vai terminar com a atenção para a substância espiritual, não unida ao corpo, o anjo. Então é preciso abordar sua existência: número, distinção e natureza e objeto de seu conhecimento (cc. 91-101). Toda matéria será tratada em relação à verdade da fé — *quantum ad fidei veritatem pertinet*. Com efeito, anjos e almas têm a ver com a fé, mas o que se vê pela frente é um complexo conjunto de argumentos para provar como essas criaturas intelectuais foram feitas e colocadas no mais elevado vértice da criação.

O livro III, o mais longo de todos os livros (163 capítulos), examina o governo divino das criaturas, enquanto Deus é o fim de todas elas, em especial das criaturas inteligentes. Pode-se considerá-lo também em três partes: Deus, fim de todas as coisas (cc. 2-63); Deus governando

---

[43] Veja-se BOHNER-GILSON, *História da Filosofia Cristã*, p. 249-253.
[44] ORÍGENES, *Sobre os Princípios*, II, 9. É de notar que o livro de Orígenes é nomeado por seu título em grego: *Periarchón*.

todas as coisas (cc. 64-110); Deus governando os entes inteligentes (cc. 101-163). Comparando a *Suma contra os gentios* com a *Suma de teologia*, Torrell observa que a parte sobre a providência é bem mais desenvolvida na *Suma contra os gentios*, enquanto a parte que concerne ao agir virtuoso do homem em busca de seu verdadeiro fim é muito mais extensivamente tratada na *Suma de teologia*[45]. E dá a razão:

> É possível que a amplitude do espaço reservado à providência tenha um motivo efetivamente contingente (uma vez que na mesma época Tomás trabalha em sua *Expositio super Iob*, que a tem como tema central), mas em vez disso pressentimos que ele está procurando a melhor maneira de redigir sua exposição do conjunto da teologia. Um espírito como o seu, com tal poder de síntese, não podia satisfazer-se com a dispersão a que o condenara seu papel de comentador das Sentenças; busca, pois, outras vias. O plano da *Suma teológica* sem dúvida o deixará mais satisfeito, porém o leitor não deve concluir daí que está dispensado de consultar a obra precedente; ela permanece indispensável[46].

Não há lugar para fazermos aqui nem sequer o que foi sucintamente feito para os livros anteriores. Mas a atenção se voltará para um problema levantado logo no início do livro III: sendo Deus criador o agente por excelência que age por causa de um fim e esse fim é o bem, como acontece que haja o mal nas coisas? É tema que ocupa os capítulos 4 a 15: a causalidade do mal (cc. 4-6), a natureza do mal (cc. 7-9), o mal moral ou pecado (cap. 9), a causa eficiente do mal (cap. 10), o mal se funda no bem (c. 11), o mal não destrói totalmente o bem (c. 12), a causa acidental do mal (cc. 13-14) e, encerrando a exposição, contesta-se a tese maniqueísta de que haja o sumo mal, princípio de todos os outros males (c. 15). É notável a insistência de Santo Tomás em apontar a vontade como causa e origem do mal: não em si, pois criada por Deus ela é naturalmente boa e dirige-se naturalmente ao bem, mas, explica José Martinez[47], "ela pode fazer com que a razão não considere o objeto que lhe apresenta, e, portanto, pode fazer que não lhe seja apresentado, ou pode também fazê-lo considerar outro objeto que seja reto e ordenado e, em consequência, fazer que a necessidade que lhe impõe o último juízo prático da razão não seja em direção ao mal, mas ao bem".

Se por sua natureza a vontade da criatura está voltada para seu fim, que deverá coincidir com o Fim último objetivo, que é Deus, e essa tendência encaminha-a para a felicidade, Santo Tomás se estende por muitos capítulos para conceituar a natureza e os limites dessa felicidade (cc. 26-63). Grande parte dessa exposição tem caráter negativo: o que a felicidade não é. Chama atenção a exclusão do conhecimento de Deus, demonstrativo ou pela fé, nesta vida. Santo Tomás está convencido de que nesta vida não se atinge a felicidade perfeita, em que pesem todas as opiniões daquelas antigas "preclaras inteligências" (c. 48), Que esta vida seja precária demais para termos a felicidade perfeita, não há como não concordar com os filósofos antigos, incluindo-se aí, sobretudo, Aristóteles e, depois dele, Alexandre de Afrodísia e Averróis, que pensavam que a felicidade consistia na união com a substância separada, mas nesta vida. Santo Tomás põe a felicidade humana na visão beatífica, possível na outra vida, visão de caráter inteiramente sobre-

---

[45] Torrell, *Iniciação*, p. 135.
[46] Ibidem.
[47] José M. Martínez, Introducción al libro tercero. In: Santo Tomás de Aquino. *Suma contra los Gentiles*, II, Madrid, Biblioteca de Autores Cristianos, 1953, p. 19. Em nota, Martínez acrescenta que há outro defeito, mais radical ainda que o apresentado, do qual Santo Tomás fala, em seu comentário ao livro II das *Sentenças* (dist. 34, a. 3, ad 4): o poder da vontade para ser causa do mal ou pecado, um "poder pecar" que advém à vontade, pelo fato de ter sido criada do nada: *ex nihilo*. Cita-se também *De Veritate*, q. 24, a. 7. Mas, à diferença do defeito da vontade, exposto no texto da *Suma*, esse não é voluntário, mas natural e necessário.

natural, um ato sem sucessão, eterno, pelo qual se verá a Deus e dele se participará. O exame da visão que sobre-eleva e realiza o desejo humano de felicidade tem como relevante lugar paralelo a Questão 12 da primeira parte da *Suma de teologia*[48].

Muitas outras questões são explicitadas e discutidas neste livro III, ressaltando-se o que Santo Tomás afirma a respeito da própria Providência Divina (cc. 64-83), como, por exemplo, que ela não exclui totalmente das coisas o mal, não exclui a contingência das coisas, não subtrai o livre-arbítrio, não exclui o fortuito nem o casual, que ela alcança os contingentes singulares e que sua execução se faz por meio das causas segundas. São páginas de valor inegável para se compreender como Santo Tomás compatibiliza a onisciência, a onipotência e a bondade divinas, necessárias e absolutas, com sua criação, ontologicamente contingente e moralmente capaz do mal.

O livro IV, diferentemente dos anteriores, vai tratar de verdades que excedem a luz da razão, num procedimento que é explicado com toda clareza no proêmio (cap. 2). Ali Santo Tomás distingue três conhecimentos do homem, referentes às coisas divinas: o primeiro, enquanto o homem, mediante a luz natural da razão e pelas criaturas, sobe até o conhecimento de Deus; o segundo, enquanto a verdade divina, que excede o intelecto humano, desce até nós pela revelação; o terceiro, enquanto a mente humana é elevada à perfeita intuição das coisas reveladas. Há assim duas vias: uma de subida, onde a razão natural eleva-se ao conhecimento de Deus mediante as criaturas; outra, de descida, onde a revelação desce até o homem, para que ele, pela fé, possa crer nas verdades suprarracionais. Essas são, portanto, o objeto do livro IV, numa ordenação que o próprio Santo Tomás explicita nesse admirável proêmio: em primeiro lugar, as coisas sobre Deus, que são propostas para ser cridas, como a Trindade divina (cc. 2-26); em segundo lugar, as coisas realizadas por Deus, como a obra da Encarnação e as que lhe seguem: o mistério da Encarnação (cc. 27-55); o mistério dos sacramentos (cc. 56-78); em terceiro lugar, as coisas que são esperadas no último fim do homem, como a ressurreição e a glorificação dos corpos e a felicidade eterna das almas, bem assim as coisas que com essas se relacionam (cc. 79-97).

Já foi observado que o conteúdo doutrinal dos capítulos sobre a Santíssima Trindade da *Suma contra os gentios* não é um tratado exaustivo do tema, como Santo Tomás fará poucos anos depois, ao escrever a primeira parte da *Suma de teologia*[49]. Mas a matéria vem perfeitamente ordenada: depois de se afirmar que há em Deus geração, paternidade e filiação e que o Filho é Deus, passa-se a explicar que em Deus o Filho procede por geração e, depois, que o Espírito Santo procede por amor. Ora, houve erros contra a divindade do Filho, nomeadamente os de Fotino, Sabélio, Ário, que são refutados um por um. Aborda-se depois a natureza da geração do Filho, iniciando-se pelas dificuldades que a razão humana encontra justamente porque parte das criaturas, pois Pai e Filho se distinguem pessoalmente e, entretanto, possuem uma só essência ou natureza, sendo um só Deus. Um extenso capítulo (c. 11) expõe como deve ser entendida a geração em Deus e o que diz a Escritura sobre o Filho de Deus[50]. Adiante se entenderá a geração divina semelhante à geração ou concepção do verbo intelectual em nosso intelecto. Mas há uma

---

[48] Santo Tomás de Aquino, *Suma Teológica*, v. 1 parte I — Questões 1-43, São Paulo, Loyola, 2001, p. 255-283.
[49] Jesús M. Pla, Introducción al libro IV. In: Santo Tomás de Aquino, *Suma contra los gentiles*, II, Madrid, Biblioteca de Autores Cristianos, 1953, p. 561.
[50] Atenda-se ao final do capítulo, onde Santo Tomás, concebendo diferentemente os papéis de pai e mãe (o do pai, ativo, e o da mãe, passivo), chega à conclusão de que Deus só pode ser dito "pai". "Por isso, o que distintamente pertence ao pai e à mãe na geração carnal, tudo isso, na geração do Verbo, é atribuído ao Pai na Sagrada Escritura, pois se diz do Pai que dá a vida ao Filho e que *concebe* e *é parturiente*". Estaria aludindo a João 5,26.

diferença fundamental, porque nosso intelecto passa da potência ao ato e em Deus não há tal passagem, porque está sempre em ato, e "o intelecto em ato nunca está sem o verbo"[51].

A terceira pessoa divina é o Espírito Santo. Apoiado em numerosas passagens da Sagrada Escritura, Santo Tomás afasta primeiro a opinião de uns *quidam* que afirmaram que o Espírito Santo era uma criatura, a mais excelente de todas, mas uma criatura. Entre esses *quidam* estavam Ário e Macedônio. São doze argumentos, rebatidos em capítulo posterior (c. 23) também por 12 contra-argumentos. Mas agora (c. 17) é preciso provar que o Espírito Santo é Deus e, além disso, é pessoa subsistente, contra a opinião de uns *quidam* (entre eles, de novo Macedônio) que preferiam dizer que o Espírito Santo é a própria divindade do Pai e do Filho ou, pior ainda, que se trata apenas de uma perfeição acidental dada por Deus à nossa alma. Diante da autoridade escriturística, essas ideias não são de se aceitar. Estabelece-se, ao contrário, que Deus, sendo intelecto, "gera" o Verbo, e sendo vontade, inclina-se para o objeto de seu amor, que, sendo Deus mesmo, é amado: o amor com que Deus se ama é o Espírito Santo, assim chamado como se fosse uma *expiração* (c. 19). Mostrado o significado da terceira expressão pessoal de Deus, passa-se, sempre com o apoio da Sagrada Escritura, ao exame dos efeitos atribuídos ao Espírito Santo, primeiro os gerais, como o governo e a propagação das coisas, o domínio e a vida, depois os efeitos específicos, relativos às criaturas racionais, e aos dons divinos a elas concedidos (cc. 20-21). O Espírito Santo move as criaturas, tornando-as amantes de Deus, livres e não servas, inibindo e mortificando as obras da carne (c. 22). Essa primeira parte do livro IV termina com a afirmação de que o Espírito Santo procede do Filho, em que pesem argumentos contrários a essa *processão*, chegando mesmo alguns a dizer que o Espírito Santo *vem* do Filho, mas *não procede*: o que é ridículo — *ridiculosum est* (c. 24). Sabe-se o que está por trás disso: a velha controvérsia entre gregos e latinos, que desaguou no Sínodo de Calcedônia, no símbolo constantinopolitano e em diversas declarações do Pontífice Romano, que confirmou os antigos concílios — tudo citado no texto (c. 25)[52]. O último capítulo (c. 26), de certo modo, resume a discussão precedente e reafirma que só há três pessoas em Deus: uma improcedente (o Pai), outra que procede por via de intelecção (o Filho) e a terceira, por via de amor (o Espírito Santo). E só pode haver essas três pessoas, dada a unidade da intelecção do intelecto e a unidade da volição da vontade.

A segunda parte do livro IV trata da Encarnação do Verbo (cc. 27-55) e dos sacramentos (cc. 56-78). Há de se entender a lógica dessa ordenação: o Verbo de Deus se encarna (é o mais admirável de todos os mistérios — *inter omnia mirabilissimum est*)[53], a obra mais sublime entre todas que superam o alcance da razão humana, levada a efeito com o fim da redenção dos homens, que pode ser considerada, primeiro, como a redenção *realizada, feita, e*, em segundo, como *aplicada*, isto é, que se realiza cada dia, por meio dos sacramentos e das boas obras.

A união substancial, pessoal-hispostática entre a natureza divina do Verbo e a natureza humana de Jesus foi algo bastante controvertido e teve muitos adversários. Santo Tomás expõe positivamente o mistério — o que pensa a fé católica a respeito da encarnação de Cristo (cc. 39-55) — não sem antes fazer o exame de várias heresias, que sob aspectos diversos tentaram destruir o mistério da Encarnação. A esses *haeretici* são dedicados nada menos que onze capítulos (cc. 28-38), desde Fotino até Macário de Antioquia, com uma ênfase especial ao pensamento de

---

[51] SCG IV, 14.
[52] A questão do *Filioque*: se se devia ou não incluir no Credo a expressão de que o Espírito Santo *procede do Pai e do Filho*, foi contestada pelos Padres Gregos temendo que o Espírito Santo fosse entendido como criatura. Ver: B. STUDER, Filioque. In: Dicionário Patrístico e de Antiguidades Cristãs, Petrópolis, Vozes; São Paulo, Paulus, 2002, p. 572-573.
[53] SCG IV, 27.

Teodoro de Mopsuéstia e Nestório, sobre a união do Verbo com o homem[54]. Como foi dito, se devem ser combatidos, os erros possibilitam, de algum modo, o esclarecimento da fé.

A terceira e última parte do livro IV contém o que se pode chamar de escatologia (cc. 79-97). Trata da ressurreição como tal (cc. 79-81) e do estado dos ressuscitados, primeiro do homem todo, depois do corpo e da alma (cc. 82-95), Por fim, aborda o juízo final e o que virá após ele (cc. 96-97). É uma visão sintética, em que não falta, como, de resto, em todo o desenrolar da *Suma*, o encadeamento lógico, sempre baseado em dados da Sagrada Escritura, das questões novas com as já resolvidas: "do que acima foi exposto depreende-se" — *ex premissis igitur apparet quod* ou "como foi dito" — "como foi demonstrado" — *ut ostensum est*, são expressões conectivas habituais que manifestam esse rigoroso travamento.

Um "explicit" devido a Santo Tomás ou a algum secretário ou copista nos informa no fechamento da *Suma*:

> *Explicit quartus líber et etiam totalis tractatus de fide catholica contra Gentiles a fratre Thoma de Aquino editus Ordinis Fratrum Praedicatorum*
> (Termina o livro quarto e também todo o tratado sobre a Fé Católica contra os Gentios, escrito por Frei Tomás de Aquino, da Ordem dos Frades Pregadores).

Pode-se observar as diferenças com o "Incipit", acima citado:

> *Incipit líber de ueritate catholicae fidei contra errores infidelium editus a fratre Thoma de Aquino ordinis fratrum predicatorum*[55].
> (Começa o livro sobre a verdade da fé católica contra os erros dos infiéis, publicado pelo frei Tomás de Aquino, da Ordem dos Frades Pregadores).

Valência filosófico-teológica

Alain de Libera, ao fazer sua apreciação da *Suma contra os gentios*, e referindo-se à estrutura de toda a obra, declara:

> a organização de detalhe de *Contra os gentios*, o emaranhado de seus desenvolvimentos, as múltiplas digressões que o perpassam, as mudanças de perspectivas, as transições disciplinares que, sutilmente, a trabalham fazem com que não se saiba sempre se tratamos com uma suma de teologia ou com uma suma de filosofia[56].

De fato, como se informou acima, é uma obra de teologia, mas com menos certeza se se trata propriamente de uma suma. Estamos diante de um "tractatus", que, diferentemente da *Suma de teologia* e do gênero "Suma" (frequente no século XIII), não tem caráter escolar. E talvez não tenha todo aquele caráter polêmico, conflituoso, próprio de certos escritos da Escola (inclusive as *Questões discutidas* e os *Quodlibetica* do próprio Tomás), que o citado historiador ressaltou, entendendo que o "dado revelado é analisado por uma hermenêutica do conflito"[57]. Já se viu também por que Santo Tomás traz a seu texto os pagãos, muçulmanos, hereges, cristãos, do passado e do presente.

---

[54] Muitos desses *haeretici* não são nomeados por Santo Tomás, que se restringe aos *quidam, aliqui, alii* etc. Gauthier se deu pacientemente ao trabalho de suprir: veja-se sua *Introduction*, p. 130-142 A referência aos maniqueus, mencionados com certa frequência no livro IV, pode estar relacionada com os cátaros, em especial sua facção albanesa.
[55] GAUTHIER, *Introduction*, p. 109, 146-147.
[56] LIBERA, *Suma contra os Gentios*, p. 512. Cf. nota 16 supra.
[57] Ibidem, p. 508.

Há algum acordo em que os três primeiros livros da *Suma* têm predominante caráter filosófico, e somente o livro IV é teológico. Talvez não seja o caso de se apertar demais com essa caracterização. Santo Tomás é teólogo e seu "tratado" é sobre a fé católica, sua intenção é manifestada logo no capítulo 2 do livro I: "propositum nostrae intentionis est veritatem quam Fides Catholica profitetur, pro nostro modulo manifestare"[58]. Entretanto, parece não haver como não concordar com Alan de Libera quando escreve:

> Contrariamente a Averróis, que se contenta em organizar socialmente sua coexistência muda e separada — uma espécie de autismo social para um mundo congelado —, Tomás não renuncia em fazer concordar a fé e a razão: para ele, o teólogo não é um intermediário inútil entre o filósofo, que entende sem acreditar, e o vulgo, que acredita sem entender; ele deve garantir conceptualmente a transição de um espaço mental ao outro[59].

Mais do que isso, inspirado pelos ideais apostólicos da Ordem Dominicana, Tomás está convencido da importância de seu ofício de mestre, muito embora, como se viu, a *Suma contra os gentios* não seja um livro para a sala de aula. Mas a tradição o reconheceu como um *doctor*, e com tanta admiração que lhe acrescentou ao título o de "angélico". A leitura dessa obra traz, com facilidade, a impressão de que estamos diante de um mestre maior, que ensina com autoridade e não quer deixar as questões sem as soluções convenientes e convincentes. E para tanto ele possui, como se viu, um método para pesquisa, discussão e exposição da matéria teológico-filosófica.

Se, pois, a obra é teológica em sua intenção, e seu autor, um teólogo, aí se evidenciam diversos aspectos filosóficos, ressaltados por mais de um estudioso, certamente em referência geral a Aristóteles, mas também a Platão e Avicena. Entre esses estudiosos, é preciso citar Jacques Maritain, um dos mais empenhados autores contemporâneos na reflexão sobre a ética, a política e a metafísica de Santo Tomás. Em citação de Dom Odilão Moura, escreve Maritain:

> É um enorme erro — Gilson tem razão quando insiste nisso — o dizer, como repetem tantos professores de Filosofia, que a Filosofia de Santo Tomás é a filosofia de Aristóteles [...] A metafísica de Tomás não é a de Aristóteles, porque é metafísica de Aristóteles inteiramente transfigurada, o que quer dizer que o teólogo Tomás a levou para o serviço da Teologia: humildemente e sem se gabar disso, a sabedoria metafísica, no grau de apreensão intuitiva mais profunda e mais universal, de que a razão é capaz. Uma metafísica nascida da intuição do ato de ser[60].

Nessa metafísica transfigurada ficam explícitos certos princípios: Deus é o princípio do ser, nele se identificam essência e existência, que se distinguem realmente nas criaturas, e a noção analógica do ser. Uma metafísica, que o mesmo Maritain prefere chamar de realismo crítico, volta-se para a realidade objetiva, pois Deus só pode ser atingido a partir do mundo sensível: para Santo Tomás, desde o primeiro capítulo do livro I, rejeita-se a opinião daqueles que acham que não cabe demonstração da existência de Deus, por ser a existência de Deus evidente por si mesma. Se tal opinião se pode valer de Santo Anselmo (e pode: ver o argumento 2 e a resposta a ele, nesse mesmo capítulo 1), o certo para Santo Tomás é voltar a Aristóteles, para reexaminar o valor das proposições, digamos, de realidade.

---

[58] SCG I, 2, "O propósito de nossa intenção é manifestar, de nossa maneira, a verdade que a Fé Católica professa".
[59] Libera, *Suma contra os Gentios*, p. 517-518.
[60] Dom Odilão Moura, *Introdução à Suma contra os Gentios*, p. 9 (ver nota 4 supra). É bem verdade que, segundo informação de Gauthier (*Introduction*, p. 114), Santo Tomás nomeia Aristóteles mais de 450 vezes, cerca de dez vezes mais que Agostinho, e é graças a Aristóteles que ele refuta os erros da filosofia pagã.

Deus é o princípio do ser. Primeiro ente, improincipiado, não podendo ser dito causa de si mesmo (pela impossibilidade lógica que a afirmação acarreta), que não admite a diferença entre a existência e a essência, porque é ato sem mistura de potência, eterno, sem matéria, simples, não sendo corpo, é sua própria essência, acima de todo gênero, não entrando como princípio formal nas coisas — tudo isso pode-se ver demonstrado na segunda parte do livro I. Sobre esses fundamentos, Santo Tomás busca demonstrar que Deus é o princípio das coisas, enquanto as produz no ser, e mais, é causa do ser de todas as coisas — *nihil praeter ipsum est nisi ab ipso*[61]. A "produção no ser" é o ato de criar, que significa, sem mais, fazer existir, *ex nihilo*. E isso só a Deus pertence, porque sendo a primeira de todas as operações possíveis só pode competir ao Primeiro Agente e Causa Universal, em absoluto, enquanto outros agentes não são causa de ser *simpliciter*, mas causa de um ser determinado — *causa essendi hoc*[62].

Produzindo as coisas no ser, de modo absoluto, isso poderia ser entendido que Deus criou o ser em geral, deixando indiferenciadas as coisas. Não é bem assim. O capítulo 45 do livro II é de importância excepcional e não menor beleza, para se entender como Santo Tomás vincula o universo a Deus por via da semelhança, *omne agens intendat suam similitudinem in effectum inducere*[63]. Deus é a primeira e verdadeira causa da diversidade das coisas: depois de 7 argumentos, Tomás pôde concluir:

> Est igitur diversitas et inaequalitas in rebus creatis non a casu [c. 39], non ex materiae diversitas [c. 40]; non propter interventum aliquarum causarum [cc. 41-43], vel meritorum [c. 44], sed ex própria Dei intentione perfectionem creaturae dare volentis qualem possibile erat eam habere[64].

No grau mais eminente de semelhança estão as criaturas espirituais, que, sendo inteligentes, mais se aproximam do intelecto divino, quando mais se verifica o princípio: o efeito é perfeito ao máximo quando volta a seu princípio. É de dizer-se que a perfeição máxima do universo se verifica nessas criaturas espirituais[65], pois elas incluem em si as criaturas corporais, não segundo extensão quantitativa, mas de modo simples e inteligível, e nisso imitam a Deus, que contém em si todas as criaturas[66].

Em Deus se identificam essência e existência, não, porém, nas criaturas. Tomás se inscreve aqui numa longa discussão que vem de Avicena, e que se desdobra na questão da contingência das criaturas e da necessidade de Deus e, por extensão, no sentido do ato de criação, no qual Deus dá existência à essência das coisas[67]. Em Deus, não havendo potência (passiva), o ato de existir é sua própria essência, o que significa que Deus é absolutamente necessário, isento de qualquer contingência[68]. Criadas do nada, as criaturas são contingentes por sua natureza, na medida em

---

[61] SCG II, 15: "[deve-se a seguir demonstrar que] nenhuma coisa há, fora de Deus, que dele não provenha".
[62] SCG II, 21. Assim, o homem causa um homem, um artista causa uma coisa branca. O *simpliciter*, isto é, em absoluto, significa que não há coisa alguma preexistente de que se causa outra.
[63] SCG II, 45.
[64] SCG II, 45: "Portanto, a diversidade e a desigualdade nas coisas criadas não provêm do acaso, nem da diversidade da matéria, nem da intervenção de algumas causas ou méritos, mas da própria intenção de Deus, que quis dar à criatura a perfeição a ela possível".
[65] SCG II, 46. "Ora, a forma segundo a qual Deus produz a criatura é uma forma inteligível que há em Deus, pois Deus opera pelo intelecto, como acima se mostrou (cc. 23, 24)".
[66] SCG II, 46.
[67] É de utilidade ver o que expõe Stephen P. Menn, em Metafísica: Deus e ser. In: A. S. McGrade (org.), *Filosofia Medieval*, Aparecida, Ideias e Letras, 2008, p. 179-206.
[68] SCG I, 22: "Quod in Deo idem est esse et essentia" — parece clara a inconveniência de traduzir: "Em Deus o ser identifica-se com a essência". A identificação em Deus da existência com a essência é uma afirmação

que seu ato de existir foi recebido em sua essência, não partiu delas, como a forma que é recebida na matéria, mas tal recepção não é possível sem uma causa eficiente. Deus é a causa eficiente universal de todas as criaturas, sejam elas corpóreas e materiais, sejam intelectuais puras, sejam intelectuais mistas (o homem, dotado de alma e corpo)[69].

Ora, todo esse dizer a respeito de Deus, todos os nomes que lhe são atribuídos, as perfeições divinas, as relações que as criaturas têm com o Criador, tudo descansa, se assim podemos dizer, numa plataforma analógica. Santo Tomás dedica diversos capítulos à questão (I, caps. 30-34), desde o exame de quais nomes se pode predicar de Deus, e mesmo sendo vários esses nomes não repugnam à simplicidade de Deus, devendo, porém, excluir-se qualquer predicação unívoca ou equívoca, até a definição de que as coisas que se dizem de Deus e das criaturas só podem ser ditas analogicamente. Se há uma radical diferença entre Deus e as criaturas, como acima se viu, falar de Deus a partir das criaturas significa, basicamente, atribuir a Deus qualidades e aspectos existentes nas coisas criadas não apenas dentro de certa proporção (em grego a palavra analogia já significa proporção), mas no que se chamou de proporcionalidade própria, quando se remete à analogicidade de significado entre o ser de Deus e o ser das outras coisas. Deus é *ens* (ser) e a criatura também. Mas em Deus o *ens* implica o *esse* (existir) necessariamente e, por consequência, é o *Ipsum esse subsistens*, o próprio Existir Subsistente, o Existente por si mesmo. A criatura é um *esse* por participação, e a própria linguagem o é. Isso faz que só se possa falar de Deus analogicamente[70].

Apesar de a autoridade de Aristóteles permear todo o aparato demonstrativo usado por Santo Tomás na *Suma contra os gentios*, é de reconhecer que a teologia de Agostinho é a referência de Tomás, que é um leitor crítico, explicativo e, muitas vezes, corretivo, e alimentando a intenção de completar Agostinho, especialmente na doutrina da Trindade, da Graça e dos sacramentos.

É de notar-se que, embora Santo Agostinho tenha vislumbrado a teologia como ciência, como observa Dom Odilão Moura[71], Tomás estabeleceu o estatuto científico da teologia, partindo do conceito de ciência de Aristóteles, procedendo por uma rigorosa "ordem de razões", para evidenciar que crer é razoável e que as verdades de fé, embora superem a razão humana, não lhe são contrárias. Não é assim uma teologia em que a vontade supera o intelecto e o afeto, o raciocínio, como queria seu colega em Paris, o franciscano São Boaventura. Para Tomás, os sentimentos de piedade, os afetos religiosos e outros dons do Espírito Santo são convenientes ao teólogo, mas não entram na essência do discurso teológico[72]. Para ele, a teologia parte dos princípios revelados por Deus, mas é uma ciência produzida pela razão natural[73].

---

expressa por Santo Tomás em diversos lugares (paralelos): *De ente et essentia*, c. 4; *I Sent*. Dist. 8, q. 1, a. 1; *Compendium Theol.*, c. 11, *Summa Theol*. I, q. 3, a. 4.
[69] SCG II, 16. Ver também: II, 52-53.
[70] A concepção analógica do *ens* não é aceita, como se sabe, por Duns Escoto, que, para manter a unidade da ciência do ser, ou seja, a metafísica, adotou a noção unívoca de *ens* (*Opus Oxo. I, d. 3, q. 3, n. 9*). Veja-se *Summa Theol*, I, q. 13, onde Santo Tomás trata longamente dos nomes aplicáveis a Deus.
[71] MOURA, Dom Odilão, *Introdução*, p. 10.
[72] Ibidem.
[73] Essa compreensão da teologia científica pode ser verificada nas três mais importantes obras de teologia de Tomás: a *Suma de Teologia*, o *Compêndio de Teologia* e a *Suma contra os gentios*. Nota-se que os estilos são diferentes, como são diferentes os destinatários.

Traduzir e ler

Referimo-nos no início dessa introdução que o texto aqui traduzido da SCG é o da Edição Leonina, cuja publicação se deu entre os anos de 1918 e 1930[74]. Nosso trabalho não desce aos detalhes das dificuldades da reconstituição do texto, e o toma como estabelecido o suficiente para uma tradução que seja útil ao leitor interessado no pensamento medieval e, em particular, no de Santo Tomás.

Ora, aceito isso, surge, de qualquer modo, o desafio de traduzir um texto escrito em latim escolástico, do século XIII. É o "idioma científico" universitário de então, que busca a precisão conceitual, em geral despojado de figuras literárias e, por consequência, árido[75].

Isso poderia dar a falsa impressão de facilidade, suposto que a estrutura gramatical e lógica não apresente novidade: um rio extenso e raso, permitindo uma navegação tranquila. A realidade, entretanto, não é bem essa, por várias razões, entre as quais o fato de que, mesmo conhecendo-se alguns aspectos da atmosfera universitária da época, do estilo de Santo Tomás, a história do texto etc., resta sempre a distância hermenêutica entre mentalidades. Pode-se admirar a excepcionalidade desse pensador, sua profundidade, seu perfil contemplativo, o rigoroso trato das matérias teológicas e filosóficas, e pode-se até tentar fazer um retrato o mais possível aproximado do pensador que os contemporâneos tiveram em alta conta, mas jamais se poderá saber se se atingiu o objetivo: recriar sua presença e apreender com inteira fidelidade seu pensamento. Não há tradução que não se ressinta disso e a nossa com mais razão. Bem que se pode ler o que o próprio Santo Tomás escreveu sobre o que se deve esperar do ato de traduzir. No proêmio de seu *Contra errores graecorum*, preparando o leitor para entender as dificuldades de entendimento entre gregos e latinos, concordes na doutrina, mas discordes nas palavras, Santo Tomás escreve:

> Unde ad officium boni translatoris pertinet ut ea quae sunt Catholicae fidei transferens, servet sententiam, mutet autem modum loquendi secundum proprietatem linguae in quam transfert. Apparet enim quod si ea quae litteraliter in Latino dicuntur, vulgariter exponantur, indecens erit expositio, si semper verbum ex verbo sumatur. Multo igitur magis quando ea quae in una lingua dicuntur, transferuntur in aliam, ita quod verbum sumatur ex verbo, non est mirum si aliqua dubietas relinquatur[76].

---

[74] Em 1918: os Livros I-II; livro III, em 1926. Livro IV em 1930, segundo informação do Pe. GAUTHIER, *Introduction*, p. 35-36. Como especialista, Gauthier não apenas narra as vicissitudes da Edição Leonina, mas aponta-lhe as falhas, muitas devidas à época, quando diversos recursos da ecdótica de textos clássicos ainda não estavam disponíveis aos editores (p. 37). Mais adiante, tratando das fontes, Gauthier reconhece que esses editores não dispunham dos meios necessários para uma identificação correta das citações de Santo Tomás (p. 39).

[75] Santo Tomás não apreciava metáforas: "dicere enim aliquid per metaphoras pertinet ad poetas, et probabile est quod Empedocles, qui metrice scripsit, ut dicitur, multa metaphorice protulerit. Sed tamen sic aliquid dicere non sufficit ad cognoscendam naturam rei: quia res naturalis per similitudinem quae assumitur in metaphora, non est manifesta" ("Dizer algo mediante metáforas pertence aos poetas e é provável que Empédocles, que escreveu com métrica, como se diz, tenha expresso muitas coisas metaforicamente. Mas dizer algo assim não é suficiente para conhecer a natureza da coisa, porque a realidade natural que se recebe pela semelhança que se assume na metáfora não fica esclarecida"): In II Meteorologicorum, 5, n. 4.

[76] *Contra errores graecorum ad Urbanun Papam*, Proemium. Disponível em: <http://www.corpusthomisticum.org/oce.html#69073>. Acesso em: 18-11-2014. "Donde pertence ao ofício do bom tradutor que, ao transferir aquelas coisas que são da fé católica, guarde o sentido, porém mude o modo de falar segundo a propriedade da língua para a qual transfere. Com efeito, evidencia-se que se aquelas coisas que são ditas literalmente em latim são expostas em língua vulgar, a exposição não será conveniente, se se toma sempre palavra por

Adverte-se, pois, que o tradutor preserve o sentido, mas se respeite a índole da língua para a qual se traduz. Não se está livre da inconveniência se se toma palavra por palavra: ter-se-á, como resultado, alguma falta de clareza. Sabemos que a literalidade pode ocasionar não alguma, mas muita falta de clareza, a ponto de o leitor se sentir expulso da festa. Mas é possível também que a "criatividade" do tradutor o leve a perder o sentido do que traduz. É difícil saber que prejuízo é maior para o leitor.

Nossa tradução buscou um meio-termo, preferível.

Aqui está, pois, vertido em vernáculo o texto da *Suma contra os gentios*. Resta perguntar-se como lê-lo. Se se disser que Santo Tomás é um autor de fácil leitura, nem os especialistas concordarão. Seguramente, a SCG, sendo um texto corrido (escrito *modo oratório*, em expressão do Pe. C. S. Suermondt), permite uma leitura compreensiva e, por vezes, agradável. Foi talvez por isso que Alain de Libera não temeu escrever:

> Longe dos tiques de escrita, das convenções escolares e dos jogos de argumentação, *Contra os gentios* é o livro mais rico e menos difícil do século XIII. É a melhor introdução possível ao pensamento de Tomás de Aquino: ela leva o leitor ao centro de um sistema que ela edifica, à medida, com ele[77].

Mas é bom também não criar falsas expectativas no leitor, sobretudo aquele que toma pela primeira vez em mãos um livro de Tomás de Aquino. E se esse livro é a *Suma contra os gentios* não se dispensará um pouco de ascese intelectual, um esforço para se chegar ao conceito sem imagem, uma atenção redobrada à ordem das razões, ao encadeamento dos raciocínios, tarefa particularmente difícil, sobretudo em nossa época, em que agrada um pouco de caos nas ideias, associações sugestivas, gosto pelo insólito, superficialidade e frágil compromisso com a verdade. É possível que o encontro com Tomás de Aquino seja um bom antídoto a tudo isso. E pode-se começar refletindo sobre esta bela passagem do capítulo I do livro I:

> O fim último de qualquer coisa é o que é intencionado pelo seu primeiro autor ou motor. O primeiro autor e motor do universo é um intelecto, como mais além se mostrará. É necessário, pois, que o fim último do universo seja o bem do intelecto. Este é a verdade. É necessário, portanto, que a verdade seja o fim último de todo o universo e que na consideração a respeito dela consista a sabedoria. [...] Estabelece também o Filósofo que a Filosofia Primeira é a *ciência da verdade*, não, porém, de qualquer verdade, mas daquela que é a origem de toda a verdade, isto é, a que pertence ao primeiro princípio do ser de todas as coisas, donde também ser sua verdade o princípio de toda verdade, pois as coisas estão dispostas na verdade como no ser[78].

Maurílio José de Oliveira Camello
Natal de 2014

---

palavra. Muito mais, portanto, quando aquelas coisas que se dizem numa língua são transferidas para outra, tomando-se palavra por palavra, não é de admirar se alguma dubiedade permanecer".

[77] LIBERA, *Suma contra os gentios*, p. 518.
[78] SCG I, 1: Finis autem ultimus uniuscuiusque rei est qui intenditur a primo auctore vel motore ipsius. Primus autem auctor et moitor universi est intellectus, ut infra ostendetur. Oportet igitur ultimum finem universi esse bonum intellectus. Hoc autem est veritas. Oportet igitur veritatem esse ultimum finem totius universi; et circa eius considerationem principaliter sapientiam insistere.[...] Sed et Primam Philosophiam Philosophus determinat esse scientiam veritatis; non cuiuslibet, sed eius veritatis quae est origo omnis veritatis, scilicet quae pertinet ad primum principium essendi omnibus; unde et sua veritas est omnis veritatis principium; sic enim est dispositio rerum in veritate sicut in esse.

Ordem e método desta obra

A intenção do sábio deve tratar das **duas verdades** sobre as coisas divinas e da destruição dos erros contrários. **Uma** dessas verdades **pode ser investigada pela razão**, mas **a outra excede toda sua capacidade**. Digo **duas verdades** sobre as coisas divinas em relação ao nosso conhecimento, que conhece as coisas divinas de várias maneiras.

Procede-se no tratado da **primeira verdade** [que pode ser investigada pela razão] por razões demonstrativas que possam convencer o adversário.

Mas, no tratado da **segunda verdade** [que excede a razão], não se pretende convencer o adversário com razões, mas resolver as razões que ele tem contra a verdade, uma vez que **a razão natural** não pode contradizer **a verdade de fé**.

Portanto, em **primeiro lugar** trataremos da verdade que a fé professa e **a razão investiga**, com demonstrativas e prováveis razões, recolhidas dos livros dos filósofos e dos santos.

Depois, prosseguindo do mais conhecido ao menos conhecido, trataremos da **verdade que excede a razão**, resolvendo as razões dos adversários e declarando, ajudados por Deus, a verdade de fé com argumentos prováveis e de autoridade.

Entre as verdades sobre Deus deve ter prioridade, como fundamento de toda obra, o **tratado da existência de Deus**. Se isso não é estabelecido, toda consideração sobre as coisas divinas é necessariamente eliminada.

Pretendendo, portanto, descobrir, por via racional, as verdades sobre Deus que **a razão humana pode investigar**, ocorre:
- em **primeiro lugar**, considerar aquelas que lhe convém em si mesmo — LIVRO I,
- em **segundo lugar**, como as criaturas procedem dEle — LIVRO II, e
- em **terceiro lugar**, a ordenação das criaturas a Ele, como fim — LIVRO III.

As verdades sobre Deus que **excedem a razão** serão o objeto do LIVRO IV.

SUMMA CONTRA GENTILES

LIBER I

SUMA CONTRA OS GENTIOS

LIVRO I

INTRODUÇÃO (1 a 9)

Capitulum I
Quod sit officium sapientis

Veritatem meditabitur guttur meum, et labia mea detestabuntur impium. Prov. 8,7.

Multitudinis usus, quem in rebus nominandis sequendum Philosophus censet, communiter obtinuit ut sapientes dicantur qui res directe ordinant et eas bene gubernant. Unde inter alia quae homines de sapiente concipiunt, a Philosopho ponitur quod sapientis est ordinare.

Omnium autem ordinatorum ad finem, gubernationis et ordinis regulam ex fine sumi necesse est: tunc enim unaquaeque res optime disponitur cum ad suum finem convenienter ordinatur; finis enim est bonum uniuscuiusque. Unde videmus in artibus unam alterius esse gubernativam et quasi principem, ad quam pertinet eius finis: sicut medicinalis ars pigmentariae principatur et eam ordinat, propter hoc quod sanitas, circa quam medicinalis versatur, finis est omnium pigmentorum, quae arte pigmentaria conficiuntur. Et simile apparet in arte gubernatoria respectu navifactivae; et in militari respectu equestris et omnis bellici apparatus. Quae quidem artes aliis principantes architectonicae nominantur, quasi principales artes: unde et earum artifices, qui architectores vocantur, nomen sibi vindicant sapientum.

Quia vero praedicti artifices, singularium quarundam rerum fines pertractantes, ad finem universalem omnium non pertingunt, dicuntur quidem sapientes huius vel illius rei, secundum quem modum dicitur 1 Cor. 3,10, ut sapiens architectus, fundamentum posui; Nomen autem simpliciter sapientis illi soli reservatur cuius consideratio circa finem uni-

Capítulo 1
Qual é o ofício do sábio?

Minha boca meditará a verdade / meus lábios amaldiçoarão o ímpio[1]

Segundo o Filósofo[2], deve-se seguir o uso comum quando se trata de nomear as coisas; chamem-se, pois, *sábios* os que ordenam retamente as coisas e as governam bem. Daí que, entre outras coisas, que os homens concebem do sábio, o Filósofo[3] afirma que *é próprio do sábio o ordenar*.

Mas, todos aqueles que ordenam a um fim, é preciso que tomem do mesmo fim a regra da ordem e do governo, porque, nesse caso, cada coisa estará otimamente disposta quando se ordenar convenientemente a seu fim; porque o fim é o bem de cada uma. Vemos isso nas artes: aquela a quem cabe o fim é a governadora como que a principal das outras: como a medicina que preside e ordena a farmácia, porque a saúde, que é o objeto da medicina, é o fim de todos os remédios que são produzidos pelas farmácias. Do mesmo modo acontece com a arte de navegar em relação à indústria naval; e com a arte militar em relação à arte equestre e aos instrumentos bélicos. As artes que presidem as outras se chamam *arquitetônicas* ou *artes principais*. Por isso seus artífices, chamados *arquitetos*, reivindicam para si o nome de sábios.

Como, porém, estes artífices que tratam dos fins de certas coisas particulares não alcançam o fim universal de todas as coisas, chamam-se, na verdade, sábios desta ou daquela coisa. É desta maneira que se diz na primeira Carta aos Coríntios[4]: *Como um sábio arquiteto pus o fundamento*. Assim, o nome de sábio reserva-se simples e unicamente para

---

[1] Provérbios 8,7. As citações bíblicas neste primeiro volume são tomadas, em grande parte, de Bíblia — Mensagem de Deus, São Paulo, Santuário e Loyola, 1994. Reedição janeiro 2003.
[2] Aristóteles (384-322 a.C.), em Tópicos II, 1. 109a.
[3] Aristóteles (384-322 a.C.), em Metafísica I 2, 982a.
[4] 1 Coríntios 3,10.

versi versatur, qui item est universitatis principium; unde secundum Philosophum, sapientis est causas altissimas considerare.

Finis autem ultimus uniuscuiusque rei est qui intenditur a primo auctore vel motore ipsius. Primus autem auctor et motor universi est intellectus, ut infra ostendetur. Oportet igitur ultimum finem universi esse bonum intellectus. Hoc autem est veritas. Oportet igitur veritatem esse ultimum finem totius universi; et circa eius considerationem principaliter sapientiam insistere.

Et ideo ad veritatis manifestationem divina sapientia carne induta se venisse in mundum testatur, dicens, Ioan. 18,37: ego in hoc natus sum, et ad hoc veni in mundum, ut testimonium perhibeam veritati.

Sed et primam philosophiam Philosophus determinat esse scientiam veritatis; non cuiuslibet, sed eius veritatis quae est origo omnis veritatis, scilicet quae pertinet ad primum principium essendi omnibus; unde et sua veritas est omnis veritatis principium; sic enim est dispositio rerum in veritate sicut in esse.

Eiusdem autem est unum contrariorum prosequi et aliud refutare sicut medicina, quae sanitatem operatur, aegritudinem excludit. Unde sicut sapientis est veritatem praecipue de primo principio meditari et aliis disserere, ita eius est falsitatem contrariam impugnare.

Convenienter ergo ex ore sapientiae duplex sapientis officium in verbis propositis demonstratur: scilicet veritatem divinam, quae antonomastice est veritas, meditatam eloqui, quod tangit cum dicit, veritatem meditabitur guttur meum; et errorem contra veritatem impugnare, quod tangit cum dicit, et labia mea detestabuntur impium, per quod falsitas

aqueles cuja consideração versa sobre o fim do universo, que também é princípio de tudo que o compõe. Daí as palavras do Filósofo[5]: é próprio do sábio considerar *as causas mais altas*.

O fim último de cada coisa é aquele que o seu primeiro autor ou motor tem em vista. Ora, o primeiro autor e motor do universo é o intelecto, como adiante se mostrará[6]. O fim último do universo deve ser, pois, o bem do intelecto. Este bem é a verdade. Portanto, a verdade deve ser o fim último de todo o universo. E a sabedoria deve empregar-se sobretudo na sua consideração.

Por isso, a Sabedoria divina encarnada declara que veio ao mundo para manifestar a verdade: *Para isto nasci. Para isto vim ao mundo: para dar testemunho da verdade*[7].

E o Filósofo[8] precisa que a Filosofia Primeira é *ciência da verdade*, e não de qualquer verdade, senão daquela verdade que é origem de toda verdade, a saber, ela pertence ao primeiro princípio do ser para todas as coisas. Daí que esta verdade é, também, princípio de toda verdade, uma vez que as coisas se dispõem em relação à verdade como em relação ao ser.

Por outro lado, cabe a um mesmo sujeito aceitar um dos contrários e recusar o outro; como sucede com a medicina, que recupera a saúde e combate a enfermidade. Assim, pois, como é próprio do sábio contemplar sobretudo a verdade do primeiro princípio e discorrer sobre as outras verdades, assim também lhe cabe contestar a falsidade contrária.

Este duplo ofício do sábio, a Sabedoria o demonstra convenientemente nas palavras propostas acima: referem-se elas à verdade divina, que é a verdade por antonomásia, após tê-la meditada, ao dizer *minha boca meditará a verdade*, e à contestação do erro que se opõe à verdade, ao dizer: *meus lábios amaldiçoarão o ímpio*. Estas palavras designam o erro que se

---

5 Aristóteles (384-322 a.C.), em Metafísica I, 1, 981a.
6 Cf. cap. 44; Livro 2, cap. 24.
7 João 18,37.
8 Aristóteles (384-322 a.C.), em Metafísica II, 1, 993b.

contra divinam veritatem designatur, quae religioni contraria est, quae etiam pietas nominatur, unde et falsitas contraria ei impietatis sibi nomen assumit.

Capitulum II
Quae sit in hoc opere auctoris intentio

Inter omnia vero hominum studia sapientiae studium est perfectius, sublimius, utilius et iucundius. Perfectius quidem, quia inquantum homo sapientiae studium dat, intantum verae beatitudinis iam aliquam partem habet unde sapiens dicit, beatus vir qui in sapientia morabitur, Eccli. 14,22.

Sublimius autem est quia per ipsum homo praecipue ad divinam similitudinem accedit, quae omnia in sapientia fecit: unde, quia similitudo causa est dilectionis, sapientiae studium praecipue Deo per amicitiam coniungit; propter quod Sap. 7,14 dicitur quod sapientia infinitus thesaurus est hominibus, quo qui usi sunt, facti sunt participes amicitiae Dei.

Utilius autem est quia per ipsam sapientiam ad immortalitatis regnum pervenitur: concupiscentia enim sapientiae deducet ad regnum perpetuum, Sap. 6,21.

Iucundius autem est quia non habet amaritudinem conversatio illius nec taedium convictus illius, sed laetitiam et gaudium, Sap. 8,16.

Assumpta igitur ex divina pietate fiducia sapientis officium prosequendi, quamvis proprias vires excedat, propositum nostrae intentionis est veritatem quam fides catholica profitetur, pro nostro modulo manifestare, errores eliminando contrarios: ut enim verbis Hilarii utar, ego hoc vel praecipuum vitae meae officium debere me Deo conscius sum, ut eum omnis sermo meus et sensus loquatur.

Contra singulorum autem errores difficile est procedere, propter duo.

opõe à verdade divina, que é contrário à religião, denominada também *piedade;* daí que o erro contrário assume o nome de *impiedade.*

Capítulo 2
A intenção do autor

O estudo da sabedoria é o mais perfeito, elevado, útil e alegre entre todos os estudos humanos. Mais perfeito certamente, porque o homem, na medida em que se dá ao estudo da sabedoria, possui já de alguma forma a verdadeira bem-aventurança. Por isso diz o sábio: *Feliz quem medita na sabedoria*[9].

Mais elevado, porque o homem, pelo estudo, se assemelha principalmente a Deus, *que fez todas as obras com sabedoria*[10], e como a semelhança é causa de amor, o estudo da sabedoria une especialmente a Deus na amizade. Por isso se diz que a sabedoria *é para os homens tesouro inesgotável, e os que a adquirem ganham a amizade de Deus*[11].

Mais útil, porque pela sabedoria se alcança o reino da imortalidade: *Assim o desejo da sabedoria conduz ao reino eterno*[12].

E mais alegre, porque a *sua companhia não causa dissabores, nem desgosto a convivência, mas contentamento e alegria.*

Cheio de confiança na bondade divina para assumir o ofício de sábio, embora exceda as nossas forças, o propósito de nossa intenção é manifestar, de nossa maneira, a verdade que professa a fé católica, rejeitando os erros contrários. Utilizo-me das palavras de Santo Hilário: *O ofício principal de minha vida do qual conscientemente sou devedor para com Deus é que a minha língua e todos os meus sentidos falem dEle*[13].

É difícil proceder contra cada um dos erros, por duas razões.

---

[9] Eclesiásticos 14,22.
[10] Salmo 103, 24.
[11] Sabedoria 7,14.
[12] Sabedoria 8,16.
[13] Santo Hilário (315-367), em Sobre a Trindade I, 37; ML 10, 48D.

Primo, quia non ita sunt nobis nota singulorum errantium dicta sacrilega ut ex his quae dicunt possimus rationes assumere ad eorum errores destruendos. Hoc enim modo usi sunt antiqui doctores in destructionem errorum gentilium quorum positiones scire poterant quia et ipsi gentiles fuerant, vel saltem inter gentiles conversati et in eorum doctrinis eruditi.

Secundo, quia quidam eorum, ut Mahumetistae et Pagani, non conveniunt nobiscum in auctoritate alicuius Scripturae, per quam possint convinci, sicut contra Iudaeos disputare possumus per vetus testamentum, contra haereticos per novum. Hi vero neutrum recipiunt. Unde necesse est ad naturalem rationem recurrere, cui omnes assentire coguntur. Quae tamen in rebus divinis deficiens est.

Simul autem veritatem aliquam investigantes ostendemus qui errores per eam excludantur: et quomodo demonstrativa veritas, fidei christianae religionis concordet.

Capitulum III
Quis modus sit possibilis divinae veritatis manifestandae

Quia vero non omnis veritatis manifestandae modus est idem; disciplinati autem hominis est tantum de unoquoque fidem capere tentare, quantum natura rei permittit, ut a Philosopho, optime dictum boetius introducit, necesse est prius ostendere quis modus sit possibilis ad veritatem propositam manifestandam.

Est autem in his quae de Deo confitemur duplex veritatis modus.

Quaedam namque vera sunt de Deo quae omnem facultatem humanae rationis excedunt, ut Deum esse trinum et unum. Quae-

Em primeiro lugar, as afirmações sacrílegas de cada um daqueles que erraram não nos são tão conhecidas a ponto de podermos haurir delas os argumentos para eliminá-las. Os antigos doutores usaram deste método para eliminar os erros dos gentios cujas afirmações podiam conhecer, seja porque eles mesmos tinham sido gentios, seja, pelo menos, porque conviviam com eles e estavam instruídos em suas doutrinas.

Em segundo lugar, porque alguns deles, por exemplo, os maometanos e os pagãos, não concordam conosco em reconhecer a autoridade de alguma parte da Sagrada Escritura, pela qual poderiam ser convencidos, ao passo que contra os judeus podemos discutir sobre o Velho Testamento, e contra os hereges sobre o Novo. Mas aqueles não admitem nenhum dos dois. Portanto, é preciso recorrer à razão natural, a que todos são obrigados a dar o assentimento. Entretanto, a razão natural é falível nas coisas divinas.

Ao mesmo tempo, mostraremos, investigando uma determinada verdade, quais erros esta verdade exclui e como a verdade demonstrada concorda com a fé da religião cristã.

Capítulo 3
Pode-se manifestar a verdade divina? Como?

Realmente não é do mesmo modo que toda verdade se manifesta. O Filósofo[14] já o dissera muito bem e Boécio o citou: *é próprio do homem instruído procurar compreender a veracidade de cada coisa tanto quanto a natureza da coisa o permitir*[15]. É necessário, pois, mostrar, em primeiro lugar, qual é o modo possível de se manifestar a verdade proposta.

Existe, com efeito, naquilo que professamos sobre Deus, uma dupla modalidade de verdades.

Há algumas verdades sobre Deus que superam toda capacidade da razão humana, por exemplo, que Deus é uno e trino. Há outras

---

[14] Aristóteles (384-322 a.C.), em Ética I, 1, 1094b, 23-25.
[15] Boécio (480-524), em Sobre a Trindade 2; em ML 64,1250A.

dam vero sunt ad quae etiam ratio naturalis pertingere potest, sicut est Deum esse, Deum esse unum, et alia huiusmodi; quae etiam Philosophi demonstrative de Deo probaverunt, ducti naturalis lumine rationis.

Quod autem sint aliqua intelligibilium divinorum quae humanae rationis penitus excedant ingenium, evidentissime apparet. Cum enim principium totius scientiae quam de aliqua re ratio percipit, sit intellectus substantiae ipsius, eo quod, secundum doctrinam Philosophi demonstrationis principium est quod quid est; oportet quod secundum modum quo substantia rei intelligitur, sit modus eorum quae de re illa cognoscuntur. Unde si intellectus humanus, alicuius rei substantiam comprehendit, puta lapidis vel trianguli, nullum intelligibilium illius rei facultatem humanae rationis excedet.

Quod quidem nobis circa Deum non accidit. Nam ad substantiam ipsius capiendam intellectus humanus naturali virtute pertingere non potest: cum intellectus nostri, secundum modum praesentis vitae, cognitio a sensu incipiat; et ideo ea quae in sensu non cadunt, non possunt humano intellectu capi, nisi quatenus ex sensibilibus earum cognitio colligitur.

Sensibilia autem ad hoc ducere intellectum nostrum non possunt ut in eis divina substantia videatur quid sit: cum sint effectus causae virtutem non aequantes. Ducitur tamen ex sensibilibus intellectus noster in divinam cognitionem ut cognoscat de Deo quia est, et alia huiusmodi quae oportet attribui primo principio.

Sunt igitur quaedam intelligibilium divinorum quae humanae rationi sunt pervia; quaedam vero quae omnino vim humanae rationis excedunt.

Adhuc ex intellectuum gradibus idem facile est videre. Duorum enim quorum unus

que a razão natural pode alcançar, como a existência e a unidade de Deus, e outras semelhantes. Estas verdades, os filósofos as provaram por via demonstrativa, guiados pela luz natural da razão.

É evidentíssima, por outra parte, a existência em Deus de algo inteligível que excede totalmente a capacidade da razão humana. Ora, o princípio de toda ciência que a razão conhece de uma coisa é o entendimento de sua substância, uma vez que segundo o ensinamento do Filósofo[16] a quididade [*quod quid est*] é o princípio de demonstração. É necessário, pois, que o modo como a substância de uma coisa é entendida, seja também o modo de tudo o que se conhece dela. Portanto, se o intelecto humano compreende a substância de uma coisa, de uma pedra ou do triângulo, nada inteligível daquela coisa excederá a capacidade da razão humana.

Isso certamente não acontece conosco no que diz respeito a Deus. Com efeito, o intelecto humano não pode, naturalmente, chegar a compreender a substância de Deus, uma vez que o nosso conhecimento intelectual, segundo o modo da vida presente, tem sua origem nos sentidos. E, portanto, o que não cai sob os sentidos não pode ser compreendido pelo intelecto humano, a não ser enquanto adquirido das coisas sensíveis [*sensibilia*].

Ora, as coisas sensíveis não podem conduzir o nosso intelecto a ver nelas o que é a substância divina, pois há uma inadequação entre os efeitos e a virtude da causa. Entretanto, as coisas sensíveis conduzem o nosso intelecto ao conhecimento divino a ponto de conhecer por que Deus existe e outras coisas semelhantes que devem ser atribuídas ao primeiro princípio.

Há, portanto, entre os inteligíveis divinos, alguns acessíveis à razão humana e outros que excedem realmente as forças da razão humana.

Além disso, facilmente se vê o mesmo a partir dos graus dos intelectos. Entre duas pes-

---

[16] Aristóteles (384-322 a.C.), em Analíticos Posteriores II, 3, 90b.

alio rem aliquam intellectu subtilius intuetur, ille cuius intellectus est elevatior, multa intelligit quae alius omnino capere non potest: sicut patet in rustico, qui nullo modo philosophiae subtiles considerationes capere potest. Intellectus autem Angeli plus excedit intellectum humanum quam intellectus optimi Philosophi intellectum rudissimi idiotae: quia haec distantia inter speciei humanae limites continetur, quos angelicus intellectus excedit. Cognoscit quidem Angelus Deum ex nobiliori effectu quam homo: quanto ipsa substantia Angeli, per quam in Dei cognitionem ducitur naturali cognitione, est dignior rebus sensibilibus et etiam ipsa anima, per quam intellectus humanus in Dei cognitionem ascendit.

Multoque amplius intellectus divinus excedit angelicum quam angelicus humanum.Ipse enim intellectus divinus sua capacitate substantiam suam adaequat, et ideo perfecte de se intelligit quid est, et omnia cognoscit quae de ipso intelligibilia sunt: non autem naturali cognitione Angelus de Deo cognoscit quid est, quia et ipsa substantia Angeli, per quam in Dei cognitionem ducitur, est effectus causae virtutem non adaequans.Unde non omnia quae in seipso Deus intelligit, Angelus naturali cognitione capere potest: nec ad omnia quae Angelus sua naturali virtute intelligit, humana ratio sufficit capienda.

Sicut igitur maximae amentiae esset idiota qui ea quae a Philosopho proponuntur falsa esse assereret propter hoc quod ea capere non potest, ita, et multo amplius, nimiae stultitiae est homo si ea quae divinitus Angelorum ministerio revelantur falsa esse suspicatur ex hoc quod ratione investigari non possunt.

Adhuc idem manifeste apparet ex defectu quem in rebus cognoscendis quotidie experimur. Rerum enim sensibilium plurimas proprietates ignoramus, earumque proprietatum quas sensu apprehendimus rationes perfecte

soas, uma das quais percebe alguma coisa mais sutilmente com o intelecto que a outra, aquela cujo intelecto é mais elevado conhece muitas coisas que a outra não pode apreender: Assim, fica claro com o rude, que de nenhuma maneira pode compreender as considerações sutis da filosofia. Ora, o intelecto angélico dista mais do intelecto humano do que o intelecto de um grande filósofo do intelecto do mais rude ignorante, porque esta distância se situa dentro dos limites da espécie humana, limites que o entendimento angélico ultrapassa. Certamente, o anjo conhece a Deus a partir de um efeito mais nobre que o homem; tanto mais que a sua mesma substância, que por um conhecimento natural o conduz ao conhecimento de Deus, é mais digna que as coisas sensíveis e que a mesma alma, mediante a qual o intelecto humano se eleva ao conhecimento de Deus.

E muitíssimo mais o intelecto divino excede ao angélico do que este ao intelecto humano. A capacidade do intelecto divino é adequada à sua própria substância, portanto, conhece perfeitamente o que Deus é e tudo o que é inteligível de si mesmo. Ao contrário, o anjo não conhece por um conhecimento natural o que Deus é, porque a mesma substância angélica, pela qual é conduzido ao conhecimento de Deus, é um efeito que não está em adequação com a virtude da causa. Portanto, o anjo não pode conhecer por conhecimento natural tudo o que Deus conhece em si mesmo, como tampouco a razão humana é capaz de conhecer o que o anjo conhece por sua virtude natural.

Assim, pois, seria uma grande loucura que um ignorante afirmasse como falsas as proposições de um filósofo, porque não pode compreendê-las; do mesmo modo, e muito mais, seria uma grande estultícia que um homem suspeitasse como falso o que foi divinamente revelado pelo ministério dos anjos, porque a razão não o pode investigar.

O mesmo aparece nas deficiências que experimentamos diariamente ao conhecer as coisas. Ignoramos muitas propriedades das coisas sensíveis, e na maioria das vezes não podemos achar perfeitamente as razões destas

in pluribus invenire non possumus. Multo igitur amplius illius excellentissimae substantiae omnia intelligibilia humana ratio investigare non sufficit.

Huic etiam consonat dictum Philosophi, qui in II metaphys. Asserit quod intellectus noster se habet ad prima entium, quae sunt manifestissima in natura, sicut oculus vespertilionis ad solem.

Huic etiam veritati sacra Scriptura testimonium perhibet. Dicitur enim iob 11,7: forsitan vestigia Dei comprehendes, et omnipotentem usque ad perfectum reperies? et 36,26: ecce, Deus magnus, vincens scientiam nostram. Et 1 Cor. 13,9: ex parte cognoscimus.

Non igitur omne quod de Deo dicitur, quamvis ratione investigari non possit, statim quasi falsum abiiciendum est, ut Manichaei et plures infidelium putaverunt.

Capitulum IV
Quod veritas divinorum ad quam naturalis ratio pertingit convenienter hominibus credenda proponitur

Duplici igitur veritate divinorum intelligibilium existente, una ad quam rationis inquisitio pertingere potest, altera quae omne ingenium humanae rationis excedit, utraque convenienter divinitus homini credenda proponitur.

Hoc autem de illa primo ostendendum est quae inquisitioni rationis pervia esse potest: ne forte alicui videatur, ex quo ratione haberi potest, frustra id supernaturali inspiratione credendum traditum esse.

Sequerentur autem tria inconvenientia si huiusmodi veritas solummodo rationi inquirenda relinqueretur. Unum est quod paucis hominibus Dei cognitio inesset. A fructu enim studiosae inquisitionis, qui est inventio

propriedades que apreendemos com o sentido. Portanto, muito mais é a razão humana insuficiente para investigar todas as coisas inteligíveis daquela substância excelentíssima.

A afirmação do Filósofo concorda com isso, quando afirma que o *nosso intelecto se comporta em relação aos primeiros princípios dos entes, que são claríssimos na natureza, como o olho da coruja em relação ao sol*[17].

E a Sagrada Escritura dá também testemunho desta verdade: *Pretendes sondar a profundidade de Deus, sondar a perfeição do Poderoso*[18]? E mais adiante: *Olha, Deus é grande, e não o compreendemos*[19]. E ainda: *Pois o nosso conhecimento é limitado*[20].

Por conseguinte, tudo o que se afirma de Deus, ainda que a razão humana não possa investigá-lo, não se deve rejeitar sem mais como falso, como julgaram os Maniqueus e muitos infiéis.

Capítulo 4
Propõe-se convenientemente aos homens, como objeto de fé, a verdade divina que a razão humana alcança

Existem, pois, duas classes de verdades sobre as coisas divinas inteligíveis, uma das quais a pesquisa da razão pode alcançar e outra que excede toda capacidade da razão humana. Uma e outra são propostas convenientemente por Deus ao homem como objetos de fé.

Em primeiro lugar, devemos demonstrar isso sobre aquelas verdades que são acessíveis à pesquisa da razão, para que não pareça a alguém que aquilo que a razão pode alcançar é proposto em vão, por inspiração sobrenatural, como objeto de fé.

Se estas verdades fossem deixadas unicamente à pesquisa da razão, seguiriam três inconvenientes. O primeiro, que o conhecimento de Deus seria atual em poucos homens. Existem, realmente, muitos homens impedi-

---

[17] Aristóteles (384-322 a.C.), em Metafísica II, 1, 993b.
[18] Jó 11,7.
[19] Jó 36,26.
[20] 1 Coríntios 13,9.

veritatis, plurimi impediuntur tribus de causis. — Quidam siquidem propter complexionis indispositionem, ex qua multi naturaliter sunt indispositi ad sciendum: unde nullo studio ad hoc pertingere possent ut summum gradum humanae cognitionis attingerent, qui in cognoscendo Deum consistit. — Quidam vero impediuntur necessitate rei familiaris. Oportet enim esse inter homines aliquos qui temporalibus administrandis insistant, qui tantum tempus in otio contemplativae inquisitionis non possent expendere ut ad summum fastigium humanae inquisitionis pertingerent, scilicet Dei cognitionem. — Quidam autem impediuntur pigritia.

Ad cognitionem enim eorum quae de Deo ratio investigare potest, multa praecognoscere oportet: cum fere totius philosophiae consideratio ad Dei cognitionem ordinetur; propter quod metaphysica, quae circa divina versatur, inter philosophiae partes ultima remanet addiscenda.

Sic ergo non nisi cum magno labore studii ad praedictae veritatis inquisitionem perveniri potest. Quem quidem laborem pauci subire volunt pro amore scientiae, cuius tamen mentibus hominum naturalem Deus inseruit appetitum.

Secundum inconveniens est quod illi qui ad praedictae veritatis inventionem pervenirent, vix post longum tempus pertingerent. — Tum propter huius veritatis profunditatem, ad quam capiendam per viam rationis non nisi post longum exercitium intellectus humanus idoneus invenitur. — Tum etiam propter multa quae praeexiguntur, ut dictum est. — Tum etiam propter hoc quod tempore iuventutis, dum diversis motibus passionum anima fluctuat, non est apta ad tam altae veritatis cognitionem, sed in quiescendo fit prudens et sciens, ut dicitur in VII physic.

Remaneret igitur humanum genus, si sola rationis via ad Deum cognoscendum pateret,

dos de encontrar a verdade, que é fruto de uma estudiosa investigação, por três causas. — Alguns pelas más disposições fisiológicas, que os indispõem naturalmente para conhecer; e assim não poderiam chegar, de maneira alguma, a atingir o sumo grau do saber humano, que consiste em conhecer a Deus. — Outros estão impedidos pelas obrigações familiares. É necessário que entre os homens haja alguns que se encarreguem da administração dos bens temporais; e estes não poderiam empregar tanto tempo no repouso da investigação contemplativa de modo a chegar ao cume da investigação humana, a saber, o conhecimento de Deus. — Outros, ainda, são impedidos pela preguiça.

Para o conhecimento daquilo que a razão pode investigar sobre Deus, é preciso conhecer previamente muitas coisas, uma vez que ordinariamente o estudo da filosofia se ordena ao conhecimento de Deus; por isso a metafísica, que trata das coisas divinas, é, entre as partes da filosofia, a última que se estuda.

Portanto, não se pode chegar à investigação de tal verdade a não ser com muito trabalho e dedicação. Este trabalho, na verdade, poucos o querem suportar por amor da ciência, apesar de Deus ter inserido no espírito dos homens o apetite natural dessa verdade.

O segundo inconveniente é que os que chegam à descoberta de tal verdade a alcançam dificilmente e depois de muito tempo. — Isso, em razão da profundidade dessa verdade, que o intelecto humano, somente depois de um longo exercício, se acharia idôneo para captá-la racionalmente. — Ou também pelas muitas coisas que são exigidas de antemão, como já se disse. — Ou então porque no tempo da juventude, quando a alma é agitada pelos diversos movimentos das paixões, ela não está apta para conhecer tão alta verdade. *É na quietude que se faz o prudente e o sábio*, segundo o Filósofo[21].

A humanidade, por conseguinte, permaneceria em meio a grandes trevas de ignorân-

---

[21] Aristóteles (384-322 a.C.), em Física VII, 3, 247b, 10-11.

in maximis ignorantiae tenebris: cum Dei cognitio, quae homines maxime perfectos et bonos facit, non nisi quibusdam paucis, et his etiam post temporis longitudinem proveniret.

Tertium inconveniens est quod investigationi rationis humanae plerumque falsitas admiscetur, propter debilitatem intellectus nostri in iudicando, et phantasmatum permixtionem. Et ideo apud multos in dubitatione remanerent ea quae sunt etiam verissime demonstrata, dum vim demonstrationis ignorant; et praecipue cum videant a diversis qui sapientes dicuntur, diversa doceri. — Inter multa etiam vera quae demonstrantur, immiscetur aliquando aliquid falsum, quod non demonstratur, sed aliqua probabili vel sophistica ratione asseritur, quae interdum demonstratio reputatur.

Et ideo oportuit per viam fidei fixam certitudinem et puram veritatem de rebus divinis hominibus exhiberi. Salubriter ergo divina providit clementia ut ea etiam quae ratio investigare potest, fide tenenda praeciperet: ut sic omnes de facili possent divinae cognitionis participes esse et absque dubitatione et errore.

Hinc est quod Ephes. 4,17 dicitur: *iam non ambuletis sicut et gentes ambulant in vanitate sensus sui, tenebris obscuratum habentes intellectum*. Et Isaiae 54,13: *ponam universos filios tuos doctos a Domino*.

Capitulum V
Quod ea quae ratione investigari non possunt convenienter fide tenenda hominibus proponuntur

Videtur autem quibusdam fortasse non debere homini ad credendum proponi illa quae ratio investigare non sufficit cum divina sapientia unicuique secundum modum suae naturae provideat. Et ideo demonstrandum est quod necessarium sit homini divinitus

cia se para conhecer a Deus somente a via da razão estivesse aberta, uma vez que o conhecimento de Deus, que faz aos homens perfeitos e bons em sumo grau, ocorreria somente para alguns poucos, e também para estes depois de muito tempo.

O terceiro inconveniente está em que, muitas vezes, a falsidade se mistura na investigação da razão, por causa da falta de vigor de nosso intelecto para julgar e por causa da mescla de imagens. Portanto, muitos permaneceriam duvidando daquilo que foi verdadeiramente demonstrado, uma vez que ignoram a força da demonstração e, principalmente, quando veem que alguns que se dizem sábios ensinam coisas contrárias. — Entre muitas verdades demonstradas também se introduz, algumas vezes, algo falso que não se demonstra, mas que se afirma por alguma razão provável ou sofística, que, entretanto, é tida como demonstração.

Por isso, foi conveniente apresentar aos homens, pela via da fé, uma certeza determinada e uma verdade pura sobre as coisas divinas. A divina clemência proveio, pois, saudavelmente ao prescrever que se tivesse como de fé aquilo que a razão pode investigar. Assim, todos poderiam participar facilmente do conhecimento divino sem nenhuma dúvida e erro.

Neste sentido afirma a Sagrada Escritura: *Eis pois o que digo e atesto no Senhor: não continueis a viver como os pagãos, cuja inteligência os leva ao nada*[22]. E ainda: *Todos os teus filhos serão discípulos do Senhor*[23].

Capítulo 5
Propõe-se convenientemente aos homens, como objeto de fé, as verdades que a razão não pode investigar

Parece a alguns que não se deve, talvez, propor ao homem como de fé o que a razão não consegue investigar, porque a divina sabedoria provê a cada um segundo a sua natureza. Deve-se provar, por isso, que é necessário para o homem que as verdades que superam a

---

[22] Efésios 4, 17.
[23] Isaías 54,13.

credenda proponi etiam illa quae rationem excedunt.

Nullus enim desiderio et studio in aliquid tendit nisi sit ei praecognitum. Quia ergo ad altius bonum quam experiri in praesenti vita possit humana fragilitas, homines per divinam providentiam ordinantur, ut in sequentibus investigabitur, oportuit mentem evocari in aliquid altius quam ratio nostra in praesenti possit pertingere, ut sic disceret aliquid desiderare, et studio tendere in aliquid quod totum statum praesentis vitae excedit.

Et hoc praecipue christianae religioni competit, quae singulariter bona spiritualia et aeterna promittit: unde et in ea plurima humanum sensum excedentia proponuntur.

Lex autem vetus, quae temporalia promissa habebat, pauca proposuit quae humanae rationis inquisitionem excederent. Secundum etiam hunc modum philosophis cura fuit, ad hoc ut homines a sensibilium delectationibus ad honestatem perducerent, ostendere esse alia bona his sensibilibus potiora, quorum gustu multo suavius qui vacant activis vel contemplativis virtutibus delectantur.

Est etiam necessarium huiusmodi veritatem ad credendum hominibus proponi ad Dei cognitionem veriorem habendam. Tunc enim solum Deum vere cognoscimus quando ipsum esse credimus supra omne id quod de Deo cogitari ab homine possibile est: eo quod naturalem hominis cognitionem divina substantia excedit, ut supra ostensum est. Per hoc ergo quod homini de Deo aliqua proponuntur quae rationem excedunt, firmatur in homine opinio quod Deus sit aliquid supra id quod cogitare potest.

Alia etiam utilitas inde provenit, scilicet praesumptionis repressio, quae est mater erroris. Sunt enim quidam tantum de suo ingenio praesumentes ut totam rerum naturam se reputent

razão sejam propostas por Deus como objeto de fé.

Com efeito, ninguém tende a algo por desejo ou inclinação a não ser que isso lhe seja previamente conhecido. E porque os homens estão ordenados pela Providência Divina a um bem mais alto do que aquele que a fragilidade humana pode experimentar nesta vida — como se estudará a seguir[24], — foi necessário que o espírito fosse atraído a um bem mais alto do que aquele que a nossa razão pudesse alcançar. E assim aprendesse a desejar algo e tender diligentemente àquilo que excede totalmente o estado da presente vida.

E isto cabe principalmente à religião cristã, que, de maneira singular, promete os bens espirituais e eternos; daí que nela se proponham muitas coisas que excedem o sentido humano.

A Lei Antiga, ao contrário, que prometia bens temporais, propôs poucas coisas que excedessem a pesquisa da razão humana. — Neste sentido, filósofos se preocuparam por guiar os homens dos deleites das coisas sensíveis à honestidade, mostrando que há outros bens superiores aos sensíveis, cujo sabor, muito mais suave, deleita os que se dedicam à virtude na vida ativa e contemplativa.

É ainda necessário que se proponha aos homens tais verdades como objeto de fé para se ter um conhecimento mais verdadeiro de Deus. Possuiremos um conhecimento verdadeiro de Deus somente quando crermos que a sua existência está sobre tudo o que o homem possa pensar de Deus, uma vez que a substância divina excede o conhecimento natural do homem, como foi demonstrado[25]. Portanto, o fato de se propor ao homem algumas coisas sobre Deus que excedem a razão, o confirma na opinião de que Deus seja algo superior ao que se pode pensar.

Daí resulta, ainda, outra utilidade, a saber, a repressão da presunção, que é a mãe do erro. Há alguns que presumem tanto de seu engenho, que julgam poder medir, com o intelecto,

---

[24] Cf. I, 3, cap. XLVIII.
[25] Cf. cap. III.

suo intellectu posse metiri, aestimantes scilicet totum esse verum quod eis videtur et falsum quod eis non videtur. Ut ergo ab hac praesumptione humanus animus liberatus ad modestam inquisitionem veritatis perveniat, necessarium fuit homini proponi quaedam divinitus quae omnino intellectum eius excederent.

Apparet etiam alia utilitas ex dictis Philosophi in X ethicor. Cum enim simonides quidam homini praetermittendam divinam cognitionem persuaderet et humanis rebus ingenium applicandum, oportere inquiens humana sapere hominem et mortalia mortalem; contra eum Philosophus dicit quod homo debet se ad immortalia et divina trahere quantum potest. Unde in XI de animal. Dicit, quod, quamvis parum sit quod de substantiis superioribus percipimus, tamen illud modicum est magis amatum et desideratum omni cognitione quam de substantiis inferioribus habemus. Dicit etiam in II cael. Et mund. Quod cum de corporibus caelestibus quaestiones possint solvi parva et topica solutione, contingit auditori ut vehemens sit gaudium eius.

Ex quibus omnibus apparet quod de rebus nobilissimis quantumcumque imperfecta cognitio maximam perfectionem animae confert. Et ideo, quamvis ea quae supra rationem sunt ratio humana plene capere non possit, tamen multum sibi perfectionis acquiritur si saltem ea qualitercumque teneat fide.

Et ideo dicitur Eccli. 3,25: plurima supra sensum hominis ostensa sunt tibi. Et 1 Cor. 2,11 quae sunt Dei nemo novit nisi spiritus Dei; nobis autem revelavit Deus per spiritum suum.

toda a natureza das coisas, e pensam, sem dúvida, que é verdadeiro tudo o que eles veem e falso o que não veem. Para que o espírito humano, liberado desta presunção, chegasse a uma humilde busca da verdade, foi necessário que Deus propusesse ao homem certas coisas que excedessem plenamente o seu intelecto.

O Filósofo refere outra utilidade: Certo Simônides persuadia o homem a esquecer o conhecimento de Deus e a aplicar o engenho às coisa humanas, dizendo que *ao homem convinha apreciar o humano e ao mortal o mortal*[26]. E o Filósofo argumentava contra ele: *O homem devia entregar-se, na medida do possível, às coisas imortais e divinas*[27]. Por isso no livro Sobre *os Animais*[28] diz que, ainda que seja pouco o que percebemos das substâncias superiores, este pouco é mais amado e desejado do que todo conhecimento que temos das substâncias inferiores. — E no livro Sobre *o Céu*[29] diz, também, que, como as questões sobre os corpos celestes podem ser resolvidas por uma pequena e tópica solução, acontece ao discípulo ter uma forte satisfação.

Tudo isso manifesta que um conhecimento, embora imperfeito, sobre coisas nobilíssimas confere à alma uma enorme perfeição. Portanto, embora a razão humana não possa compreender aquelas coisas que são superiores a si, entretanto adquire para si uma grande perfeição se ela as tem de alguma maneira pela fé.

A este propósito diz o Eclesiástico: *a ti foram reveladas muitas coisas que estão acima do espírito humano*[30]. E São Paulo: *Foi a nós que Deus revelou pelo Espírito... O que há em Deus, ninguém o conhece, a não ser o Espírito de Deus*[31].

---

[26] Simônides (556-468 a.C.), em Aristóteles, Cf. Nota 4.
[27] Aristóteles (384-322 a.C.), em Ética X.7 1177b, 31-34.
[28] Aristóteles (384-322 a.C.), em Sobre as partes dos Animais I, 5, 644b, 32-34.
[29] Aristóteles (384-322 a.C.), em Sobre o Céu e o Mundo II, 12, 291b, 24-28.
[30] Eclesiástico 3,25. Em Vulgata latina de S. Jerônimo; Cf. S. Tomás de Aquino (1225-1274), Suma Teológica II. II. Q. 2, Art. 3, ad 3. Volume VI, Loyola, 2006.
[31] 1 Coríntios 2,10-11.

Capitulum 6
Quod assentire his quae sunt fidei non est levitatis quamvis supra rationem sint

Huiusmodi autem veritati, cui ratio humana experimentum non praebet, fidem adhibentes non leviter credunt, quasi indoctas fabulas secuti, ut 2 Petr. 1,16, dicitur.

Haec enim divinae sapientiae secreta ipsa divina sapientia, quae omnia plenissime novit, dignata est hominibus revelare: quae sui praesentiam et doctrinae et inspirationis veritatem, convenientibus argumentis ostendit, dum ad confirmandum ea quae naturalem cognitionem excedunt, opera visibiliter ostendit quae totius naturae superant facultatem; videlicet in mirabili curatione languorum, mortuorum suscitatione, caelestium corporum mirabili immutatione; et, quod est mirabilius, humanarum mentium inspiratione, ut idiotae et simplices, dono spiritus sancti repleti, summam sapientiam et facundiam in instanti consequerentur.

Quibus inspectis, praedictae probationis efficacia, non armorum violentia, non voluptatum promissione, et, quod est mirabilissimum, inter persecutorum tyrannidem, innumerabilis turba non solum simplicium, sed sapientissimorum hominum, ad fidem christianam convolavit, in qua omnem humanum intellectum excedentia praedicantur, voluptates carnis cohibentur et omnia quae in mundo sunt contemni docentur; quibus animos mortalium assentire et maximum miraculorum est, et manifestum divinae inspirationis opus, ut, contemptis visibilibus, sola invisibilia cupiantur.

Hoc autem non subito neque a casu, sed ex divina dispositione factum esse, manifestum est ex hoc quod hoc se facturum Deus multis ante prophetarum praedixit oraculis, quorum libri penes nos in veneratione habentur, utpote nostrae fidei testimonium adhibentes.

Capítulo 6
Consentir naquilo que é de fé, ainda que exceda à razão, não é leviandade

Os que aderem com a fé a uma verdade, da *qual a razão humana não tem experiência, não creem levianamente, como se tivessem ido atrás de fábulas sofisticadas,* nas palavras de São Pedro[32].

A Sabedoria divina que tudo conhece perfeitamente dignou-se revelar aos homens *seus próprios segredos,* manifestando-lhes a sua presença, a verdade de sua doutrina e de sua inspiração com argumentos apropriados. E a fim de confirmar aquilo que excede o conhecimento natural mostrou de maneira visível as obras que superam o poder de toda natureza, a saber, a cura milagrosa de enfermidades, a ressurreição dos mortos, a maravilhosa mudança dos corpos celestes e, o que é mais admirável, a inspiração dos entendimentos humanos, de tal maneira que os ignorantes e simples, repletos do dom do Espírito Santo, conseguiram, num instante, a mais alta sabedoria e eloquência.

Considerados tais fatos, uma inumerável multidão, não só de homens rudes, mas também de homens sapientíssimos, em razão da eficácia dessa prova, e não pela violência das armas nem pela promessa de prazeres, e o que é mais admirável, em meio à tirania dos perseguidores, afluiu à fé cristã, na qual se prega o que excede todo o intelecto humano, e que coíbe os desejos da carne e ensina a desprezar as coisas do mundo. Que os espíritos dos mortais consintam a tudo isso, a ponto de desejarem unicamente os bens invisíveis e desprezarem os sensíveis, é não somente o maior dos milagres, mas também obra manifesta da inspiração divina.

E que isto não se fez de improviso nem casualmente, mas por disposição divina, é claro pelo fato de que Deus o predisse antes, em muitos oráculos dos profetas, cujos livros veneramos como testemunhos de nossa fé.

---

[32] 2 Pedro 1,16.

Huius quidem confirmationis modus tangitur Hebr. 2,3 quae, scilicet humana salus, cum initium accepisset enarrari per Dominum, ab eis qui audierunt in nos confirmata est, contestante Deo signis et portentis et variis spiritus sancti distributionibus.

Haec autem tam mirabilis mundi conversio ad fidem christianam indicium certissimum est praeteritorum signorum: ut ea ulterius iterari necesse non sit, cum in suo effectu appareant evidenter. Esset enim omnibus signis mirabilius si ad credendum tam ardua, et ad operandum tam difficilia, et ad sperandum tam alta, mundus absque mirabilibus signis inductus fuisset a simplicibus et ignobilibus hominibus, quamvis non cesset Deus etiam nostris temporibus, ad confirmationem fidei, per sanctos suos miracula operari.

Hi vero qui sectas errorum introduxerunt processerunt via contraria: ut patet in mahumeto qui carnalium voluptatum promissis, ad quorum desiderium carnalis concupiscentia instigat, populus illexit. Praecepta etiam tradidit promissis conformia, voluptati carnali habenas relaxans, in quibus in promptu est a carnalibus hominibus obediri.

Documenta etiam veritatis non attulit nisi quae de facili a quolibet mediocriter sapiente naturali ingenio cognosci possint: quin potius vera quae docuit multis fabulis et falsissimis doctrinis immiscuit. — Signa etiam non adhibuit supernaturaliter facta, quibus solis divinae inspirationi conveniens testimonium adhibetur, dum operatio visibilis quae non potest esse nisi divina, ostendit doctorem veritatis invisibiliter inspiratum: sed dixit se in armorum potentia missum, quae signa etiam latronibus et tyrannis non desunt.

Ei etiam non aliqui sapientes, in rebus divinis et humanis exercitati, a principio crediderunt: sed homines bestiales in desertis morantes, omnis doctrinae divinae prorsus ignari, per quorum multitudinem alios armorum violentia in suam legem coegit. —

A esta maneira de confirmação se refere São Paulo[33]: *A doutrina de salvação tendo começado a ser promulgada pelo Senhor, foi entre nós confirmada pelos que a ouviram, testemunhando o Deus com sinais e prodígios e diversos dons do Espírito Santo.*

Esta tão admirável conversão do mundo à fé cristã é indício certíssimo dos antigos prodígios, e assim não é necessário repeti-los por mais tempo, uma vez que se evidenciam pelos seus efeitos. Embora Deus não cesse, também em nossos dias, de operar milagres pelos seus santos para confirmar a fé, foi o mais admirável de todos os milagres que o mundo, sem sinais maravilhosos, fosse induzido, por homens simples e vulgares, a crer coisas tão difíceis, obrar coisas tão árduas e esperar coisas tão elevadas.

Entretanto, os fundadores de seitas falsas seguiram o caminho contrário. Por exemplo: Maomé seduziu o povo prometendo-lhe os prazeres carnais, a cujo desejo a concupiscência o incita. — Determinou, também, preceitos, em conformidade com as promessas feitas, que os homens carnais são prontos a obedecer, relaxando as rédeas ao prazer da carne. — Ademais, não apresentou documentos de verdade a não ser os que podem ser conhecidos facilmente pelo engenho natural de qualquer medíocre sábio. Além disso, misturou ao que ensinou de verdade muitas fábulas e falsíssimas doutrinas. — Também, não acrescentou sinais sobrenaturais, os únicos que testemunham como convém a inspiração divina, uma vez que a ação visível, que não pode ser senão divina, mostra o mestre da verdade invisivelmente inspirado. — Ao contrário, afirmou que era enviado pelo poder das armas, sinais que não faltam aos ladrões e tiranos.

Mais ainda, no início não foram alguns homens sábios, conhecedores das coisas divinas e humanas, que nele creram, mas homens selvagens que moravam no deserto, ignorantes totalmente de toda ciência de Deus. Estes, em grande número, coagiram os outros, pela

---

[33] Hebreus 2,3.

Nulla etiam divina oracula praecedentium prophetarum ei testimonium perhibent: quin potius quasi omnia veteris et novi testamenti documenta fabulosa narratione depravat, ut patet eius legem inspicienti.Unde astuto consilio libros veteris et novi testamenti suis sequacibus non reliquit legendos, ne per eos falsitatis argueretur.

Et sic patet quod eius dictis fidem adhibentes leviter credunt.

Capitulum 7
Quod veritati fidei christianae non contrariatur veritas rationis

Quamvis autem praedicta veritas fidei christianae humanae rationis capacitatem excedat, haec tamen quae ratio naturaliter indita habet, huic veritati contraria esse non possunt.

Ea enim quae naturaliter rationi sunt insita, verissima esse constat: in tantum ut nec esse falsa sit possibile cogitare.Nec id quod fide tenetur, cum tam evidenter divinitus confirmatum sit, fas est credere esse falsum. Quia igitur solum falsum vero contrarium est, ut ex eorum definitionibus inspectis manifeste apparet, impossibile est illis principiis quae ratio naturaliter cognoscit, praedictam veritatem fidei contrariam esse.

Item. Illud idem quod inducitur in animam discipuli a docente, doctoris scientia continet: nisi doceat ficte, quod de Deo nefas est dicere. Principiorum autem naturaliter notorum cognitio nobis divinitus est indita: cum ipse Deus sit nostrae auctor naturae. Haec ergo principia etiam divina sapientia continet. Quicquid igitur principiis huiusmodi contrarium est, divinae sapientiae contrariatur. Non igitur a Deo esse potest. Ea igitur quae ex revelatione divina per fidem tenentur, non possunt naturali cognitioni esse contraria.

Adhuc. Contrariis rationibus intellectus noster ligatur, ut ad veri cognitionem procedere nequeat. Si igitur contrariae cognitiones

violência das armas, a admitir sua lei. — Ademais, nenhum oráculo divino dos profetas que o precederam dá testemunho dele; antes, pelo contrário, ele deforma quase todos os documentos do Antigo e Novo Testamento, com um relato fabuloso, como fica claro ao que examina sua lei. Por isso, proibiu aos seus sequazes a leitura dos livros do Antigo e Novo Testamento, por meio de uma decisão astuciosa, para que não fossem arguidos por eles de sua falsidade.

E assim fica claro que os que dão fé a suas palavras creem levianamente.

Capítulo 7
A verdade da razão não é contrária à verdade da fé cristã

Ainda que a citada verdade da fé cristã exceda a capacidade da razão humana, aquilo que é naturalmente inato à razão não pode ser contrário às verdades de fé.

O que é naturalmente inato à razão consta ser tão verdadeiro, que não há possibilidade de pensar em sua falsidade. E menos ainda é lícito crer falso o que se possui pela fé, uma vez que foi confirmado tão evidentemente por Deus. Portanto, porque somente o falso é contrário ao verdadeiro, como fica claro pelo exame de suas definições, não há possibilidade de que a verdade da fé seja contrária aos princípios que a razão conhece naturalmente.

Igualmente, aquilo que o mestre infunde na alma do discípulo é a ciência do doutor, a não ser que ensine com engano, o que não é lícito afirmar de Deus. Ora, o conhecimento dos princípios naturalmente conhecidos foi infundido por Deus em nós, uma vez que Ele é o autor de nossa natureza. Logo, a sabedoria divina contém também estes princípios. Portanto, tudo que esteja contra eles está contra a sabedoria divina. Não é possível que isso seja de Deus. Em consequência, aquilo que se possui por revelação divina não pode ser contrário ao conhecimento natural.

Ainda, o nosso intelecto não pode alcançar o conhecimento da verdade quando está sujeito a razões contrárias. Se Deus nos infun-

nobis a Deo immitterentur, ex hoc a veritatis cognitione noster intellectus impediretur. Quod a Deo esse non potest.

Amplius. Ea quae sunt naturalia mutari non possunt, natura manente. Contrariae autem opiniones simul eidem inesse non possunt. Non igitur contra cognitionem naturalem aliqua opinio vel fides homini a Deo immittitur.

Et ideo apostolus dicit, Rom. 10,8: prope est verbum in corde tuo et in ore tuo: hoc est verbum fidei, quod praedicamus. Sed quia superat rationem, a nonnullis reputatur quasi contrarium. Quod esse non potest. Huic etiam auctoritas Augustini concordat, qui in II super Gen. Ad litt. Dicit sic: illud quod veritas patefaciet, libris sanctis sive testamenti veteris sive novi nullo modo potest esse adversum.

Ex quo evidenter colligitur, quaecumque argumenta contra fidei documenta ponantur, haec ex principiis primis naturae inditis per se notis non recte procedere. Unde nec demonstrationis vim habent, sed vel sunt rationes probabiles vel sophisticae. Et sic ad ea solvenda locus relinquitur.

Capitulum VIII
Qualiter se habeat humana ratio ad veritatem fidei

Considerandum etiam videtur quod res quidem sensibiles, ex quibus humana ratio cognitionis principium sumit, aliquale vestigium in se divinae imitationis retinent, ita tamen imperfectum quod ad declarandam ipsius Dei substantiam omnino insufficiens invenitur. Habent enim effectus suarum causarum suo modo similitudinem, cum agens agat sibi simile: non tamen effectus ad perfectam agentis similitudinem semper pertingit.

Humana igitur ratio ad cognoscendum fidei veritatem, quae solum videntibus divinam substantiam potest esse notissima, ita se habet

dira os conhecimentos contrários, nosso intelecto estaria impedido de conhecer a verdade. O que não pode ser da parte de Deus.

Ademais, o que é natural não pode ser mudado, se permanece a natureza. Ora, não podem coexistir no mesmo sujeito opiniões contrárias de uma mesma coisa. Logo, Deus não infunde no homem opiniões ou uma fé contrária ao conhecimento natural.

Por isso, diz São Paulo: *Próxima de ti está a palavra, em tua boca, em teu coração, isto é, a palavra da fé que pregamos*[34]. Mas, porque supera a razão, alguns a consideram como algo contrário. E isto não é possível. A autoridade de Santo Agostinho concorda, também, com isso: *Aquilo que a verdade descobre de nenhuma maneira pode ser contrário aos livros do Velho e do Novo Testamento*[35].

Disto se infere claramente que quaisquer argumentos que se põem contra o ensino da fé não podem proceder retamente dos primeiros princípios inatos à natureza, conhecidos por si mesmos. Portanto, eles não têm força demonstrativa, ou são razões prováveis ou sofísticas. E assim dão lugar a que sejam desfeitos.

Capítulo 8
Como a razão humana se comporta diante da verdade de fé

Deve-se considerar, também, que as coisas sensíveis, das quais a razão humana toma o princípio do conhecimento, têm em si algum vestígio da semelhança divina, tão imperfeito, entretanto, que é totalmente insuficiente para dar a conhecer a substância do próprio Deus. Como o agente produz algo semelhante a si mesmo[36], os efeitos têm, à sua maneira, semelhanças com suas causas; mas nem sempre o efeito chega a assemelhar-se perfeitamente a seu agente.

Portanto, a razão humana, para conhecer a verdade de fé, que só pode ser claríssima aos que veem a substância divina, se comporta de

---

[34] Romanos 10,8.
[35] Santo Agostinho (354-431), em Comentário Literal ao Gênesis II, 18; ML 34,280.
[36] Aristóteles (384-322 a.C.), em Sobre a Geração e a Corrupção I, 7, 324a, 9-12

quod ad eam potest aliquas verisimilitudines colligere, quae tamen non sufficiunt ad hoc quod praedicta veritas quasi demonstrative vel per se intellecta comprehendatur.

Utile tamen est ut in huiusmodi rationibus, quantumcumque debilibus, se mens humana exerceat, dummodo desit comprehendendi vel demonstrandi praesumptio: quia de rebus altissimis etiam parva et debili consideratione aliquid posse inspicere iucundissimum est, ut ex dictis apparet.

Cui quidem sententiae auctoritas Hilarii concordat, qui sic dicit in libro de Trin., loquens de huiusmodi veritate: haec credendo incipe, procurre, persiste: etsi non perventurum sciam, gratulabor tamen profecturum. Qui enim pie infinita prosequitur, etsi non contingat aliquando, semper tamen proficiet prodeundo. Sed ne te inferas in illud secretum, et arcano interminabilis nativitatis non te immergas, summam intelligentiae comprehendere praesumens: sed intellige incomprehensibilia esse.

tal modo que possa reunir algumas verossimilhanças, as quais, entretanto, são insuficientes para que a citada verdade seja compreendida de uma maneira quase demonstrativa ou evidente por si mesma [*per se intellecta*].

É útil, entretanto, que a mente humana se exercite nessas razões tão fracas, desde que renuncie a compreendê-las e demonstrá-las, porque é agradabilíssimo poder ver algo das coisas altíssimas, como já se disse, ainda que seja por uma pequena e débil consideração.

Concorda com isso a autoridade de Santo Hilário: *Começa crendo isto, progride, persiste; embora saiba que nunca hei de chegar, entretanto, me alegrarei por ter progredido. Quem piamente persegue o infinito, ainda que, por acaso, não o alcance, sempre, entretanto, avançará no seu prosseguimento. Mas não te imiscuas em tal mistério nem te abismes no arcano daquilo cuja origem é sem limites, presumindo compreender a excelência da inteligência, mas entenda que existem coisas incompreensíveis*[37].

Capitulum IX
De ordine et modo procedendi in hoc opere

Ex praemissis igitur evidenter apparet sapientis intentionem circa duplicem veritatem divinorum debere versari, et circa errores contrarios destruendos: ad quarum unam investigatio rationis pertingere potest, alia vero omnem rationis excedit industriam. Dico autem duplicem veritatem divinorum, non ex parte ipsius Dei, qui est una et simplex veritas; sed ex parte cognitionis nostrae, quae ad divina cognoscenda diversimode se habet.

Ad primae igitur veritatis manifestationem per rationes demonstrativas, quibus adversarius convinci possit, procedendum est. Sed quia tales rationes ad secundam veritatem haberi non possunt, non debet esse ad hoc intentio ut adversarius rationibus convincatur: sed ut eius rationes, quas contra veritatem habet, solvantur; cum veritati fidei

Capítulo 9
Ordem e método desta obra

É evidente, pelo que foi exposto, que a intenção do sábio deve tratar das duas verdades sobre as coisas divinas e da destruição dos erros contrários. Uma dessas verdades pode ser investigada pela razão, mas a outra excede toda sua capacidade. Digo duas verdades sobre as coisas divinas, não em relação a Deus, que é verdade una e simples, mas em relação ao nosso conhecimento, que conhece as coisas divinas de várias maneiras.

Deve-se, portanto, proceder na manifestação da primeira verdade por razões demonstrativas que possam convencer o adversário. Mas, como é impossível contar com estas razões para a segunda verdade, não se deve pretender convencer o adversário com razões, mas resolver as razões que ele tem contra a verdade, uma vez que a razão natural, como

---

[37] Santo Hilário (315-367), em Sobre a Trindade II, 10; ML10, 58C-59A.

ratio naturalis contraria esse non possit, ut ostensum est.

Singularis vero modus convincendi adversarium contra huiusmodi veritatem est ex auctoritate Scripturae divinitus confirmata miraculis: quae enim supra rationem humanam sunt, non credimus nisi Deo revelante.

Sunt tamen ad huiusmodi veritatem manifestandam rationes aliquae verisimiles inducendae, ad fidelium quidem exercitium et solatium, non autem ad adversarios convincendos: quia ipsa rationum insufficientia eos magis in suo errore confirmaret, dum aestimarent nos propter tam debiles rationes veritati fidei consentire.

Modo ergo proposito procedere intendentes, primum nitemur ad manifestationem illius veritatis quam fides profitetur et ratio investigat, inducentes rationes demonstrativas et probabiles, quarum quasdam ex libris Philosophorum et sanctorum collegimus per quas veritas confirmetur et adversarius convincatur. Deinde, ut a manifestioribus ad minus manifesta fiat processus, ad illius veritatis manifestationem procedemus quae rationem excedit, solventes rationes adversariorum et rationibus probabilibus et auctoritatibus, quantum Deus dederit, veritatem fidei declarantes.

Intendentibus igitur nobis per viam rationis prosequi ea quae de Deo ratio humana investigare potest, primo, occurrit consideratio de his quae Deo secundum seipsum conveniunt; secundo, vero, de processu creaturarum ab ipso; tertio, autem, de ordine creaturarum in ipsum sicut in finem.

Inter ea vero quae de Deo secundum seipsum consideranda sunt, praemittendum est, quasi totius operis necessarium fundamentum, consideratio qua demonstratur Deum esse.

foi demonstrado[38], não pode contradizer a verdade de fé.

A única maneira de convencer o adversário da segunda verdade é pela autoridade da Escritura, confirmada pelos milagres; porque não cremos o que está acima da razão humana se Deus não o revelar.

Entretanto, para a manifestação da segunda verdade deve-se inserir algumas razões verossímeis, para exercício e recreio dos fiéis, e não para convencer os adversários; porque a mesma insuficiência dessas razões os confirmaria mais em seus erros, ao pensarem que nós consentimos nas verdades de fé por causa dessas razões tão fracas.

Pretendendo proceder, pois, segundo o método proposto, em primeiro lugar nos esforçaremos por manifestar aquela verdade que a fé professa e a razão investiga, inserindo razões demonstrativas e prováveis, algumas das quais recolheremos dos livros dos filósofos e dos santos, e pelas quais a verdade seja confirmada e o adversário convencido[39]. — Depois, prosseguindo do mais conhecido ao menos conhecido, procederemos na exposição daquela verdade que excede a razão, resolvendo as razões dos adversários e declarando, ajudados por Deus, a verdade de fé com argumentos prováveis e de autoridade[40].

Pretendendo, portanto, descobrir, por via racional, aquelas coisas sobre Deus que a razão humana pode investigar, ocorre *primeiro* considerar aquelas que lhe convém em si mesmo — Livro I; *segundo*, como as criaturas procedem dEle — Livro II; e *terceiro*, a ordenação das criaturas a Ele, como fim — Livro III.

Entre aquelas coisas que devem ser consideradas de Deus em si mesmo, sem dúvida, deve ter prioridade, como fundamento necessário de toda obra, a consideração pela qual se demonstra a existência de Deus.

---

[38] Capítulo VII.
[39] Livros Primeiro, Segundo e Terceiro.
[40] Livro Quarto.

Quo non habito, omnis consideratio de rebus divinis tollitur.

Se isso não é estabelecido, toda consideração sobre as coisas divinas é necessariamente eliminada.

A EXISTÊNCIA DE DEUS (10 a 13)

Capitulum X
De opinione dicentium quod Deum esse demonstrari non potest cum sit per se notum

Haec autem consideratio qua quis nititur ad demonstrandum Deum esse, superflua fortasse quibusdam videbitur, qui asserunt quod Deum esse per se notum est, ita quod eius contrarium cogitari non possit, et sic Deum esse demonstrari non potest.

Quod quidem videtur ex his. Illa enim per se esse nota dicuntur quae statim notis terminis cognoscuntur: sicut, cognito quid est totum et quid est pars, statim cognoscitur quod omne totum est maius sua parte. Huiusmodi autem est hoc quod dicimus Deum esse. Nam nomine Dei intelligimus aliquid quo maius cogitari non potest. Hoc autem in intellectu formatur ab eo qui audit et intelligit nomen Dei: ut sic saltem in intellectu iam Deum esse oporteat. Nec potest in intellectu solum esse: nam quod in intellectu et re est, maius est eo quod in solo intellectu est; Deo autem nihil esse maius ipsa nominis ratio demonstrat. Unde restat quod Deum esse per se notum est, quasi ex ipsa significatione nominis manifestum.

Item. Cogitari quidem potest quod aliquid sit quod non possit cogitari non esse. Quod maius est evidenter eo quod potest cogitari non esse. Sic ergo Deo aliquid maius cogitari posset, si ipse posset cogitari non esse. Quod est contra rationem nominis. Relinquitur quod Deum esse per se notum est.

Capítulo 10
A opinião dos que afirmam que não se pode demonstrar a existência de Deus, uma vez que esta existência é evidente por si mesma

Esta consideração, pela qual alguém se esforça por demonstrar que Deus é, parecerá talvez supérflua àqueles[1] que afirmam que a existência de Deus é evidente por si mesma, de tal modo que não se pode pensar o contrário. E assim não se pode demonstrar que Deus é.

Isso, certamente, parece proceder dos argumentos seguintes: Diz-se evidente por si mesmo o que se compreende apenas conhecidos os seus termos. Assim, conhecido o que é o todo e o que é a parte, imediatamente se conhece que o todo é maior que a parte. E isso mesmo sucede quando afirmamos que *Deus é*. Pois entendemos pelo nome de Deus uma coisa tal que não se pode pensar outra maior. Isto se forma no intelecto daquele que ouve e entende o nome de Deus, de tal modo que a existência de Deus seja já necessária, pelo menos, no intelecto. Mas não pode existir somente no intelecto, porque o que existe no intelecto e na realidade é maior do que o que existe somente no entendimento. Ora, a mesma razão do nome demonstra que nada é maior do que Deus. Portanto, resulta que a existência de Deus é evidente por si mesma, como manifesta o significado de seu nome.

Igualmente, pode-se pensar que exista alguma coisa que é impossível de ser pensada não ser, e esta coisa é, evidentemente, maior do que aquela coisa que pode ser pensada não ser. Poder-se-ia pensar, portanto, um ser maior do que Deus, se fosse possível pensar que Deus não é; o que é contra a razão do nome. Resulta daí que Deus é, é evidente por si mesmo[2].

---

[1] Santo Anselmo (1033-1109), em Proslogium [Sobre a Existência de Deus], cap. 2, ML 158.
[2] Ibidem, cap. 3.

Adhuc. Propositiones illas oportet esse notissimas in quibus idem de seipso praedicatur, ut, homo est homo; vel quarum praedicata in definitionibus subiectorum includuntur, ut, homo est animal. In Deo autem hoc prae aliis invenitur, ut infra ostendetur, quod suum esse est sua essentia, ac si idem sit quod respondetur ad quaestionem quid est, et ad quaestionem an est. Sic ergo cum dicitur, Deus est, praedicatum vel est idem subiecto, vel saltem in definitione subiecti includitur. Et ita Deum esse per se notum erit.

Amplius. Quae naturaliter sunt nota, per se cognoscuntur: non enim ad ea cognoscenda inquisitionis studio pervenitur. At Deum esse naturaliter notum est: cum in Deum naturaliter desiderium hominis tendat sicut in ultimum finem, ut infra patebit. Est igitur per se notum Deum esse.

Item. Illud per se notum oportet esse quo omnia alia cognoscuntur. Deus autem huiusmodi est. Sicut enim lux solis principium est omnis visibilis perceptionis, ita divina lux omnis intelligibilis cognitionis principium est: cum sit in quo primum maxime lumen intelligibile invenitur. Oportet igitur quod Deum esse per se notum sit.

Ex his igitur et similibus aliqui opinantur Deum esse sic per se notum existere ut contrarium mente cogitari non possit.

Ainda, é necessário que sejam evidentes por si mesmas as proposições em que se predica o mesmo de si mesmo, como *O homem é homem;* ou aquelas em que o predicado está incluído na definição do sujeito, como *O homem é animal.* Ora, sucede que em Deus, mais que tudo, o seu ser é sua essência, como se dirá mais adiante[3], de tal modo que é a mesma resposta que se dá às perguntas [*quid est*] *o que é?* e [*an est*] *se existe?*. Portanto, quando dizemos *Deus é* o predicado é idêntico ao sujeito ou, pelo menos, está incluído em sua definição. Assim, que Deus é será evidente por si mesmo[4].

Ademais, o que naturalmente é evidente é conhecido por si mesmo; não se chega, pois, a conhecê-lo com o estudo da investigação. Ora, que Deus é é evidente naturalmente, assim o desejo do homem tende naturalmente para Deus, como para seu último fim, como adiante se dirá[5]. Logo, que Deus existe é evidente por si mesmo.

Igualmente, é necessário que o que é evidente por si mesmo seja aquilo pelo qual tudo se conhece. Ora, isto é Deus. Assim como a luz do sol é princípio de toda percepção visível, assim a luz divina o é de todo conhecimento intelectual, uma vez que em Deus se acha em grau sumo a primeira luz inteligível. Logo, é necessário que seja evidente por si mesmo que Deus existe[6].

Por essas razões e outras semelhantes opinam alguns que Deus é é de tal maneira evidente por si mesmo que não se pode pensar o contrário.

Capitulum XI
Reprobatio praemissae opinionis et solutio rationum praemissarum

Praedicta autem opinio provenit, partim quidem ex consuetudine qua ex principio assueti sunt nomen Dei audire et invocare.

Capítulo 11
Refutação da opinião acima mencionada e solução das razões acima mencionadas

A opinião mencionada provém, em parte, do costume de ouvir e invocar o nome de Deus desde a infância. O costume, principalmente

---

3 Cf. cap. 22.
4 Ibidem, cap. 5.
5 Cf. Livro III, cap. 25.
6 Santo Agostinho (354-431), em Solilóquios I, 1, 3.

Consuetudo autem, et praecipue quae est a puero, vim naturae obtinet: ex quo contingit ut ea quibus a pueritia animus imbuitur, ita firmiter teneat ac si essent naturaliter et per se nota.

Partim vero contingit ex eo quod non distinguitur quod est notum per se simpliciter, et quod est quoad nos per se notum. Nam simpliciter quidem Deum esse per se notum est: cum hoc ipsum quod Deus est, sit suum esse. Sed quia hoc ipsum quod Deus est mente concipere non possumus, remanet ignotum quoad nos. Sicut omne totum sua parte maius esse, per se notum est simpliciter: ei autem qui rationem totius mente non conciperet, oporteret esse ignotum. Et sic fit ut ad ea quae sunt notissima rerum, noster intellectus se habeat ut oculus noctuae ad solem, ut II metaphys. Dicitur.

Nec oportet ut statim, cognita huius nominis Deus significatione, Deum esse sit notum, ut prima ratio intendebat.

Primo quidem, quia non omnibus notum est, etiam concedentibus Deum esse, quod Deus sit id quo maius cogitari non possit: cum multi antiquorum mundum istum dixerint Deum esse. Nec etiam ex interpretationibus huius nominis Deus, quas Damascenus ponit, aliquid huiusmodi intelligi datur.

Deinde quia, dato quod ab omnibus per hoc nomen Deus intelligatur aliquid quo maius cogitari non possit, non necesse erit aliquid esse quo maius cogitari non potest in rerum natura. Eodem enim modo necesse est poni rem, et nominis rationem. Ex hoc autem quod mente concipitur quod profertur hoc nomine Deus, non sequitur Deum esse nisi in intellectu. Unde nec oportebit id quo maius cogitari non potest esse nisi in intellectu. Et ex hoc non sequitur quod sit aliquid in rerum na-

o que provém da infância, adquire força de natureza. Por isso, sucede que aquelas coisas de que o espírito se imbui desde a infância se mantenham tão firmemente como naturais e evidentes por si mesmas.

Procede também, em parte, do fato de não se distinguir entre o que é evidente por si simplesmente e o que é evidente por si com relação a nós. Deus ser é certamente evidente por si simplesmente, porque aquilo mesmo que é Deus é seu ser. Mas, porque não podemos conceber com a mente aquilo mesmo que é Deus, resulta desconhecido com respeito a nós. Por exemplo, que o todo seja maior que sua parte é evidente por si simplesmente. Mas, para aquele que não concebe a razão do todo com a mente, é necessário que lhe seja desconhecido. E assim sucede que o nosso intelecto se comporta, em relação às coisas mais evidentes, como o olho da coruja em relação ao sol, como diz o Filósofo[7].

Nem é necessário que, apenas conhecido o significado do nome *Deus*, a existência de Deus seja evidente imediatamente, como pretendia a ***primeira razão***.

Em primeiro lugar, porque não é para todos evidente, nem ainda para os que aceitam que Deus é, que Deus seja uma coisa tal que não se possa pensar outra maior, uma vez que muitos entre os antigos disseram que este mundo é Deus. Nem também as interpretações da palavra *Deus*, referidas por São João Damasceno[8], dão a entender algo semelhante.

Em segundo lugar, suposto que todos entendam pelo nome Deus uma coisa tal que não se possa pensar outra maior, daí não se segue necessariamente que tal coisa exista na realidade. É necessário, pois, que a coisa e a razão de seu nome sejam afirmadas do mesmo modo. Ora, do fato que a mente concebe o que é proferido pelo nome *Deus*, resulta que Deus existe somente no intelecto. Portanto, nem é necessário que a tal coisa, da qual não se pode pensar outra maior, exista fora do entendi-

---

[7] Aristóteles (384-322 a.C.), em Metafísica II, 1a 1.2, 993b.
[8] São João Damasceno (675-749), em A Fé Ortodoxa I, 9; MG 94, 836B-837A.

tura quo maius cogitari non possit. Et sic nihil inconveniens accidit ponentibus Deum non esse: non enim inconveniens est quolibet dato vel in re vel in intellectu aliquid maius cogitari posse, nisi ei qui concedit esse aliquid quo maius cogitari non possit in rerum natura.

Nec etiam oportet, ut secunda ratio proponebat, Deo posse aliquid maius cogitari si potest cogitari non esse. Nam quod possit cogitari non esse, non ex imperfectione sui esse est vel incertitudine, cum suum esse sit secundum se manifestissimum: sed ex debilitate nostri intellectus, qui eum intueri non potest per seipsum, sed ex effectibus eius, et sic ad cognoscendum ipsum esse ratiocinando perducitur.

Ex quo etiam tertia ratio solvitur. Nam sicut nobis per se notum est quod totum sua parte sit maius, sic videntibus ipsam divinam essentiam per se notissimum est Deum esse, ex hoc quod sua essentia est suum esse. Sed quia eius essentiam videre non possumus, ad eius esse cognoscendum non per seipsum, sed per eius effectus pervenimus.

Ad quartam etiam patet solutio. Sic enim homo naturaliter Deum cognoscit sicut naturaliter ipsum desiderat. Desiderat autem ipsum homo naturaliter inquantum desiderat naturaliter beatitudinem, quae est quaedam similitudo divinae bonitatis. Sic igitur non oportet quod Deus ipse in se consideratus sit naturaliter notus homini, sed similitudo ipsius. Unde oportet quod per eius similitudines in effectibus repertas in cognitionem ipsius homo ratiocinando perveniat.

Ad quintam etiam de facili patet solutio. Nam Deus est quidem quo omnia cognoscuntur, non ita quod alia non cognoscantur nisi eo cognito, sicut in principiis per se notis accidit: sed quia per eius influentiam omnis causatur in nobis cognitio.

mento. E disto não resulta que exista na realidade tal coisa. E assim não há inconveniente algum para os que negam a existência de Deus, porque não há inconveniente em pensar uma coisa maior do que qualquer outra, seja na realidade ou no intelecto, a não ser para aquele que aceita existir na realidade tal coisa, da qual não se pode pensar outra maior.

Nem é necessário, como a **segunda razão** propunha, poder pensar uma coisa maior que Deus, se se pode pensar que Deus não é. Pois, o que se poderia pensar que não é, não o é por imperfeição ou por incerteza do seu ser, uma vez que o seu ser é por si evidentíssimo, mas pela debilidade do nosso intelecto, que não pode vê-lo em si mesmo, mas em seus efeitos, e assim, raciocinando, é levado ao conhecimento do seu ser.

Do que foi dito também se resolve a **terceira razão**. Assim como para nós é evidente por si mesmo que o todo é maior que sua parte, assim que Deus é é evidentíssimo por si mesmo para os que veem a mesma essência divina, porque esta é o seu ser. Mas, porque não podemos ver a sua essência, chegamos a conhecer o seu ser não por si mesmo, mas por seus efeitos.

Fica clara, também, a solução da **quarta razão**. O homem conhece naturalmente a Deus, como naturalmente o deseja. E o deseja naturalmente enquanto naturalmente deseja a bem-aventurança, que é uma semelhança da bondade divina. Por isso, não é necessário que o mesmo Deus, considerado em si, seja naturalmente conhecido pelo homem, mas a sua semelhança. Portanto, é necessário que, pelas suas semelhanças encontradas nos efeitos, o homem, raciocinando, chegue ao conhecimento de Deus.

Fica fácil, também, a solução da **quinta razão**. Porque é por Deus que todas as coisas são conhecidas, mas não no sentido de que as outras coisas não são conhecidas a não ser depois de Ele ser conhecido, como acontece com os princípios evidentes por si mesmos, mas porque o que conhecemos é causado por sua influência[9].

---

[9] Santo Agostinho (354-431), em Sobre a Verdadeira Religião, cap. 39; ML 34, 154.

Capitulum XII
De opinione dicentium quod Deum esse demonstrari non potest sed sola fide tenetur

Est autem quaedam aliorum opinio praedictae positioni contraria, per quam etiam inutilis redderetur conatus probare intendentium Deum esse. Dicunt enim quod Deum esse non potest per rationem inveniri, sed per solam viam fidei et revelationis est acceptum.

Ad hoc autem dicendum moti sunt quidam propter debilitatem rationum quas aliqui inducebant ad probandum Deum esse. Posset tamen hic error fulcimentum aliquod falso sibi assumere ex quorundam Philosophorum dictis, qui ostendunt in Deo idem esse essentiam et esse, scilicet id quod respondetur ad quid est, et ad quaestionem an est. Via autem rationis pervenir non potest ut sciatur de Deo quid est. Unde nec ratione videtur posse demonstrari an Deus sit.

Item. Si principium ad demonstrandum an est, secundum artem Philosophi, oportet accipere quid significet nomen; ratio vero significata per nomen est definitio, secundum Philosophum, in IV metaph.; nulla remanebit via ad demonstrandum Deum esse, remota divinae essentiae vel quidditatis cognitione.

Item. Si demonstrationis principia a sensu cognitionis originem sumunt, ut in posterioribus ostenditur, ea quae omnem sensum et sensibilia excedunt, videntur indemonstrabilia esse. Huiusmodi autem est Deum esse. Est igitur indemonstrabile.

Huius autem sententiae falsitas nobis ostenditur, tum ex demonstrationis arte, quae ex effectibus causas concludere docet. Tum ex ipso scientiarum ordine. Nam, si non sit aliqua scibilis substantia supra substantiam sensibi-

Capítulo 12
Opinião dos que afirmam que Deus é não pode ser demonstrada, a não ser unicamente pela fé

Há, também, uma opinião de outros que é contrária à anterior. Segundo ela, seria também inútil o empenho em provar que Deus é. Dizem, com efeito, que a existência de Deus não se pode alcançar pela razão, mas unicamente é acolhida pela via da fé e da revelação.

Alguns foram movidos a dizer isto em razão da debilidade das razões que outros aduziam para provar que Deus é. Entretanto, este erro poderia fundar-se falsamente nas afirmações de alguns filósofos, que demonstram que, em Deus, a essência e a existência são idênticas, isto é, o que se responde à pergunta [*quid est*] *o que é?* corresponde à pergunta [*an est*] *se existe?*. Ora, pela via da razão, não se pode chegar a conhecer o [*quid est*] *o que é* [a essência] de Deus. Portanto, não parece que, pela razão, se possa demonstrar que Deus é.

Igualmente[10], se o princípio de demonstração [*an est*] *se existe?*, como mostra o Filósofo[11], deve compreender a significação do nome; e se, segundo o mesmo Filósofo, *a razão significada pelo nome é a definição*[12], então, sem o conhecimento da essência ou quididade divina não resta via alguma para se demonstrar que Deus é.

Igualmente[13], se os princípios de demonstração se originam do conhecimento pelo sentido, como se mostra nos *Analíticos Posteriores*[14], o que excede todo sentido e as coisas sensíveis parece ser indemonstrável. Ora, tal é, certamente, que Deus é. Logo, é indemonstrável.

Com efeito, a falsidade desta opinião se manifesta a nós, — seja pelo método de demonstração, que ensina a chegar às causas a partir dos efeitos, — seja pela ordem mesma das ciências, porque, se não houver alguma

---
[10] Pugio Fidei I, cap. 2, n. 1, p. 194.
[11] Aristóteles (384-322 a.C.), em Analíticos Posteriores II, 10, 93b, 30.
[12] Aristóteles (384-322 a.C.), em Metafísica IV, 7, 1012a, 23-24.
[13] Cf. Nota 1.
[14] Aristóteles (384-322 a.C.), em Analíticos Posteriores I, 18, 81b, 2-9.

lem, non erit aliqua scientia supra naturalem, ut dicitur in IV metaph. Tum ex Philosophorum studio, qui Deum esse demonstrare conati sunt. Tum etiam apostolica veritate asserente, Rom. 1,20: invisibilia Dei per ea quae facta sunt intellecta conspiciuntur.

Nec hoc debet movere, quod in Deo idem est essentia et esse, ut prima ratio proponebat. Nam hoc intelligitur de esse quo Deus in seipso subsistit, quod nobis quale sit ignotum est, sicut eius essentia. Non autem intelligitur de esse quod significat compositionem intellectus. Sic enim esse Deum sub demonstratione cadit, dum ex rationibus demonstrativis mens nostra inducitur huiusmodi propositionem de Deo formare qua exprimat Deum esse.

In rationibus autem quibus demonstratur Deum esse, non oportet assumi pro medio divinam essentiam sive quidditatem, ut secunda ratio proponebat: sed loco quidditatis accipitur pro medio effectus, sicut accidit in demonstrationibus quia; et ex huiusmodi effectu sumitur ratio huius nominis Deus. Nam omnia divina nomina imponuntur vel ex remotione effectuum divinorum ab ipso, vel ex aliqua habitudine Dei ad suos effectus.

Patet etiam ex hoc quod, etsi Deus sensibilia omnia et sensum excedat, eius tamen effectus, ex quibus demonstratio sumitur ad probandum Deum esse, sensibiles sunt. Et sic nostrae cognitionis origo in sensu est etiam de his quae sensum excedunt.

substância conhecível acima da substância sensível, não haverá uma ciência superior à natural, como se diz em IV *Metafísica*[15]; — seja pelo estudo dos filósofos, que se esforçaram por demonstrar a existência de Deus; — seja pela verdade afirmada pelo Apóstolo: *Com efeito, desde a criação do mundo, as suas perfeições invisíveis, eterno poder e divindade são visíveis em suas obras, para a inteligência*[16].

Nem isto nos deve induzir por que em Deus sejam idênticas a essência e a existência como propunha a **primeira razão**[17]. — Porque isso se entende do ser com que Deus subsiste em si mesmo, que nos é tão desconhecido como sua essência; — nem se entende do ser que significa a composição pelo intelecto. Assim, o ser de Deus é matéria de demonstração, porque o nosso espírito é induzido, por razões demonstrativas, a formar uma proposição a respeito de Deus com a qual exprime que Deus é.

Nas razões[18] que demonstram a existência de Deus, não é necessário assumir como termo médio de demonstração a essência ou quididade divina — como propunha a **segunda razão**[19]. Mas, em lugar da quididade, tomam-se os efeitos, como termo médio, como acontece nas demonstrações [*quia*] *porque*. E destes efeitos obtém-se a razão deste nome *Deus*. Porque todos os nomes divinos lhe são dados ou por remoção de seus efeitos ou por alguma ordenação de Deus em relação a eles.

É evidente[20], também, que embora Deus exceda tudo que é sensível e o mesmo sentido, entretanto os seus efeitos, pelos quais se toma a demonstração para provar que Deus é, são sensíveis. Assim, a origem de nosso conhecimento está no sentido, e também daquelas coisas que excedem o sentido.

---

[15] Aristóteles (384-322 a.C.), em Metafísica IV, 3, 1005a, 33-b I.
[16] Romanos 1,20.
[17] Cf. p. 20.
[18] Cf. Nota 1.
[19] Cf. p. 20.
[20] Pugio Fidei I, cap. 2, n. 2, p. 195.

Capitulum XIII
Rationes ad probandum Deum esse

Ostenso igitur quod non est vanum niti ad demonstrandum Deum esse, procedamus ad ponendum rationes quibus tam Philosophi quam doctores catholici Deum esse probaverunt.

Primo autem ponemus rationes quibus Aristoteles procedit ad probandum Deum esse. Qui hoc probare intendit ex parte motus duabus viis.

Quarum prima talis est: omne quod movetur, ab alio movetur. Patet autem sensu aliquid moveri, utputa solem. Ergo alio movente movetur. — Aut ergo illud movens movetur, aut non. Si non movetur, ergo habemus propositum, quod necesse est ponere aliquod movens immobile. Et hoc dicimus Deum. — Si autem movetur, ergo ab alio movente movetur. Aut ergo est procedere in infinitum: aut est devenire ad aliquod movens immobile. Sed non est procedere in infinitum. — Ergo necesse est ponere aliquod primum movens immobile.

In hac autem probatione sunt duae propositiones probandae: scilicet, quod omne motum movetur ab alio; et quod in moventibus et motis non sit procedere in infinitum.

Quorum primum probat Philosophus tribus modis.

Primo, sic. Si aliquid movet seipsum, oportet quod in se habeat principium motus sui: alias, manifeste ab alio moveretur. — Oportet etiam quod sit primo motum: scilicet quod moveatur ratione sui ipsius, et non ratione suae partis, sicut movetur animal per motum pedis; sic enim totum non moveretur a se, sed sua pars, et una pars ab alia. — Oportet etiam ipsum esse divisibile, et habere partes: cum

Capítulo 13
Razões para provar a existência de Deus[21]
Pelo movimento/Pela causalidade eficiente/ Pelos graus de perfeição/Pela finalidade

Demonstrado, portanto, que não é inútil esforçar-se para demonstrar a existência de Deus, procedamos a expor, num longo capítulo, os argumentos comprobatórios, segundo os quais os filósofos e os doutores católicos provaram que Deus existe.

Em primeiro lugar, afirmaremos as razões com as quais Aristóteles procede para provar a existência de Deus; o que ele pretende a partir do movimento, por duas vias.

A primeira via[22] é: tudo que se move é movido por outro[23]. Ora, é evidente pelos sentidos que alguma coisa se move, por exemplo o sol. Portanto, é movido por outro motor. — Ora, ou este motor se move ou não. Se não se move, temos o que propusemos, que é necessário afirmar um motor imóvel. E a este chamamos Deus. — Se, pelo contrário, é movido, é movido por outro motor. Neste caso, ou se há de proceder ao infinito, ou se há de chegar a um motor imóvel. Ora, é impossível proceder ao infinito. Logo, é necessário afirmar um primeiro motor imóvel.

Nesta demonstração há duas proposições que devem ser provadas, a saber: *Que tudo o que se move é movido por outro*, e que *entre motores e movidos é impossível proceder ao infinito*.

O filósofo prova, de três maneiras, a primeira proposição: *Que tudo o que se move é movido por outro*.

1. Se alguma coisa se move a si mesma, é necessário que tenha em si o princípio de seu movimento; do contrário, seria movida por outro. — É necessário, também, que *seja o primeiro movido*, isto é, que se mova em razão de si mesmo e não em razão de uma de suas partes, como o animal que se move pelo movimento do pé. Assim, não se move todo ele por si mesmo, senão por uma de suas par-

---

[21] O ser de Deus — que Deus é = que Deus existe = a existência de Deus === nota sobre a terminologia.
[22] Pugio Fidei I, cap. 2, n. 2, p. 295.
[23] Aristóteles (384-322 a.C.) em Física VII, I, 241b, 24-242a, 15.

omne quod movetur sit divisibile, ut probatur in VI physic.

His suppositis sic arguit. Hoc quod a seipso ponitur moveri, est primo motum.

Ergo ad quietem unius partis eius, sequitur quies totius. Si enim, quiescente una parte, alia pars eius moveretur, tunc ipsum totum non esset primo motum, sed pars eius quae movetur alia quiescente. Nihil autem quod quiescit quiescente alio, movetur a seipso: cuius enim quies ad quietem sequitur alterius, oportet quod motus ad motum alterius sequatur; et sic non movetur a seipso. Ergo hoc quod ponebatur a seipso moveri, non movetur a seipso. Necesse est ergo omne quod movetur, ab alio moveri.

Nec obviat huic rationi quod forte aliquis posset dicere quod eius quod ponitur movere seipsum, pars non potest quiescere; et iterum quod partis non est quiescere vel moveri nisi per accidens; ut Avicenna calumniatur.

Quia vis rationis in hoc consistit, quod, si aliquid seipsum moveat primo et per se, non ratione partium, oportet quod suum moveri non dependeat ab aliquo; moveri autem ipsius divisibilis, sicut et eius esse, dependet a partibus; et sic non potest seipsum movere primo et per se. Non requiritur ergo ad veritatem conclusionis inductae quod supponatur partem moventis seipsum quiescere quasi quoddam verum absolute: sed oportet hanc conditionalem esse veram, quod, si quiesceret pars, quod quiesceret totum. Quae quidem potest esse vera etiam si antecedens sit impossibile: sicut ista conditionalis est vera, si homo est asinus, est irrationalis.

tes, e uma moveria a outra. — É necessário, ainda, que seja divisível e que tenha partes, porque tudo que se move é divisível, como se prova no livro VI da *Física*[24].

Suposto isto, o Filósofo argumenta assim: aquilo que se afirma movido por si mesmo é primeiramente movido.

Portanto, o repouso de uma de suas partes resulta no repouso do todo. Se, com efeito, uma parte está em repouso e a outra se move, o todo não seria movido primeiramente, mas a parte que se move, enquanto a outra repousa. — Ora, nenhuma coisa que repousa enquanto a outra repousa se move por si mesmo; porque, quando o repouso de uma se segue ao repouso de outra, é necessário que seu movimento siga o movimento da outra, e assim não se move a si mesma. — Logo, aquilo que se afirmava como movido por si mesmo não se move a si mesmo. Portanto, tudo que se move é necessariamente movido por outro.

A essa razão não se opõe aquilo que alguém, talvez, pudesse dizer que a parte do que se afirma mover-se a si mesmo não pode repousar, e ademais que não é próprio de uma parte repousar ou mover-se a não ser acidentalmente, como interpreta falsamente Avicena[25].

A força da razão consiste nisto: se algo se move primeiramente e por si, não em virtude de suas partes, é necessário que seu movimento não dependa de outro. Ora, o mover-se do divisível, como seu próprio ser, depende de suas partes; e por isso não pode mover-se primeiramente e por si mesmo. Logo, a verdade da conclusão deduzida não requer que se suponha, como absolutamente verdadeiro, que uma parte do que se move a si mesmo esteja em repouso. Entretanto, é necessário que esta condicional seja verdadeira, ou seja, *se a parte repousasse*, repousaria também o todo. Esta condicional pode; na realidade, ser verdadeira, embora seu antecedente seja impossível, como é verdadeira a seguinte condicional: *se o homem é um asno, é irracional*.

---

[24] Aristóteles (384-322 a.C.), em Física VI, 4, 2324b, 10-20.
[25] Avicena (980-1037), em Suficiência II 1.

Secundo, probat per inductionem, sic. Omne quod movetur per accidens, non movetur a seipso. Movetur enim ad motum alterius. — Similiter neque quod movetur per violentiam: ut manifestum est. — Neque quae moventur per naturam ut ex se mota, sicut animalia, quae constat ab anima moveri. — Nec iterum quae moventur per naturam ut gravia et levia. Quia haec moventur a generante et removente prohibens.

Omne autem quod movetur, vel movetur per se, vel per accidens. Et si per se, vel per violentiam, vel per naturam. Et hoc, vel motum ex se, ut animal; vel non motum ex se, ut grave et leve. Ergo omne quod movetur, ab alio movetur.

Tertio, probat sic. Nihil idem est simul actu et potentia respectu eiusdem. Sed omne quod movetur, inquantum huiusmodi, est in potentia: quia motus est actus existentis in potentia secundum quod huiusmodi. — Omne autem quod movet est in actu, inquantum huiusmodi: quia nihil agit nisi secundum quod est in actu. Ergo nihil est respectu eiusdem motus movens et motum. — Et sic nihil movet seipsum. Sciendum autem quod Plato qui posuit omne movens moveri, communius accepit nomen motus quam Aristoteles. — Aristoteles enim proprie accepit motum secundum quod est actus existentis in potentia secundum quod huiusmodi: qualiter non est nisi divisibilium et corporum, ut probatur in VI physic.

Secundum Platonem autem movens seipsum non est corpus: accipiebat enim motum

2. **Em segundo lugar, prova por indução**[26] **desta maneira: Tudo o que se move acidentalmente não se move a si mesmo.** Move-se pelo movimento do outro. — Igualmente, nem o que é movido por violência; o que é claro. — Nem os que são movidos pela natureza como se fossem movidos por si, como os animais, os quais consta que são movidos pela alma. — Nem, enfim, aquelas coisas que são movidas pela natureza, como as coisas pesadas ou leves, que são movidas por quem as gera e remove o impedimento.

Ora, tudo o que se move ou se move por si mesmo ou acidentalmente. Se é por si, ou é por violência ou por natureza. Se é por natureza, ou é por movimento de si mesmo, como o dos animais, ou é por movimento que não é de si mesmo, como o das coisas pesadas ou leves. Logo, tudo o que se move é movido por outro.

3. **Em terceiro lugar, a prova é a seguinte**[27]**: Nada está simultaneamente em ato e potência em relação a uma mesma coisa.** Mas tudo que se move, enquanto se move, está em potência, porque o movimento é *o ato do que existe em potência, enquanto tal*[28]. Ora, tudo o que move, enquanto move, está em ato, porque nada obra a não ser enquanto está em ato. Logo, nada é, em relação a um mesmo movimento, motor e movido. E assim, nada se move a si mesmo. — Deve-se saber, entretanto, que Platão, ao afirmar que todo motor se move[29], tomou a palavra *movimento* num sentido mais amplo que Aristóteles. — Aristóteles toma propriamente o movimento enquanto é um ato daquilo que existe em potência enquanto tal, como é o ato das coisas divisíveis e dos corpos, como se prova no livro VI da *Física*[30].

Segundo Platão, o que move a si mesmo não é o corpo; pois entendia o movimento

---

[26] Aristóteles (384-322 a.C.), em Física VIII, 4, 254b-256a.
[27] Aristóteles (384-322 a.C.), em Física VIII, 5, 257b, 6-13.
[28] Aristóteles (384-322 a.C.), em Física III, 1, 201a, 10-11.
[29] Platão (254-184 a.C.), em Fedro XXIV, 245c.
[30] Aristóteles (384-322 a.C.), em Física VIII, 5, 257b, 6-13.

pro qualibet operatione, ita quod intelligere et opinari sit quoddam moveri; quem etiam modum loquendi Aristoteles tangit in III de anima. Secundum hoc ergo dicebat primum movens seipsum movere quod intelligit se et vult vel amat se. Quod in aliquo non repugnat rationibus Aristotelis: nihil enim differt devenire ad aliquod primum quod moveat se, secundum Platonem; et devenire ad primum quod omnino sit immobile, secundum Aristotelem.

Aliam autem propositionem, scilicet quod in moventibus et motis non sit procedere in infinitum, probat tribus rationibus.

Quarum prima talis est. Si in motoribus et motis proceditur in infinitum, oportet omnia huiusmodi infinita corpora esse: quia omne quod movetur est divisibile et corpus, ut probatur in VI physic. Omne autem corpus quod movet motum, simul dum movet movetur. Ergo omnia ista infinita simul moventur dum unum eorum movetur. Sed unum eorum, cum sit finitum, movetur tempore finito. Ergo omnia illa infinita moventur tempore finito. Hoc autem est impossibile. Ergo impossibile est quod in motoribus et motis procedatur in infinitum.

Quod autem sit impossibile quod infinita praedicta moveantur tempore finito, sic probat. Movens et motum oportet simul esse: ut probat inducendo in singulis speciebus motus. Sed corpora non possunt simul esse nisi per continuitatem vel contiguationem. Cum ergo omnia praedicta moventia et mota sint corpora, ut probatum est, oportet quod sint quasi unum mobile per continuationem vel contiguationem. Et sic unum infinitum movetur tempore finito. Quod est impossibile, ut probatur in VI physicorum.

como qualquer operação, como o entender e o opinar são certo mover-se; sentido que Aristóteles anota no livro III *da Alma*.[31] Segundo isso, dizia Platão que o primeiro motor move a si mesmo pelo fato de se entender e de se querer ou de se amar. Isto, em certo sentido, não se opõe às razões de Aristóteles; pois não há diferença em chegar a um primeiro motor que se mova, segundo Platão, e em chegar a um primeiro motor absolutamente imóvel, segundo Aristóteles.

A segunda proposição: *Nos motores e movidos não é possível proceder ao infinito,* **prova-se com três razões:**

1. A primeira razão é: se se procede ao infinito nos motores e movidos, é necessário que todos esses infinitos sejam corpos, porque, como prova o livro VI da *Física*[32], tudo o que se move é divisível e corpo. Ora, todo corpo que move, ao mover-se, é movido ao mesmo tempo em que move. Logo, todos esses infinitos se movem simultaneamente quando um deles se move. Ora, este, como é finito, se move em tempo finito. Logo, todos aqueles infinitos se movem em tempo finito. Isto é impossível. Portanto, é impossível que nos motores e movidos se proceda ao infinito.

Que seja impossível que estes infinitos se movam em tempo finito se prova deste modo[33]: é necessário que o que move e o que é movido sejam simultâneos, como se prova induzindo o movimento em cada uma das espécies [de infinitos]. Ora, os corpos não podem existir simultaneamente se não é por continuidade ou por contiguidade. Logo, como todos os motores e movidos são corpos, como já se provou, é necessário que sejam como um só móvel por continuidade ou contiguidade. E assim um infinito se move em tempo finito, o que é impossível, como se prova no livro VI da *Física*[34].

---

[31] Aristóteles (384-322 a.C.), em Sobre a Alma III, 7, 431a.
[32] Aristóteles (384-322 a.C.), em Física VI, 4, 234.
[33] Aristóteles (384-322 a.C.), em Física VII, 1,2; 242a,1 5-245b, 2.
[34] Aristóteles (384-322 a.C.), em Física VI, 7, 238a, 32b-16.

Secunda ratio ad idem probandum talis est. In moventibus et motis ordinatis, quorum scilicet unum per ordinem ab alio movetur, hoc necesse est inveniri, quod, remoto primo movente vel cessante a motione, nullum aliorum movebit neque movebitur: quia primum est causa movendi omnibus aliis. Sed si sint moventia et mota per ordinem in infinitum, non erit aliquod primum movens, sed omnia erunt quasi media moventia. Ergo nullum aliorum poterit moveri. Et sic nihil movebitur in mundo.

Tertia probatio in idem redit, nisi quod est ordine transmutato, incipiendo scilicet a superiori. Et est talis. Id quod movet instrumentaliter, non potest movere nisi sit aliquid quod principaliter moveat. Sed si in infinitum procedatur in moventibus et motis, omnia erunt quasi instrumentaliter moventia, quia ponentur sicut moventia mota, nihil autem erit sicut principale movens. Ergo nihil movebitur.

Et sic patet probatio utriusque propositionis quae supponebatur in prima demonstrationis via, qua probat Aristoteles esse primum motorem immobilem.

Secunda via talis est. Si omne movens movetur, aut haec propositio est vera per se, aut per accidens. Si per accidens, ergo non est necessaria: quod enim est per accidens verum, non est necessarium. Contingens est ergo nullum movens moveri. Sed si movens non movetur, non movet: ut adversarius dicit. Ergo contingens est nihil moveri: nam, si nihil movet, nihil movetur. — Hoc autem habet Aristoteles pro impossibili, quod scilicet aliquando nullus motus sit. Ergo primum non fuit contingens: quia ex falso contingenti non sequitur falsum impossibile. Et sic haec propositio, omne movens ab alio movetur, non fuit per accidens vera.

2. A *segunda* razão para provar é a seguinte[35]: nos motores e movidos que estão em ordem, isto é, um dos quais é movido pelo outro ordenadamente, é necessário acontecer que removido o primeiro motor ou cessando em seu movimento, nenhum dos outros moverá nem será movido, porque o primeiro é causa do movimento de todos os demais. Ora, se estes motores e movidos ordenados existissem ao infinito, não haveria um primeiro motor, pois todos seriam como motores intermediários. Logo, nenhum deles poderia mover-se e assim nada se moveria no mundo.

3. A *terceira* prova volta ao mesmo[36], embora alterando a ordem, isto é, começando pelo superior. E é assim: o que move instrumentalmente não pode mover se não há algo que mova como principal. Ora, se os motores e movidos procedessem ao infinito, todos eles seriam como motores instrumentais, porque se tomam como motores movidos, e nenhum deles será o motor principal. Logo, nada se moverá.

Deste modo fica clara a prova das duas proposições supostas na primeira via de demonstração, pela qual Aristóteles prova que existe um *primeiro motor imóvel*.

A segunda via é esta[37]: se todo motor se move, esta proposição ou é verdadeira por si ou por acidente.

Se é por acidente, não é necessária, porque o que é verdadeiro por acidente não é necessário. Portanto, é contingente [ou possível] que nenhum motor se mova. Ora, se o motor não se move, não move, como diz o adversário. Portanto, é contingente que nada se mova, porque se nada move nada se move. Aristóteles[38] considera impossível que alguma vez nunca houvesse movimento. Logo, o primeiro motor não foi contingente, porque de uma falsidade contingente não se segue uma falsidade impossível. E assim esta proposição:

---

[35] Aristóteles (384-322 a.C.), em Física VIII 5, 256a, 17-21.
[36] Aristóteles (384-322 a.C.), em Física VIII, 5, 256a, 21-b, 3.
[37] Aristóteles (384-322 a.C.), em Física VIII, 5, 256b, 3-13.
[38] Aristóteles (384-322 a.C.), em Física VIII, 1, 250b, 11-252a, 4.

Item, si aliqua duo sunt coniuncta per accidens in aliquo; et unum illorum invenitur sine altero, probabile est quod alterum absque illo inveniri possit: sicut, si album et musicum inveniuntur in socrate, et in Platone invenitur musicum absque albo, probabile est quod in aliquo alio possit inveniri album absque musico. Si igitur movens et motum coniunguntur in aliquo per accidens, motum autem invenitur in aliquo absque eo quod moveat, probabile est quod movens inveniatur absque eo quod moveatur. — Nec contra hoc potest ferri instantia de duobus quorum unum ab altero dependet: quia haec non coniunguntur per se, sed per accidens.

Si autem praedicta propositio est vera per se, similiter sequitur impossibile vel inconveniens. Quia vel oportet quod movens moveatur eadem specie motus qua movet, vel alia.

Si eadem, ergo oportebit quod alterans alteretur, et ulterius quod sanans sanetur, et quod docens doceatur, et secundum eandem scientiam. Hoc autem est impossibile: nam docentem necesse est habere scientiam, addiscentem vero necesse est non habere; et sic idem habebitur ab eodem et non habebitur, quod est impossibile.

Si autem secundum aliam speciem motus movetur, ita scilicet quod alterans moveatur secundum locum, et movens secundum locum augeatur, et sic de aliis; cum sint finita genera et species motus, sequetur quod non sit abire in infinitum. Et sic erit aliquod primum movens quod non movetur ab alio.

Nisi forte aliquis dicat quod fiat reflexio hoc modo quod, completis omnibus generibus et speciebus motus, iterum oporteat redire ad primam: ut, si movens secundum locum alteretur et alterans augeatur, iterum augens moveatur secundum locum. Sed ex

tudo o que move é movido por outro, não foi verdadeira por acidente.

Igualmente, se duas coisas estão unidas por acidente e em alguma coisa, e uma delas se encontra sem a outra, é provável que esta outra possa se encontrar sem a primeira. Por exemplo, se o ser branco e o ser músico se encontram em Sócrates, e em Platão só se encontra o ser músico, sem a brancura, é provável que em algum outro possa se encontrar o ser branco sem o ser músico. Logo, se o motor e o movido estão unidos por acidente a uma coisa, e o movido se encontrar com outra coisa sem aquela que o move, é provável, ainda mais, é necessário que o motor se encontre sem aquela que é movida. — Não cabe recorrer contra isto dizendo que um depende do outro, porque um e outro não se unem por si, mas por acidente.

Se a proposição citada [*tudo o que move é movido por outro*] **é verdadeira por si mesma**, resultariam as mesmas impossibilidades e inconveniências. Porque ou o motor deveria se mover pela mesma espécie de movimento com que move ou por outra espécie.

Se fosse pela mesma espécie, será necessário que aquele que altera seja alterado, o que cura seja curado, e o que ensina seja ensinado e segundo a mesma ciência. É isto impossível, pois é necessário que quem ensina tenha a ciência, como também é necessário que aquele que aprende não a tenha; e assim a mesma coisa seria tida e não seria tida pelo mesmo, o que é impossível.

Mas, se o que é movido se move por outra espécie de movimento, de tal modo que aquele que altera se mova localmente e aquele que move cresça localmente, e assim por diante, como os gêneros e espécies de movimentos são finitos, seguir-se-ia que não seria possível proceder ao infinito. E, assim, haveria um primeiro motor que não é movido por outro.

A não ser que diga alguém que a reflexão se faça desta maneira: uma vez completos todos os gêneros e espécies de movimento, se deve voltar à primeira de novo. Por exemplo: se o motor se altera localmente e ao se alterar aumenta, de novo aquele que aumenta se

hoc sequetur idem quod prius: scilicet quod id quod movet secundum aliquam speciem motus, secundum eandem moveatur, licet non immediate sed mediate.

Ergo relinquitur quod oportet ponere aliquod primum quod non movetur ab alio exteriori.

Quia vero, hoc habito quod sit primum movens quod non movetur ab alio exteriori, non sequitur quod sit penitus immobile, ideo ulterius procedit Aristoteles, dicendo quod hoc potest esse dupliciter. Uno modo, ita quod illud primum sit penitus immobile. Quo posito, habetur propositum: scilicet, quod sit aliquod primum movens immobile. — Alio modo, quod illud primum moveatur a seipso. Et hoc videtur probabile: quia quod est per se, semper est prius eo quod est per aliud; unde et in motis primum motum rationabile est per seipsum moveri, non ab alio.

Sed, hoc dato, iterum idem sequitur. Non enim potest dici quod movens seipsum totum moveatur a toto: quia sic sequerentur praedicta inconvenientia, scilicet quod aliquis simul doceret et doceretur, et similiter in aliis motibus; et iterum quod aliquid simul esset in potentia et actu, nam movens, inquantum huiusmodi, est actu, motum vero in potentia. Relinquitur igitur quod una pars eius est movens tantum et altera mota. Et sic habetur idem quod prius: scilicet quod aliquid sit movens immobile.

Non autem potest dici quod utraque pars moveatur, ita quod una ab altera; neque quod una pars moveat seipsam et moveat alteram; neque quod totum moveat partem; neque quod pars moveat totum: quia sequerentur praemissa inconvenientia, scilicet quod aliquid simul moveret et moveretur secundum eandem speciem motus; et quod simul esset

move localmente. Mas disso resultaria o mesmo que antes, a saber, que aquilo que move de acordo com uma espécie de movimento se mova de acordo com a mesma, embora não imediata, mas mediatamente.

Portanto, conclui-se que é necessário afirmar *um primeiro que não é movido por outro exterior.*

Dado que exista um primeiro motor que não se move por algo exterior, não se conclui daí que seja totalmente imóvel, por isso Aristóteles prossegue, dizendo que isto pode ser de duas maneiras: — A primeira, que o primeiro motor seja absolutamente imóvel, e uma vez afirmado isto, tem-se o objetivo, isto é, existe algum primeiro motor imóvel. — A segunda maneira, que aquele primeiro motor se mova por si mesmo. Isto parece provável, porque aquilo que é por si é anterior àquilo que é por outro. Por isso, é razoável, nos que são movidos, que o primeiro motor se mova por si mesmo e não por outro[39].

Dado isto, conclui-se novamente o mesmo. Porque não se pode dizer que aquilo que se move todo inteiro seja movido totalmente, porque desse modo resultariam os inconvenientes já mencionados, a saber, que alguém ensinaria e simultaneamente seria ensinado, e de modo semelhante nos outros movimentos; e novamente, que algo estaria, ao mesmo tempo, em potência e em ato, porque aquele que move, enquanto tal, está em ato, e aquele que é movido, em potência. Portanto, conclui-se que uma de suas partes é somente motor e a outra movida. E assim se tem o mesmo que acima, isto é, que algo é motor imóvel[40].

Não se pode dizer que as duas partes são movidas, uma pela outra, — nem que uma parte se move a si mesma e mova a outra, — nem que o todo move a parte, — nem que a parte move o todo, porque resultariam os inconvenientes citados, isto é, que uma coisa seria, ao mesmo tempo, movida e motor segundo a mesma espécie de movimento, e que

---

[39] Aristóteles (384-322 a.C.), em Física VIII, 5, 257a, 25-33.
[40] Aristóteles (384-322 a.C.), em Física VIII, 5, 257b, 3-12.

in potentia et actu; et ulterius quod totum non esset primo movens se, sed ratione partis. Relinquitur ergo quod moventis seipsum oportet unam partem esse immobilem et moventem aliam partem.

Sed quia in moventibus se quae sunt apud nos, scilicet in animalibus, pars movens, scilicet anima, etsi sit immobilis per se, movetur tamen per accidens; ulterius ostendit quod primi moventis seipsum pars movens non movetur neque per se neque per accidens. Moventia enim se quae sunt apud nos, scilicet animalia, cum sint corruptibilia, pars movens in eis movetur per accidens. Necesse est autem moventia se corruptibilia reduci ad aliquod primum movens se quod sit sempiternum. Ergo necesse est aliquem motorem esse alicuius moventis seipsum qui neque per se neque per accidens moveatur.

Quod autem necesse sit, secundum suam positionem, aliquod movens se esse sempiternum, patet. Si enim motus est sempiternus, ut ipse supponit, oportet quod generatio moventium seipsa quae sunt generabilia et corruptibilia, sit perpetua. Sed huius perpetuitatis non potest esse causa aliquod ipsorum moventium se: quia non semper est. Nec simul omnia: tum quia infinita essent; tum quia non simul sunt. Relinquitur igitur quod oportet esse aliquod movens seipsum perpetuum, quod causat perpetuitatem generationis in istis inferioribus moventibus se. Et sic motor eius non movetur neque per se neque per accidens.

Item, in moventibus se videmus quod aliqua incipiunt de novo moveri propter aliquem motum quo non movetur a seipso animal, sicut cibo digesto aut aere alterato: quo quidem motu ipse motor movens seipsum movetur per accidens. Ex quo potest accipi quod nullum movens seipsum movetur semper cuius motor movetur per se vel per accidens. Sed primum

estaria ao mesmo tempo em potência e em ato; ademais, que o todo não seria aquilo que se moveria primeiro, mas em razão da parte. Conclui-se, portanto, ser necessário naquilo que se move a si mesmo que uma parte seja imóvel e motora a outra[41].

Ora, nas coisas que se movem a si mesmas entre nós, isto é, nos animais, a parte motora, a saber, a alma, embora seja imóvel por si, é, contudo, movida por acidente. Aristóteles mostra ainda que a parte motora do que primeiro move a si mesmo não é movida nem por si, nem por acidente.

Os que se movem entre nós, por exemplo, os animais, como são corruptíveis, sua parte motora se move por acidente. Portanto, é necessário reduzir estes corruptíveis que movem a si mesmos a um primeiro motor que seja eterno. Logo, deve existir um motor naquele que move a si mesmo que não seja movido nem por si, nem por acidente.

Que seja necessário, como afirma Aristóteles, existir um motor que move a si mesmo eterno, é evidente. Porque se o movimento é eterno, como ele supõe, é necessário que a geração dos que movem a si mesmos, os geráveis e os corruptíveis, seja perpétua. Mas um desses que movem a si mesmos não pode ser causa dessa perpetuidade, porque não existe sempre. Nem podem sê-lo todos ao mesmo tempo, seja porque seriam infinitos, seja porque não existem ao mesmo tempo. Conclui-se, portanto, que deve existir algo que mova a si mesmo perpetuamente, e que causa a perpetuidade da geração nos inferiores que movem a si mesmos. E assim o seu motor não é movido nem por si, nem por acidente.

Igualmente, entre os que movem a si mesmos, vemos que alguns começam a mover-se de novo por algum movimento pelo qual o animal não é movido por si mesmo, como pela digestão do alimento ou pela alteração do ar. Com efeito, por este movimento, o mesmo motor daquele que move a si mesmo é movido por acidente. A partir disso se pode com-

---

[41] Aristóteles (384-322 a.C.), em Física VIII, 5, 257b13-258a5.

movens seipsum movetur semper: alias non posset motus esse sempiternus, cum omnis alius motus a motu primi moventis seipsum causetur. Relinquitur igitur quod primum movens seipsum movetur a motore qui non movetur neque per se neque per accidens.

Nec est contra hanc rationem quod motores inferiorum orbium movent motum sempiternum, et tamen dicuntur moveri per accidens. Quia dicuntur moveri per accidens non ratione sui ipsorum, sed ratione suorum mobilium, quae sequuntur motum superioris orbis.

Sed quia Deus non est pars alicuius moventis seipsum, ulterius Aristoteles, in sua metaphysica, investigat ex hoc motore qui est pars moventis seipsum, alium motorem separatum omnino, qui est Deus. Cum enim omne movens seipsum moveatur per appetitum, oportet quod motor qui est pars moventis seipsum, moveat propter appetitum alicuius appetibilis. Quod est eo superius in movendo: nam appetens est quodammodo movens motum; appetibile autem est movens omnino non motum. Oportet igitur esse primum motorem separatum omnino immobilem, qui Deus est.

Praedictos autem processus duo videntur infirmare.

Quorum primum est, quod procedunt ex suppositione aeternitatis motus: quod apud catholicos supponitur esse falsum. Et ad hoc dicendum quod via efficacissima ad probandum Deum esse est ex suppositione aeternitatis mundi, qua posita, minus videtur esse manifestum quod Deus sit. Nam si mundus et motus de novo incoepit, planum est quod oportet poni aliquam causam quae de novo producat mundum et motum: quia omne quod de novo fit, ab aliquo innovatore opor-

preender que nenhum que move a si mesmo, cujo motor é movido por si ou por acidente, se mova sempre. Mas o primeiro que move a si mesmo move-se sempre; do contrário o movimento não poderia ser eterno, uma vez que todo outro movimento é causado pelo movimento do primeiro que move a si mesmo. Conclui-se, pois, que o primeiro que move a si mesmo é movido pelo motor que não é movido nem por si nem por acidente.

Nem é contra esta razão que os motores dos orbes inferiores movam com movimento eterno, e, entretanto, são ditos que se movem por acidente. São, pois, ditos moverem-se por acidente, não em razão de si mesmos, mas em razão de seus móveis [*mobilium*], que seguem o movimento do orbe superior.

Mas, porque Deus não é parte de algo que move a si mesmo, Aristóteles[42] investiga depois, a partir deste motor que é parte do que move a si mesmo, outro motor totalmente separado, que é Deus. Como tudo o que move a si mesmo move-se por apetite, é necessário que o motor que é parte do que move a si mesmo mova pelo apetite de algo apetecível. E este é superior ao motor no movimento, pois quem apetece é, de alguma maneira, o que move e o que é movido, enquanto o que é apetecível é o que move totalmente não movido. Logo, é necessário que exista *um primeiro motor separado, totalmente imóvel*, que é Deus.

Os dois procedimentos mencionados parecem ser fracos.

O *primeiro* dos procedimentos é que se procede da suposição da eternidade do movimento; o que os católicos supõem ser falsa. Deve-se dizer a isto que a via mais eficaz para provar a existência de Deus procede da suposição da eternidade do mundo. Afirmada essa suposição, parece ser menos clara a existência de Deus. Pois, se o mundo e o movimento começaram novamente, é evidente que se deve afirmar alguma causa que produza o mundo e o movimento novamente, porque tudo o que

---

[42] Aristóteles (384-322 a.C.), em Metafísica XI, 7, 1072a, 26-30.

tet sumere originem; cum nihil educat se de potentia in actum vel de non esse in esse.

Secundum est, quod supponitur in praedictis demonstrationibus primum motum, scilicet corpus caeleste, esse motum ex se. Ex quo sequitur ipsum esse animatum. Quod a multis non conceditur. Et ad hoc dicendum est quod, si primum movens non ponitur motum ex se, oportet quod moveatur immediate a penitus immobili. Unde etiam Aristoteles sub disiunctione hanc conclusionem inducit: quod scilicet oporteat vel statim devenire ad primum movens immobile separatum, vel ad movens seipsum, ex quo iterum devenitur ad movens primum immobile separatum.

Procedit autem Philosophus alia via in II metaphys., ad ostendendum non posse procedi in infinitum in causis efficientibus, sed esse devenire ad unam causam primam: et hanc dicimus Deum.

Et haec via talis est. In omnibus causis efficientibus ordinatis primum est causa medii, et medium est causa ultimi: sive sit unum, sive plura media. Remota autem causa, removetur id cuius est causa. Ergo, remoto primo, medium causa esse non poterit. Sed si procedatur in causis efficientibus in infinitum, nulla causarum erit prima. Ergo omnes aliae tollentur, quae sunt mediae. Hoc autem est manifeste falsum. Ergo oportet ponere primam causam efficientem esse. Quae Deus est.

Potest etiam alia ratio colligi ex verbis Aristotelis. In II enim metaphys. Ostendit quod ea quae sunt maxime vera, sunt et maxime entia. In IV autem metaphys. Ostendit esse aliquid maxime verum, ex hoc quod videmus duorum falsorum unum altero esse magis falsum, unde oportet ut alterum sit etiam altero verius; hoc autem est secundum approximationem ad id quod est simpliciter et maxime

começa novamente deve originar-se de algum iniciador; uma vez que nada leva algo da potência ao ato ou do não existir ao existir.

O *segundo* procedimento supõe, nas demonstrações citadas, que o primeiro movido, isto é, o corpo celeste, é movido por si. Segue-se disso que ele mesmo é animado, o que muitos não concedem. Deve-se dizer a isto que, se o primeiro motor não se diz movido por si, é necessário que seja movido imediatamente pelo que é totalmente imóvel. Por isso, Aristóteles induz a esta conclusão disjuntiva, a saber, é necessário chegar **ou** imediatamente ao primeiro motor imóvel separado, **ou** ao que move a si mesmo, do qual se chega de novo a um primeiro motor imóvel separado.

Procede, ainda, Aristóteles por outra via[43] para demonstrar que nas causas eficientes não é possível proceder ao infinito, mas que é necessário chegar a uma causa primeira, à qual chamamos Deus.

Esta [terceira] via é a seguinte: em todas as causas eficientes ordenadas, o que é primeiro é causa do meio, e o meio é causa do último, seja um só meio ou sejam vários meios. Ora, removida a causa, remove-se aquilo do qual é causa. Portanto, removido o primeiro, o meio não poderá ser causa. Ora, se se procedesse ao infinito nas causas eficientes, nenhuma seria causa primeira. Portanto, seriam excluídas todas aquelas que são meios. Isto é, entretanto, manifestamente falso. Logo, é necessário afirmar a existência de *uma primeira causa eficiente*. Esta é Deus.

Entretanto, pode-se colher outra razão das mesmas palavras de Aristóteles[44]. Ele demonstra que **aquelas coisas que são verdadeiras em grau sumo são também entes em grau sumo [quarta via dos graus de perfeição]**. Ora, na mesma obra[45], demonstra que há algo verdadeiro em grau sumo, pelo fato de que, entre duas coisas falsas, vemos que uma é mais falsa que a outra, e assim é necessário que uma

---

[43] Aristóteles (384-322 a.C.), em Metafísica II, 2, 994a, 1-19.
[44] Aristóteles (384-322 a.C.), em Metafísica Ia, 1, 993b, 28-31.
[45] Aristóteles (384-322 a.C.), em Metafísica III, 4, 1008b, 31-1009a, 5.

verum. Ex quibus concludi potest ulterius esse aliquid quod est maxime ens. Et hoc dicimus Deum.

Ad hoc etiam inducitur a Damasceno alia ratio sumpta ex rerum gubernatione: quam etiam innuit Commentator in II physicorum. Et est talis. Impossibile est aliqua contraria et dissonantia in unum ordinem concordare semper vel pluries nisi alicuius gubernatione, ex qua omnibus et singulis tribuitur ut ad certum finem tendant. Sed in mundo videmus res diversarum naturarum in unum ordinem concordare, non ut raro et a casu, sed ut semper vel in maiori parte. Oportet ergo esse aliquem cuius providentia mundus gubernetur. Et hunc dicimus Deum.

seja mais verdadeira que a outra, e isto por aproximação ao que é simplesmente e em sumo grau verdadeiro. De tudo isto se pode concluir, enfim, que existe *aquilo que é ente em sumo grau*. E a isto chamamos Deus.

Para provar[46] isto Damasceno[47] introduz outra razão, tomada do governo das coisas, que também nota o Comentarista[48]. Esta é a razão: **É impossível que coisas contrárias e dissonantes convenham sempre ou quase sempre numa única ordem a não ser pelo governo de alguém, pelo qual é dado a todas e a cada uma que tendam a um fim determinado [quinta via da causa final]**. Ora, vemos que no mundo as coisas da natureza mais diversa convêm numa ordem, não raramente e por acaso, mas sempre ou quase sempre. Logo, é necessário que exista *alguém por cuja providência o mundo é governado*. E a este chamamos Deus.

---

[46] Pugio Fidei I, cap. 2, n. 5, p. 195.
[47] São João Damasceno (675-749) em De Fide Ortodoxa I, c. 3, MG 94,795C-D.
[48] Averrois [Ibn Roschd] (1126-1198), em Commentaria in Opera Aristotelis, Physica II, c. 75.

A ESSÊNCIA DE DEUS (14 a 27)

Capitulum XIV
Quod ad cognitionem Dei oportet uti via remotionis

Ostenso igitur quod est aliquod primum ens, quod Deum dicimus, oportet eius conditiones investigare.

Est autem via remotionis utendum praecipue in consideratione divinae substantiae. Nam divina substantia omnem formam quam intellectus noster attingit, sua immensitate excedit: et sic ipsam apprehendere non possumus cognoscendo quid est. Sed aliqualem eius habemus notitiam cognoscendo quid non est. Tantoque eius notitiae magis appropinquamus, quanto plura per intellectum nostrum ab eo poterimus removere.

Tanto enim unumquodque perfectius cognoscimus, quanto differentias eius ad alia plenius intuemur: habet enim res unaquaeque in seipsa esse proprium ab omnibus aliis rebus distinctum. Unde et in rebus quarum definitiones cognoscimus, primo eas in genere collocamus, per quod scimus in communi quid est; et postmodum differentias addimus, quibus a rebus aliis distinguatur; et sic perficitur substantiae rei completa notitia.

Sed quia in consideratione substantiae divinae non possumus accipere quid, quasi genus; nec distinctionem eius ab aliis rebus per affirmativas differentias accipere possumus, oportet eam accipere per differentias negativas. Sicut autem in affirmativis differentiis una aliam contrahit, et magis ad completam designationem rei appropinquat secundum quod a pluribus differre facit; ita una differentia negativa per aliam contrahitur, quae a pluribus differre facit. Sicut, si dicamus Deum non esse accidens, per hoc ab omnibus accidentibus distinguitur; deinde si addamus ipsum non esse corpus, distinguemus ipsum etiam ab aliquibus substantiis; et sic per ordinem ab omni eo quod est praeter ipsum, per

Capítulo 14
Para o conhecimento de Deus deve-se usar a via de remoção [*Negativa*]

Demonstrado, portanto, que existe um primeiro ente, que chamamos Deus, é necessário pesquisar as suas condições [qualidades].

Deve-se usar, principalmente, na consideração da substância divina a via da negação [negativa]. Com efeito, a substância divina excede, por sua imensidade, toda forma que nosso intelecto alcança, e assim não podemos apreendê-la conhecendo *o que ela é*. Entretanto, temos alguma informação dela conhecendo *o que ela não é*. E tanto mais nos aproximaremos de sua informação, quanto mais coisas o nosso intelecto puder negar dEle.

Com efeito, tanto mais perfeitamente conheceremos uma coisa, quanto mais completamente virmos suas diferenças com outras, porque cada coisa tem em si um existir próprio, distinto de todas outras. Daí que, nas coisas das quais conhecemos a definição, em primeiro lugar as colocamos em um gênero, pelo qual sabemos o que são em geral; depois, acrescentamos as diferenças, pelas quais se distinguem das outras coisas; e assim se chega ao termo de uma informação completa da substância da coisa.

Mas, porque na consideração da substância divina não podemos tomar a *quididade*, como um gênero, e não podemos tomar a sua distinção de outras coisas por diferenças afirmativas, é necessário tomá-la por diferenças negativas. Assim como, nas diferenças afirmativas, uma restringe a outra e torna mais próxima a completa designação da coisa, na medida em que a distingue das demais; assim, numa diferença negativa, uma restringe a outra, que a distingue das demais. Por exemplo, se dissermos que Deus não é acidente, distinguir-se-á por isso de todos os acidentes; se depois acrescentarmos que não é corpo, o distinguiremos também de algumas substâncias; e assim ordenadamente, por semelhan-

negationes huiusmodi distinguetur; et tunc de substantia eius erit propria consideratio cum cognoscetur ut ab omnibus distinctus. Non tamen erit perfecta: quia non cognoscetur quid in se sit.

Ad procedendum igitur circa Dei cognitionem per viam remotionis, accipiamus principium id quod ex superioribus iam manifestum est, scilicet quod Deus sit omnino immobilis. Quod etiam auctoritas sacrae Scripturae confirmat. Dicitur enim Malach. 3,6: ego Deus, et non mutor; Iac. 1,17: apud quem non est transmutatio; et Num. 23,19: non est Deus quasi homo, ut mutetur.

tes negações, distinguir-se-á de tudo o que Ele não é. Então, haverá uma consideração própria de sua substância quando for conhecido como distinto de tudo. Entretanto, não será perfeita, porque não se conheceu o que Ele é em si mesmo.

Para se proceder, portanto, no conhecimento de Deus por via de remoção, tomemos o princípio que já é claro[1], a saber, que Deus é completamente imóvel. Isto, também, a autoridade da Sagrada Escritura confirma: *Pois eu, Javé, não mudei!*[2], e em outro lugar: *Deus não é homem, para mentir*[3].

Capitulum XV
Quod Deus sit aeternus.

Ex hoc autem apparet ulterius Deum esse aeternum.

Nam omne quod incipit esse vel desinit, per motum vel mutationem hoc patitur.

Ostensum autem est Deum esse omnino immutabilem. Est igitur aeternus, carens principio et fine.

Item. Illa sola tempore mensurantur quae moventur: eo quod tempus est numerus motus, ut patet in IV physicorum. Deus autem est omnino absque motu, ut iam probatum est. Tempore igitur non mensuratur. Igitur in ipso non est prius et posterius accipere. Non ergo habet esse post non esse, nec non esse post esse potest habere, nec aliqua successio in esse ipsius inveniri potest: quia haec sine tempore intelligi non possunt. Est igitur carens principio et fine, totum esse suum simul habens. In quo ratio aeternitatis consistit.

Adhuc. Si aliquando non fuit et postmodum fuit, ab aliquo eductus est de non esse

Capítulo 15
Deus é eterno

De tudo isso aparece, ainda, que Deus é eterno.

Com efeito, tudo o que começa ou deixa de existir passa por movimento ou mudança. Ora, foi demonstrado que Deus é completamente imóvel[4]. Logo, é eterno, não tem princípio nem fim.

Igualmente, somente aquelas coisas que se movem são medidas pelo tempo, uma vez que *o tempo é o número do movimento*, como diz o Filósofo[5]. Ora, Deus é completamente imóvel. Logo, não é medido pelo tempo. Daí que nEle não se pode apreender antes e depois. Portanto, não tem o existir depois do não existir, nem o não existir depois de poder ter o existir, nem pode ser encontrada alguma sucessão no seu existir, porque tudo isso não se pode entender sem o tempo. Não tem, pois, nem princípio e nem fim, possuindo todo o seu existir ao mesmo tempo. Nisto consiste a razão da eternidade.

Ainda, se algo não existiu alguma vez e depois existiu, foi tirado por outro do não-existir

---

[1] Cf. capítulo anterior.
[2] Malaquias 3,6.
[3] Números 23,19.
[4] Cf. cap. 13.
[5] Aristóteles (384-322 a.C.), em Física IV, 11, 219b, 1-2.

in esse. Non a seipso: quia quod non est non potest aliquid agere. Si autem ab alio, illud est prius eo. Ostensum autem est Deum esse primam causam. Non igitur esse incoepit. Unde nec esse desinet: quia quod semper fuit, habet virtutem semper essendi. Est igitur aeternus.

Amplius. Videmus in mundo quaedam quae sunt possibilia esse et non esse, scilicet generabilia et corruptibilia. Omne autem quod est possibile esse, causam habet: quia, cum de se aequaliter se habeat ad duo, scilicet esse et non esse, oportet, si ei approprietur esse, quod hoc sit ex aliqua causa. Sed in causis non est procedere in infinitum, ut supra probatum est per rationem Aristotelis. Ergo oportet ponere aliquid quod sit necesse-esse.

Omne autem necessarium vel habet causam suae necessitatis aliunde; vel non, sed est per seipsum necessarium. Non est autem procedere in infinitum in necessariis quae habent causam suae necessitatis aliunde. Ergo oportet ponere aliquod primum necessarium, quod est per seipsum necessarium. Et hoc Deus est: cum sit causa prima, ut ostensum est. Est igitur Deus aeternus: cum omne necessarium per se sit aeternum.

Ostendit etiam Aristoteles ex sempiternitate temporis sempiternitatem motus. Ex quo iterum ostendit sempiternitatem substantiae moventis. Prima autem substantia movens Deus est. Est igitur sempiternus. — Negata autem sempiternitate temporis et motus, adhuc manet ratio ad sempiternitatem substantiae. Nam, si motus incoepit, oportet quod ab aliquo movente incoeperit. Qui si incoepit, aliquo agente incoepit. Et sic vel in infinitum ibitur; vel devenietur ad aliquid quod non incoepit.

ao existir. Não, por si mesmo, porque o que não existe nada pode fazer. Se por outro, este existe antes do que aquele. Ora, foi demonstrado[6] que Deus é a causa primeira. Logo, não começou a existir. Por isso, nem deixa de existir, porque o que sempre existiu tem o poder de sempre existir. Logo, é eterno.

Ademais, vemos no mundo algumas coisas que podem existir e não existir; a saber, as que se geram e as que se corrompem. Ora, tudo o que existe como possível tem uma causa; porque como se refere igualmente a uma e outra coisa, isto é, a existir e a não existir, é necessário que, se o existir lhe foi dado como próprio, que isso seja por uma causa. Ora, nas causas não se pode proceder ao infinito, como foi provado[7] por Aristóteles. Logo, deve-se afirmar algo que necessariamente exista.

Na verdade, tudo o que é necessário ou tem a causa de sua necessidade de outro, ou não; e assim é necessário por si mesmo. Ora, não se pode proceder ao infinito naquilo que é necessário e que tem a causa de sua necessidade de outro. Logo, é necessário afirmar um primeiro necessário. E este é Deus; uma vez que é a causa primeira, como foi demonstrado[8]. Deus é, portanto, eterno, uma vez que todo necessário por si é eterno.

Aristóteles demonstra, também, a eternidade do movimento pela eternidade do tempo[9]. A partir disso, demonstra, ainda, a eternidade da substância motora[10]. Ora, a primeira substância motora é Deus. Logo, Deus é eterno. — Negada, porém, a eternidade do tempo e do movimento, permanece ainda uma razão para a eternidade da substância. Com efeito, se o movimento começou, é necessário que tenha começado por algum motor. E se este começou, começou pela ação de algum agente. E assim, ou se irá ao infinito, ou se chegará a algum agente que não começou.

---

[6] Cf. cap. 13.
[7] Ibidem.
[8] Ibidem.
[9] Aristóteles (384-322 a.C.), em Física VIII, 1, 251b, 12-28.
[10] Aristóteles (384-322 a.C.), em Física VIII 6, 258b, 13-259a, 8.

Huic autem veritati divina auctoritas testimonium perhibet. Unde Psalmus: tu autem, Domine, in aeternum permanes. Et idem: tu autem idem ipse es, et anni tui non deficient.

Capitulum XVI
Quod in Deo non est potentia passiva.

Si autem Deus aeternus est, necesse est ipsum non esse in potentia.

Omne enim id in cuius substantia admiscetur potentia, secundum id quod habet de potentia potest non esse: quia quod potest esse, potest non esse. Deus autem secundum se non potest non esse: cum sit sempiternus. In Deo igitur non est potentia ad esse.

Adhuc. Quamvis id quod quandoque est in potentia quandoque actu, prius sit tempore in potentia quam in actu, tamen simpliciter actus est prior potentia: quia potentia non educit se in actum, sed oportet quod educatur in actum per aliquid quod sit in actu. Omne igitur quod est aliquo modo in potentia, habet aliquid prius se. Deus autem est primum ens et prima causa, ut ex supra dictis patet. Non igitur habet in se aliquid potentiae admixtum.

Item. Illud quod est per se necesse esse, nullo modo est possibile esse: quia quod est per se necesse esse, non habet causam; omne autem quod est possibile esse, habet causam, ut supra ostensum est. Deum autem est per se necesse esse. Nullo igitur modo est possibile esse. Nihil ergo potentiae in sua substantia invenitur.

Item. Unumquodque agit secundum quod est actu. Quod igitur non est totus actus, non toto se agit, sed aliquo sui. Quod autem non toto se agit, non est primum agens: agit enim alicuius participatione, non per essentiam

A autoridade divina dá testemunho desta verdade. Por exemplo: *Mas tu, Senhor, estás no trono para sempre*[11]; e mais adiante: *Eis o que tu és, e teus anos não acabam*[12].

Capítulo 16
Em Deus não existe potência passiva

Com efeito, se Deus é eterno, é necessário que não esteja em potência.

Tudo aquilo em cuja substância há mistura de potência, de acordo com aquilo que tem de potência, pode não existir, porque o que pode existir pode não existir. Ora, Deus, de acordo com o que é, não pode não existir, uma vez que é eterno. Logo, em Deus não há potência para existir.

Ainda, embora aquilo que, às vezes, está em potência, e às vezes em ato, esteja em potência temporalmente antes que em ato, entretanto, o ato é absolutamente anterior à potência, porque a potência não passa a si mesma ao ato, mas necessita que seja passada ao ato por algo que esteja em ato. Por isso, tudo que de alguma maneira está em potência tem alguma coisa que é anterior a si. Ora, Deus é o primeiro ente e a primeira causa, como está claro pelo que foi dito[13]. Logo, não tem em si alguma mescla de potência.

Igualmente, o que é por si necessariamente existe e de nenhuma maneira é algo possível de existir, porque o que é por si necessariamente existe e não tem causa e tudo que é possível de existir tem causa, como foi demonstrado[14]. Ora, que Deus exista por si é necessário. Portanto, de nenhuma maneira é algo possível de existir. Logo, nenhuma potência se encontra na sua substância.

Igualmente, cada coisa age enquanto está em ato. Portanto, o que não é inteiramente ato não age inteiramente, mas por algo de si. Ora, o que não age inteiramente não é o primeiro agente, porque age pela participação de outro

---

[11] Salmo 102,13.
[12] Salmo 102,28.
[13] Cf. cap. 13.
[14] Cf. cap. 14.

suam. Primum igitur agens, quod Deus est, nullam habet potentiam admixtam, sed est actus purus.

Adhuc. Unumquodque, sicut natum est agere inquantum est actu, ita natum est pati inquantum est potentia: nam motus est actus potentia existentis. Sed Deus est omnino impassibilis ac immutabilis, ut patet ex dictis. Nihil ergo habet de potentia, scilicet passiva.

Item. Videmus aliquid esse in mundo quod exit de potentia in actum. Non autem educit se de potentia in actum: quia quod est potentia, nondum est; unde nec agere potest. Ergo oportet esse aliquid aliud prius, qui educatur de potentia in actum.

Et iterum, si hoc est exiens de potentia in actum, oportet ante hoc aliquid aliud poni, quo reducatur in actum. Hoc autem in infinitum procedere non potest. Ergo oportet devenire ad aliquid quod est tantum actu et nullo modo in potentia. Et hoc dicimus Deum.

Capitulum XVII
Quod in Deo non est materia.

Apparet etiam ex hoc Deum non esse materiam. Quia materia id quod est, in potentia est.

Item. Materia non est agendi principium: unde efficiens et materia in idem non incidunt, secundum Philosophum. Deo autem convenit esse primam causam effectivam rerum, ut supra dictum est. Ipse igitur materia non est.

Amplius. Sequitur res naturales casu existere his qui omnia in materiam reducebant sicut in causam primam: contra quos agitur in II physicorum. Si igitur Deus, qui est pri-

e não por sua essência. Logo, o primeiro agente, que é Deus, não tem nenhuma mescla de potência, mas é ato puro.

Ainda, cada coisa, assim como está apta para agir enquanto está em ato, assim apta está para ser passível enquanto está em potência, pois o movimento *é ato do que existe em potência*[15]. Ora, Deus é totalmente impassível e imutável, como está claro pelo que foi dito[16]. Logo, nada tem de potência, a saber, de potência passiva.

Igualmente, vemos que alguma coisa existe no mundo que passa da potência ao ato. Entretanto, não passa a si mesma da potência ao ato, porque aquilo que está em potência, ainda não existe e por isso não pode agir. Logo, deve existir algo anterior pelo qual passe da potência ao ato.

E novamente, se este algo anterior acaba de passar da potência ao ato, é necessário afirmar outro anterior, pelo qual passe ao ato. Ora, isto não pode proceder ao infinito. Logo, é necessário chegar a algo que existe somente em ato e de nenhuma maneira em potência. A este chamamos Deus.

Capítulo 17
Em Deus não há matéria

Do que foi dito fica claro, também, que Deus não é matéria, porque o que é matéria existe em potência.

Igualmente, a matéria não é princípio do agir, daí que matéria e causa eficiente não coincidem no mesmo sujeito, segundo o Filósofo[17]. Ora, cabe a Deus ser a primeira causa eficiente das coisas, como se disse[18]. Logo, Deus não é matéria.

Ademais, contra aqueles que reduziam todas as coisas à matéria como à sua causa primeira, o Filósofo[19] arguiu concluindo que, então, as coisas naturais existiriam casualmen-

---

[15] Aristóteles (384-322 a.C.), em Física III, 1, 10-11.
[16] Cf. cap. 13.
[17] Aristóteles (384-322 a.C.), em Física II, 7, 198a, 24-27.
[18] Cf. cap. 13.
[19] Aristóteles (384-322 a.C.), em Física II, 8, 198b, 10-14; 199b, 14-26.

ma causa, sit causa materialis rerum, sequitur omnia a casu existere.

Item. Materia non fit causa alicuius in actu nisi secundum quod alteratur et mutatur. Si igitur Deus est immobilis, ut probatum est, nullo modo potest esse rerum causa per modum materiae.

Hanc autem veritatem fides catholica confitetur, qua Deum non de sua substantia, sed de nihilo asserit cuncta creasse. In hoc autem insania David de dinando confunditur, qui ausus est dicere Deum esse idem quod prima materia, ex hoc quod, si non esset idem, oporteret differre ea aliquibus differentiis, et sic non essent simplicia; nam in eo quod per differentiam ab alio differt, ipsa differentia compositionem facit. — Hoc autem processit ex ignorantia qua nescivit quid inter differentiam et diversitatem intersit. Differens enim, ut in X metaph. determinatur, dicitur ad aliquid, nam omne differens aliquo est differens: diversum autem aliquid absolute dicitur, ex hoc quod non est idem.

Differentia igitur in his quaerenda est quae in aliquo conveniunt: oportet enim aliquid in eis assignari secundum quod differant; sicut duae species conveniunt in genere, unde oportet quod differentiis distinguantur. In his autem quae in nullo conveniunt, non est quaerendum quo differant, sed seipsis diversa sunt. Sic enim et oppositae differentiae ab invicem distinguuntur: non enim participant genus quasi partem suae essentiae: et ideo non est quaerendum quibus differant, seipsis enim diversa sunt. Sic etiam Deus et materia prima distinguuntur, quorum unus est actus purus, aliud potentia pura, in nullo convenientiam habentes.

te. Portanto, se Deus, que é a causa primeira, fosse a causa material das coisas, seguir-se-ia que todas as coisas existiriam casualmente.

Igualmente, a matéria não se faz causa de alguma coisa em ato, senão enquanto se altera e se muda. Portanto, se Deus é imóvel, como se provou[20], não pode ser, de maneira alguma, causa material das coisas.

Por outra parte, a fé católica confessa essa verdade afirmando que Deus criou todas as coisas, não de sua substância, mas do nada. Com esta afirmação combate-se a demência de David de Dinant[21], que ousou afirmar que Deus é idêntico à matéria prima, pelo fato de que, se não fosse idêntico, seria necessário distingui-lo por algumas diferenças, e assim não seria simples. Com efeito, naquilo que uma coisa se distingue de outra por uma diferença, a mesma diferença faz a composição. — Isto, no entanto, procedeu por ignorância e, por isso, desconheceu o que há entre diferença e diversidade. *Diferente*, como determina o Filósofo[22], se diz com referência a outro, porque toda coisa diferente é diferente de outra. *Diverso* se diz absolutamente de alguma coisa, pelo fato de que não é idêntica.

Portanto, deve-se buscar a diferença naquelas coisas que concordam em algo, uma vez que é necessário indicar nessas coisas aquilo que as difere. Por exemplo, duas espécies concordam em gênero, é necessário, pois, que se distingam por diferenças. — Naquelas coisas que em nada concordam, não se deve buscar em que diferem, mas são diversas por si mesmas. Assim se distinguem, também, uma das outras, as diferenças opostas, uma vez que não participam em gênero, como parte de sua essência. Por isso, não se deve buscar em que coisas diferem, pois são diversas por si mesmas. Assim, também, se distinguem Deus e a matéria prima, pois em nada concordam: um é ato puro e a outra, potência pura.

---

[20] Cf. cap. 13.
[21] David de Dinant (1160-1217), filósofo panteísta.
[22] Aristóteles (384-322 a.C.), em Metafísica X, 3, 1054b, 23-32.

Capitulum XVIII
Quod in Deo nulla est compositio.

Ex praemissis autem concludi potest quod in Deo nulla sit compositio.

Nam in omni composito oportet esse actum et potentiam. Non enim plura possunt simpliciter unum fieri nisi aliquid sit ibi actus, et aliud potentia. Quae enim actu sunt, non uniuntur nisi quasi colligata vel congregata, quae non sunt unum simpliciter. In quibus etiam ipsae partes congregatae sunt sicut potentia respectu unionis: sunt enim unitae in actu postquam fuerint in potentia unibiles. In Deo autem nulla est potentia. Non est igitur in eo aliqua compositio.

Item. Omne compositum posterius est suis componentibus. Primum ergo ens, quod Deus est, ex nullis compositum est.

Adhuc. Omne compositum est potentia dissolubile, quantum est ex ratione compositionis: licet in quibusdam sit aliquid aliud dissolutioni repugnans. Quod autem est dissolubile, est in potentia ad non esse. Quod Deo non competit: cum sit per se necesse esse. Non est igitur in eo aliqua compositio.

Amplius. Omnis compositio indiget aliquo componente: si enim compositio est, ex pluribus est; quae autem secundum se sunt plura, in unum non convenirent nisi ab aliquo componente unirentur. Si igitur compositus esset Deus, haberet componentem: non enim ipse seipsum componere posset, quia nihil est causa sui ipsius; esset enim prius seipso, quod est impossibile. Componens autem est causa efficiens compositi. Ergo Deus haberet causam efficientem. Et sic non esset causa prima, quod supra habitum est.

Item. In quolibet genere tanto aliquid est nobilius quanto simplicius: sicut in genere calidi ignis, qui non habet aliquam frigidi per-

Capítulo 18
Em Deus não há composição

Das proposições anteriores pode-se concluir que em Deus não existe composição alguma.

Com efeito, em toda composição é necessário que haja ato e potência. Muitas coisas não podem, em absoluto, constituir uma unidade a não ser que alguma esteja em ato e outra em potência. Aquelas que estão em ato não se unem a não ser como agrupadas ou reunidas, e assim não são absolutamente uma unidade. Neste caso, também, as partes agrupadas são como potências com respeito à união, pois estão unidas em ato depois que foram potencialmente uníveis. Ora, em Deus não existe potência alguma[23]. Logo, em Deus não existe composição alguma.

Igualmente, todo composto é posterior a seus componentes. Logo, o primeiro ente, que é Deus, de nada é composto.

Ainda, todo composto é dissolúvel em potência, em razão da composição, embora em alguns haja alguma coisa que resiste à dissolução. E aquilo que é dissolúvel está em potência a não existir. Isso não cabe a Deus, uma vez que existe[24] por si necessariamente. Logo, nEle não há composição alguma.

Ademais, toda composição necessita de um componente. Portanto, se há composição, de muitos é, e aquelas coisas que por si são muitas não se encontrariam em uma unidade a não ser que se unissem por algum componente. Portanto, se Deus fosse composto, teria um componente. Pois Ele mesmo não poderia compor a si mesmo, uma vez que nada é causa de si mesmo. Assim existiria antes de si mesmo, e isto é impossível. Com efeito, o componente é causa eficiente do composto. Logo, Deus teria causa eficiente, e assim não seria a causa primeira, o que já foi estabelecido[25].

Igualmente, em qualquer gênero, uma coisa é tanto mais nobre, quanto mais simples. Assim é o fogo no gênero do calor, porque não

---

[23] Cf. cap. 16.
[24] Cf. cap. 15.
[25] Cf. cap. 13.

mixtionem. Quod igitur est in fine nobilitatis omnium entium, oportet esse in fine simplicitatis. Hoc autem quod est in fine nobilitatis omnium entium, dicimus Deum, cum sit prima causa: causa enim est nobilior effectu. Nulla igitur compositio ei accidere potest.

Praeterea. In omni composito bonum non est huius vel illius partis, sed totius, — et dico bonum secundum illam bonitatem quae est propria totius et perfectio eius: nam partes sunt imperfectae respectu totius: sicut partes hominis non sunt homo, partes etiam numeri senarii non habent perfectionem senarii, et similiter partes lineae non perveniunt ad perfectionem mensurae quae in tota linea invenitur. Si ergo Deus est compositus, perfectio et bonitas eius propria invenitur in toto, non autem in aliqua eius partium. Et sic non erit in eo pure illud bonum quod est proprium ei. Non est ergo ipse primum et summum bonum.

Item. Ante omnem multitudinem oportet invenire unitatem. In omni autem composito est multitudo. Igitur oportet id quod est ante omnia, scilicet Deum, omni compositione carere.

Capitulum XIX
Quod in Deo nihil est violentum neque praeter naturam.

Ex hoc autem Philosophus concludit quod in Deo nihil potest esse violentum neque extra naturam.

Omne enim illud in quo aliquid violentum et praeter naturam invenitur, aliquid sibi additum habet: nam quod est de substantia rei non potest esse violentum neque praeter naturam. Nullum autem simplex habet in se aliquid additum: ex hoc enim compositio relinqueretur. Cum igitur Deus sit simplex, ut ostensum est, nihil in eo potest esse violentum neque praeter naturam.

tem alguma mescla de frio. Portanto, aquilo que está no máximo da nobreza entre todos os entes necessariamente está no máximo da simplicidade. Ora, àquele que está no máximo da nobreza entre todos os entes chamamos Deus, uma vez que é a primeira causa e a causa é mais nobre do que o efeito. Logo, não se pode acrescer-lhe composição alguma.

Além disso, em todo composto, o bem não é desta ou daquela parte, mas é do todo. — Entendo o bem segundo aquela bondade que é própria do todo e é a sua perfeição, pois as partes são imperfeitas em relação ao todo. Por exemplo, as partes do homem não são o homem, também as partes do número seis não têm a perfeição do seis, igualmente as partes de uma linha não têm a perfeição da medida que se encontra na linha inteira. Ora, se Deus é composto, a perfeição e a bondade próprias dele se encontrariam no todo, não em alguma parte dele. E assim não haveria nEle claramente aquele bem que lhe é próprio e Ele não seria o primeiro e sumo bem.

Igualmente, antes de toda pluralidade deve existir a unidade. Ora, em todo composto existe a pluralidade. Logo, é necessário que o que existe antes de tudo, isto é, Deus, careça de toda composição.

Capítulo 19
Em Deus nada existe violento ou contra a natureza

Do que foi exposto, o Filósofo[26] conclui que em Deus nada pode ser violento nem contra a natureza.

Tudo aquilo no qual se encontra algo violento ou contra a natureza tem algo acrescentado a si, porque aquilo que pertence à substância de uma coisa não pode ser violento nem contra a natureza. Ora, nada que é simples tem em si algo acrescentado, pois isso seria causa de composição. Logo, uma vez que Deus é simples, como foi demonstrado[27], nada pode ser nEle violento ou contra a natureza.

---

[26] Aristóteles (384-322 a.C.), em Metafísica IV, 5, 1015b, 14-15.
[27] Cf. capítulo anterior.

Amplius. Necessitas coactionis est necessitas ex alio. In Deo autem non est necessitas ex alio, sed est per seipsum necessarium, et causa necessitatis aliis. Igitur nihil in eo est coactum.

Adhuc. Ubicumque est aliquid violentum, ibi potest esse aliquid praeter id quod rei per se convenit: nam violentum contrariatur ei quod est secundum naturam. Sed in Deo non est possibile esse aliquid praeter id quod secundum se ei convenit: cum secundum se sit necesse-esse, ut ostensum est. Non potest igitur in eo esse aliquid violentum.

Item. Omne in quo est aliquid violentum vel innaturale, natum est ab alio moveri: nam violentum est cuius principium est extra nil conferente vim passo. Deus autem est omnino immobilis, ut ostensum est. Igitur non potest in eo esse aliquid violentum vel innaturale.

Ademais, a necessidade de coação é uma necessidade causada por algo distinto. Ora, em Deus não há necessidade causada por algo distinto, mas Ele é necessário por si mesmo e é a causa da necessidade para os outros[28]. Logo, nada há nEle que seja por coação.

Ainda, onde quer que haja algo violento, pode haver aí algo contrário àquilo que por si convém a uma coisa, porque o que é violento contraria aquilo que é segundo a natureza. Ora, em Deus não é possível haver algo contrário ao que lhe convém segundo a natureza, uma vez que Ele, segundo a natureza, existe necessariamente, conforme foi demonstrado[29]. Logo, não pode haver nEle algo violento.

Igualmente, tudo aquilo em que algo violento ou contra a natureza existe é feito para ser movido por outro, pois violento é *aquilo cujo princípio é exterior, sem que para ele coopere o que sofre violência*[30]. Ora, Deus é absolutamente imóvel, como foi demonstrado[31]. Logo, nada violento ou contra a natureza pode haver nEle.

Capitulum XX
Quod Deus non est corpus

Ex praemissis etiam ostenditur quod Deus non est corpus.

Omne enim corpus, cum sit continuum, compositum est et partes habens. Deus autem non est compositus, ut ostensum est. Igitur corpus non est.

Praeterea. Omne quantum est aliquo modo in potentia: nam continuum est potentia divisibile in infinitum; numerus autem in infinitum est augmentabilis. Omne autem corpus est quantum. Ergo omne corpus est in potentia. Deus autem non est in potentia, sed

Capítulo 20
Deus não é corpo[32]

Do que foi dito antes demonstra-se também que Deus não é corpo.

Com efeito, todo corpo, uma vez que é contínuo, é composto e tem partes. Ora, Deus não é composto, como foi demonstrado[33]. Logo, Deus não é corpo.

Além disso, toda quantidade está, de algum modo, em potência. Por exemplo, o contínuo é potência divisível ao infinito, e o número pode ser acrescido ao infinito. Ora, todo corpo é quantidade. Logo, todo corpo está em potência. Deus, entretanto, não está

---

[28] Cf. cap. 15.
[29] Cf. cap. 15.
[30] Aristóteles (384-332 a.C.) em Ética III,1, 1110a.1-3 Cf. Suma Teológica II-II, Questão 175, Artigo 1, Respondo, p. 540 do vol. VII, Loyola, 2005.
[31] Cf. cap. 13.
[32] Este capítulo é devedor da ciência do séc. XIII, em particular do pensamento Averroista. E é devedor também dos ensinamentos de Aristóteles.
[33] Cf. cap. 18.

actus purus, ut ostensum est. Ergo Deus non est corpus.

Adhuc. Si Deus est corpus, oportet quod sit aliquod corpus naturale: nam corpus mathematicum non est per se existens, ut Philosophus probat, eo quod dimensiones accidentia sunt. Non autem est corpus naturale: cum sit immobilis, ut ostensum est; omne autem corpus naturale mobile est. Deus igitur non est corpus.

Amplius. Omne corpus finitum est: quod tam de corpore circulari quam de recto probatur in I caeli et mundi.Quodlibet autem corpus finitum intellectu et imaginatione transcendere possumus. Si igitur Deus est corpus, intellectus et imaginatio nostra aliquid maius Deo cogitare possunt. Et sic Deus non est maior intellectu nostro. Quod est inconveniens. Non est igitur corpus.

Adhuc. Cognitio intellectiva certior est quam sensitiva. Invenitur autem aliquid subiectum sensui in rerum natura. Igitur et intellectui. Sed secundum ordinem obiectorum est ordo potentiarum, sicut et distinctio. Ergo super omnia sensibilia est aliquid intelligibile in rerum natura existens.Omne autem corpus in rebus existens est sensibile. Igitur super omnia corpora est aliquid accipere nobilius. Si igitur Deus est corpus, non erit primum et maximum ens.

Praeterea. Quolibet corpore non vivente res vivens est nobilior. Quolibet autem corpore vivente sua vita est nobilior: cum per hoc habeat supra alia corpora nobilitatem.Id igitur quo nihil est nobilius, corpus non est. Hoc autem est Deus. Igitur non est corpus.

Item. Inveniuntur rationes Philosophorum ad idem ostendendum procedentes ex aeternitate motus, in hunc modum. — In omni motu sempiterno oportet quod primum

em potência, como foi demonstrado[34], mas é ato puro. Logo, não é corpo.

Ainda, se Deus é corpo, é necessário que seja um corpo natural, já que o corpo matemático não existe por si, como prova o Filósofo[35], visto que as dimensões são acidentes. Ora, não é corpo físico, uma vez que imóvel, conforme foi demonstrado[36], pois todo corpo natural é móvel. Logo, Deus não é corpo.

Ademais, todo corpo é finito, quer seja esférico, quer retilíneo, como demonstra Aristóteles[37]. Ora, podemos, pelo intelecto e pela imaginação, transcender qualquer corpo finito. Com efeito, se Deus é corpo, o nosso intelecto e a nossa imaginação podem cogitar algo maior do que Deus. E assim, Deus não é maior que nosso intelecto. Mas isto não convém. Logo, não é corpo.

Ainda, o conhecimento intelectivo é mais certo que o sensitivo. Ora, na natureza das coisas encontra-se algo sujeito aos sentidos. Portanto, também ao intelecto. Ora, como a ordem das faculdades segue a ordem dos objetos, assim também a distinção dos mesmos. Logo, existe na natureza algo inteligível acima de todas as coisas sensíveis. Ora, todo corpo existente na natureza é sensível. Portanto, deve-se admitir algo mais nobre e que esteja acima de todos os corpos. Logo, se Deus é corpo, não seria o primeiro e máximo ente.

Além disso, algo vivo é mais nobre que qualquer corpo não vivo. Ora, qualquer corpo vivo é mais nobre por sua vida, uma vez que ela lhe dá a nobreza sobre os outros corpos. Por conseguinte, aquilo a que nada supera em nobreza corpo não é. Este é Deus. Logo, não é corpo.

Igualmente, encontram-se razões de filósofos para demonstrar o mesmo, fundadas na eternidade do movimento, como a seguinte: — Em todo movimento eterno é necessá-

---

[34] Cf. cap. 16.
[35] Aristóteles (384-322 a.C.), em Metafísica II, 5, 1001b, 26-1002b, 11.
[36] Cf. cap. 13.
[37] Aristóteles (384-322 a.C.), em Sobre o Céu e o Mundo I, 5-7; 271b-276a, 17.

movens non moveatur neque per se neque per accidens, sicut ex supra dictis patet. Corpus autem caeli movetur circulariter motu sempiterno. Ergo primus motor eius non movetur neque per se neque per accidens. Nullum autem corpus movet localiter nisi moveatur: eo quod oportet movens et motum esse simul; et sic corpus movens moveri oportet, ad hoc quod sit simul cum corpore moto. Nulla etiam virtus in corpore movet nisi per accidens moveatur: quia, moto corpore, movetur per accidens virtus corporis. Ergo primus motor caeli non est corpus neque virtus in corpore. Hoc autem ad quod ultimo reducitur motus caeli sicut ad primum movens immobile, est Deus. Deus igitur non est corpus.

Adhuc. Nulla potentia infinita est potentia in magnitudine. Potentia primi motoris est potentia infinita. Ergo non est in aliqua magnitudine. Et sic Deus, qui est primus motor, neque est corpus neque est virtus in corpore.

Prima sic probatur. Si potentia magnitudinis alicuius est infinita, aut ergo erit magnitudinis finitae; aut infinitae. Magnitudo infinita nulla est, ut probatur in III physic. Et in I caeli et mundi. Magnitudinis autem finitae non est possibile esse potentiam infinitam. Et sic in nulla magnitudine potest esse potentia infinita.

Quod autem in magnitudine finita non possit esse potentia infinita, sic probatur. Aequalem effectum quem facit potentia minor in tempore maiori, facit potentia maior in tempore minori: qualiscumque sit ille effectus, sive sit secundum alterationem, sive secundum motum localem, sive secundum quemcumque alium motum. Sed potentia infinita

rio que o primeiro motor não se mova, nem por si mesmo, nem por acidente, como foi esclarecido[38]. Ora, o corpo celeste move-se circularmente por movimento eterno. Logo, o seu primeiro motor não se move, nem por si mesmo, nem por acidente. Mas nenhum corpo move localmente, a não ser que seja movido, porque é necessário que o motor e o movido existam ao mesmo tempo. E assim é necessário que o corpo que move seja movido, para que exista simultaneamente com o corpo movido. Ademais, nenhuma força corpórea move, a não ser que seja movida por acidente, por isso, movido o corpo, a força corpórea se move por acidente. Logo, o primeiro motor celeste não é um corpo nem uma força corpórea. Ora, aquilo a que o movimento do céu se reduz, como a seu primeiro motor imóvel, é Deus. Logo, Deus não é um corpo.

Ainda, "**nenhuma potência infinita é potência em grandeza**". Ora, "**a potência do primeiro motor é potência infinita**". Logo, não existe em alguma grandeza. Assim sendo, Deus, que é o primeiro motor, não é nem corpo, nem força corpórea.

A primeira parte desse silogismo (a maior) assim se prova: Se a potência de alguma grandeza é infinita, ou será de uma grandeza infinita, ou de uma grandeza finita. Ora, não há nenhuma grandeza infinita, como o Filósofo demonstrou[39]. Ademais, não é possível haver potência infinita de uma grandeza finita. Logo, não pode haver potência infinita em grandeza alguma.

Que não possa haver potência infinita numa grandeza finita, assim se prova[40]: Em caso de igualdade de efeito, o que faz uma potência menor em tempo maior é igual ao que faz uma potência maior em tempo menor; quer se trate de um efeito ou de alteração, ou de movimento local, ou de qualquer outro movimento. Ora, uma potência infinita

---

[38] Cf. cap. 13.
[39] Aristóteles (384-322 a.C.), em da Física III, 5, 204a, 8-206a, 7; Cf. em Sobre o Céu e o Mundo I, 5-7, 271b, 1-276a,17.
[40] Aristóteles (384-322 a.C.), cf. Física VIII, 10; 266a, 31-65.

est maior omni potentia finita. Ergo oportet quod in minori perficiat effectum, velocius movendo, quam potentia quaecumque finita. Nec potest esse quod in minori quod sit tempus. Relinquitur igitur quod hoc erit in indivisibili temporis. Et sic movere et moveri et motus erunt in instanti. Cuius contrarium demonstratum est in VI physicorum.

Quod autem non possit potentia infinita magnitudinis finitae movere in tempore, sic iterum probatur. Sit potentia infinita quae est a. Accipiatur pars eius quae est ab. Pars igitur ista movebit in tempore maiori. Oportebit tamen esse aliquam proportionem huius temporis ad tempus in quo movet tota potentia: cum utrumque tempus sit finitum. Sint igitur haec duo tempora in decupla proportione se ad invicem habentia: non enim quantum ad hanc rationem differt istam vel aliam proportionem dicere. Si autem addatur ad potentiam praedictam finitam, diminui oportebit de tempore secundum proportionem additionis ad potentiam: cum maior potentia in minori tempore moveat. Si ergo addatur decuplum, illa potentia movebit in tempore quod erit decima pars temporis in quo movebat prima pars accepta infinitae potentiae, scilicet ab. Et tamen haec potentia quae est decuplum eius, est potentia finita: cum habeat proportionem determinatam ad potentiam finitam. Relinquitur igitur quod in aequali tempore movet potentia finita et infinita. Quod est impossibile. Non igitur potentia infinita magnitudinis finitae potest movere in tempore aliquo.

Quod autem potentia primi motoris sit infinita, sic probatur. Nulla potentia finita potest movere tempore infinito. Sed potentia primi motoris movet in tempore infinito: quia motus primus est sempiternus. Ergo potentia primi motoris est infinita.

é maior que qualquer potência finita. Logo, é necessário que se produza o efeito em tempo menor, movendo-se ela mais velozmente que qualquer potência finita. Mas isto não pode ser em tempo menor que o tempo. Portanto, resta que isto seria no instante indivisível do tempo. Assim sendo, mover, ser movido e movimento serão no mesmo instante, contrariamente ao que foi demonstrado no Livro VI da *Física*[41].

Que a potência infinita de uma grandeza finita não possa mover no tempo, prova-se assim: Seja A a potência infinita, e tome-se A — B como parte da mesma. Esta parte, portanto, moverá em tempo maior. Entretanto, será necessário haver alguma proporção entre este tempo e o tempo em que move toda a potência, uma vez que ambos os tempos são finitos. Que estes dois tempos estejam entre si na proporção de 10 para 1 [afirmar esta diferença ou outra, não faz diferença ao argumento]. Se, porém, se aumentar a referida potência finita, será necessário diminuir o tempo proporcionalmente ao aumentado naquela potência, uma vez que a potência maior move em tempo menor. Se, pois, for aumentada em 10, aquela potência moverá em um tempo dez vezes menor do que aquele no qual movia a primeira parte da potência infinita, a saber, A-B. No entanto, esta potência que é 10 vezes maior é uma potência finita, uma vez que tem uma proporção determinada em relação à potência finita. Donde se conclui que a potência finita e a infinita movem em tempo igual. Ora, isto é impossível. Logo, a potência infinita de grandeza finita não pode mover em tempo algum.

"Que a potência do primeiro motor é infinita" — assim se prova a segunda parte do silogismo (a menor): nenhuma potência finita pode mover em tempo infinito. Ora, a potência do primeiro motor move em tempo infinito, porque o primeiro movimento é eterno. Logo, a potência do primeiro motor é infinita.

---

[41] Aristóteles (384-322 a.C.), em Física VI, 3, 234a, 24-31.

Prima sic probatur. Si aliqua potentia finita alicuius corporis movet tempore infinito, pars illius corporis, habens partem potentiae, movebit in tempore minori: quia quanto aliquid est maioris potentiae, tanto in maiori tempore motum continuare poterit; et sic pars praedicta movebit tempore finito, maior autem pars in maiori tempore movere poterit. Et sic semper, secundum quod addetur ad potentiam motoris, addetur ad tempus secundum eandem proportionem. Sed additio aliquoties facta perveniet ad quantitatem totius, vel etiam excedet. Ergo et additio ex parte temporis perveniet ad quantitatem temporis in quo movet totum. Tempus autem in quo totum movebat, dicebatur esse infinitum. Ergo tempus finitum metietur tempus infinitum. Quod est impossibile.

Sed contra hunc processum plures sunt obiectiones.

Quarum una est, quia potest poni quod illud corpus quod movet primum motum, non est divisibile: sicut patet de corpore caelesti. Praedicta autem probatio procedit ex divisione eius.

Sed ad hoc dicendum quod conditionalis potest esse vera cuius antecedens est impossibile. Et si quid est quod destruat veritatem talis conditionalis, est impossibile: sicut, si aliquis destrueret veritatem huius conditionalis, si homo volat, habet alas, esset impossibile. Et secundum modum hunc intelligendus est processus probationis praedictae. Quia haec conditionalis est vera, si corpus caeleste dividitur, pars eius erit minoris potentiae quam totum. Huius autem conditionalis veritas tollitur si ponatur primum movens esse corpus, propter impossibilia quae sequuntur. Unde patet hoc esse impossibile.

Et similiter potest responderi si fiat obiectio de augmento potentiarum finitarum. Quia non est accipere in rerum natura potentias secundum omnem proportionem quam habet tempus ad tempus quodcumque. Est tamen

A maior deste silogismo assim se prova[42]: se a potência finita de um corpo move em tempo infinito, uma parte deste corpo, que tem parte da potência, moverá em tempo menor, porque quanto uma coisa é de maior potência, por mais tempo poderá continuar o movimento; e assim a referida parte moverá em tempo finito, e a parte maior poderá mover em tempo maior. E deste modo, segundo o aumento da potência do motor, será o aumento do tempo em proporção igual. Ora, acontecerá, algumas vezes, que o aumento feito atingirá a quantidade do todo, ou mesmo a excederá. Logo, também o aumento de tempo atingirá a quantidade de tempo em que o todo se move. Mas o tempo em que o todo movia se dizia que era infinito. Logo, o tempo finito medirá um tempo infinito, o que é impossível.

Contra esse procedimento há muitas objeções:

A primeira objeção: Pode-se afirmar que o corpo que imprime o primeiro movimento não é divisível, como está claro no corpo celeste. E a prova precedente procede da sua divisão.

Responde-se a esta objeção afirmando que uma condicional pode ser verdadeira, embora sua antecedente seja impossível. Se há algo que negue a verdade de tal condicional, isto é impossível. Por exemplo, se alguém negasse a verdade desta condicional: "se o homem voa, tem asas", ela seria impossível. É assim que deve ser entendido o procedimento da prova precedente. Porque esta condicional é verdadeira: "se o corpo celeste for dividido, a sua parte terá menos potência que o todo". Mas a verdade desta condicional será eliminada admitindo-se que o primeiro motor é corpo, em razão das impossibilidades que disto decorrem. Logo, é claro que isto é impossível.

Pode-se responder igualmente se alguma objeção se fizer sobre o aumento das potências finitas. Porque não se pode aceitar na natureza das coisas potências que sejam proporcionais não importa em que tempos. Contudo, na

---

[42] Aristóteles (384-322 a.C.), em Física VIII, 10, 266a, 12-24.

conditionalis vera, qua in praedicta probatione indigetur.

Secunda obiectio est quia, etsi corpus dividitur, aliqua virtus potest esse alicuius corporis quae non dividitur diviso corpore: sicut anima rationalis non dividitur diviso corpore.

Et ad hoc est dicendum quod per processum praedictum non probatur quod non sit Deus coniunctus corpori sicut anima rationalis corpori humano: sed quod non est virtus in corpore sicut virtus materialis, quae dividitur ad divisionem corporis. Unde etiam dicitur de intellectu humano quod non est corpus neque virtus in corpore. Quod autem Deus, non sit unitus corpori sicut anima, alterius rationis est.

Tertia obiectio est quia, si cuiuslibet corporis est potentia finita, ut in praedicto processu ostenditur; per potentiam autem finitam non potest aliquid durare tempore infinito: sequetur quod nullum corpus possit durare tempore infinito. Et sic corpus caeleste de necessitate corrumpetur.

Ad hoc autem a quibusdam respondetur quod corpus caeleste secundum potentiam suam potest deficere, sed perpetuitatem durationis acquirit ab alio quod est potentiae infinitae. Et huic solutioni videtur attestari Plato, qui de corporibus caelestibus Deum loquentem inducit in hunc modum: natura vestra estis dissolubilia, voluntate autem mea indissolubilia: quia voluntas mea maior est nexu vestro.

Hanc autem solutionem improbat Commentator, in XI metaph. Nam impossibile est, secundum eum, quod id quod est de se possibile non esse, acquirat perpetuitatem essendi ab alio. Sequeretur enim quod corruptibile mutetur in incorruptibilitatem. Quod est impossibile secundum ipsum. Et ideo ipse in hunc modum respondet: quod in corpore ca-

prova citada, o que falta é uma condicional verdadeira.

A **segunda objeção**: Embora seja o corpo dividido, pode haver alguma força de algum corpo que não se divide ao ser o corpo dividido, como a alma racional, que não se divide ao ser dividido o corpo.

Responde-se a esta objeção afirmando que, pelo procedimento citado, não se prova que Deus não esteja unido ao corpo como a alma racional ao corpo humano, mas que ele não é uma força corpórea, como uma força material que se divide com a divisão do corpo. Por isso, se diz também que o intelecto humano não é corpo, nem força corpórea[43]. Que Deus não esteja unido ao corpo como a alma, isso diz respeito a outro argumento[44].

A **terceira objeção**: se todo corpo tem uma potência finita, como no citado procedimento se mostrou, e se uma potência finita não pode fazer durar uma coisa por tempo infinito, segue-se daí que nenhum corpo poderia durar por tempo infinito. E assim os corpos celestes se corrompem necessariamente.

Alguns respondem a esta objeção dizendo que o corpo celeste, pela sua potência, pode se extinguir, mas que ele adquire a perpetuidade da duração de outro de potência infinita. Parece que esta solução foi atestada por Platão, que, tratando dos corpos celestes, leva Deus a dizer: *Sois, por vossa natureza, sujeitos à dissolução: mas, por minha vontade, sois indissolúveis, porque a minha vontade é mais maior que vossos laços*[45].

O Comentador[46], porém, contesta esta solução. Segundo ele, é impossível que aquilo que em si mesmo pode não existir adquira de outro a perpetuidade de existir. Resultaria que o corruptível mudar-se-ia em incorruptibilidade. O que, segundo ele, é impossível. Por isso, ele mesmo responde desta maneira: "toda potência que há num corpo celeste é fi-

---

[43] Cf. Livro I, 2, cap. 56.
[44] Cf. cap. 27.
[45] Platão (254-184 a.C.), em Timeu 13, 41b.
[46] Averrois [Ibn Roschd] (1126-1198), em Metafísica, XI, A1. 1. 12, 41.

elesti omnis potentia quae est, finita est: non tamen oportet quod habeat omnem potentiam; est enim in corpore caelesti, secundum Aristotelem, in VIII metaph., potentia ad ubi, sed non ad esse. Et sic non oportet quod insit ei potentia ad non esse.

Sciendum tamen quod haec responsio Commentatoris non est sufficiens. Quia, etsi detur quod in corpore caelesti non sit potentia quasi passiva ad esse, quae est potentia materiae, est tamen in eo potentia quasi activa, quae est virtus essendi: cum expresse Aristoteles dicat, in I caeli et mundi, quod caelum habet virtutem ut sit semper.

Et ideo melius dicendum est quod, cum potentia dicatur ad actum, oportet iudicare de potentia secundum modum actus. Motus autem de sui ratione quantitatem habet et extensionem: unde duratio eius infinita requirit quod potentia movens sit infinita. Esse autem non habet aliquam extensionem quantitatis: praecipue in re cuius esse est invariabile, sicut caelum. Et ideo non oportet quod virtus essendi sit infinita in corpore finito, licet in infinitum duret: quia non differt quod per illam virtutem aliquid duret in uno instanti vel tempore infinito, cum esse illud invariabile non attingatur a tempore nisi per accidens.

Quarta obiectio est de hoc quod non videtur esse necessarium quod id quod movet tempore infinito, habeat potentiam infinitam, in illis moventibus quae movendo non alterantur. Quia talis motus nihil consumit de potentia eorum: unde non minore tempore movere possunt postquam aliquo tempore moverunt quam ante; sicut solis virtus finita est, et, quia in agendo eius virtus activa non minuitur, infinito tempore potest agere in haec inferiora, secundum naturam.

Et ad hoc dicendum est quod corpus non movet nisi motum, ut probatum est. Et ideo, si

nita". Não é necessário, porém, que tenha toda potência, porque, segundo Aristóteles[47], há no corpo celeste potência para o lugar [*ubi*], mas não para o existir. E, assim, não é necessário que se encontre nele potência para o não existir.

Deve-se saber, entretanto, que esta resposta do Comentador não é suficiente. Isto porque, embora se admita que não exista no corpo celeste a potência quase passiva para o existir, que é potência da matéria, existe, entretanto, nele a potência quase ativa, que é a potência para o existir. Aristóteles[48] diz expressamente que o céu tem potência para sempre existir.

Assim é melhor dizer que, como a potência se refere ao ato, é necessário julgar sobre a potência de acordo com o modo do ato. Ora, o movimento, em sua definição, inclui quantidade e extensão; por isso, a sua duração infinita requer uma potência motora que seja infinita. O se, com efeito, não tem extensão alguma quantitativa, principalmente numa coisa cujo ser é invariável, como é o céu. Por conseguinte, não é necessário que a potência de existir seja infinita no corpo finito, embora ele dure indefinidamente. Isto porque é indiferente que esta potência faça durar algo um só instante ou um tempo infinito, uma vez que o ser invariável não é afetado pelo tempo senão acidentalmente.

A **quarta objeção** é a seguinte: Não parece ser necessário que aquilo que move em tempo infinito tenha potência infinita naqueles motores que ao mover não se alteram, porque este movimento nada consome de suas potências. Por conseguinte, depois que moveram por algum tempo, podem mover em um tempo não menor que o anterior. Por exemplo, como a potência do sol é finita e, ao agir, a sua potência ativa não diminui, ele pode agir naturalmente sobre os corpos inferiores por um tempo infinito.

A esta objeção se deve dizer que um corpo não se move se não é movido, como já foi pro-

---

[47] Aristóteles (384-322 a.C.), em Metafísica VII, 4, 1044b, 6-8.
[48] Aristóteles (384-322 a.C.), em Sobre o Céu e o Mundo I, 3, 270a, 12-22.

contingat corpus aliquod non moveri, sequetur ipsum non movere. In omni autem quod movetur est potentia ad opposita: quia termini motus sunt oppositi. Et ideo, quantum est de se, omne corpus quod movetur possibile est non moveri. Et quod possibile est non moveri, non habet de se ut perpetuo tempore moveatur. Et sic nec quod in perpetuo tempore moveat.

Procedit ergo praedicta demonstratio de potentia finita corporis finiti, quae non potest de se movere tempore infinito. Sed corpus quod de se possibile est moveri et non moveri, movere et non movere, acquirere potest perpetuitatem motus ab aliquo. Quod oportet esse incorporeum. Et ideo oportet primum movens esse incorporeum. Et sic nihil prohibet secundum naturam corpus finitum, quod acquirit ab alio perpetuitatem in moveri, habere etiam perpetuitatem in movere: nam et ipsum primum corpus caeleste, secundum naturam, potest perpetuo motu inferiora corpora caelestia revolvere, secundum quod sphaera movet sphaeram.

Nec est inconveniens secundum Commentatorem quod illud quod de se est in potentia moveri et non moveri, acquirat ab alio perpetuitatem motus, sicut ponebatur esse impossibile de perpetuitate essendi. Nam motus est quidam defluxus a movente in mobile: et ideo potest aliquod mobile acquirere ab alio perpetuitatem motus, quam non habet de se. Esse autem est aliquid fixum et quietum in ente: et ideo quod de se est in potentia ad non esse, non potest, ut ipse dicit, secundum viam naturae acquirere ab alio perpetuitatem essendi.

Quinta obiectio est quod per praedictum processum non videtur maior ratio quare non sit potentia infinita in magnitudine quam extra magnitudinem: nam utrobique sequetur quod moveat non in tempore. Et ad hoc dicendum quod finitum et infinitum in

vado. E, por isso, se acontecer que um corpo não seja movido, segue-se que não moverá. Ora, em tudo o que é movido há potência para coisas opostas porque os termos do movimento são opostos. Logo, na medida em que é por si, todo corpo que é movido pode também não ser movido. Assim, aquilo que pode não ser movido não tem por si mesmo a capacidade de se mover perpetuamente, nem de mover perpetuamente.

A demonstração precedente procede, portanto, da potência finita de um corpo finito que, por si mesmo, não pode mover num tempo infinito. Mas um corpo que, por si mesmo, pode ser movido e não ser movido, que pode mover e não mover pode receber de outro a perpetuidade do movimento. É preciso que este seja incorpóreo. Incorpóreo será, portanto, necessariamente, o primeiro motor. E deste modo nada impede que, naturalmente, um corpo finito que adquire de outro a perpetuidade de ser movido tenha também a perpetuidade de mover. Porque, também, o primeiro corpo celeste pode, por sua natureza, provocar nos corpos celestes inferiores um movimento perpétuo, como uma esfera move uma esfera.

Nem é inconveniente, segundo o Comentador, que aquilo que, por si mesmo, está em potência de ser movido e de não ser movido receba de outro a perpetuidade do movimento, como se afirmava ser isso impossível em relação à perpetuidade do ser. O movimento é, com efeito, um fluxo do motor para o que é móvel. Portanto, pode um móvel receber de outro a perpetuidade de movimento, que por si mesmo não possuía. O ser, no entanto, é algo fixo e quieto no ente. Por isso, o que por si mesmo está em potência para não existir não pode, como afirma o próprio Comentador, receber de outro a perpetuidade de existir por via natural.

A **quinta objeção** é a seguinte: No procedimento referido, não se vê uma razão maior pela qual existe a potência infinita em grandeza, do que sem grandeza; pois, em ambos os casos, segue-se que move fora do tempo. A isto deve-se dizer, também, que o finito e o in-

magnitudine et tempore et motu inveniuntur secundum unam rationem, sicut probatur in III et in VI physic.: et ideo infinitum in uno eorum aufert proportionem finitam in aliis. In his autem quae carent magnitudine, non est finitum et infinitum nisi aequivoce. Unde praedictus modus demonstrandi in talibus potentiis locum non habet.

Aliter autem respondetur et melius, quod caelum habet duos motores: unum proximum, qui est finitae virtutis, et ab hoc habet quod motus eius sit finitae velocitatis; et alium remotum, qui est infinitae virtutis, a quo habet quod motus eius possit esse infinitae durationis. Et sic patet quod potentia infinita quae non est in magnitudine, potest movere corpus non immediate in tempore. Sed potentia quae est in magnitudine oportet quod moveat immediate: cum nullum corpus moveat nisi motum. Unde, si moveret, sequeretur quod moveret in non tempore.

Potest adhuc melius dici quod potentia quae non est in magnitudine est intellectus, et movet per voluntatem. Unde movet secundum exigentiam mobilis, et non secundum proportionem suae virtutis. Potentia autem quae est in magnitudine non potest movere nisi per necessitatem naturae: quia probatum est quod intellectus non est virtus corporea. Et sic movet de necessitate secundum proportionem suae quantitatis. Unde sequitur, si movet, quod moveat in instanti.

Secundum hoc ergo, remotis praedictis obiectionibus, procedit demonstratio Aristotelis.

Amplius. Nullus motus qui est a movente corporeo potest esse continuus et regularis: eo quod movens corporale in motu locali movet attrahendo vel expellendo; id autem quod attrahitur vel expellitur non in eadem dispositione se habet ad moventem a principio motus usque ad finem, cum quandoque sit propinquius, quandoque remotius; et sic nullum corpus potest movere motum continuum et regularem. Motus autem primus est continuus

finito na grandeza, no tempo e no movimento se encontram segundo uma única razão, como se prova nos Livros da *Física*[49]. Por isso, o infinito em um deles desfaz a proporção finita nos demais. Naquilo que carece de grandeza não existem o finito e o infinito a não ser equivocadamente. Logo, o referido modo de demonstração não tem lugar em tais potências.

No entanto, há outro modo, e melhor, de responder: o céu tem dois motores: um próximo, de potência finita, e, por isso, move-se com velocidade finita; o outro, remoto, de potência infinita que faz que o seu movimento possa ser de duração infinita. Fica, assim, claro que uma potência infinita, que não existe na grandeza, pode mover um corpo no tempo, mas não imediatamente. Mas uma potência que existe na grandeza deve mover imediatamente, uma vez que nenhum corpo move se não é movido. Logo, se movesse, resultaria que moveria fora do tempo.

Pode-se dizer, ainda melhor, que a potência que não existe na grandeza é o intelecto que move pela vontade. Portanto, ele move segundo a exigência do móvel e não segundo a proporção da sua potência. Uma potência que existe na grandeza não pode mover senão por necessidade da natureza, porque foi provado que o intelecto não é potência corpórea. E, assim, move necessariamente conforme a proporção de sua quantidade. Logo, segue-se que, se move, move em um instante.

Removidas, pois, as objeções referidas, a demonstração de Aristóteles procede assim:

Ademais, nenhum movimento procedente de um motor corpóreo pode ser contínuo e regular, porque o motor corpóreo move localmente por atração ou repulsão. Ora, o que é atraído ou repelido não está na mesma disposição em relação ao motor, do princípio ao fim do movimento, uma vez que, às vezes, está mais perto e outras vezes, mais afastado; e, assim, nenhum corpo pode mover com movimento contínuo e regular. Ora, o primeiro

---

[49] Aristóteles (384-322 a.C.), em Física III, 4, 202b, 30-36; e em Física VI 2, 233a, 17-b, 15.

et regularis, ut probatur in VIII physic. Igitur movens primum motum non est corpus.

Item. Nullus motus qui est ad finem qui exit de potentia in actum, potest esse perpetuus: quia, cum perventum fuerit ad actum, motus quiescit. Si ergo motus primus est perpetuus, oportet quod sit ad finem qui sit semper et omnibus modis in actu. Tale autem non est aliquod corpus neque aliqua virtus in corpore: cum omnia huiusmodi sint mobilia per se vel per accidens. Igitur finis primi motus non est corpus neque virtus in corpore. Finis autem primi motus est primum movens, quod movet sicut desideratum. Hoc autem est Deus. Deus igitur neque est corpus neque virtus in corpore.

Quamvis autem falsum sit, secundum fidem nostram, quod motus caeli sit perpetuus, ut infra patebit; tamen verum est quod motus ille non deficiet neque propter impotentiam motoris, neque propter corruptionem substantiae mobilis, cum non videatur motus caeli per diuturnitatem temporis lentescere. Unde demonstrationes praedictae suam efficaciam non perdunt.

Huic autem veritati demonstratae concordat divina auctoritas. Dicitur enim Ioan. 4,24: spiritus est Deus, et eos qui eum adorant, in spiritu et veritate adorare oportet. Dicitur etiam 1 Tim. 1,17: regi saeculorum immortali, invisibili, soli Deo. Et Rom. 1,20: invisibilia Dei per ea quae facta sunt intellecta conspiciuntur: quae enim non visu sed intellectu conspiciuntur, incorporea sunt.

Per hoc autem destruitur error primorum Philosophorum naturalium, qui non ponebant nisi causas materiales, ut ignem vel

movimento é contínuo e regular, como foi provado[50]. Logo, o motor do primeiro movimento não é corpo.

Igualmente, nenhum movimento que tende para um fim que passa de potência a ato pode ser perpétuo, porque ao chegar a ato o movimento repousa. Portanto, se o primeiro movimento é perpétuo, é necessário que tenda para um fim que exista sempre e de todas as maneiras em ato. Ora, este fim não é um corpo nem alguma potência corpórea, uma vez que todas as coisas semelhantes são por si ou acidentalmente móveis. Por conseguinte, o fim do primeiro movimento não é um corpo ou uma potência corpórea. O fim do primeiro movimento é o primeiro motor, que move como algo desejado. Isto é Deus. Logo, Deus não é corpo, nem potência corpórea.

Embora seja falso, segundo a nossa fé, que seja perpétuo o movimento celeste, como ficará claro[51], é verdadeiro, porém, que este movimento não cessará devido à impotência do motor, nem à corrupção das substâncias móveis, porquanto não se vê o movimento do céu ter diminuído pela longa duração de tempo. Por isto, as demonstrações referidas não perdem a sua validez.

A autoridade divina concorda com a verdade demonstrada. Diz São João: *Deus é espírito, e os que o adoram devem adorar em espírito e verdade*[52]. E em São Paulo: *Ao Rei dos séculos, Deus imortal, invisível e único, honra e glória pelos séculos dos séculos! Amém!*[53]; e: *Desde a própria criação do mundo, a inteligência pode perceber as perfeições invisíveis de Deus, seu poder eterno e sua natureza divina, através de suas obras*[54]. Com efeito, o que é contemplado, não pela vista, mas pela inteligência, é incorpóreo.

Com isso, fica destruído o erro dos primeiros Filósofos da Natureza, os quais nada aceitavam a não ser as causas materiais, como

---

[50] Aristóteles (384-322 a.C.), em Física VIII, 7, 261a, 27-32.
[51] Cf. Livro IV, cap. 97.
[52] João 4,24.
[53] 1 Timóteo 1,17.
[54] Romanos 1,20.

aquam vel aliquid huiusmodi; et sic prima rerum principia corpora dicebant, et eadem vocabant deos.

Inter quos etiam quidam fuerunt ponentes causas moventes amicitiam et litem. Qui etiam propter praedictas rationes confutantur. Nam, cum lis et amicitia sint in corporibus secundum eos, sequetur prima principia moventia esse virtutes in corpore. — Ipsi etiam ponebant Deum esse compositum ex quatuor elementis et amicitia. Per quod datur intelligi quod posuerunt Deum esse corpus caeleste. — Inter antiquos autem solus Anaxagoras ad veritatem accessit, ponens intellectum moventem omnia.

Hac etiam veritate redarguuntur gentiles ponentes ipsa elementa mundi et virtutes in eis existentes deos esse, ut solem, lunam, terram, aquam et huiusmodi, occasionem habentes ex praedictis Philosophorum erroribus.

Praedictis etiam rationibus excluduntur deliramenta Iudaeorum simplicium, tertulliani, vadianorum sive Anthropomorphitarum haereticorum qui Deum corporalibus lineamentis figurabant: necnon et Manichaeorum, qui quandam infinitam lucis substantiam per infinitum spatium distentam Deum aestimabant.

Quorum omnium errorum fuit occasio quod de divinis cogitantes ad imaginationem deducebantur, per quam non potest accipi nisi corporis similitudo. Et ideo eam in incorporeis meditandis derelinquere oportet.

o fogo e a água ou algo semelhante. Assim diziam que os primeiros princípios das coisas eram corpos, e a estes chamavam deuses.

Entre eles havia alguns que também aceitavam a amizade e a disputa como causas motoras. São refutados, também, pelos argumentos referidos. Como a amizade e a disputa, segundo eles, estão nos corpos, segue-se que os primeiros princípios motores são potências corpóreas. — Aceitavam, também, que Deus era composto dos quatro elementos e da amizade. Isto dava a entender que aceitavam ser Deus um corpo celeste. — Só Anaxágoras[55], entre os filósofos antigos, aproximou-se da verdade, ao afirmar que tudo é movido pelo intelecto.

Essa verdade refuta, também, os gentios que, motivados pelos erros dos referidos filósofos, aceitavam como deuses os elementos do mundo e as forças nele existentes, como o sol, a lua, a terra e a água, e coisas semelhantes.

Pelos referidos argumentos são, também, excluídas as extravagâncias dos judeus simples, de Tertuliano[56], dos heréticos Vadianistas (Audianos) e Antropomorfistas, que imaginavam Deus com aparência corpórea, e ainda dos Maniqueus[57], que consideravam Deus como uma substância infinita de luz distribuída pelo espaço infinito.

A origem de todos estes erros foi que, quando pensavam as realidades divinas, eram levados pela imaginação, a qual não pode acolher senão uma semelhança corpórea. Eis por que é necessário abandonar a imaginação quando se reflete nas realidades incorpóreas.

---

[55] Anaxágoras (500-428 a.C.), em Expositio in I Physicorum 1.c.
[56] Tertuliano (160-230), cf. Santo Agostinho (354-431) em De haeresibus cap. 86.
[57] Vadianistas (Audianos): seita monástica rigorista fundada por Áudio, diácono de Edessa, na Síria. Cf. Santo Epifânio (†403), em Adversus octoginta haereses, opus quod inscribitur Panarium sive Arcula, MG 41; — Antropomorfistas: entendem a maneira de pensar em Deus em forma humana.Cf. São Cirilo de Alexandria (380-444), em Adversus Anthropomorphitas, CPG III, 5383 e em Cassiano João (360-435) e em Santo Agostinho(354-431), em De Haeresibus ad Quodvultdeus, ML 42; — Maniqueus: seguidores de Mani (250), sacerdote de Ecbátana, na Pérsia. Santo Agostinho (354-431) por um período aderiu ao maniqueísmo, contra ele depois escreveu obras de polêmica e de refutação, por exemplo: em De Natura Boni contra Manichaeos Liber unus, ML 42 ou Contra Epistolam Manichaei quam vocant Fundamenti Liber unus, ML 42 etc.

Capitulum XXI
Quod Deus est sua essentia

Ex praemissis autem haberi potest quod Deus est sua essentia, quidditas seu natura.

In omni enim eo quod non est sua essentia sive quidditas, oportet aliquam esse compositionem. Cum enim in unoquoque sit sua essentia, si nihil in aliquo esset praeter eius essentiam, totum quod res est esset eius essentia: et sic ipsum esset sua essentia. Si igitur aliquid non esset sua essentia, oportet aliquid in eo esse praeter eius essentiam. Et sic oportet in eo esse compositionem. Unde etiam essentia in compositis significatur per modum partis, ut humanitas in homine. Ostensum est autem in Deo nullam esse compositionem. Deus igitur est sua essentia.

Adhuc. Solum illud videtur esse praeter essentiam vel quidditatem rei quod non intrat definitionem ipsius: definitio enim significat quid est res. Sola autem accidentia rei sunt quae in definitione non cadunt. Sola igitur accidentia sunt in re aliqua praeter essentiam eius. In Deo autem non sunt aliqua accidentia, ut ostendetur. Nihil igitur est in eo praeter essentiam eius. Est igitur ipse sua essentia.

Amplius. Formae quae de rebus subsistentibus non praedicantur, sive in universali sive in singulari acceptis, sunt formae quae non per se singulariter subsistunt in seipsis individuatae. Non enim dicitur quod socrates aut homo aut animal sit albedo, quia albedo non est per se singulariter subsistens, sed individuatur per subiectum subsistens. Similiter etiam formae naturales non subsistunt per se singulariter, sed individuantur in propriis materiis: unde non dicimus quod hic ignis, aut ignis, sit sua forma. Ipsae etiam essentiae vel quidditates generum vel specierum individuantur per materiam signatam huius vel illius individui, licet etiam quidditas generis vel speciei formam includat et materiam in communi:

Capítulo 21
Deus é a sua essência

Do que precede, pode-se ter que Deus é a sua essência, quididade ou natureza.

Em tudo, com efeito, que não é a sua essência, quididade ou natureza, deve haver alguma composição. Uma vez que há em cada coisa a sua essência, se em alguma nada houvesse além da sua essência, esta coisa seria na sua totalidade a sua essência e, assim, ela mesma seria a sua essência. Portanto, se alguma coisa não fosse a sua essência, deveria haver nela algo além da sua essência. E assim deveria haver nela composição. Por isso, a essência é significada nos compostos como parte, por exemplo: *a humanidade* no homem. Ora, foi demonstrado[58] que em Deus não há composição alguma. Logo, Deus é a sua essência.

Ainda, só parece ser extrínseco à essência ou quididade de uma coisa aquilo que não entra na sua definição, uma vez que a definição significa o que a coisa é. Ora, somente os acidentes de uma coisa não entram na definição. Portanto, somente os acidentes estão em alguma coisa extrínsecos à sua essência. Ora, em Deus não há acidentes, como se demonstrará[59]. Logo, nada há em Deus extrínseco à sua essência. Ele mesmo é, portanto, a sua essência.

Ademais, as formas que não se predicam das coisas subsistentes, compreendidas seja em geral, seja singularmente, subsistem singularmente individualizadas por si mesmas. Com efeito, não se diz que Sócrates, ou o homem, ou o animal, é a brancura, porque a brancura não é subsistente por si mesma singularmente, mas é individualizada num sujeito subsistente. De modo semelhante, também as formas naturais não subsistem por si mesmas singularmente, mas são individualizadas em suas matérias, por isso não dizemos que este fogo, ou o fogo, é sua forma. As mesmas essências ou quididades dos gêneros e das espécies são individualizadas pela matéria determinada (*signata*) deste ou daquele indi-

---

[58] Cf. cap. 18.
[59] Cf. cap. 23.

unde non dicitur quod socrates, vel homo, sit humanitas. Sed divina essentia est per se singulariter existens et in seipsa individuata: cum non sit in aliqua materia, ut ostensum est. Divina igitur essentia praedicatur de Deo, ut dicatur: Deus est sua essentia.

Praeterea. Essentia rei vel est res ipsa vel se habet ad ipsam aliquo modo ut causa: cum res per suam essentiam speciem sortiatur. Sed nullo modo potest esse aliquid causa Dei: cum sit primum ens, ut ostensum est. Deus igitur est sua essentia.

Item. Quod non est sua essentia, se habet secundum aliquid sui ad ipsam ut potentia ad actum. Unde et per modum formae significatur essentia, ut puta, humanitas. Sed in Deo nulla est potentialitas, ut supra ostensum est. Oportet igitur quod ipse sit sua essentia.

Capitulum XXII
Quod in Deo idem est esse et essentia

Ex his autem quae supra ostensa sunt, ulterius probari potest quod in Deo non est aliud essentia vel quidditas quam suum esse.

Ostensum est enim supra aliquid esse quod per se necesse est esse, quod Deus est. Hoc igitur esse quod necesse est, si est alicui quidditati quae non est quod ipsum est, aut est dissonum illi quidditati seu repugnans, sicut per se existere quidditati albedinis: aut ei consonum sive affine, sicut albedini esse in alio.

Si primo modo, illi quidditati non conveniet esse quod est per se necesse: sicut nec albedini per se existere. Si autem secundo

víduo, embora a quididade do gênero ou da espécie compreenda a forma e a matéria em comum. Por isso, não se diz que Sócrates, ou o homem, é a humanidade. Ora, a essência divina existe singularmente por si mesma e em si mesma é individualizada, porque não existe em matéria alguma, como foi demonstrado[60]. Logo, a essência divina predica-se de Deus, como se diz: Deus é a sua essência.

Além disso, a essência de uma coisa ou é esta coisa, ou a ela se refere de algum modo como causa, uma vez que é por sua essência que a coisa se especifica. Ora, coisa alguma pode ser causa de Deus, uma vez que é o primeiro ente, como foi demonstrado[61]. Logo, Deus é a sua essência.

Igualmente, aquilo que não é sua própria essência a esta se refere segundo algo dela, como a potência ao ato. Por isso, a essência é, também, significada como forma, por exemplo: *humanidade*. Ora, em Deus não há potencialidade alguma, como foi demonstrado[62]. Logo, Deus é necessariamente a sua essência.

Capítulo 22
Em Deus o ser (a existência) e a essência são idênticos

Além do que se demonstrou, pode-se provar que em Deus a essência ou a quididade não é outra coisa que o seu ser.

Demonstrou-se[63] que existe algo que necessariamente existe por si, o que é Deus. Portanto, isto que necessariamente existe, se diz respeito a alguma quididade que não seja o que ele é, ou está em dissonância com esta quididade, ou é incompatível com ela (como repugna à quididade da brancura o existir por si), ou está em consonância, em afinidade, com ela, como existe a brancura em algo distinto dela.

No primeiro caso, não convirá àquela quididade ser o que existe por si necessariamente, como não convém à brancura existir por

---
[60] Cf. cap. 17.
[61] Cf. cap. 13.
[62] Cf. cap. 16.
[63] Cf. cap. 13.

modo, oportet quod vel esse huiusmodi dependeat ab essentia; vel utrumque ab alia causa; vel essentia ab esse. Prima duo sunt contra rationem eius quod est per se necesse-esse: quia, si ab alio dependet, iam non est necesse esse. Ex tertio vero sequitur quod illa quidditas accidentaliter adveniat ad rem quae per se necesse est esse: quia omne quod sequitur ad esse rei, est ei accidentale. Et sic non erit eius quidditas. Deus igitur non habet essentiam quae non sit suum esse.

Sed contra hoc potest dici quod illud esse non absolute dependet ab essentia illa, ut omnino non sit nisi illa esset: sed dependet quantum ad coniunctionem qua ei coniungitur. Et sic illud esse per se necesse est, sed ipsum coniungi non per se necesse est.

Haec autem responsio praedicta inconvenientia non evadit. Quia si illud esse potest intelligi sine illa essentia, sequetur quod illa essentia accidentaliter se habet ad illud esse. Sed id quod est per se necesse-esse est illud esse. Ergo illa essentia se habet accidentaliter ad id quod est per se necesse esse. Non ergo est quidditas eius. Hoc autem quod est per per se necesse-esse, est Deus. Non igitur illa est essentia Dei, sed aliqua essentia Deo posterior. Si autem non potest intelligi illud esse sine illa essentia, tunc illud esse absolute dependet ab eo a quo dependet coniunctio sua ad essentiam illam. Et sic redit idem quod prius.

Item. Unumquodque est per suum esse. Quod igitur non est suum esse, non est per se necesse-esse. Deus autem est per se necesse-esse. Ergo Deus est suum esse.
Amplius. Si esse Dei non est sua essentia, non autem pars eius esse potest, cum essentia divina sit simplex, ut ostensum est, oportet quod huiusmodi esse sit aliquid praeter

si. — No segundo caso, é necessário que ou o existir dependa da essência, ou que ambos dependam de outra causa, ou que a essência dependa do existir. — As duas primeiras opções estão em contradição com a razão do ser que existe por si necessariamente, porque se depende de outro não existe necessariamente. — Da terceira opção segue-se que aquela quididade se uniria acidentalmente à coisa cuja existência é por si necessária, porque tudo que se segue à existência de uma coisa lhe é acidental. E assim não seria a sua quididade. Logo, Deus não tem uma essência que não seja o seu ser.

Mas contra isso pode-se dizer que aquele existir não depende absolutamente da essência, de tal sorte que ele nunca existiria a não ser que ela existisse; mas que depende dela quanto ao vínculo pelo qual ele lhe está unido. Assim, aquele ser existe por si necessariamente, mas que ele se una não é por si necessário.

Esta refutação, no entanto, não evita os inconvenientes referidos. Ora, se aquele ser pode ser pensado sem aquela essência, disto resulta que aquela essência se refere a ele acidentalmente. Ora, o que existe por si necessariamente é aquele ser. Portanto, aquela essência se refere acidentalmente àquilo que por si existe necessariamente. Logo, não é a sua quididade. Ora, o que existe por si necessariamente é Deus. Logo, aquela não é a essência de Deus, mas é uma essência posterior a Deus. — Mas, se não se pode entender aquele ser sem aquela essência, então aquele ser depende de maneira absoluta daquele do qual depende sua união com aquela essência. Volta-se, assim, ao mesmo que antes.

Igualmente, cada coisa é pelo seu ser. Logo, o que não é o seu ser não existe necessariamente por si. Ora, Deus existe necessariamente por si. Logo, Deus é o seu existir.

Ademais, se o ser de Deus não for a sua essência, também não pode ser parte dela, porque, como foi demonstrado[64], a essência divina é simples; e este ser deverá ser algo ex-

---

[64] Cf. cap. 18.

essentiam eius. Omne autem quod convenit alicui quod non est de essentia eius, convenit ei per aliquam causam: ea enim quae per se non sunt unum, si coniungantur, oportet per aliquam causam uniri. Esse igitur convenit illi quidditati per aliquam causam. Aut igitur per aliquid quod est de essentia illius rei, sive per essentiam ipsam, aut per aliquid aliud.

Si primo modo, essentia autem est secundum illud esse, sequitur quod aliquid sit sibi ipsi causa essendi. Hoc autem est impossibile: quia prius secundum intellectum est causam esse quam effectum; si ergo aliquid sibi ipsi esset causa essendi, intelligeretur esse antequam haberet esse, quod est impossibile: — nisi intelligatur quod aliquid sit sibi causa essendi secundum esse accidentale, quod esse est secundum quid. Hoc enim non est impossibile: invenitur enim aliquod ens accidentale causatum ex principiis sui subiecti, ante quod esse intelligitur esse substantiale subiecti. Nunc autem non loquimur de esse accidentali, sed de substantiali.

Si autem illi conveniat per aliquam aliam causam; omne autem quod acquirit esse ab alia causa, est causatum, et non est causa prima; Deus autem est prima causa non habens causam, ut supra demonstratum est: igitur ista quidditas quae acquirit esse aliunde, non est quidditas Dei. Necesse est igitur quod Dei esse quidditas sua sit.

Amplius. Esse actum quendam nominat: non enim dicitur esse aliquid ex hoc quod est in potentia, sed ex eo quod est in actu. Omne autem cui convenit actus aliquis diversum ab eo existens, se habet ad ipsum ut potentia ad actum: actus enim et potentia ad se invicem dicuntur. Si ergo divina essentia est aliud quam suum esse, sequitur quod essentia et esse se habeant sicut potentia et actus. Ostensum est autem in Deo nihil esse de potentia,

trínseco a ela. Ora, tudo que convém a uma coisa que não diz respeito a sua essência lhe convém por alguma causa, porque coisas que por si não são uma unidade, se são unidas, necessariamente o são por uma causa. O existir, por conseguinte, convém àquela quididade devido a uma causa: ou por algo que diz respeito à essência daquela coisa, ou pela própria essência, ou por algo distinto.

Se pela primeira maneira, a essência está de acordo com aquele existir; segue-se que algo é para si mesmo causa de existir. Ora, isto é impossível, porque, segundo a ordem lógica, a causa é anterior ao efeito. Portanto, se uma coisa fosse para si mesma causa de existir, se entenderia que ela existia antes de ter o próprio existir. O que é impossível, — a não ser que se entenda que algo é para si mesmo causa de existir segundo um existir acidental, que existe somente em certo sentido. Isso, no entanto, não é impossível, porque há algum ente acidental causado por princípios do seu sujeito, antes que se entendesse o existir como o existir substancial do sujeito. Mas agora não falamos do existir acidental, e sim do existir substancial.

Se pelo segundo modo, o existir lhe convém por uma causa distinta: tudo que recebe o existir de uma causa distinta é causado, e não é causa primeira. Ora, Deus é a primeira causa e não tem causa, como foi demonstrado[65]. Portanto. a quididade que recebe o existir de outro não é a quididade de Deus. Logo, o existir de Deus necessariamente é a sua quididade.

Ademais, *existir* designa um ato: assim, não se diz que algo existe por estar em potência, mas por estar em ato. Ora, tudo a que convém um ato distinto dele refere-se a este ato como a potência ao ato, porque potência e ato se dizem reciprocamente. Se, portanto, a essência divina fosse distinta do seu existir, resultaria que essência e existência referir-se-iam como potência e ato. Ora, foi demonstrado que em Deus não há potência alguma, mas

---

[65] Cf. cap. 13.

sed ipsum esse purum actum. Non igitur Dei essentia est aliud quam suum esse.

Item. Omne illud quod non potest esse nisi concurrentibus pluribus, est compositum. Sed nulla res in qua est aliud essentia et aliud esse, potest esse nisi concurrentibus pluribus, scilicet essentia et esse. Ergo omnis res in qua est aliud essentia et aliud esse, est composita. Deus autem non est compositus, ut ostensum est. Ipsum igitur esse Dei est sua essentia.

Amplius. Omnis res est per hoc quod habet esse. Nulla igitur res cuius essentia non est suum esse, est per essentiam suam, sed participatione alicuius, scilicet ipsius esse. Quod autem est per participationem alicuius, non potest esse primum ens: quia id quod aliquid participat ad hoc quod sit, est eo prius. Deus autem est primum ens, quo nihil est prius. Dei igitur essentia est suum esse.

Hanc autem sublimem veritatem Moyses a Domino est edoctus, qui cum quaereret a Domino, Exod. 3 dicens: si dixerint ad me filii Israel, quod nomen eius? quid dicam eis? Dominus respondit: ego sum qui sum. Sic dices filiis Israel: qui est misit me ad vos, ostendens suum proprium nomen esse qui est. Quodlibet autem nomen est institutum ad significandum naturam seu essentiam alicuius rei. Unde relinquitur quod ipsum divinum esse est sua essentia vel natura.

Hanc etiam veritatem catholici doctores professi sunt. Ait namque Hilarius, in libro de Trin.: esse non est accidens Deo, sed subsistens veritas, et manens causa, et naturalis generis proprietas. Boetius etiam dicit, in libro de Trin., quod divina substantia est ipsum esse et ab ea est esse.

que Ele mesmo é puro ato[66]. Logo, a essência divina não é outra coisa que o seu existir.

Igualmente, tudo aquilo que não pode existir senão pela concorrência de muitas coisas é composto. Ora, nenhuma coisa, na qual uma é a essência e a outra é o existir, pode existir a não ser pela concorrência de muitas outras, e no caso de essência e existência. Logo, toda coisa na qual uma é a essência e outra a existência é composta. Ora, Deus não é composto, como foi demonstrado[67]. Logo, o existir de Deus é a sua essência.

Ademais, toda coisa existe porque tem o existir. Nenhuma coisa, portanto, cuja essência não é o seu existir existe pela sua essência, e pela participação de alguma coisa, isto é, do mesmo existir. Mas o que é por participação de alguma coisa não pode ser o primeiro ente, porque aquilo de que uma coisa participa para poder existir lhe é anterior. Ora, Deus é o primeiro ente, ao qual nada é anterior. Logo, a essência de Deus é o seu existir.

Moisés foi instruído pelo Senhor sobre esta soberana verdade quando lhe perguntou: *Mas, se eles me perguntarem: Qual é o seu nome? Que é que eu vou responder-lhes?* Deus disse a Moisés: *Eu Sou aquele que sou. Assim dirás aos filhos de Israel: Eu Sou enviou-me a vós*[68], mostrando que o seu nome próprio é *Aquele que é*. Ora, qualquer nome é instituído para significar a natureza ou a essência de uma coisa. Portanto, resulta que o mesmo existir divino é a sua essência ou natureza.

Esta verdade foi professada pelos doutores católicos. Disse Hilário[69]: *Para Deus o existir não é um acidente, mas uma verdade subsistente e causa permanente, e propriedade natural do gênero.*

Também Boécio[70] afirmou: *A substância divina é o mesmo existir e dela é o existir.*

---

[66] Cf. cap. 16.
[67] Cf. cap. 18.
[68] Êxodo 3,13-14.
[69] Santo Hilário (315-367), em De Trinitate Liber duodecim, ML 10, VII 11, 208B.
[70] Boécio (480-524), em Quomodo Trinitas unus Deus ac non tres Dies, ML 64, II 208BC.

Capitulum XXIII
Quod in Deo non est accidens

Ex hac etiam veritate de necessitate sequitur quod Deo supra eius essentiam nihil supervenire possit, neque aliquid ei accidentaliter inesse.

Ipsum enim esse non potest participare aliquid quod non sit de essentia sua: quamvis id quod est possit aliquid aliud participare. Nihil enim est formalius aut simplicius quam esse. Et sic ipsum esse nihil participare potest. Divina autem substantia est ipsum esse. Ergo nihil habet quod non sit de sua substantia. Nullum ergo accidens ei inesse potest.

Amplius Omne quod inest alicui accidentaliter, habet causam quare insit: cum sit praeter essentiam eius cui inest. Si igitur aliquid accidentaliter sit in Deo, oportet quod hoc sit per aliquam causam. Aut ergo causa accidentis est ipsa divina substantia, aut aliquid aliud. Si aliquid aliud, oportet quod illud agat in divinam substantiam: nihil enim inducit aliquam formam, vel substantialem vel accidentalem, in aliquo recipiente, nisi aliquo modo agendo in ipsum; eo quod agere nihil aliud est quam facere aliquid actu, quod quidem est per formam. Ergo Deus patietur et movebitur ab alio agente. Quod est contra praedeterminata.

Si autem ipsa divina substantia est causa accidentis quod sibi inest; impossibile est autem quod sit causa illius secundum quod est recipiens ipsum, quia sic idem secundum idem faceret seipsum in actu; ergo oportet, si in Deo est aliquod accidens, quod secundum aliud et aliud recipiat et causet accidens illud, sicut corporalia recipiunt propria accidentia per naturam materiae et causant per formam. Sic igitur Deus erit compositus. Cuius contrarium superius probatum est.

Capítulo 23
Em Deus não há acidente

Segue-se desta verdade, necessariamente, que sobre a essência de Deus nada pode ser acrescentado, e que nada pode nela se encontrar acidentalmente.

Com efeito, o mesmo ser não pode participar de alguma coisa que não seja de sua essência, embora aquilo que existe possa participar de alguma outra coisa. Nada é mais formal e mais simples do que o existir, e assim o mesmo existir de nada pode participar. Ora, a substância divina é o próprio existir. Logo, nada tem que não seja de sua substância. Portanto, nenhum acidente pode nela se encontrar.

Ademais, tudo que se encontra em uma coisa acidentalmente tem uma causa pela qual se encontra, uma vez que é extrínseco à essência daquilo em que se encontra. Se, portanto, existe em Deus algo acidentalmente, é necessário que isso seja por alguma causa. Logo, ou a causa do acidente é a própria substância divina, ou é alguma outra coisa. Se alguma outra coisa, é necessário que ela atue na divina substância, porque nada introduz alguma forma, ou substancial ou acidental, em um sujeito receptor, a não ser atuando de algum modo nele; porque atuar nada mais é do que tornar alguma coisa em ato, e isto se faz pela forma. Logo, Deus será paciente e será movido por outro agente. Mas isso é contrário ao que foi estabelecido[71].

Se, porém, a própria substância divina é a causa do acidente que nela se encontra, é impossível que seja a causa dele enquanto sujeito receptor, porque assim a mesma coisa sob o mesmo aspecto se constituiria em ato. Logo, se em Deus há algum acidente, necessariamente em um sentido o recebe e o causa em outro sentido, assim como os corpos recebem os próprios acidentes pela natureza da matéria e os causam pela forma. E assim Deus seria composto. O contrário disso anteriormente foi provado[72].

---

[71] Cf. cap. 13.
[72] Cf. cap. 18.

Item. Omne subiectum accidentis comparatur ad ipsum ut potentia ad actum: eo quod accidens quaedam forma est faciens esse actu secundum esse accidentale. Sed in Deo nulla est potentialitas, ut supra ostensum est. In eo igitur nullum accidens esse potest.

Adhuc. Cuicumque inest aliquid accidentaliter, est aliquo modo secundum suam naturam mutabile: accidens enim de se natum est inesse et non inesse. Si igitur Deus habet aliquid accidentaliter sibi conveniens, sequetur quod ipse sit mutabilis. Cuius contrarium supra demonstratum est.

Amplius. Cuicumque inest aliquod accidens, non est quidquid habet in se: quia accidens non est de essentia subiecti. Sed Deus est quidquid in se habet. In Deo igitur nullum est accidens. Media sic probatur. Unumquodque nobilius invenitur in causa quam in effectu. Deus autem est omnium causa. Ergo quidquid est in eo, nobilissimo modo in eo invenitur. Perfectissime autem convenit aliquid alicui quod est ipsummet: hoc enim perfectius est unum quam cum aliquid alteri substantialiter unitur ut forma materiae; quae etiam unio perfectior est quam cum aliquid accidentaliter inest. Relinquitur ergo quod Deus sit quidquid habet.

Item. Substantia non dependet ab accidente: quamvis accidens dependeat a substantia. Quod autem non dependet ab aliquo, potest aliquando inveniri sine illo. Ergo potest aliqua substantia inveniri sine accidente. Hoc autem praecipue videtur simplicissimae substantiae convenire, qualis est substantia divina. Divinae igitur substantiae omnino accidens non inest.

In hanc autem sententiam etiam catholici tractatores conveniunt. Unde Augustinus, in libro de Trin., dicit quod in Deo nullum est

Igualmente, todo sujeito de um acidente se compara a este como a potência ao ato, porque o acidente é uma forma que faz existir em ato segundo um existir acidental. Ora, em Deus não há potencialidade alguma, como foi demonstrado[73]. Logo, nenhum acidente pode haver em Deus.

Ainda, todo sujeito em que se encontra algo acidentalmente é, de algum modo, mutável por sua natureza, pois o acidente é apto por natureza a existir e a não existir em outro. Se, portanto, Deus tem algo que lhe convém acidentalmente, resultaria que Ele é mutável. O contrário disso foi demonstrado[74].

Ademais, a coisa em que se encontra um acidente não é tudo o que ela tem em si, porque o acidente não é da essência do sujeito. Ora, Deus é tudo o que Ele tem si. Logo, em Deus não há acidente algum. — A segunda proposição deste silogismo prova-se assim: Qualquer coisa se encontra de uma maneira mais nobre na causa do que no efeito. Ora, Deus é a causa de todas as coisas. Logo, tudo que nEle há encontra-se de uma maneira nobilíssima. Ora, convém a uma coisa, de uma maneira perfeitíssima, o que é ela mesma, pois há uma unidade mais perfeita nisso do que quando uma coisa se une substancialmente a outra, como a forma se une à matéria; também esta união é mais perfeita do que quando alguma coisa se encontra acidentalmente em outra. Logo, resulta que Deus é tudo o que tem.

Igualmente, a substância não depende do acidente, embora o acidente dependa da substância. Ora, o que não depende de outra coisa é possível, às vezes, encontrar-se sem ela. Logo, pode uma substância encontrar-se sem acidente. Isso parece convir, de modo principal, à substância simplicíssima, que é a substância divina. Portanto, na substância divina não se encontra nenhum acidente.

Estão concordes com esta sentença também os comentadores Católicos: Santo Agostinho diz que *em Deus não há acidente al-*

---

[73] Cf. cap. 16.
[74] Cf. cap. 13.

accidens. Ex hac autem veritate ostensa, error quorundam in lege sarracenorum loquentium confutatur, qui ponunt quasdam intentiones divinae essentiae superadditas.

Capitulum XXIV
Quod divinum esse non potest designari per additionem alicuius differentiae substantialis

Ostendi etiam ex praedictis potest quod supra ipsum divinum esse non potest aliquid superaddi quod designet ipsum designatione essentiali, sicut designatur genus per differentias.

Impossibile est enim aliquid esse in actu nisi omnibus existentibus quibus esse substantiale designatur: non enim potest esse animal in actu quin sit animal rationale vel irrationale. Unde etiam Platonici, ponentes ideas, non posuerunt ideas per se existentes generum, quae designantur ad esse speciei per differentias essentiales; sed posuerunt ideas per se existentes solarum specierum, quae ad sui designationem non indigent essentialibus differentiis. Si igitur divinum esse per aliquid aliud superadditum designetur designatione essentiali, ipsum esse non erit in actu nisi illo superaddito existente. Sed ipsum esse divinum est sua substantia, ut ostensum est. Ergo substantia divina non potest esse in actu nisi aliquo superveniente. Ex quo potest concludi quod non sit per se necesse-esse. Cuius contrarium supra ostensum est.

Item. Omne illud quod indiget aliquo superaddito ad hoc quod possit esse, est in potentia respectu illius. Sed divina substantia non est aliquo modo in potentia, ut supra ostensum est. Sed sua substantia est suum esse. Igitur esse suum non potest designari aliqua

gum[75]. Exposta esta verdade, refuta-se o erro de alguns que trataram da lei dos Sarracenos, afirmando que *há algumas ideias acrescentadas à essência divina*[76].

Capítulo 24
É impossível designar o ser divino pela adição de alguma diferença substancial

Pode-se mostrar, também, do que foi dito, que nada pode ser acrescido ao ser divino, de modo a designá-lo por uma designação essencial, como se designa o gênero pela diferença.

Com efeito, é impossível que uma coisa exista em ato se não existem todos os elementos pelos quais se designa o existir substancial. O animal, por exemplo, não pode existir em ato a não ser que exista como racional ou irracional. Por isso, os platônicos, ao afirmar as ideias, não afirmaram como existentes por si as ideias dos gêneros que são designados pelas diferenças essenciais, mas afirmaram como ideias existentes por si somente as ideias das espécies, as quais, para ser designadas, não necessitam das diferenças essenciais. Portanto, se o ser divino é designado por uma designação essencial por causa de algo acrescido, não estará em ato, a não ser que tal acréscimo exista. Ora, o próprio existir divino é a sua substância, como foi demonstrado[77]. Logo, a substância divina não pode existir em ato se não lhe sobrevier algo. Disto se pode concluir que Deus não existe por si necessariamente. Mas o contrário foi demonstrado[78].

Igualmente, tudo que necessita de algum acréscimo para que possa existir está em potência com respeito ao acréscimo. Ora, a divina substância não está de modo algum em potência, como já foi demonstrado[79]. Mas sua substância é o seu existir. Logo, o seu ser

---

[75] Santo Agostinho (354-431), em Sobre a Trindade V, 4, ML 42, 913.
[76] Cf. Averrois [Ibn Roschd] (1126-1198) que cita a respeito os Motacalimes — Os árabes defendiam as doutrinas do Alcorão, servindo-se da filosofia oriental e das teorias de origem grega, os Motacalimes defendiam o atomismo.
[77] Cf. cap. 22.
[78] Cf. cap. 13.
[79] Cf. cap. 16.

designatione substantiali per aliquid sibi superadditum.

Amplius. Omne illud per quod res consequitur esse in actu et est intrinsecum rei, vel est tota essentia rei, vel pars essentiae. Quod autem designat aliquid designatione essentiali, facit rem esse actu et est intrinsecum rei designatae: alias per id designari non posset substantialiter. Ergo oportet quod sit vel ipsa essentia rei, vel pars essentiae. Sed si aliquid superadditur ad esse divinum, hoc non potest esse tota essentia Dei: quia iam ostensum est quod esse Dei non est aliud ab essentia eius. Relinquitur ergo quod sit pars essentiae divinae. Et sic Deus erit compositus ex partibus essentialiter. Cuius contrarium supra ostensum est.

Item. Quod additur alicui ad designationem alicuius designatione essentiali, non constituit eius rationem, sed solum esse in actu: rationale enim additum animali acquirit animali esse in actu, non autem constituit rationem animalis inquantum est animal; nam differentia non intrat definitionem generis. Sed si in Deo addatur aliquid per quod designetur designatione essentiali, oportet quod illud constituat ei cui additur rationem propriae eius quidditatis seu naturae: nam quod sic additur, acquirit rei esse in actu; hoc autem, scilicet esse in actu, est ipsa divina essentia, ut supra ostensum est. Relinquitur ergo quod supra divinum esse nihil possit addi quod designet ipsum designatione essentiali, sicut differentia designat genus.

Capitulum XXV
Quod Deus non est in aliquo genere

Ex hoc autem de necessitate concluditur quod Deus non sit in aliquo genere.

não pode ser designado por alguma designação substancial que lhe acrescente algo.

Ademais, tudo aquilo pelo qual uma coisa chega a existir em ato e é intrínseco a ela, ou é toda sua essência, ou é parte da essência. Ora, aquilo que designa alguma coisa por uma designação essencial faz com que a coisa exista em ato e é intrínseco à mesma coisa designada; de outro modo, não poderia ser designada substancialmente por aquilo. Logo, é necessário que seja ou a mesma essência da coisa, ou parte da essência. Mas, se algo é acrescentado ao ser divino, isto não pode ser toda a essência de Deus, porque já foi demonstrado[80] que o existir de Deus não é outra coisa que a sua essência. Portanto, resulta que seja parte da essência divina; e assim Deus seria composto de partes essenciais. O contrário disso foi demonstrado[81].

Igualmente, o que se acrescenta a algo para designá-lo por uma designação essencial não constitui a sua razão, mas somente que existe em ato: Por exemplo, *racional* acrescentado a *animal* dá ao animal o existir em ato, e não constitui a razão de animal enquanto é animal; porque a diferença não entra na definição do gênero. Mas, se em Deus se acrescenta algo pelo qual se designa por uma designação essencial, é necessário que aquilo constitua naquele ao qual se acrescentou a razão de sua própria quididade ou natureza, porque aquilo que assim se acrescenta dá à coisa o existir em ato; e este existir em ato é a mesma essência divina, como foi demonstrado[82]. Resulta, portanto, que nada pode ser acrescentado ao ser divino que o designe por uma designação essencial, assim como a diferença designa o gênero.

Capítulo 25
Deus não está em gênero algum

Do que foi dito se conclui necessariamente que Deus não está em gênero algum.

---

[80] Cf. cap. 22.
[81] Cf. cap. 18.
[82] Cf. cap. 22.

Nam omne quod est in aliquo genere, habet aliquid in se per quod natura generis designatur ad speciem: nihil enim est in genere quod non sit in aliqua eius specie. Hoc autem in Deo est impossibile, ut ostensum est. Impossibile est igitur Deum esse in aliquo genere.

Amplius. Si Deus sit in genere, aut est in genere accidentis, aut in genere substantiae. In genere accidentis non est: accidens enim non potest esse primum ens et prima causa. In genere etiam substantiae esse non potest: quia substantia quae est genus, non est ipsum esse; alias omnis substantia esset esse suum, et sic non esset causata ab alio, quod esse non potest, ut patet ex dictis. Deus autem est ipsum esse. Igitur non est in aliquo genere.

Item. Quicquid est in genere secundum esse differt ab aliis quae in eodem genere sunt. Alias genus de pluribus non praedicaretur. Oportet autem omnia quae sunt in eodem genere, in quidditate generis convenire quia de omnibus genus in quod quid est praedicatur. Esse igitur cuiuslibet in genere existentis est praeter generis quidditatem. Hoc autem in Deo impossibile est. Deus igitur in genere non est.

Amplius. Unumquodque collocatur in genere per rationem suae quidditatis: genus enim praedicatur in quid est. Sed quidditas Dei est ipsum suum esse. Secundum quod non collocatur aliquid in genere: quia sic ens esset genus, quod significat ipsum esse. Relinquitur igitur quod Deus non sit in genere.

Quod autem ens non possit esse genus, probatur per Philosophum in hunc modum. Si ens esset genus, oporteret differentiam aliquam inveniri per quam traheretur ad speciem. Nulla autem differentia participat genus,

Com efeito, tudo que está em algum gênero tem algo em si pelo qual se designa a natureza do gênero em relação à espécie; porque nada está em um gênero que não esteja em alguma espécie sua. E isto é impossível em Deus, como foi demonstrado[83]. Logo, é impossível que Deus esteja em algum gênero.

Ademais, se Deus está em um gênero, ou é num gênero de acidente, ou num gênero de substância. Ora, Deus não está no gênero de acidente, porque o acidente não pode ser o ente primeiro e a primeira causa. Também não pode estar no gênero de substância, porque a substância que é gênero não é o seu ser; se toda substância fosse o seu ser não seria causada por outro, e isso é impossível, como está claro pelo que se disse[84]. Ora, Deus é o seu ser. Logo, não está em algum gênero.

Igualmente, tudo que está em algum gênero difere das outras coisas que estão no mesmo gênero pelo seu existir; de outro modo, o gênero não se predicaria de muitos. É necessário que todas as coisas que estão no mesmo gênero convenham na quididade do gênero, porque o gênero se predica de todas as coisas na quididade. Portanto, o existir de qualquer coisa que existe num gênero é extrínseco à quididade do gênero. Isto é impossível em Deus. Logo, Deus não está em gênero.

Ademais, cada um se estabelece em um gênero em razão de sua quididade, pois o gênero se predica na *quididade*. Ora, a quididade de Deus é o seu próprio ser[85]. De acordo com isso, uma coisa não se estabelece em um gênero, porque assim *o ente* seria um gênero e significaria o mesmo ser. Logo, resulta que Deus não está em gênero.

Que o *ente* não possa ser gênero, o Filósofo[86] prova deste modo: Se o ente fosse gênero, seria necessário encontrar alguma diferença pela qual se contrairia a uma espécie. Ora, nenhuma diferença participa de gênero de tal

---

[83] Cf. capítulo anterior.
[84] Cf. cap. 13.
[85] Cf. cap. 22.
[86] Aristóteles (384-322 a.C.), em Metafísica II, 3, 998b, 22-28.

ita scilicet quod genus sit in ratione differentiae, quia sic genus poneretur bis in definitione speciei: sed oportet differentiam esse praeter id quod intelligitur in ratione generis. Nihil autem potest esse quod sit praeter id quod intelligitur per ens, si ens sit de intellectu eorum de quibus praedicatur. Et sic per nullam differentiam contrahi potest. Relinquitur igitur quod ens non sit genus. Unde ex hoc de necessitate concluditur quod Deus non sit in genere.

Ex quo etiam patet quod Deus definiri non potest: quia omnis definitio est ex genere et differentiis. Patet etiam quod non potest demonstratio de ipso fieri, nisi per effectum: quia principium demonstrationis est definitio eius de quo fit demonstratio.

Potest autem alicui videri quod, quamvis nomen substantiae Deo proprie convenire non possit, quia Deus non substat accidentibus; res tamen significata per nomen ei conveniat, et ita sit in genere substantiae. Nam substantia est ens per se: quod Deo constat convenire, ex quo probatum est ipsum non esse accidens.

Sed ad hoc dicendum est ex dictis quod in definitione substantiae non est ens per se. Ex hoc enim quod dicitur ens non posset esse genus: quia iam probatum est quod ens non habet rationem generis. — Similiter nec ex hoc quod dicitur per se. Quia hoc non videtur importare nisi negationem tantum: dicitur enim ens per se ex hoc quod non est in alio; quod est negatio pura. Quae nec potest rationem generis constituere: quia sic genus non diceret quid est res, sed quid non est. — Oportet igitur quod ratio substantiae intelligatur hoc modo, quod substantia sit res cui conveniat esse non in subiecto; nomen autem rei a quidditate imponitur, sicut nomen entis ab esse; et sic in ratione substantiae intelligitur quod habeat quidditatem cui conveniat esse non in alio. Hoc autem Deo non convenit: nam non

maneira que o gênero esteja na razão da diferença, porque assim o gênero seria afirmado duas vezes na definição de espécie. É necessário que a diferença seja extrínseca àquilo que se entende na razão de gênero. Nada pode existir que seja extrínseco àquilo que se entende por *ente*, se o ente está na compreensão daquelas coisas das quais se predica. E assim é impossível que o ente seja contraído por alguma diferença. Portanto, resulta que o ente não é gênero. Disso se conclui que necessariamente Deus não está em gênero.

Disto também fica claro que Deus não pode ser definido, porque toda definição é por gênero e diferença. Fica igualmente claro que não se pode fazer uma demonstração de Deus a não ser pelos efeitos, porque o princípio da demonstração é a definição daquilo do que se vai demonstrar.

Pode, no entanto, parecer a alguém que, embora o nome de *substância* não possa convir propriamente a Deus, porque Deus não é sujeito (*substat*) de acidentes, contudo, o que é significado pelo nome lhe convém, e deste modo está no gênero de substância. Porque *substância* é o *ente por si*, o que consta convir a Deus, e por isso prova-se[87] que Deus não é acidente.

Reponde-se a isto pelo que foi dito, a saber, que na definição de substância não cabe *ente por si*. Com efeito, pelo fato de se dizer *ente* não poderia ser gênero, porque já foi provado que ente não tem razão de gênero. — E igualmente, nem por isso se diz *por si*. Porque isto não parece importar a não ser uma negação, pois se diz *ente por si* pelo fato de não estar em outro e isto é uma pura negação. E uma negação não pode constituir a razão de gênero, porque assim o gênero não diria o que a coisa é, mas o que ela não é. — Portanto, é necessário que a razão de substância seja entendida dessa maneira: que *substância é a coisa à qual convém existir independente* (*non in alio*) *de um sujeito*. O termo *coisa* é imposto pela *quididade*, assim como o nome de *ente* é imposto por *existir*. E assim entende-se na razão de

---

[87] Cf. cap. 23.

habet quidditatem nisi suum esse. Unde relinquitur quod nullo modo est in genere substantiae. Et sic nec in aliquo genere: cum ostensum sit ipsum non esse in genere accidentis.

Capitulum XXVI
Quod Deus non est esse formale omnium

Ex his autem confutatur quorundam error qui dixerunt Deum nihil aliud esse quam esse formale uniuscuiusque rei.

Nam esse hoc dividitur per esse substantiae et esse accidentis. Divinum autem esse neque est esse substantiae neque esse accidentis, ut probatum est. Impossibile est igitur Deum esse illud esse quo formaliter unaquaeque res est.

Item. Res ad invicem non distinguuntur secundum quod habent esse: quia in hoc omnia conveniunt. Si ergo res differunt ad invicem, oportet quod vel ipsum esse specificetur per aliquas differentias additas, ita quod rebus diversis sit diversum esse secundum speciem: vel quod res differant per hoc quod ipsum esse diversis naturis secundum speciem convenit. Sed primum horum est impossibile: quia enti non potest fieri aliqua additio secundum modum quo differentia additur generi, ut dictum est. Relinquitur ergo quod res propter hoc differant quod habent diversas naturas, quibus acquiritur esse diversimode. Esse autem divinum non advenit alii naturae, sed est ipsa natura, ut ostensum est. Si igitur esse divinum esset formale esse omnium, oporteret omnia simpliciter esse unum.

substância que tenha quididade à qual convém existir independentemente (*non in alio*). Ora, isto não convém a Deus, porque não tem quididade a não ser no seu ser[88]. Logo, resulta que não está de maneira alguma no gênero de substância. E assim nem em algum gênero, uma vez que foi demonstrado[89] que ele não está no gênero de acidente.

Capítulo 26
Deus não é o ser formal de todas as coisas

Pelo que foi exposto, refuta-se o erro dos que afirmaram[90] que Deus nada mais é do que o ser formal de cada coisa.

Com efeito, o ser formal divide-se em substancial e acidental. Ora, o ser divino não é substancial nem acidental, como se provou[91]. Logo, é impossível que Deus seja o ser pelo qual cada coisa é formalmente.

Igualmente, as coisas não se distinguem entre si enquanto têm o ser, porque nisso todas as coisas convém. Portanto, se elas se diferenciam umas das outras é necessário — ou que o próprio ser seja especificado por diferenças acrescentadas, de tal modo que haja, nas coisas diversas, um ser especificamente diverso; — ou que elas se diferenciem pelo fato de que o próprio ser convém a naturezas especificamente diversas. O primeiro é impossível porque ao ente não se pode acrescentar algo à maneira como a diferença se acrescenta ao gênero, como foi dito[92]. Portanto, resta que as coisas se diferenciem pelo fato de terem naturezas diversas, as quais adquirem o ser diversamente. Ora, o ser divino não sobrevém a outra natureza, mas é a mesma natureza, como foi demonstrado[93]. Logo, se o ser divino fosse o ser formal de todas as coisas, seria necessário que todas as coisas fossem simplesmente uma só coisa.

---

[88] Cf. cap. 22.
[89] Cf. cap. 23.
[90] Refere-se a Amaury de Bène (†1207), professor de lógica e teologia em Paris. Foi condenado, por suas doutrinas, em 1204 pela Universidade de Paris, e em 1207 pelo Papa Inocêncio III.
[91] Cf. cap. 25.
[92] Ibidem.
[93] Cf. cap. 22.

Amplius. Principium naturaliter prius est eo cuius est principium. Esse autem in quibusdam rebus habet aliquid quasi principium: forma enim dicitur esse principium essendi; et similiter agens, quod facit aliqua esse actu. Si igitur esse divinum sit esse uniuscuiusque rei, sequetur quod Deus, qui est suum esse, habeat aliquam causam; et sic non sit necesse-esse per se. Cuius contrarium supra ostensum est.

Adhuc. Quod est commune multis, non est aliquid praeter multa nisi sola ratione: sicut animal non est aliud praeter socratem et Platonem et alia animalia nisi intellectu, qui apprehendit formam animalis expoliatam ab omnibus individuantibus et specificantibus; homo enim est quod vere est animal; alias sequeretur quod in socrate et Platone essent plura animalia, scilicet ipsum animal commune, et homo communis, et ipse Plato. Multo igitur minus et ipsum esse commune est aliquid praeter omnes res existentes nisi in intellectu solum. Si igitur Deus sit esse commune, Deus non erit aliqua res nisi quae sit in intellectu tantum. Ostensum autem est supra Deum esse aliquid non solum in intellectu, sed in rerum natura. Non est igitur Deus ipsum esse commune omnium.

Item. Generatio per se loquendo est via in esse, et corruptio via in non esse: non enim generationis terminus est forma et corruptionis privatio, nisi quia forma facit esse et privatio non esse; dato enim quod aliqua forma non faceret esse, non diceretur generari quod talem formam acciperet. Si igitur Deus sit omnium rerum esse formale, sequetur quod sit terminus generationis. Quod est falsum: cum ipse sit aeternus, ut supra ostensum est.

Praeterea. Sequetur quod esse cuiuslibet rei fuerit ab aeterno. Non igitur potest esse ge-

Ademais, o princípio é naturalmente anterior àquilo de que é o princípio. Ora, o ser em algumas coisas tem algo quase princípio. Assim, se diz que a forma é o princípio do existir, e igualmente o agente, que faz uma coisa existir em ato. Logo, se o ser divino é o ser de cada coisa, seguir-se-á que Deus, que é o seu ser, terá alguma causa, e, assim, já não seria necessariamente por si. O contrário disso foi provado[94] anteriormente.

Ainda, o que é comum a muitas coisas não é algo extrínseco a elas, a não ser unicamente pela razão, por exemplo, *animal* não é algo distinto de Sócrates, de Platão, e dos demais animais, senão pelo intelecto, o qual apreende a forma *animal*, despojada de tudo o que individualiza e especifica. O homem, com efeito, é aquilo que verdadeiramente é animal, caso contrário resultaria haver em Sócrates e em Platão muitos animais, isto é, o próprio animal comum, e o homem comum, e o mesmo Platão. Muito menos, portanto, também o próprio ser comum é algo distinto de todas as coisas existentes, a não ser somente no intelecto. Se Deus, pois, é o ser comum, Deus não seria alguma coisa, a não ser a que está somente no intelecto. Mas foi demonstrado[95] que Deus é algo não só no intelecto, como também na natureza das coisas. Logo, Deus não é o ser comum de todas as coisas.

Igualmente, a geração é, propriamente, a via para o existir, e a corrupção é a via para o não existir; a forma não é o termo da geração, nem a privação o é da corrupção, a não ser porque a forma faz o existir e a privação, o não existir. Dado, porém, que alguma forma não faça o existir, não se diria que é gerado aquilo que recebesse tal forma. Portanto, se Deus fosse o ser formal de todas as coisas resultaria que Ele seria o termo da geração; o que é falso, porque Deus é eterno, como foi demonstrado[96].

Além disso, seguir-se-ia que o existir de cada coisa seria eterno. Logo, não poderia

---

[94] Cf. cap. 15.
[95] Cf. cap. 13.
[96] Cf. cap. 15.

neratio vel corruptio. Si enim sit, oportet quod esse praeexistens alicui rei de novo acquiratur. Aut ergo alicui prius existenti: aut nullo modo prius existenti. — Si primo modo, cum unum sit esse omnium existentium secundum positionem praedictam, sequetur quod res quae generari dicitur, non accipiat novum esse, sed novum modum essendi: quod non facit generationem, sed alterationem. — Si autem nullo modo prius existebat, sequetur quod fiat ex nihilo: quod est contra rationem generationis. Igitur haec positio omnino generationem et corruptionem destruit. Et ideo patet eam esse impossibilem.

Hunc etiam errorem sacra doctrina repellit, dum confitetur Deum excelsum et elevatum, ut dicitur Isaiae 6,1; et eum super omnia esse, ut Rom. 9,5 habetur. Si enim esse omnium, tunc est aliquid omnium, non autem super omnia.

Hi etiam errantes eadem sententia procelluntur qua et idolatrae, qui incommunicabile nomen, scilicet Dei, lignis et lapidibus imposuerunt, ut habetur Sap. 14,21. Si enim Deus est esse omnium, non magis dicetur vere lapis est ens, quam lapis est Deus.

Huic autem errori quatuor sunt quae videntur praestitisse fomentum.

Primum est quarundam auctoritatum intellectus perversus. Invenitur enim a dionysio dictum, IV cap. Cael. Hier.: esse omnium est superessentialis divinitas. Ex quo intelligere voluerunt ipsum esse formale omnium rerum Deum esse, non considerantes hunc intellectum ipsis verbis consonum esse non posse. Nam si divinitas est omnium esse formale, non erit super omnia, sed inter omnia, immo aliquid omnium. Cum ergo divinitatem super omnia dixit, ostendit secundum suam naturam ab omnibus distinctum et su-

haver geração nem corrupção. Porque, se existe, é necessário que o existir preexistente seja novamente adquirido, ou de uma coisa preexistente, ou de uma coisa de modo algum preexistente. — Se, pelo primeiro modo, uma vez que um só é o existir de todas as coisas existentes, segundo a afirmação citada, resulta que a coisa que se diz ser gerada não adquire novo existir, mas novo modo de existir. Ora, isto não significa geração, mas alteração. — Mas, pelo segundo modo, se a coisa não preexistia de modo algum, resulta que foi feita do nada; o que é contra a razão de geração. Ora, esta afirmação destrói totalmente a geração e a corrupção. Logo, é claramente impossível.

A Sagrada Escritura repele também esse erro, quando afirma que *Vi o Senhor Javé sentado sobre um elevado trono; seu manto encheu o santuário*[97], e *O qual está acima de tudo e é o Deus bendito para sempre*[98]. Se Deus é o ser de todas as coisas, é algo de todas as coisas e não sobre todas as coisas.

Os que assim erram são negados pela mesma sentença dos idólatras que *impuseram às árvores e às pedras um nome incomunicável*, isto é, de Deus[99]. Se, pois, Deus é o ser de todas as coisas, não será mais verdade dizer que *a pedra é ente* do que dizer que *a pedra é Deus*.

Quatro são as causas que parecem ter favorecido este erro.

A primeira causa é o entendimento perverso de algumas autoridades. Encontra-se, com efeito, escrito por Dionísio que *o ser de todas as coisas é a divindade sobre-essencial*[100]. Assim, alguns quiseram entender, por estas palavras, que o próprio ser formal de todas as coisas é Deus, embora não considerassem que este entendimento não podia concordar com as palavras do texto. Se a divindade é, pois, o ser formal de todas as coisas, não estaria *sobre* todas as coisas, mas *entre* todas, e *mais ainda* seria algo de todas as coisas. Quando se

---

[97] Isaías 6,1.
[98] Romanos 9,5.
[99] Sabedoria 14,21.
[100] Dionísio Areopagita (séc. V-VI), em Hierarquia Celeste 4, MG 3, 177D.

per omnia collocatum. Ex hoc vero quod dixit quod divinitas est esse omnium, ostendit quod a Deo in omnibus quaedam divini esse similitudo reperitur.Hunc etiam eorum perversum intellectum alibi apertius excludens, dixit in II cap. De div. Nom., quod ipsius Dei neque tactus neque aliqua commixtio est ad res alias, sicut est puncti ad lineam vel figurae sigilli ad ceram.

Secundum quod eos in hunc errorem promovit, est rationis defectus. Quia enim id quod commune est per additionem specificatur vel individuatur, aestimaverunt divinum esse, cui nulla fit additio, non esse aliquod esse proprium, sed esse commune omnium; non considerantes quod id quod commune est vel universale sine additione esse non potest, sed sine additione consideratur: non enim animal potest esse absque rationali differentia, quamvis absque his differentiis cogitetur. Licet etiam cogitetur universale absque additione, non tamen absque receptibilitate additionis: nam si animali nulla differentia addi posset, genus non esset; et similiter est de omnibus aliis nominibus. Divinum autem esse est absque additione non solum in cogitatione, sed etiam in rerum natura: nec solum absque additione, sed etiam absque receptibilitate additionis.Unde ex hoc ipso quod additionem, non recipit nec recipere potest, magis concludi potest quod Deus non sit esse commune, sed proprium: etiam ex hoc ipso suum esse ab omnibus aliis distinguitur quod nihil ei addi potest. Unde Commentator in libro de causis dicit quod causa prima ex ipsa puritate suae bonitatis ab aliis distinguitur et quodammodo individuatur.

Tertium quod eos in hunc errorem induxit, est divinae simplicitatis consideratio. Quia enim Deus in fine simplicitatis est, aestimaverunt illud quod in ultimo resolutionis invenitur eorum quae fiunt in nobis, Deum esse, quasi simplicissimum: non enim est in

diz que a divindade está *sobre* todas as coisas, mostra que por sua natureza é algo distinto de todas as coisas e colocado sobre todas. Quando, porém, se diz que a divindade é o ser *de todas as coisas*, mostra que se encontra em todas as coisas *uma semelhança* do ser divino. — Além disso, Dionísio excluiu abertamente este entendimento perverso em outro texto, dizendo *não há contato nem mistura de Deus com outras coisas, como há entre o ponto e a linha, e entre a figura do carimbo com a cera*[101].

A segunda causa que os levou a este erro foi uma deficiência de razão. Como aquilo que é comum se especifica ou se individualiza por adição, alguns concluíram que o ser divino, ao qual nenhuma adição é feita, não era um ser próprio, mas um ser comum a todos; não considerando que aquilo que é comum ou universal não pode existir sem adição, embora seja considerado sem ela. Por exemplo, o *animal* não pode existir sem a diferença racional ou irracional, ainda que seja pensado sem estas diferenças. Embora se pense, também, o universal sem adição, mas não sem a capacidade de adição, porque se nenhuma diferença pudesse ser acrescentada a *animal* não haveria o gênero; e igualmente aconteceria com todos os outros nomes. — O ser divino existe sem adição, não só no pensamento, mas também na natureza das coisas, e, também, sem a capacidade de adição. Porque não recebe adição e não pode recebê-la, resulta que Deus não é um ser comum, mas próprio, e por isso o seu ser se distingue de todos pelo fato de que nada lhe pode ser acrescentado. Por isso, escreve o Comentarista: *A causa primeira, pela própria pureza da sua bondade, distingue-se das outras coisas e, de certo modo, assim se individualiza*[102].

A terceira causa que os induziu a este erro foi a consideração da simplicidade divina. Como Deus está no termo da simplicidade, julgaram que aquilo que se encontra no final de uma resolução daquelas coisas que acontecem conosco fosse o ser de Deus, como o mais

---

[101] Dionísio Areopagita (séc. V-VI), em Os Nomes Divinos 2, MG 3, 644A-B.
[102] Santo Tomás de Aquino (1225-1274) em Super Librum de Causis, Propositio IX.

simples, porque não se pode proceder ao infinito na composição daquelas coisas que existem em nós. Nisto também está a deficiência de razão, uma vez que não consideraram que o que é mais simples em nós não é uma coisa completa, mas uma parte da coisa. A simplicidade, porém, é atribuída a Deus como a uma coisa perfeitamente subsistente.

A quarta causa que pôde induzi-los também ao erro é a maneira de falar, pela qual dizemos que *Deus está em todas as coisas*. Não entenderam que não está nas coisas como se fosse algo da coisa, mas como causa da coisa, sem a qual nenhum efeito existe. Não dizemos com o mesmo sentido que a forma está no corpo e o marinheiro no navio.

Capítulo 27
Deus não é a forma de um corpo

Uma vez demonstrado que Deus não é o ser de todas as coisas, pode-se igualmente demonstrar que Deus não é forma de um corpo.

Com efeito, o ser divino não pode ser o de uma quididade que não seja o seu próprio ser, como foi demonstrado[103], porque aquilo que é o próprio ser divino outra coisa não é senão Deus. Portanto, é impossível que Deus seja a forma de outra coisa.

Ademais, a forma de um corpo não é o ser deste, mas o princípio do existir. Ora, Deus é o mesmo existir. Logo, Deus não é forma do corpo.

Igualmente, da união da forma com a matéria resulta um composto, que é um todo em relação à matéria e à forma. As partes, com efeito, estão em potência em relação ao todo. Ora, em Deus não há potencialidade. Logo, é impossível que Deus seja uma forma unida a alguma coisa.

Ainda, o que tem por si o existir é mais nobre do que o que tem o existir em outro. Ora, toda forma de um corpo tem o existir em outro. Logo, como Deus é o mais nobre dos entes, como causa primeira do existir, não pode ser forma de algum deles.

---

[103] Cf. cap. 22.

Praeterea. Hoc idem potest ostendi ex aeternitate motus, sic. Si Deus est forma alicuius mobilis, cum ipse sit primum movens, compositum erit movens seipsum. Sed movens seipsum potest moveri et non moveri. Utrumque igitur in ipso est. Quod autem est huiusmodi, non habet motus indeficientiam ex seipso. Oportet igitur supra movens seipsum ponere aliud primum movens, quod largiatur ei perpetuitatem motus. Et sic Deus, qui est primum movens, non est forma corporis moventis seipsum.

Est autem hic processus utilis ponentibus aeternitatem motus. Quo non posito, eadem conclusio haberi potest ex regularitate motus caeli. Sicut enim movens seipsum potest quiescere et moveri, ita potest velocius et tardius moveri. Necessitas igitur uniformitatis motus caeli dependet ex aliquo principio superiori omnino immobili, quod non est pars corporis moventis seipsum quasi aliqua forma eius.

Huic autem veritati Scripturae concordat auctoritas. Dicitur enim in Psalmo: elevata est magnificentia tua super caelos, Deus. Et iob: 8 excelsior caelo est et quid facies? longior terra mensura eius est et profundior mari.

Sic igitur gentilium error evacuatur, qui dicebant Deum esse animam caeli vel etiam animam totius mundi, et ex hoc errore, idolatriam defendebant, dicentes totum mundum esse Deum, non ratione corporis, sed ratione animae, sicut homo dicitur sapiens non ratione corporis sed animae: quo supposito, sequi opinabantur quod mundo et partibus eius non indebite divinus cultus exhibeatur. Commentator etiam dicit, in XI metaphys., quod hic locus fuit lapsus sapientum gentis zabiorum, idest idolatrarum quia scilicet posuerunt Deum esse formam caeli.

Além disso, o mesmo pode ser demonstrado pela eternidade do movimento, da seguinte maneira: Se Deus é a forma de uma coisa móvel, visto ser ele o primeiro motor, o composto moverá a si mesmo. Mas o que move a si mesmo pode ser movido ou não ser movido. Portanto, uma e outra coisa está no mesmo. Ora, o que é tal não tem por si mesmo a continuidade de movimento. Portanto, é necessário admitir, acima deste motor, outro primeiro motor que lhe dê a perpetuidade do movimento. E, assim, Deus que é o primeiro motor não é a forma de um corpo que move a si mesmo.

Este procedimento é útil para os que afirmam a eternidade do movimento. Se isto não é afirmado, pode-se deduzir a mesma conclusão da regularidade do movimento do céu. Como o que move a si mesmo pode repousar ou mover-se, também pode mover-se mais ou menos velozmente. Portanto, a necessária uniformidade do movimento do céu depende de um princípio superior totalmente imóvel, o qual não é parte de corpo que move a si mesmo, como se fosse sua forma.

A autoridade das Escrituras concorda com esta verdade. É dito: *Grande por toda a terra é o teu nome/ Ó Senhor nosso Deus!*[104]; e no livro de Jó: *Ela é mais alta do que os céus/ Que podes tu fazer?/ E mais profunda que o Xeol!/ Que podes tu saber?/ A sua dimensão é mais comprida que a terra/ e mais larga que o mar!*[105]

Assim, pois, esvai o erro dos gentios que diziam ser Deus a alma do céu e até a alma do mundo inteiro. Devido a este erro, defendiam a idolatria, dizendo que o mundo inteiro é Deus, não em razão do corpo, mas da alma; como se diz que um homem é sábio não em razão do corpo, mas da alma. Por isso, julgavam que não era indevido prestar um culto divino ao mundo e às suas partes. O Comentarista disse que *neste ponto estava o equívoco dos sábios da nação dos Sabeus*[106], isto é, dos idólatras, porque afirmaram ser Deus a forma do céu.

---

[104] Salmo 8,2.
[105] Jó 8,8-9.
[106] Averrois [Ibn Roschd] (1126-1198), em Metafísica A 1, XII, cap. 41.

AS PERFEIÇÕES DE DEUS (28 a 102)

Capitulum XXVIII
De perfectione divina

Licet autem ea quae sunt et vivunt, perfectiora sint quam ea quae tantum sunt, Deus tamen qui non est aliud quam suum esse, est universaliter ens perfectum. Et dico universaliter perfectum, cui non deest alicuius generis nobilitas.

Omnis enim nobilitas cuiuscumque rei est sibi secundum suum esse: nulla enim nobilitas esset homini ex sua sapientia nisi per eam sapiens esset, et sic de aliis. Sic ergo secundum modum quo res habet esse, est suus modus in nobilitate: nam res secundum quod suum esse contrahitur ad aliquem specialem modum nobilitatis maiorem vel minorem, dicitur esse secundum hoc nobilior vel minus nobilis. Igitur si aliquid est cui competit tota virtus essendi, ei nulla nobilitatum deesse potest quae alicui rei conveniat. Sed rei quae est suum esse, competit esse secundum totam essendi potestatem: sicut, si esset aliqua albedo separata, nihil ei de virtute albedinis deesse posset; nam alicui albo aliquid de virtute albedinis deest ex defectu recipientis albedinem, quae eam secundum modum suum recipit, et fortasse non secundum totum posse albedinis. Deus igitur, qui est suum esse, ut supra probatum est, habet esse secundum totam virtutem ipsius esse. Non potest ergo carere aliqua nobilitate quae alicui rei conveniat.

Sicut autem omnis nobilitas et perfectio inest rei secundum quod est, ita omnis defectus inest ei secundum quod aliqualiter non est. Deus autem, sicut habet esse totaliter, ita ab eo totaliter absistit non esse: quia per modum per quem habet aliquid esse, deficit a non esse. A Deo ergo omnis defectus absistit. Est igitur universaliter perfectus. — Illa vero quae tantum sunt, non sunt imperfecta prop-

Capítulo 28
A perfeição divina

Embora o que existe e vive seja mais perfeito do que o que apenas existe, entretanto Deus, que outra coisa não é senão o seu próprio existir, é ente universalmente perfeito. E digo universalmente perfeito aquilo a que não falta a nobreza de gênero algum.

Com efeito, a nobreza de uma coisa convém com o seu ser. Por exemplo, nenhuma nobreza conviria ao homem pela sua sabedoria a não ser que por ela fosse sábio, e assim com as demais coisas. Ora, o modo pelo qual uma coisa tem o seu ser é o seu modo na nobreza, pois uma coisa, na medida em que o seu ser se restringe a um modo especial de nobreza, maior ou menor, se diz, de acordo com isso, que é mais ou menos nobre. Logo, se há algo ao qual convenha toda a potência do ser, a isto não pode faltar nenhuma nobreza que convenha a outro qualquer. Ora, à coisa que é o seu próprio existir compete existir segundo toda a potência do existir. Por exemplo, se houvesse a brancura separada, nenhuma potência da brancura lhe poderia faltar; mas a uma coisa branca pode faltar algo da brancura, por deficiência da capacidade do sujeito que a recebe segundo o seu modo, e, talvez, não segundo toda a potência da brancura. Por isso, Deus, que é o seu existir, como se demonstrou[1], tem o existir segundo toda a potência do próprio existir. Logo, não lhe pode faltar nobreza alguma que convenha a alguma coisa.

Assim como toda nobreza e perfeição se encontram em uma coisa enquanto ela existe, assim toda deficiência se encontra naquilo enquanto, de algum modo, não existe. Ora, Deus, assim como tem o existir de maneira plena, assim também está distante dEle totalmente o não existir; porque pelo modo pelo qual alguma coisa tem o existir, ela carece do não existir. Ora, toda imperfeição está distante

---

[1] Cf. cap. 22.

ter imperfectionem ipsius esse absoluti: non enim ipsa habent esse secundum suum totum posse, sed participant esse per quendam particularem modum et imperfectissimum.

Item. Omne imperfectum ab aliquo perfecto necesse est ut praecedatur: semen enim est ab animali vel a planta. Igitur primum ens oportet esse perfectissimum. Ostensum est autem Deum esse primum ens. Est igitur perfectissimus.

Amplius. Unumquodque perfectum est inquantum est actu; imperfectum autem secundum quod est potentia cum privatione actus. Id igitur quod nullo modo est potentia sed est actus purus, oportet perfectissimum esse. Tale autem Deus est. Est igitur perfectissimus.

Amplius. Nihil agit nisi secundum quod est in actu. Actio igitur consequitur modum actus in agente. Impossibile est igitur effectum qui per actionem educitur, esse in nobiliori actu quam sit actus agentis: possibile est tamen actum effectus imperfectiorem esse quam sit actus causae agentis, eo quod actio potest debilitari ex parte eius in quod terminatur. In genere autem causae efficientis fit reductio ad unam primam quae Deus dicitur, ut ex dictis patet, a quo sunt omnes res, ut in sequentibus ostendetur. Oportet igitur quicquid actu est in quacumque re alia, inveniri in Deo multo eminentius quam sit in re illa, non autem e converso. Est igitur Deus perfectissimus.

Item. In unoquoque genere est aliquid perfectissimum in genere illo, ad quod omnia quae sunt illius generis mensurantur: quia ex eo unumquodque ostenditur magis vel minus perfectum esse, quod ad mensuram sui generis magis vel minus appropinquat; sicut album dicitur esse mensura in omnibus coloribus,

de Deus. Logo, Deus é universalmente perfeito. — As coisas, porém, que somente existem, não são imperfeitas devido à imperfeição do existir absoluto, pois elas não possuem o existir segundo toda a sua potência; mas participam do existir de um modo particular e imperfeitíssimo.

Igualmente, tudo o que é imperfeito necessariamente é precedido pelo que é perfeito. Por exemplo, a semente é precedida pelo animal e pela planta. Logo, o primeiro ente é necessariamente perfeitíssimo. Ora, foi demonstrado[2] que Deus é o primeiro ente. Logo, Deus é perfeitíssimo.

Ademais, cada um é perfeito enquanto está em ato, e imperfeito enquanto é potência com privação de ato. Portanto, aquilo que de nenhum modo está em potência, sendo ato puro, é necessário que seja perfeitíssimo. Este é Deus. Logo, Deus é perfeitíssimo.

Ademais, nada age a não ser que esteja em ato. A ação, portanto, segue o modo do ato no agente. Por isso, é impossível que o efeito produzido por uma ação exista em ato mais nobre do que o ato do agente. Contudo, é possível que o ato do efeito seja mais imperfeito que o ato da causa agente, porque a ação pode ser enfraquecida por parte daquilo que é o seu termo. No gênero da causa eficiente, faz-se a redução a uma primeira causa, que se diz Deus, como está claro pelo que foi dito[3], e da qual todas as coisas provêm, como adiante se demonstrará[4]. Portanto, tudo o que está em ato nalguma coisa necessariamente está em Deus; num grau mais eminente do que nela, e não ao contrário. Logo, Deus é perfeitíssimo.

Igualmente, em cada gênero há algo perfeitíssimo naquele gênero, pelo qual são medidas todas as coisas que existem naquele gênero, porque por ele cada coisa se mostra mais ou menos perfeita na medida em que se aproxima mais ou menos de seu gênero. Assim, diz-se que o branco é a medida de todas

---

[2] Cf. cap. 13.
[3] Cf. cap. 13.
[4] Livro II, cap. 15.

et virtuosus inter omnes homines. Id autem quod est mensura omnium entium non potest esse aliud quam Deus, qui est suum esse. Ipsi igitur nulla deest perfectionum quae aliquibus rebus conveniat: alias non esset omnium communis mensura.

Hinc est quod, cum quaereret Moyses divinam videre faciem seu gloriam, responsum est ei a Domino, ego ostendam tibi omne bonum, ut habetur Exod. 33,19, per hoc dans intelligere in se omnis bonitatis plenitudinem esse. Dionysius etiam, in V cap. De div.Nom. Dicit: Deus non quodam modo est existens, sed simpliciter et incircumscriptive totum esse in seipso accepit et praeaccepit.

Sciendum tamen est quod perfectio Deo convenienter attribui non potest si nominis significatio quantum ad sui originem attendatur: quod enim factum non est, nec perfectum posse dici videtur. Sed quia omne quod fit, de potentia in actum deductum est et de non esse in esse quando factum est, tunc recte perfectum esse dicitur, quasi totaliter factum, quando potentia totaliter est ad actum reducta, ut nihil de non esse retineat, sed habeat esse completum. Per quandam igitur nominis extensionem perfectum dicitur non solum quod fiendo pervenit ad actum completum, sed id etiam quod est in actu completo absque omni factione. Et sic Deum perfectum esse dicimus, secundum illud Matth. 5,48: estote perfecti sicut et pater vester caelestis perfectus est.

as cores, e que o virtuoso, a medida de todos os homens. Ora, a medida de todos os entes não pode ser outra senão Deus, que é o seu existir. Logo, não lhe falta nenhuma das perfeições que convêm a qualquer coisa, pois se assim não fosse não seria a medida comum de todas as coisas.

Por isso é que, quando Moisés quis ver *a face* ou a *glória divina*, o Senhor respondeu-lhe: *Farei passar diante de ti toda a minha bondade*[5], dando assim a entender que nEle está a plenitude de toda a bondade. Diz também Dionísio: *Deus não existe de uma maneira, mas simplesmente; e Ele recebe em si mesmo o existir completo, sem limites e anteriormente a todo outro ente*[6].

Deve-se saber, contudo, que não se pode atribuir *perfeição* convenientemente a Deus se se atende à significação original deste termo, porque aquilo que não é *feito*, parece que não se pode chamar de *per-feito*. Ora, porque tudo o que se faz passa de potência a ato, do não existir ao existir quando é feito, então, pode corretamente chamar-se *perfeito*, ou *totalmente feito*; quando a potência está reduzida a ato totalmente, de modo a nada reter do não existir, e a ter o existir completo. Por isso, devido a uma extensão do nome, chama-se perfeito não só o que está se fazendo chegar a ato completo, mas também aquilo que chegou a ato completo sem ter sido de modo algum feito. É assim que dizemos ser Deus perfeito, conforme está no Evangelho: *Sede perfeitos, assim como o vosso Pai celeste é perfeito*[7].

Capitulum XXIX
De similitudine creaturarum

Ex hoc autem quomodo in rebus possit similitudo ad Deum inveniri vel non possit, considerari potest.

Effectus enim a suis causis deficientes non conveniunt cum eis in nomine et ratione, necesse est tamen aliquam inter ea similitudi-

Capítulo 29
A semelhança das criaturas

Pelo que foi dito, cabe considerar como se pode encontrar ou não alguma semelhança com Deus nas coisas.

De fato, os efeitos inferiores às suas causas não concordam com elas em nome e em razão, entretanto é necessário que se encontre alguma

---

[5] Êxodo 33, 18.19
[6] Dionísio Areopagita (séc. V-VI), em Os Nomes Divinos 5, MG 3, 817C.
[7] Mateus 5,48.

nem inveniri: de natura enim actionis est ut agens sibi simile agat cum unumquodque agat secundum quod actu est. Unde forma effectus in causa excedente invenitur quidem aliqualiter, sed secundum alium modum et aliam rationem, ratione cuius causa aequivoca dicitur. Sol enim in corporibus inferioribus calorem causat agendo secundum quod actu est; unde oportet quod calor a sole generatus aliqualem similitudinem obtineat ad virtutem activam solis, per quam calor in istis inferioribus causatur, ratione cuius sol calidus dicitur, quamvis non una ratione. Et sic sol omnibus illis similis aliqualiter dicitur in quibus suos effectus efficaciter inducit: a quibus tamen rursus omnibus dissimilis est, inquantum huiusmodi effectus non eodem modo possident calorem et huiusmodi quo in sole invenitur. Ita etiam et Deus omnes perfectiones rebus tribuit, ac per hoc cum omnibus similitudinem habet et dissimilitudinem simul.

Et inde est quod sacra Scriptura aliquando similitudinem inter eum et creaturam commemorat, ut cum dicitur Gen. 1,26: *faciamus hominem ad imaginem et similitudinem nostram*; aliquando similitudo negatur, secundum illud Isaiae 40,18: *cui ergo similem fecistis Deum, aut quam imaginem ponetis ei?* et in Psalmo: *Deus, quis similis erit tibi?* — Huic autem rationi dionysius concordat, qui in IX cap. De div. Nom. Dicit: eadem similia sunt Deo et dissimilia: similia quidem, secundum imitationem eius qui non est perfecte imitabilis, qualem in eis contingit esse; dissimilia autem, secundum quod causata habent minus suis causis.

Secundum tamen hanc similitudinem convenientius dicitur Deo creatura similis quam e converso. Simile enim alicui dicitur quod eius possidet qualitatem vel formam. Quia igitur

semelhança entre ambos, porque é da natureza da ação que *o agente produza algo semelhante a si*[8], uma vez que cada coisa age enquanto está em ato. Por isso, a forma do efeito encontra-se, de certa maneira, na causa superior, mas segundo outro modo e outra razão, por isso se diz *causa equívoca*. O sol, por exemplo, produz calor nos corpos inferiores agindo enquanto está em ato. Portanto, é necessário que o calor gerado pelo sol tenha alguma semelhança com a sua potência ativa, pela qual é produzido o calor nos corpos inferiores e em razão da qual diz-se que o sol é quente, embora por outra razão. Assim, diz-se que o sol é semelhante, de algum modo, a todas as coisas em que produz eficazmente os seus efeitos. No entanto, é dessemelhante a todas elas, enquanto esses efeitos não possuem, do mesmo modo, o calor e tudo o que se encontra no sol. Assim, também, Deus concede todas perfeições às coisas e, por isso, tem ao mesmo tempo semelhanças e dessemelhanças com todas elas.

Por isso, a Sagrada Escritura lembra, às vezes, a semelhança entre Ele e a criatura, como quando diz: *Façamos o homem à nossa imagem, como nossa semelhança*[9]. Outras vezes, porém, nega-se essa semelhança, conforme se lê no Profeta[10]: *Comparareis Deus com quê?/Com que imagem o confrontareis?*; e nos Salmos[11]: *Ó Deus, quem será semelhante a vós?* — Com essa razão concorda Dionísio ao escrever: *As mesmas coisas têm com Deus semelhança e dessemelhança: semelhantes, pela imitação daquele que não é perfeitamente imitável, tal qual acontece nelas existir; dessemelhantes, pelo fato de que o que é causado tem menos do que a sua causa*[12].

No entanto, de acordo com esta semelhança, é mais conveniente dizer que a criatura se assemelha a Deus do que o contrário. Diz-se que uma coisa é semelhante a outra quando

---

[8] Aristóteles (384-322 a.C.), em Geração e Corrupção I, 7, 324a, 9-12.
[9] Gênesis 1,26.
[10] Isaías 40,18.
[11] Salmo 82,1 (Vulgata).
[12] Dionísio Areopagita (séc. V-VI), em Nomes Divinos, 9, MG 3, 916A.

id quod in Deo perfecte est, in rebus aliis per quandam deficientem participationem invenitur, illud secundum quod similitudo attenditur, Dei quidem simpliciter est, non autem creaturae. Et sic creatura habet quod Dei est: unde et Deo recte similis dicitur. Non autem sic potest dici Deum habere quod creaturae est. Unde nec convenienter dicitur Deum creaturae similem esse: sicut nec hominem dicimus suae imagini esse similem, cui tamen sua imago recte similis enuntiatur.

Multo etiam minus proprie dicitur quod Deus creaturae similetur. Nam assimilatio motum ad similitudinem dicit et sic competit et quod ab alio accipit unde simile sit. Creatura autem accipit a Deo unde ei sit similis: non autem e converso. Non igitur Deus creaturae assimilatur, sed magis e converso.

Capitulum XXX
Quae nomina de Deo possint praedicari

Ex his etiam considerari potest quid de Deo dici vel non dici possit, quidve de eo tantum dicatur, quid etiam de eo simul et aliis rebus.

Quia enim omnem perfectionem creaturae est in Deo invenire sed per alium modum eminentiorem, quaecumque nomina absolute perfectionem absque defectu designant, de Deo praedicantur et de aliis rebus: sicut est bonitas, sapientia, esse, et alia huiusmodi.

Quodcumque vero nomen huiusmodi perfectiones exprimit cum modo proprio creaturis, de Deo dici non potest nisi per similitudinem et metaphoram, per quam quae sunt unius rei alteri solent adaptari, sicut aliquis homo dicitur lapis propter duritiam intellectus. Huiusmodi autem sunt omnia nomina imposita ad designandum speciem rei creatae, sicut homo et lapis: nam cuilibet speciei debetur proprius modus perfectionis et esse. Similiter etiam quaecumque nomina proprietates rerum de-

possui a sua qualidade ou a sua forma. Portanto, porque aquilo que em Deus está perfeitamente, nas outras coisas se encontra por uma participação imperfeita, e assim aquilo segundo o qual se considera a semelhança é simplesmente de Deus e não da criatura. Deste modo, a criatura tem o que é de Deus; por isso, se diz retamente que é semelhante a Deus. Ao contrário, não se pode dizer que Deus tem o que é da criatura. E por isso não convém dizer que Deus é semelhante à criatura; assim como não dizemos de um homem que é semelhante à sua imagem, porém, é a ele que se diz retamente que a sua imagem se assemelha.

Muito mais impropriamente se diz que Deus *se assemelha* à criatura. A assemelhação, com efeito, significa movimento para a semelhança e assim, compete àquele que recebe de outro a razão de ser semelhante. Ora, é a criatura que recebe de Deus a razão de ser semelhante a ele, e não o contrário. Logo, Deus não se assemelha à criatura, mas é muito pelo contrário.

Capítulo 30
Nomes que se podem predicar de Deus

Pelo exposto, cabe também considerar o que se pode dizer ou não dizer de Deus; ou o que pode somente ser dito; e o que também pode ser dito simultaneamente de Deus e das coisas.

Como em Deus se encontra toda a perfeição da criatura, mas de maneira mais eminente, todos os nomes, que designam absolutamente uma perfeição sem defeito, predicam-se de Deus e das outras coisas, como: a *bondade, a sabedoria, o ser* e outros semelhantes.

Entretanto, qualquer nome que exprima estas perfeições como próprias das criaturas não se pode predicar de Deus senão por semelhança e metáfora, pelas quais o que é próprio de uma coisa se costuma aplicar a outra, como dizer que um homem é *pedra* pela dureza do intelecto. Tais são todos os nomes dados para designar uma espécie de coisa criada, como *homem* e *pedra*, porque para cada espécie há um nome próprio de perfeição e de ser. Semelhantemente, todos os nomes, que desig-

signant quae ex propriis principiis specierum causatur. Unde de Deo dici non possunt nisi metaphorice. — Quae vero huiusmodi perfectiones exprimunt cum supereminentiae modo quo Deo conveniunt, de solo Deo dicuntur: sicut summum bonum, primum ens, et alia huiusmodi.

Dico autem aliqua praedictorum nominum perfectionem absque defectu importare, quantum ad illud ad quod significandum nomen fuit impositum: quantum enim ad modum significandi, omne nomen cum defectu est. Nam nomine res exprimimus eo modo quo intellectu concipimus. Intellectus autem noster, ex sensibus cognoscendi initium sumens, illum modum non transcendit qui in rebus sensibilibus invenitur, in quibus aliud est forma et habens formam, propter formae et materiae compositionem.

Forma vero in his rebus invenitur quidem simplex, sed imperfecta, utpote non subsistens: habens autem formam invenitur quidem subsistens, sed non simplex, immo concretionem habens. Unde intellectus noster, quidquid significat ut subsistens, significat in concretione: quod vero ut simplex, significat non ut quod est, sed ut quo est. Et sic in omni nomine a nobis dicto, quantum ad modum significandi, imperfectio invenitur, quae Deo non competit, quamvis res significata aliquo eminenti modo Deo conveniat: ut patet in nomine bonitatis et boni; nam bonitas significat ut non subsistens, bonum autem ut concretum. Et quantum ad hoc nullum nomen Deo convenienter aptatur, sed solum quantum ad id ad quod significandum nomen imponitur.

Possunt igitur, ut dionysius docet, huiusmodi nomina et affirmari de Deo et negari: affirmari quidem, propter nominis rationem; negari vero, propter significandi modum.

Modus autem supereminentiae quo in Deo dictae perfectiones inveniuntur, per nomina a nobis imposita significari non potest nisi vel per negationem, sicut cum dicimus

nam propriedades das coisas causadas pelos princípios próprios das espécies, não podem ser ditos de Deus a não ser metaforicamente. — Mas aqueles nomes que exprimem estas mesmas perfeições à maneira de supereminência convêm a Deus, e dizem-se só de Deus, como: *sumo bem, primeiro ente* e outros semelhantes.

Digo que alguns dos nomes supracitados implicam perfeição sem defeito, em relação àquilo para cuja significação o nome foi dado; pois em relação ao modo de significar todo nome é deficiente. De fato, exprimimos as coisas por um nome conforme as concebemos no intelecto. Ora, o nosso intelecto começa a conhecer a partir dos sentidos, e não transcende aquele modo que se encontra nas coisas sensíveis, nas quais uma coisa é a forma e o sujeito da forma, em razão da composição de forma e matéria.

Nestas coisas a forma é realmente simples, mas imperfeita porque não é subsistente. O sujeito da forma é subsistente, mas não é simples: antes, ele é concreto. Por isso, o nosso intelecto significa como concreto tudo aquilo que significa como subsistente, e o que significa como simples significa não como *o que é*, mas como *pelo que é*. Assim, em todos os nomes que dizemos, há imperfeição quanto ao modo de significação; imperfeição que não cabe a Deus, embora a coisa significada convenha-lhe de modo eminente, como fica claro com os nomes *bondade* e *bem*: *bondade* significa algo não subsistente, e *bem*, algo concreto. Neste sentido, nenhum nome se adapta convenientemente a Deus, a não ser em relação àquilo para cuja significação o nome é dado.

Por conseguinte, estes nomes podem ser afirmados e negados de Deus, como ensina Dionísio[13]: afirmados, pela razão do nome; negados, pela maneira de significar.

A maneira de supereminência, como estas perfeições estão em Deus, não pode significá-lo senão por meio de nomes dados por nós ou por negação, como quando dizemos ser Deus

---

[13] Dionísio Areopagita (séc. V-VI), em Hierarquia Celeste, MG 2, 3, 140C-141C.

Deum aeternum vel infinitum; vel etiam per relationem ipsius ad alia, ut cum dicitur prima causa, vel summum bonum. Non enim de Deo capere possumus quid est, sed quid non est, et qualiter alia se habeant ad ipsum, ut ex supra dictis patet.

Capitulum XXXI
Quod divina perfectio et pluralitas nominum divinorum divinae simplicitati non repugnant

Ex praedictis etiam videri potest quod divina perfectio et plura nomina dicta de Deo ipsius simplicitati non repugnant.

Sic enim omnes perfectiones in rebus aliis inventas Deo attribui diximus sicut effectus in suis causis aequivocis inveniuntur. Qui quidem effectus in suis causis sunt virtute, ut calor in sole. Virtus autem huiusmodi nisi aliqualiter esset de genere caloris, sol per eam agens non sibi simile generaret. Ex hac igitur virtute sol calidus dicitur, non solum quia calorem facit, sed quia virtus per quam hoc facit, est aliquid conforme calori. Per eandem autem virtutem per quam sol facit calorem, facit et multos alios effectus in inferioribus corporibus, utpote siccitatem. Et sic calor et siccitas, quae in igne sunt qualitates diversae, soli attribuuntur per unam virtutem.

Ita et omnium perfectiones, quae rebus aliis secundum diversas formas conveniunt, Deo secundum unam eius virtutem attribui est necesse. Quae item virtus non est aliud a sua essentia: cum ei nihil accidere possit, ut probatum est. Sic igitur sapiens Deus dicitur non solum secundum hoc quod sapientiam efficit, sed quia, secundum quod sapientes sumus, virtutem eius, qua sapientes nos facit, aliquatenus imitamur. Non autem dicitur lapis, quamvis lapides fecerit, quia in nomine lapidis intelligitur modus determinatus essendi, secundum quem lapis a Deo distinguitur. Imi-

eterno ou *infinito*; ou por relação de Deus com outros seres, como quando dizemos *causa primeira* ou *sumo bem*. Como efeito, não podemos apreender de Deus *o que* é, mas sim *o que não* é, e a maneira como as outras coisas se referem a Ele, conforme claramente foi dito[14].

Capítulo 31
A perfeição divina e a pluralidade de nomes não repugnam à simplicidade de Deus

Do que foi dito, pode-se ver, também, que a perfeição divina e a pluralidade de nomes não repugnam à simplicidade de Deus.

Com efeito, dissemos[15] que todas as perfeições encontradas nas outras coisas são atribuídas a Deus como se encontram os efeitos em suas causas equívocas. Esses efeitos estão em suas causas virtualmente, como o calor está no sol. Ora, esta potência, se não fosse de alguma maneira do gênero do calor, não poderia o sol gerar, por meio dela, algo semelhante a si. Portanto, o sol se diz quente por esta potência, não só porque produz calor, mas porque a potência pela qual o produz é algo semelhante ao calor. Entretanto, pela mesma potência pela qual o sol produz calor, produz também muitos outros efeitos nos corpos inferiores, como, por exemplo, a secura. Assim, o calor e a secura, que no fogo são qualidades diversas, atribuem-se ao sol por uma única potência.

Assim, todas as perfeições, que convêm a outras coisas por formas diversas, também se atribuem a Deus, necessariamente, por uma só potência. Esta mesma potência não é outra coisa que a sua essência, uma vez que, como foi provado[16], nada acidental pode haver em Deus. Assim, pois, chamamos Deus *sábio* não somente porque produz a sabedoria, mas também porque, na medida em que somos sábios, imitamos, de alguma maneira, a sua potência mediante a qual nos faz sábios. — Entretanto, não o chamamos *pedra*, embora tenha feito as pedras, porque por este nome entende-se um

---

[14] Cf. cap. 14.
[15] Cf. cap. 29.
[16] Cf. cap. 23.

tatur autem lapis Deum ut causam secundum esse, secundum bonitatem, et alia huiusmodi, sicut et aliae creaturae.

Huius autem simile inveniri potest in potentiis cognoscitivis et in virtutibus operativis humanis. Intellectus enim unica virtute cognoscit omnia quae pars sensitiva diversis potentiis apprehendit, et etiam alia multa. Intellectus etiam, quanto fuerit altior, tanto aliquo uno plura cognoscere potest, ad quae cognoscenda intellectus inferior non pertingit nisi per multa. Potestas etiam regia ad omnia illa extenditur ad quae diversae sub ipso potestates ordinem habent. Sic igitur et Deus per unum simplex suum esse omnimodam perfectionem possidet, quam res aliae, immo multo minorem, per quaedam diversa consequuntur.

Ex quo patet necessitas plura nomina Deo dandi. Quia enim eum non possumus cognoscere naturaliter nisi ex effectibus deveniendo in ipsum, oportet quod nomina quibus perfectionem ipsius significamus, diversa sint, sicut et perfectiones in rebus inveniuntur diversae. Si autem ipsam essentiam prout est possemus intelligere et ei nomen proprium adaptare, uno nomine tantum eam exprimeremus. Quod promittitur his qui eum per essentiam videbunt, Zach. Ult.: *in die illa erit Dominus unus et nomen eius unum.*

Capitulum XXXII
Quod nihil de Deo et rebus aliis univoce praedicatur

Ex his autem patet quod nihil de Deo et rebus aliis potest univoce praedicari.

Nam effectus qui non recipit formam secundum speciem similem ei per quam agens agit, nomen ab illa forma sumptum secundum univocam praedicationem recipere non potest: non enim univoce dicitur calidus ignis

determinado modo de ser, pelo qual a pedra distingue-se de Deus. A pedra, no entanto, imita Deus, como sua causa, quanto ao ser, à bondade e a outras perfeições, como também as demais criaturas.

Pode se encontrar algo semelhante a isso nas faculdades cognoscitivas e operativas do homem. O intelecto conhece, por uma única potência, tudo o que a parte sensitiva apreende mediante várias potências, e ainda muitas outras coisas. Além disso, quanto mais elevado for o intelecto, tanto mais coisas conhecerá, por um único meio, enquanto um intelecto inferior para conhecê-las não as atinge a não ser por muitos. O poder real, também, estende-se a tudo aquilo para o que os diversos poderes subordinados se ordenam. Assim, portanto, também Deus, por seu existir único e simples, possui a perfeição total que as demais coisas conseguem, em grau menor e por diferentes meios.

Pelo exposto, fica clara a necessidade de se dar muitos nomes a Deus. De fato, como não podemos conhecê-lo naturalmente, a não ser pelos efeitos, é preciso que os nomes com que significamos sua perfeição sejam diversos, como são diversas as perfeições que encontramos nas coisas. — Se pudéssemos, porém, entender a própria essência como ela é, e encontrar um nome que lhe fosse próprio, a expressaríamos com um só nome. Isto é prometido aos que o verão em sua essência: *Naquele dia, um só será o Senhor, e um só o seu nome*[17].

Capítulo 32
Nada se predica univocamente de Deus e das outras coisas

Fica claro, pelo já exposto, que nada se pode predicar univocamente de Deus e das outras coisas.

Assim, o efeito, que não recebe uma forma especificamente semelhante àquela pela qual o agente age, não pode receber o nome tirado daquela forma por uma predicação unívoca. Portanto, não se diz univocamente *quente*

---

[17] Zacarias 14,9.

a sole generatus, et sol. Rerum quarum Deus est causa, formae ad speciem divinae virtutis non perveniunt: cum divisim et particulariter recipiant quod in Deo simpliciter et universaliter invenitur. Patet igitur quod de Deo et rebus aliis nihil univoce dici potest.

Amplius. Si aliquis effectus ad speciem causae pertingat, praedicationem nominis univoce non consequetur nisi secundum eundem essendi modum eandem specie formam suscipiat: non enim univoce dicitur domus quae est in arte, et in materia, propter hoc quod forma domus habet esse dissimile utrobique. Res autem aliae, etiam si omnino similem formam consequerentur, non tamen consequuntur secundum eundem modum essendi: nam nihil est in Deo quod non sit ipsum esse divinum, ut ex dictis patet, quod in aliis rebus non accidit. Impossibile est igitur aliquid univoce de Deo et rebus aliis praedicari.

Adhuc. Omne quod de pluribus univoce praedicatur, vel est genus, vel species, vel differentia, vel accidens aut proprium. De Deo autem nihil praedicatur ut genus nec ut differentia, ut supra ostensum est; et sic nec ut definitio, nec etiam ut species, quae ex genere et differentia constituitur. Nec aliquid ei accidere potest, ut supra demonstratum est: et ita nihil de eo praedicatur neque ut accidens neque ut proprium; nam proprium de genere accidentium est. Relinquitur igitur nihil de Deo et rebus aliis univoce praedicari.

Item. Quod univoce de pluribus praedicatur, utroque illorum ad minus secundum intellectum simplicius est. Deo autem neque secundum rem neque secundum intellectum potest esse aliquid simplicius. Nihil igitur univoce de Deo et rebus aliis praedicatur.

do fogo gerado pelo sol e do sol. Ademais, as formas das coisas causadas por Deus não alcançam a espécie da potência divina, porque recebem dividido e particularmente o que em Deus é simples e universal[18]. Fica claro, portanto, que nada se pode predicar univocamente de Deus e das outras coisas.

Ademais, se algum efeito alcançar a espécie da causa, não conseguirá a predicação unívoca do nome, a não ser que receba especificamente a mesma forma, segundo o mesmo modo de ser. Assim, a *casa* que existe no projeto e já construída não se diz univocamente casa, porque a forma da casa existe de modo dessemelhante em uma e na outra. Ora, se as outras coisas conseguissem também uma forma totalmente semelhante, entretanto não a conseguiriam segundo o mesmo modo de ser, porque nada há em Deus que não seja o próprio ser divino, como está claro pelo que foi exposto[19], o que não ocorre nas outras coisas. Logo, é impossível predicar-se algo univocamente de Deus e das outras coisas.

Ainda, tudo que se predica univocamente de várias coisas ou é gênero, ou espécie, ou diferença, ou acidente, ou propriedade. Ora, nada se predica de Deus como gênero, nem como diferença, como se demonstrou[20]; e assim nem como definição ou espécie, que é constituída de gênero e diferença. E nada lhe pode ser acidental, como se demonstrou[21]; e, assim, nada se predica de Deus como acidente, nem como propriedade, já que a propriedade é do gênero dos acidentes. Logo, resulta que de Deus e das outras coisas nada se predica univocamente.

Igualmente, o que se predica univocamente de várias coisas é mais simples que cada uma destas coisas, pelo menos no intelecto. Ora, nem na realidade e nem no intelecto pode haver algo mais simples do que Deus. Logo, nada se predica univocamente de Deus e das outras coisas.

---

[18] Cf. caps. 28 e 29.
[19] Cf. cap. 23.
[20] Cf. caps. 24 e 25.
[21] Cf. cap. 23.

Amplius. Omne quod de pluribus praedicatur univoce, secundum participationem cuilibet eorum convenit de quo praedicatur: nam species participare dicitur genus, et individuum speciem. De Deo autem nihil dicitur per participationem: nam omne quod participatur determinatur ad modum participati, et sic partialiter habetur et non secundum omnem perfectionis modum. Oportet igitur nihil de Deo et rebus aliis univoce praedicari.

Adhuc. Quod praedicatur de aliquibus secundum prius et posterius, certum est univoce non praedicari: nam prius in definitione posterioris includitur: sicut substantia in definitione accidentis secundum quod est ens. Si igitur diceretur univoce ens de substantia et accidente, oporteret quod substantia etiam poneretur in definitione entis secundum quod de substantia praedicatur. Quod patet esse impossibile. Nihil autem de Deo et rebus aliis praedicatur eodem ordine, sed secundum prius et posterius: cum de Deo omnia praedicentur essentialiter, dicitur enim ens quasi ipsa essentia, et bonus quasi ipsa bonitas; de aliis autem praedicationes fiunt per participationem, sicut socrates dicitur homo non quia sit ipsa humanitas, sed humanitatem habens. Impossibile est igitur aliquid de Deo et rebus aliis univoce dici.

Ademais, tudo o que se predica univocamente de várias coisas convém, por participação, a cada uma das coisas das quais se predica; assim, diz-se que a espécie participa do gênero e o indivíduo da espécie. De Deus, porém, nada se diz por participação, porque tudo o de que se participa é determinado pelo modo do participante, e, assim, se tem parcialmente, e não segundo todo o modo de perfeição. Logo, é necessário que nada se predique univocamente de Deus e das outras coisas.

Ainda, o que se predica de várias coisas, por anterioridade e posterioridade (*secundum prius et posterius*), é certo que não se predica univocamente, pois o que é anterior está incluído na definição do que é posterior; por exemplo: *substância* na definição de acidente enquanto é ente. Portanto, se *ente* fosse dito univocamente de substância e acidente seria necessário que substância também estivesse na definição de ente, enquanto se predica de substância, e isto é impossível. Ora, de Deus e de outras coisas nada se predica na mesma ordem, mas por anterioridade e posterioridade, uma vez que tudo se predica essencialmente de Deus; assim se diz *ente* significando a própria essência, e *bom* significando a própria bondade. Mas, quanto às outras coisas, as predicações se fazem por participação, como Sócrates se diz homem, não porque ele é a humanidade, mas porque tem humanidade. Logo, é impossível que algo se diga univocamente de Deus e das coisas.

Capitulum XXXIII
Quod non omnia nomina dicuntur de Deo et creaturis pure aequivoce

Ex praemissis etiam patet quod non quicquid de Deo et rebus aliis praedicatur, secundum puram aequivocationem dicitur, sicut ea quae sunt a casu aequivoca.

Nam in his quae sunt a casu aequivoca, nullus ordo aut respectus attenditur unius ad alterum, sed omnino per accidens est quod unum nomen diversis rebus attribuitur: non enim nomen impositum uni significat ipsum habere ordinem ad aliud. Sic autem non est

Capítulo 33
Nem todos os nomes se dizem de Deus e das criaturas de modo puramente equívoco

Pelo que precedeu, fica claro que nem tudo o que se predica de Deus e das coisas se diz por pura equivocação, como são as coisas que são equívocas por acaso.

Com efeito, nas coisas equívocas por acaso não se percebe ordem alguma ou relação entre umas e outras, mas é só acidentalmente que um único nome é atribuído a coisas diversas, porque o nome dado a uma não significa que seja ordenado à outra. Ora, não é assim com

de nominibus quae de Deo dicuntur et creaturis. Consideratur enim in huiusmodi nominum communitate ordo causae et causati, ut ex dictis patet. Non igitur secundum puram aequivocationem aliquid de Deo et rebus aliis praedicatur.

Amplius. Ubi est pura aequivocatio, nulla similitudo in rebus attenditur, sed solum unitas nominis. Rerum autem ad Deum est aliquis modus similitudinis, ut ex supra dictis patet. Relinquitur igitur quod non dicuntur de Deo secundum puram aequivocationem.

Item. Quando unum de pluribus secundum puram aequivocationem praedicatur, ex uno eorum non possumus duci in cognitionem alterius: nam cognitio rerum non dependet ex vocibus, sed ex nominum ratione. Ex his autem quae in rebus aliis inveniuntur in divinorum cognitionem pervenimus, ut ex dictis patet. Non igitur secundum puram aequivocationem dicuntur huiusmodi de Deo et aliis rebus.

Adhuc. Aequivocatio nominis processum argumentationis impedit. Si igitur nihil diceretur de Deo et creaturis nisi pure aequivoce, nulla argumentatio fieri posset procedendo de creaturis ad Deum. Cuius contrarium patet ex omnibus loquentibus de divinis.

Amplius. Frustra aliquod nomen de aliquo praedicatur nisi per illud nomen aliquid de eo intelligamus. Sed si nomina dicuntur de Deo et creaturis omnino aequivoce, nihil per illa nomina de Deo intelligimus: cum significationes illorum nominum notae sint nobis solum secundum quod de creaturis dicuntur. Frustra igitur diceretur aut probaretur de Deo quod Deus est ens, bonus, vel si quid aliud huiusmodi est.

Si autem dicatur quod per huiusmodi nomina solum de Deo cognoscimus quid non est, ut scilicet ea ratione dicatur vivens quia non

os nomes que se dizem de Deus e das criaturas, porque, no conjunto destes nomes, considera-se a ordem de causa e de causado, como fica claro pelo que foi dito[22]. Logo, não é por pura equivocação que algo se predica de Deus e das outras coisas.

Ademais, onde há pura equivocação não se percebe semelhança alguma nas coisas, senão somente a unidade de nome. Ora, existe alguma semelhança das coisas com Deus, como está claro no que foi dito[23]. Logo, conclui-se que não se afirmam de Deus segundo pura equivocação.

Igualmente, quando um nome predica-se de várias coisas por pura equivocação, não podemos, por meio de uma delas, ser levados ao conhecimento das outras, porque o conhecimento das coisas não depende das palavras, mas da razão dos nomes. Ora, por estas razões que se encontram nas coisas, chegamos ao conhecimento das coisas divinas, como está claro no que foi dito[24]. Logo, não é por pura equivocação que tais semelhanças são ditas de Deus e das coisas.

Ainda, a equivocidade do nome impede o procedimento da argumentação. Portanto, se nada fosse dito de Deus e das criaturas senão por pura equivocação, nenhuma argumentação poderia ser feita procedendo das criaturas para Deus. É o contrário disso que ficou claro por todos os que falaram das coisas divinas.

Ademais, em vão predica-se um nome de uma coisa se por ele não entendemos algo dela. Ora, se os nomes se dizem de Deus e das criaturas de modo totalmente equívoco, por meio deles nada entenderemos de Deus, uma vez que conhecemos as significações destes nomes somente enquanto são ditas das criaturas. Logo, em vão provar-se-ia ou dir-se-ia de Deus que Ele é ente, bom ou coisas semelhantes.

Se, porém, se disser que, por esses nomes, conhecemos de Deus apenas o que não é, de tal modo, por exemplo, que ao se dizer *vivo*, pela

---

[22] Passim.
[23] Cf. cap. 29.
[24] Passim.

est de genere rerum inanimatarum et sic de aliis; ad minus oportebit quod vivum de Deo et creaturis dictum conveniat in negatione inanimati. Et sic non erit pure aequivocum.

Capitulum XXXIV
Quod ea quae dicuntur de Deo et creaturis dicuntur analogice

Sic igitur ex dictis relinquitur quod ea quae de Deo et rebus aliis dicuntur, praedicantur neque univoce neque aequivoce, sed analogice: hoc est, secundum ordinem vel respectum ad aliquid unum.

Quod quidem dupliciter contingit: uno modo, secundum quod multa habent respectum ad aliquid unum: sicut secundum respectum ad unam sanitatem animal dicitur sanum ut eius subiectum, medicina ut eius effectivum, cibus ut conservativum, urina ut signum. — Alio modo, secundum quod duorum attenditur ordo vel respectus, non ad aliquid alterum, sed ad unum ipsorum: sicut ens de substantia et accidente dicitur secundum quod accidens ad substantiam respectum habet, non quod substantia et accidens ad aliquid tertium referantur.

Huiusmodi igitur nomina de Deo et rebus aliis non dicuntur analogice secundum primum modum, oporteret enim aliquid Deo ponere prius: sed modo secundo.

In huiusmodi autem analogica praedicatione ordo attenditur idem secundum nomen et secundum rem quandoque, quandoque vero non idem. Nam ordo nominis sequitur ordinem cognitionis: quia est signum intelligibilis conceptionis.

Quando igitur id quod est prius secundum rem, invenitur etiam cognitione prius, idem invenitur prius et secundum nominis rationem et secundum rei naturam: sicut substan-

Capítulo 34
Aquilo que se diz de Deus e das criaturas diz-se analogicamente

Do que foi exposto[25], segue-se que aquilo que se diz de Deus e das criaturas não se predica nem unívoca nem equivocadamente, mas analogicamente, isto é, por ordem e relação a algo único.

E isto acontece de duas maneiras: — Primeira, quando muitas coisas referem-se a algo único; por exemplo, com relação a uma única saúde, o animal se diz *são*, como sujeito; o remédio, como causa; o alimento, como elemento de conservação, e a urina, como sinal. — Segunda, quando a ordem ou relação entre duas coisas se refere a uma delas, e não a uma terceira; por exemplo, se diz *ente* da substância e do acidente, enquanto o acidente se refere à substância, e não enquanto a substância e o acidente se referem a uma terceira coisa. Portanto, estes nomes não se dizem de Deus e das outras coisas pela primeira maneira de analogia, porque dever-se-ia afirmar algo anterior a Deus, mas, pela segunda maneira.

Nessa predicação analógica, considera-se, às vezes, a mesma ordem no nome e na realidade e, outras vezes, não; porque a ordem do nome segue a ordem do conhecimento, pois o nome é o sinal de um conceito **in**teligível.

Por conseguinte, quando aquilo que é anterior na realidade se encontra também anterior no conhecimento, o mesmo se encontra anterior tanto segundo a razão do nome quanto segundo a natureza da coisa. Assim, a substância é anterior ao acidente não só pela natureza, enquanto ela é causa do acidente, como também pelo conhecimento, enquanto é afirmada na definição do acidente. Por isso, o *ente* se diz antes da substância que do

---

[25] Cf. caps. 32 e 33.

tia est prior accidente et natura, inquantum substantia est causa accidentis; et cognitione, inquantum substantia in definitione accidentis ponitur. Et ideo ens dicitur prius de substantia quam de accidente et secundum rei naturam et secundum nominis rationem.

Quando vero id quod est prius secundum naturam, est posterius secundum cognitionem, tunc in analogicis non est idem ordo secundum rem et secundum nominis rationem: sicut virtus sanandi quae est in sanativis, prior est naturaliter sanitate quae est in animali, sicut causa effectu; sed quia hanc virtutem per effectum cognoscimus, ideo etiam ex effectu nominamus. Et inde est quod sanativum est prius ordine rei, sed animal dicitur per prius sanum secundum nominis rationem.

Sic igitur, quia ex rebus aliis in Dei cognitionem pervenimus, res nominum de Deo et rebus aliis dictorum per prius est in Deo secundum suum modum, sed ratio nominis per posterius. Unde et nominari dicitur a suis causatis.

acidente, não só segundo a natureza da coisa, mas também segundo a razão do nome.

Quando, porém, aquilo que é primeiro segundo a natureza é posterior segundo o conhecimento, então nas coisas análogas, a ordem segundo a realidade e segundo a razão do nome serão distintas; por exemplo, a virtude de curar que está nos remédios é naturalmente anterior à saúde que está no animal, como a causa é anterior ao efeito. Mas porque conhecemos esta virtude pelo efeito, por isso também a nomeamos pelo efeito. Daí que, embora o *remédio* seja anterior na ordem da realidade, o animal, entretanto, se diz são por primeiro segundo a razão do nome.

Portanto, porque chegamos ao conhecimento de Deus por outras coisas, a realidade dos nomes de Deus e das coisas está em Deus anteriormente segundo a sua maneira e posteriormente segundo a razão do nome. Por isso, também, se diz que é denominado pelos seus efeitos.

Capitulum XXXV
Quod plura nomina dicta de Deo non sunt synonyma

Ostenditur etiam ex dictis quod, quamvis nomina de Deo dicta eandem rem significent, non tamen sunt synonyma: quia non significant rationem eandem.

Nam sicut diversae res uni simplici rei quae Deus est similantur per formas diversas, ita intellectus noster per diversas conceptiones ei aliqualiter similatur, inquantum per diversas perfectiones creaturarum in ipsum cognoscendum perducitur. Et ideo de uno, intellectus noster multa concipiens non est falsus neque vanus: quia illud simplex esse divinum huiusmodi est ut ei secundum formas multiplices aliqua similari possint, ut supra ostensum est.

Capítulo 35
Muitos nomes dados a Deus não são sinônimos

Demonstra-se também pelo que foi dito que, embora os nomes dados a Deus signifiquem a mesma realidade, entretanto, eles não são sinônimos, porque não significam a mesma razão.

Com efeito, assim como coisas diversas se assemelham a uma só realidade, que é Deus, por meio de diversas formas, assim o nosso intelecto se assemelha a Ele, de alguma maneira, por meio de vários conceitos, na medida em que é levado a conhecê-lo pelas diversas perfeições das criaturas. Por isso, o nosso intelecto não é falso nem vão ao conceber muitas coisas de algo único, uma vez que o ser simples divino é tal que algumas coisas podem

Secundum autem diversas conceptiones diversa nomina intellectus adinvenit quae Deo attribuit. Et ita, cum non secundum eandem rationem attribuantur, constat ea non esse synonyma, quamvis rem omnino unam significent: non enim est eadem nominis significatio, cum nomen per prius conceptionem intellectus quam rem intellectam significet.

Ora, é de acordo com conceitos diversos que o nosso intelecto chega a nomes diversos que ele atribui a Deus. Assim, como não são atribuídos segundo a mesma razão, consta que tais nomes não são sinônimos, embora signifiquem uma realidade absolutamente única, porque a significação do nome não é a mesma uma vez que o nome significa antes o conceito do intelecto que a coisa entendida.

Capitulum XXXVI
Qualiter intellectus noster de Deo propositionem formet

Ex hoc etiam ulterius patet quod intellectus noster de Deo simplici non in vanum enuntiationes format componendo et dividendo, quamvis Deus omnino sit simplex.

Quamvis namque intellectus noster in Dei cognitionem per diversas conceptiones deveniat, ut dictum est, intelligit tamen id quod omnibus eis respondet omnino unum esse: non enim intellectus modum quo intelligit rebus attribuit intellectis; sicut nec lapidi immaterialitatem, quamvis eum immaterialiter cognoscat.

Et ideo rei unitatem proponit per compositionem verbalem, quae est identitatis nota, cum dicit, Deus est bonus vel bonitas: ita quod si qua diversitas in compositione est, ad intellectum referatur, unitas vero ad rem intellectam. Et ex hac ratione quandoque intellectus noster enuntiationem de Deo format cum aliqua diversitatis nota, praepositionem interponendo, ut cum dicitur, bonitas est in Deo: quia et hic designatur aliqua diversitas, quae competit intellectui, et aliqua unitas, quam oportet ad rem referre.

assemelhar-se a Ele, por meio de formas múltiplas, como foi demonstrado[26].

Capítulo 36
Como o intelecto forma uma proposição acerca de Deus

Pelo que foi dito, fica claro ainda que o nosso intelecto não forma em vão enunciações por composição e divisão sobre Deus, que é simples, embora Deus seja absolutamente simples.

Embora o nosso intelecto chegue ao conhecimento de Deus por meio de conceitos diversos, como foi dito[27], entende, entretanto, que o que responde a todos os conceitos é absolutamente uno, pois o intelecto não atribui às coisas entendidas a maneira pela qual as entende; por exemplo, não atribui imaterialidade à pedra, embora a conheça de maneira imaterial.

Por isso, propõe a unidade das coisas pela composição verbal, que marca a identidade, quando diz *Deus é bom*, ou *a bondade*, de modo que se alguma diversidade há na composição, esta se refere ao intelecto, a unidade, porém, refere-se à coisa conhecida. Por esta razão, o nosso intelecto forma, algumas vezes, um enunciado acerca de Deus que marca a diversidade, interpondo uma proposição, como quando diz: *Em Deus há bondade*; porque aqui vem designada alguma diversidade que compete ao intelecto, e alguma unidade que deve ser referida à coisa.

---

[26] Cf. caps. 29 e 31.
[27] Cf. capítulo precedente.

Capitulum XXXVII
Quod Deus est bonus

Ex perfectione autem divina, quam ostendimus, bonitas ipsius concludi potest.

Id enim quo unumquodque bonum dicitur, est propria virtus eius: nam virtus est uniuscuiusque quae bonum facit habentem et opus eius bonum reddit. Virtus autem est perfectio quaedam: tunc enim unumquodque perfectum dicimus quando attingit propriam virtutem, ut patet in VII physicorum. Ex hoc igitur unumquodque bonum est quod perfectum est. Et inde est quod unumquodque suam perfectionem appetit sicut proprium bonum. Ostensum est autem Deum esse perfectum. Est igitur bonus.

Item. Ostensum est supra esse aliquod primum movens immobile, quod Deus est. Movet autem sicut movens omnino immobile. Quod movet sicut desideratum. Deus igitur, cum sit primum movens immobile, est primum desideratum. Desideratur autem dupliciter aliquid: aut quia est bonum; aut quia apparet bonum. Quorum primum est quod est bonum: nam apparens bonum non movet per seipsum, sed secundum quod habet aliquam speciem boni; bonum vero movet per seipsum. Primum igitur desideratum, quod Deus est, est vere bonum.

Adhuc. Bonum est quod omnia appetunt: ut Philosophus optime dictum introducit, I ethicorum. Omnia autem appetunt esse actu secundum suum modum: quod patet ex hoc quod unumquodque secundum naturam suam repugnat corruptioni. Esse igitur actu boni rationem constituit: unde et per privationem actus a potentia consequitur malum, quod est bono oppositum, ut per Philosophum patet, in IX metaphysicae. Deus autem

Capítulo 37
Deus é bom

Do que foi demonstrado sobre a perfeição divina[28], pode-se deduzir a bondade divina.

Aquilo pelo qual cada coisa se diz boa é a sua própria virtude, porque *a virtude é o que faz bom o que a possui e torna a sua operação boa*[29]. Ora, *a virtude é uma perfeição, e cada coisa se diz perfeita quando atinge a própria virtude*[30]. Logo, uma coisa boa é a que é perfeita. É por isso que cada coisa tende para sua perfeição como para o seu próprio bem. Ora, foi demonstrado[31] que Deus é perfeito. Logo, Deus é bom.

Igualmente, demonstrou-se acima[32] que há um primeiro motor imóvel, que é Deus. Ora, o que move como motor totalmente imóvel move como objeto de desejo. Portanto, Deus, por ser o primeiro motor imóvel, é o primeiro objeto de desejo. Ora, uma coisa é desejada de dois modos: ou porque ela é boa, ou porque parece boa. Dos dois modos, o primeiro é a coisa boa, ao passo que a coisa aparentemente boa não move por si mesma, mas segundo o que tem de aparência de bondade. Mas o que é bom move por si mesmo. Logo, o primeiro objeto de desejo, que é Deus, é verdadeiramente bom.

Ainda, *o bem é o que todas as coisas desejam*[33]; com esta ótima definição o Filósofo inicia o Livro I da *Ética*. Ora, todas as coisas desejam existir em ato segundo o seu modo, o que fica claro pelo fato de que cada coisa, segundo a sua natureza, opõe-se à corrupção. Por isso, existir em ato constitui a razão do bem; portanto, é pela privação do ato pela potência que se segue o mal, que é o oposto do bem, como evidenciou o Filósofo[34]. Ora, Deus é ente em ato, não

---

[28] Cf. cap. 28.
[29] Aristóteles (384-322 a.C.), em Ética II, 5, 1106a, 15-17.
[30] Aristóteles (384-322 a.C.), em Física VII, 3, 246a, 13-14.
[31] Cf. cap. 28.
[32] Cf. cap. 13.
[33] Aristóteles (384-322 a.C.), em Ética I 1, 1094a, 2-3.
[34] Aristóteles (384-322 a.C.), em Metafísica IX, 9, 1051a, 4-17.

est ens actu non in potentia, ut supra ostensum est. Est igitur vere bonus.

Amplius. Communicatio esse et bonitatis ex bonitate procedit. Quod quidem patet et ex ipsa natura boni, et ex eius ratione. Naturaliter enim bonum uniuscuiusque est actus et perfectio eius. Unumquodque autem ex hoc agit quod actu est. Agendo autem esse et bonitatem in alia diffundit. Unde et signum perfectionis est alicuius quod simile possit producere: ut patet per Philosophum in IV Meteororum. Ratio vero boni est ex hoc quod est appetibile. Quod est finis. Qui etiam movet agentem ad agendum. Propter quod dicitur bonum esse diffusivum sui et esse. Haec autem diffusio Deo competit: ostensum enim est supra quod aliis est causa essendi, sicut per se ens necesse. Est igitur vere bonus.

Hinc est quod in Psalmo dicitur: quam bonus Israel Deus his qui recto sunt corde. Et Thren. 3,25 dicitur: bonus est Dominus sperantibus in se, animae quaerenti illum.

em potência, como foi demonstrado[35]. Logo, Deus é verdadeiramente bom.

Ademais, a comunicação do ser e da bondade procede da bondade. Isto fica claro pela própria natureza e razão do bem. De fato, por natureza, o bem de cada coisa é o seu ato e sua perfeição. Ora, cada coisa opera pelo fato de existir em ato; e operando difunde o ser e a bondade nas outras coisas. Portanto, é sinal de perfeição de uma coisa *poder produzir algo semelhante a si*[36]. Entretanto, a razão do bem está no fato de ser desejável, e nisto está o fim, que move o agente a operar. Por causa disso diz-se que o bem é *difusivo de si e do ser*[37]. Ora, esta difusão compete a Deus, porque foi demonstrado[38] que, como ente necessário por si, é a causa do existir das demais coisas. Logo, é verdadeiramente bom.

Daí que nos Salmos se diz: *Sim, o Senhor é bom para com os justos,/ para os corações puros Deus é bom*[39]; e Jeremias: *Javé é bom para quem nele confia,/ para quem o procura*[40].

Capitulum XXXVIII
Quod Deus est ipsa bonitas

Ex his autem haberi potest quod Deus sit sua bonitas.

Esse enim actu in unoquoque est bonum ipsius. Sed Deus non solum est ens actu, sed est ipsum suum esse, ut supra ostensum est. Est igitur ipsa bonitas, non tantum bonus.

Praeterea. Perfectio uniuscuiusque est bonitas eius, ut ostensum est. Perfectio autem divini esse non attenditur secundum aliquid additum supra ipsum, sed quia ipsum secundum seipsum perfectum est, ut supra ostensum est. Bonitas igitur Dei non est aliquid

Capítulo 38
Deus é a própria bondade

Pelo que foi dito pode-se concluir que Deus é sua própria bondade.

De fato, o bem de cada um é ser em ato. Mas Deus não é somente ente em ato, mas seu próprio ser, como foi demonstrado[41]. Logo, é *própria bondade*, e não somente *bom*.

Além disso, a perfeição de cada coisa é a sua bondade, como foi demonstrado[42]. Ora, a perfeição do ser divino não se considera como algo acrescentado a Ele, porque Ele mesmo, por si mesmo, é perfeito, como foi demonstrado[43]. Logo, a bondade de Deus não é alguma

---

[35] Cf. cap. 15.
[36] Aristóteles (384-322 a.C.), em Meteorológica IV, 3, 380a, 13-15.
[37] Dionísio Areopagita (séc. V-VI), em Os Nomes Divinos IV, 3, 693b.
[38] Cf. cap. 13.
[39] Salmo 72,1.
[40] Lamentações 3,25.
[41] Cf. cap. 22.
[42] Cf. capítulo precedente.
[43] Cf. cap. 28.

additum suae substantiae, sed sua substantia est sua bonitas.

Item. Unumquodque bonum quod non est sua bonitas, participative dicitur bonum. Quod autem per participationem dicitur, aliquid ante se praesupponit, a quo rationem suscipit bonitatis. Hoc autem in infinitum non est possibile abire: quia in causis finalibus non proceditur in infinitum, infinitum enim repugnat fini; bonum autem rationem finis habet. Oportet igitur devenire ad aliquod bonum primum, quod non participative sit bonum per ordinem ad aliquid aliud, sed sit per essentiam suam bonum. Hoc autem Deus est. Est igitur Deus sua bonitas.

Item. Id quod est participare aliquid potest, ipsum autem esse nihil: quod enim participat potentia est, esse autem actus est. Sed Deus est ipsum esse, ut probatum est. Non est igitur bonus participative, sed essentialiter.

Amplius. Omne simplex suum esse et id quod est unum habet: nam, si sit aliud et aliud, iam simplicitas tolletur. Deus autem est omnino simplex, ut ostensum est. Igitur ipsum esse bonum non est aliud quam ipse. Est igitur sua bonitas.

Per eadem etiam patet quod nullum aliud bonum est sua bonitas. Propter quod dicitur Matth. 19,17: nemo bonus nisi solus Deus.

Capitulum XXXIX
Quod in Deo non potest esse malum

Ex hoc autem manifeste apparet quod in Deo non potest esse malum.

Esse enim et bonitas, et omnia quae per essentiam dicuntur, nihil praeter se habent admixtum: licet id quod est vel bonum possit aliquid praeter esse et bonitatem habere. Nihil enim prohibet quod est uni perfectioni suppositum, etiam alii supponi, sicut quod est corpus potest esse album et dulce: unaquaeque autem natura suae rationis termino

coisa acrescentada à sua substância, mas a sua substância é a sua bondade.

Igualmente, tudo que é bom e que não é a sua bondade é chamado bom por participação. Com efeito, o que se diz por participação pressupõe algo anterior a si, do qual recebe a razão de bondade. Ora, não se pode levar nisto o processo ao infinito, porque nas causas finais não se procede ao infinito, uma vez que o infinito repugna ao fim; e o bem, no entanto, tem razão de fim. Portanto, deve-se chegar a algo que seja o bem primeiro, que não seja bem por participação em relação a outra coisa, mas que seja bem por sua essência. Tal é Deus. Logo, Deus é a sua bondade.

Igualmente, aquilo que existe pode participar de alguma coisa, mas o próprio existir, de nenhuma, porquanto o que participa está em potência e o existir é ato. Ora, Deus é o próprio existir, como se provou[44]. Logo, não é bom por participação, mas por essência.

Ademais, tudo o que é simples tem unificados o seu *ser* e *o que é*, pois se um distingue-se do outro desaparece a simplicidade. Ora, Deus é absolutamente simples, como foi demonstrado[45]. Logo, o mesmo ser bom não é outra coisa senão ele mesmo. Logo, é a sua bondade.

Pelos mesmos argumentos fica claro que nenhum outro bem é a sua bondade. Por isso se diz no Evangelho: *Um só é o bom*[46].

Capítulo 39
Em Deus não pode haver mal

Pelo exposto, aparece claramente que em Deus não pode haver mal.

Com efeito, o *ser* e a *bondade*, e todas as coisas que são ditas pela essência, nada têm misturado a si, embora *o que é* ou *o bem* possam ter alguma coisa além do ser e da bondade. Nada impede, pois, que o sujeito de uma perfeição seja também o de outra; por exemplo, um corpo pode ser branco e doce. Porém, cada natureza é perfeita pela sua razão de tér-

---

[44] Cf. cap. 22.
[45] Cf. cap. 18.
[46] Mateus 19,17.

concluditur, ut nihil extraneum intra se capere possit. Deus autem est bonitas, non solum bonus, ut ostensum est. Non potest igitur in eo esse aliquid non bonitas. Et ita malum in eo omnino esse non potest.

Amplius. Id quod est oppositum essentiae alicuius rei, sibi omnino convenire non potest dum manet: sicut homini non potest convenire irrationalitas vel insensibilitas nisi homo esse desistat. Sed divina essentia est ipsa bonitas, ut ostensum est. Ergo malum, quod est bono oppositum, in eo locum habere non potest nisi esse desisteret. Quod est impossibile: cum sit aeternus, ut supra ostensum est.

Adhuc. Cum Deus sit suum esse, nihil participative de ipso dici potest, ut patet ex ratione supra inducta. Si igitur malum de ipso dicatur; non dicetur participative, sed essentialiter. Sic autem malum de nullo dici potest ut sit essentia alicuius: ei enim esse deficeret, quod bonum est, ut ostensum est; in malitia autem non potest esse aliquid extraneum admixtum, sicut nec in bonitate. Malum igitur de Deo dici non potest.

Item. Malum bono oppositum est. Ratio autem boni in perfectione consistit. Ergo ratio mali in imperfectione. Defectus autem vel imperfectio in Deo, qui est universaliter perfectus, esse non potest, ut supra ostensum est. In Deo igitur malum esse non potest.

Praeterea. Perfectum est aliquid secundum quod est actu. Ergo imperfectum erit secundum quod est deficiens ab actu. Ergo malum vel privatio est, vel privationem includit. Privationis autem subiectum est potentia. Haec autem in Deo esse non potest. Igitur nec malum.

Praeterea. Si bonum est quod ab omnibus appetitur, igitur malum unaquaeque natura

mino, de modo que não possa receber em si nada estranho. Ora, Deus não é somente bom, mas é a bondade, conforme se demonstrou[47]. Logo, não pode haver nEle coisa alguma que não seja bondade. E assim, nEle não pode haver o mal de maneira alguma.

Ademais, o que é oposto à essência de uma coisa não lhe pode de modo algum convir enquanto permanece; assim, não pode convir ao homem a irracionalidade ou a insensibilidade, a não ser que cesse de ser homem. Ora, a essência divina é a própria bondade, como foi demonstrado[48]. Logo, é impossível que o mal, que é oposto ao bem, possa ter lugar em Deus a não ser que Ele deixasse de existir. Isto é impossível, uma vez que Ele é eterno, como foi demonstrado[49].

Ainda, como Deus é o seu ser, nada pode ser dito dEle por participação, como fica claro pela razão alegada[50]. Portanto, se dEle se diz o mal, não se dirá por participação, mas por essência. Assim, não se pode dizer de nenhuma coisa que o mal seja sua essência, pois faltaria nela o ser, que é um bem, como foi demonstrado[51]. Ora, tanto na maldade como na bondade não pode haver algo estranho misturado. Portanto, o mal não se pode dizer de Deus.

Igualmente, o mal é o oposto do bem. Ora, a razão do bem consiste na perfeição. Logo, a razão do mal na imperfeição. Foi demonstrado[52] que não pode haver em Deus, que é universalmente perfeito, deficiências ou imperfeições. Logo, em Deus não pode haver o mal.

Além disso, uma coisa é perfeita na medida em que está em ato. Portanto, será imperfeita na medida em que é deficiente de ato. O mal é, pois, ou uma privação, ou inclui uma privação. Ora, o sujeito da privação é a potência. E esta não pode haver em Deus. Logo, nem o mal.

Além disso, se o bem é *aquilo que todos desejam*[53], qualquer natureza evitará, por isso,

---

[47] Cf. capítulo anterior.
[48] Ibidem.
[49] Cf. cap. 15.
[50] Cf. capítulo anterior.
[51] Cf. cap. 37.
[52] Cf. cap. 28.
[53] Aristóteles (384-322 a.C.), em Ética I, 1, 1094a, 3.

refugit inquantum huiusmodi. Quod autem inest alicui contra motum naturalis appetitus, est violentum et praeter naturam. Malum igitur in unoquoque est violentum et praeter naturam secundum quod est ei malum: etsi possit ei esse naturale secundum aliquid eius in rebus compositis. Deus autem compositus non est, nec aliquid esse potest in eo violentum vel praeter naturam, ut ostensum est. Malum igitur in Deo esse non potest.

Hoc etiam sacra Scriptura confirmat. Dicitur enim prima canonica ioannis: Deus lux est, et tenebrae in eo non sunt ullae. Et in iob 34,10: absit a Deo impietas, et ab omnipotente iniquitas.

Capitulum XL
Quod Deus est omnis boni bonum

Ostenditur etiam ex praedictis quod Deus sit omnis boni bonum.

Bonitas enim uniuscuiusque est perfectio ipsius, ut dictum est. Deus autem, cum sit simpliciter perfectus, sua perfectione omnes rerum perfectiones comprehendit, ut ostensum est. Sua igitur bonitas omnes bonitates comprehendit. Et ita est omnis boni bonum.

Item. Quod per participationem dicitur aliquale, non dicitur tale nisi inquantum habet quandam similitudinem eius quod per essentiam dicitur: sicut ferrum dicitur ignitum inquantum quandam similitudinem ignis participat. Sed Deus est bonus per essentiam, omnia vero alia per participationem, ut ostensum est. Igitur nihil dicetur bonum nisi inquantum habet aliquam similitudinem divinae bonitatis. Est igitur ipse bonum omnis boni.

o mal enquanto tal. Ora, o que existe em uma coisa contra o movimento do apetite natural é violento e contra a natureza. Portanto, em cada coisa, o mal, na medida em que é o mal dessa coisa, é violento e contra a natureza, embora nas coisas compostas possa ser natural a elas, em relação a uma parte delas. Ora, Deus não é composto, e não pode existir nEle algo violento ou contra a natureza, como se disse[54]. Logo, em Deus não pode existir o mal.

Isso é confirmado pela Sagrada Escritura, que diz: *Deus é luz e nEle não há nenhuma espécie de treva*[55], e: *Longe de Deus a impiedade,/ longe de Xadai a injustiça*[56].

Capítulo 40
Deus é o bem de todo bem

Pelo exposto, pode-se demonstrar que *Deus é o bem de todo bem*[57].

Com efeito, a bondade de cada um é a sua perfeição, como se disse[58]. Ora, Deus, uma vez que é simplesmente perfeito, compreende na sua perfeição todas as perfeições das coisas, como foi demonstrado[59]. Logo, a sua bondade compreende todas as bondades. E assim, é o bem de todo bem.

Igualmente, o que se diz parecido por participação, não se diz assim a não ser na medida em que tenha alguma semelhança com aquilo que se diz por essência; por exemplo, o ferro, diz-se incandescente enquanto participa de certa semelhança com o fogo. Ora, Deus é bom por essência, todas as outras coisas, porém, são por participação, como foi demonstrado[60]. Portanto, nada se diz bom a não ser que tenha alguma semelhança com a bondade divina. Logo, Ele é o bem de todo bem.

---

[54] Cf. caps. 18 e 19.
[55] 1 João 1,5.
[56] Jó 34,10.
[57] Santo Agostinho (354-431), em Sobre a Trindade VIII, cap. 3, MG 42, 949.
[58] Cf. cap. 37.
[59] Cf. cap. 28.
[60] Cf. cap. 38.

Ainda, uma vez que cada coisa é apetecível por causa do fim e a razão do bem consiste em ser apetecível, cada coisa é dita necessariamente boa ou porque é um fim, ou porque se ordena ao fim. Ora, o fim último é aquilo pelo qual todas as coisas recebem a razão do bem. Isto é Deus, como adiante se provará[61]. Logo, Deus é o bem de todo bem.

Por isso, diz o Senhor, prometendo a Moisés a visão de si mesmo: *Farei passar diante de ti toda a minha bondade*[62]. E diz-se da Sabedoria Divina: *Todos os bens vieram-me juntamente com ela*[63].

Capítulo 41
Deus é o sumo bem

Pelo exposto, demonstra-se ainda que Deus é o sumo bem.

O bem universal é superior a qualquer bem particular, como *o bem do povo é melhor que o bem de um indivíduo*[64], pois a bondade e a perfeição do todo são superiores à bondade e à perfeição de uma parte. Ora, a bondade divina está para todas as outras bondades como o bem universal está para o particular, uma vez que é o bem de todo bem, como foi demonstrado[65]. Logo, Ele é o sumo bem.

Além disso, o que é dito por essência, é dito com mais verdade do que aquilo que é dito por participação. Ora, Deus é bom por sua essência, mas as outras coisas o são por participação, como foi demonstrado[66]. Logo, Ele é o sumo bem.

Igualmente, *aquilo que é o máximo em algum gênero é a causa das outras coisas que estão neste gênero*[67], porque a causa é superior ao efeito. Ora, todas as coisas têm a razão de bem de Deus, com foi demonstrado[68]. Logo, Ele é o sumo bem.

---

[61] Cf. Livro III, cap. 17.
[62] Êxodo 33,19.
[63] Sabedoria 7,11 (Vulgata).
[64] Aristóteles (384-322 a.C.), em Ética I, 1, 1094, 7-10.
[65] Cf. capítulo anterior.
[66] Cf. cap. 38.
[67] Aristóteles (384-322 a.C.), em Metafísica I, 1, 993b, 24-25.
[68] Cf. capítulo anterior.

Ademais, assim como é mais branco aquilo que não está misturado de preto, é também melhor aquilo que não está misturado de mal. Ora, Deus é ao máximo não misturado de mal, porque em Deus não pode haver mal nem em ato nem em potência, e isso lhe compete por sua natureza, como foi demonstrado[69]. Logo, Ele é o sumo bem.

Neste sentido, está escrito na Escritura: *Não há santo como Javé*[70].

Capítulo 42
Deus é único

Demonstrado o anterior, fica claro que Deus é único.

É impossível que existam dois bens supremos[71]. O que se diz, por superabundância, encontra-se apenas em um. Ora, Deus é o bem supremo, como se demonstrou[72]. Logo, Deus é único.

Além disso, foi demonstrado que Deus é absolutamente perfeito, e não lhe falta perfeição[73] alguma. Se, pois, houvesse muitos deuses, deveriam existir muitos destes perfeitos. Mas isto é impossível, porque se a nenhum deles falta alguma perfeição, se nenhum tem mistura de alguma imperfeição, e isto se requer para que alguma coisa seja absolutamente perfeita, nada haverá em que se distingam entre si. Logo, é impossível afirmar muitos deuses.

Igualmente, suposto que um realize suficientemente alguma coisa, *é melhor que esta coisa seja feita por um do que por muitos*[74]. Ora, a ordem das coisas é, assim, a melhor possível, porque o poder do agente primeiro não falta ao poder de perfeição que existe nas coisas. Todas as coisas se completam suficientemente reduzindo-se a um único primeiro princípio. Logo, não se devem afirmar muitos princípios.

---

[69] Cf. cap. 39.
[70] 1 Samuel 2,2.
[71] Aristóteles (384-322 a.C.), em Metafísica I, 1, 993b, 24-25.
[72] Cf. cap. 41.
[73] Cf. cap. 28.
[74] Aristóteles (384-322 a.C.), em Física VIII, 6, 259a, 12-13.

Amplius. Impossibile est unum motum continuum et regularem a pluribus motoribus esse. Nam, si simul movent, nullus eorum est perfectus motor, sed omnes se habent loco unius perfecti motoris: quod non competit in primo motore, perfectum enim est prius imperfecto. Si autem non simul moveant, quilibet eorum est quandoque movens et quandoque non. Ex quo sequitur quod motus non sit continuus neque regularis. Motus enim continuus et unus est ab uno motore. Motor etiam qui non semper movet, irregulariter invenitur movere: sicut patet in motoribus inferioribus, in quibus motus violentus in principio intenditur et in fine remittitur, motus autem naturalis e converso. Sed primus motus est unus et continuus, ut a philosophis probatum est. Ergo oportet eius motorem primum esse unum.

Adhuc. Substantia corporalis ordinatur ad spiritualem sicut ad suum bonum: nam est in ista bonitas plenior, cui corporalis substantia intendit assimilari, cum omne quod est desideret optimum quantum possibile est. Sed omnes motus corporalis creaturae inveniuntur reduci ad unum primum, praeter quem non est alius primus qui nullo modo reducatur in ipsum. Ergo praeter substantiam spiritualem quae est finis primi motus, non est aliqua quae non reducatur in ipsam. Hoc autem nomine Dei intelligimus. Non est igitur nisi unus Deus.

Amplius. Omnium diversorum ordinatorum ad invicem, ordo eorum ad invicem est propter ordinem eorum ad aliquid unum: sicut ordo partium exercitus ad invicem est propter ordinem totius exercitus ad ducem. Nam quod aliqua diversa in habitudine aliqua uniuntur, non potest esse ex propriis naturis secundum quod sunt diversa: quia ex hoc magis disiungerentur. Nec potest esse ex diversis ordinantibus: quia non posset esse quod unum ordinem intenderent ex seipsis

Ademais, é impossível que um único movimento contínuo e regular seja de muitos motores. Porque, se eles movem simultaneamente, nenhum deles é motor perfeito, mas todos estão no lugar de um único motor perfeito, e isto não compete ao primeiro motor, pois o perfeito existe antes que o imperfeito. Se, porém, não movem simultaneamente, qualquer um deles às vezes é motor e outras vezes não o é. Disso se segue que tal movimento não é contínuo nem regular. Com efeito, um movimento contínuo e único é de um único motor. Um motor que não move sempre move irregularmente, como está claro nos motores inferiores nos quais o movimento violento no princípio é intenso e no fim lento; nos movimentos naturais, acontece o contrário. Ora, o primeiro motor é único e contínuo, como os filósofos provaram[75]. Logo, é necessário que o primeiro motor seja único.

Ainda, a substância corpórea se ordena à espiritual como a seu bem, pois existe nesta uma bondade mais plena, à qual a substância corpórea tende a se assemelhar, uma vez que tudo o que existe deseja o melhor que lhe é possível. Ora, todos os movimentos da criatura corpórea reduzem-se a um único primeiro, além do qual não existe outro primeiro que de nenhum modo se reduz a ele. Logo, além da substância espiritual, que é o fim do primeiro movimento, não existe outra que não se reduza a ela. Ora, ela é o que entendemos com o nome Deus. Logo, não existe senão um único Deus.

Ademais, entre todas as diversas coisas que são ordenadas entre si, a ordem delas entre si é devida à ordem delas a uma só coisa; assim como a ordem das partes do exército entre si é devida à ordem de todo o exército ao chefe. Com efeito, que coisas diversas se unam por alguma relação, isso não pode acontecer pela natureza das mesmas enquanto diversas, porque assim distinguir-se-iam mais. Nem pode ser devido aos diversos ordenadores, porque é impossível que, enquanto

---

[75] Aristóteles (384-322 a.C.), em Física VIII, 7-9, 260a, 20 — 266a, 9.

secundum quod sunt diversi. Et sic vel ordo multorum ad invicem est per accidens: vel oportet reducere ad aliquod unum primum ordinans, qui ad finem quem intendit omnia alia ordinat. Omnes autem partes huius mundi inveniuntur ordinatae ad invicem, secundum quod quaedam a quibusdam iuvantur sicut corpora inferiora moventur per superiora, et haec per substantias incorporeas, ut ex supra dictis patet. Nec hoc est per accidens: cum sit semper vel in maiori parte. Igitur totus hic mundus non habet nisi unum ordinatorem et gubernatorem. Sed praeter hunc mundum non est alius. Non est igitur nisi unus omnium rerum gubernator, quem Deum dicimus.

Adhuc. Si sunt duo quorum utrumque est necesse-esse, oportet quod conveniant in intentione necessitatis essendi. Oportet igitur quod distinguantur per aliquid quod additur uni tantum, vel utrique. Et sic oportet vel alterum vel utrumque esse compositum. Nullum autem compositum est necesse-esse, per seipsum, sicut supra ostensum est. Impossibile est igitur esse plura quorum utrumque sit necesse-esse. Et sic nec plures deos.

Amplius. Illud in quo differunt, ex quo ponuntur convenire in necessitate essendi, aut requiritur ad complementum necessitatis essendi aliquo modo, aut non.

Si non requiritur, ergo est aliquid accidentale: quia omne quod advenit rei nihil faciens ad esse ipsius, est accidens. Ergo hoc accidens habet causam. Aut ergo essentiam eius quod est necesse-esse, aut aliquid aliud. — Si essentiam eius, cum ipsa necessitas essendi sit essentia eius, ut ex supra dictis patet, necessitas essendi erit causa illius accidentis. Sed necessitas essendi invenitur in utroque. Ergo utrumque habebit illud accidens. Et sic non

são diversos, busquem uma ordem única por si mesmos. E assim, ou a ordem, entre si, de muitos é acidental, ou deve reduzir-se a um único primeiro ordenador que ordena todas as coisas para o fim que ele busca. Ora, todas as partes deste mundo estão ordenadas entre si, enquanto umas são auxiliadas por outras, assim como os corpos inferiores são movidos pelos superiores, e estes, por substâncias incorpóreas, como está claro pelo que se disse[76]. E isto não é por acidente, uma vez que acontece sempre ou na maioria das vezes. Por conseguinte, todo este mundo não tem senão um único ordenador e governador. Ora, além deste mundo, não há outro. Logo, não há senão um único ordenador de todas as coisas, ao qual chamamos Deus.

Ainda, se há duas coisas e as duas existem necessariamente, devem convir na intenção da necessidade de existir. Portanto, é necessário que se distingam por algo acrescentado ou somente a uma delas, ou a ambas. E assim, é necessário que uma coisa ou ambas sejam compostas. Ora, nenhuma coisa composta existe necessariamente por si mesma, como foi demonstrado[77]. Logo, é impossível que existam muitas coisas entre as quais uma e outra existem necessariamente. E assim, é impossível que existam muitos deuses.

Ademais, aquilo em que diferem, e pelo qual se afirmam convir na necessidade de existir, ou é requerido para completar de algum modo a necessidade de existir, ou não.

Se não é requerido, portanto é algo acidental, porque tudo aquilo que sobrevém a uma coisa nada acrescentando ao existir dessa coisa é acidente. Portanto, este acidente tem uma causa. Ou a essência daquela coisa que deve necessariamente existir, ou algo diferente. — Se é a essência daquela coisa, uma vez que a mesma necessidade de existir é a sua essência, como está claro pelo que foi dito[78], a necessidade de existir será a causa daquele acidente.

[76] Cf. caps. 13 e 20.
[77] Cf. cap. 18.
[78] Cf. cap. 22.

distinguentur secundum illud. — Si autem causa illius accidentis sit aliquid aliud, nisi ergo illud aliud esset, hoc accidens non esset. Et nisi hoc accidens esset, distinctio praedicta non esset. Ergo, nisi esset illud aliud, ista duo quae ponuntur necesse-esse, non essent duo sed unum. Ergo esse proprium utriusque est dependens ab altero. Et sic neutrum est necesse-esse per seipsum.

Si autem illud in quo distinguuntur sit necessarium ad necessitatem essendi complendam, aut hoc erit quia illud includitur in ratione necessitatis essendi, sicut animatum includitur in definitione animalis: aut hoc erit quia necessitas essendi specificatur per illud, sicut animal completur per rationale.

Si primo modo, oportet quod, ubicumque sit necessitas essendi, sit illud quod in eius ratione includitur: sicut cuicumque convenit animal, convenit animatum. Et sic, cum ambobus praedictis attribuatur necessitas essendi, secundum illud distingui non poterunt. — Si autem secundo modo, hoc iterum esse non potest. Nam differentia specificans genus non complet generis rationem, sed per eam acquiritur generi esse in actu: ratio enim animalis completa est ante additionem rationalis, sed non potest esse animal actu nisi sit rationale vel irrationale. Sic ergo aliquid complet necessitatem essendi quantum ad esse in actu et non quantum ad intentionem necessitatis essendi. Quod est impossibile, propter duo. — Primo, quia eius quod est necesse-esse, sua quidditas est suum esse, ut supra probatum est. — Secundo, quia sic necesse-esse acquireret esse per aliquid aliud: quod est impossibile. Non est igitur possibile ponere plura quorum quodlibet sit necesse-esse per seipsum.

Ora, a necessidade de existir se encontra em uma e outra coisa. Logo, ambas terão aquele acidente. E desse modo não se distinguirão por ele. — Se a causa daquele acidente, porém, é algo diferente, este acidente não existirá a não ser que algo diferente exista. E igualmente a distinção suposta não existiria se este acidente não existisse. Portanto, se não existisse algo diferente, estas duas coisas que se afirmam existir necessariamente, não existiriam duas, mas apenas uma. Logo, o existir próprio de cada uma depende da outra. E assim, nenhuma das duas pode existir necessariamente por si mesma.

Mas, se for requerido para completar a necessidade de existir, aquilo em que se distinguem é necessário — ou porque se inclui em razão da necessidade de existir, como o *animado* se inclui na definição de animal; — ou porque a necessidade de existir é especificada por aquilo, como animal completa-se por *racional*.

Se pelo primeiro modo, onde houver a necessidade de existir é necessário que exista aquilo que se inclui em sua razão, assim como a qualquer coisa a qual convém *animal*, convém também *animado*. E assim, uma vez que a necessidade de existir se atribui às duas coisas citadas, não poderão ser distinguidas por essa necessidade. — Se pelo segundo modo, existe a mesma impossibilidade. Isso porque a diferença que especifica o gênero não completa a razão de gênero, mas confere ao gênero o existir em ato. Assim, a razão completa de animal é anterior à adição de *racional*; entretanto, não pode existir animal em ato a não ser que seja racional ou irracional. Portanto, uma coisa completa a necessidade de existir e quanto ao existir em ato, e não quanto à intenção da necessidade de existir. Mas isso é impossível por duas razões: — a primeira, porque a quididade daquilo que necessariamente existe é o seu existir, como foi demonstrado[79]. — A segunda, porque aquilo que necessariamente existe adquiriria o existir por algo distinto, o

---

[79] Cf. cap. 18.

Adhuc. Si sunt duo dii, aut hoc nomen Deus de utroque praedicatur univoce, aut aequivoce. Si aequivoce, hoc est praeter intentionem praesentem: nam nihil prohibet rem quamlibet quolibet nomine aequivoce nominari, si usus loquentium admittat. — Si autem dicatur univoce, oportet quod de utroque praedicetur secundum unam rationem. Et sic oportet quod in utroque sit una natura secundum rationem. Aut igitur haec natura est in utroque secundum unum esse, aut secundum aliud et aliud. Si secundum unum, ergo non erunt duo sed unum tantum: duorum enim non est unum esse si substantialiter distinguantur. Si autem est aliud et aliud esse in utroque, ergo neutri erit sua quidditas suum esse. Sed hoc oportet in Deo ponere, ut probatum est. Ergo neutrum illorum duorum est hoc quod intelligimus nomine Dei. Sic igitur impossibile est ponere duos deos.

Amplius. Nihil eorum quae conveniunt huic signato inquantum est hoc signatum, possibile est alii convenire: quia singularitas alicuius rei non est alteri praeter ipsum singulare. Sed ei quod est necesse-esse sua necessitas essendi convenit inquantum est hoc signatum. Ergo impossibile est quod alicui alteri conveniat. Et sic impossibile est quod sint plura quorum quodlibet sit necesse-esse. Et per consequens impossibile est esse plures deos.

Probatio mediae: si enim illud quod est necesse-esse non est hoc signatum inquantum est necesse-esse, oportet quod designatio sui esse non sit necessaria secundum se, sed ex alio dependeat. Unumquodque autem secundum quod est actu est distinctum ab omnibus aliis: quod est esse hoc signatum. Ergo quod est necesse-esse dependet ab alio quantum ad hoc quod est esse in actu. Quod est

que é impossível. Logo, é impossível afirmar muitas coisas das quais alguma exista necessariamente por si mesma.

Ainda, se há dois deuses, o nome deus predica-se de ambos ou univocamente, ou equivocadamente. Se equivocadamente, isto estará fora da questão atual, pois nada impede que uma coisa seja denominada equivocadamente por qualquer nome, se o admite a linguagem usual. — Se, porém, se disser univocamente, é necessário que se predique de ambos segundo uma só razão. E assim é necessário que em ambos haja uma só natureza segundo a mesma razão. Ora, ou esta natureza está num e noutro segundo um único existir, ou segundo diversos. Se segundo um único existir, então não haverá dois, mas um só, porque dois não têm um único existir, se se distinguem substancialmente. Mas, se se disser que segundo diversos, então em nenhum deles a sua quididade será o seu existir. Ora, isso é necessário afirmar em Deus, como foi provado[80]. Portanto, nenhum daqueles deuses é o que entendemos pelo nome de Deus. Logo, é impossível afirmar dois deuses.

Ademais, nada daquelas coisas que convêm a uma determinada, enquanto é determinada, pode convir a alguma outra, porque a singularidade de uma coisa não é de outra, a não ser dela mesma. Ora, a necessidade de existir convém àquilo que necessariamente existe, enquanto é algo determinado. Logo, é impossível que convenha a algum outro. E assim é impossível que existam muitas coisas, cada uma das quais exista necessariamente. Logo, é impossível a existência de vários deuses.

Prova-se a menor deste silogismo: Se o que necessariamente existe não é algo determinado, enquanto necessariamente existe, é preciso que a afirmação de seu existir não seja necessária por si mesma, mas que dependa de outra coisa. Ora, cada coisa, enquanto está em ato, é distinta de todas as outras, e isto significa o existir determinado. Logo, o que necessariamente existe dependerá de outro, quanto

[80] Cf. Nota 9.

contra rationem eius quod est necesse-esse. Oportet igitur quod id quod est necesse-esse sit necesse-esse secundum hoc quod est hoc signatum.

Adhuc. Natura significata hoc nomine Deus aut est per seipsam individuata in hoc Deo, aut per aliquid aliud. Si per aliud oportet quod sit ibi compositio. Si per seipsam, ergo impossibile est quod alteri conveniat: illud enim quod est individuationis principium, non potest esse pluribus commune. Impossibile igitur est esse plures deos.

Amplius. Si sunt plures dii, oportet quod natura deitatis non sit una numero in utroque. Oportet igitur esse aliquid distinguens naturam divinam in hoc et in illo. Sed hoc est impossibile: quia natura divina non recipit additionem neque differentiarum essentialium neque accidentium, ut supra ostensum est; nec etiam natura divina est forma alicuius materiae, ut possit dividi ad materiae divisionem. Impossibile est igitur esse plures deos.

Item. Esse proprium uniuscuiusque rei est tantum unum. Sed ipse Deus est esse suum, ut supra ostensum est. Impossibile est igitur esse nisi unum Deum.

Adhuc. Secundum hunc modum res habet esse quo possidet unitatem: unde unumquodque suae divisioni pro posse repugnat, ne per hoc in non esse tendat. Sed divina natura est potissime habens esse. Est igitur in ea maxima unitas. Nullo igitur modo in plura distinguitur.

Amplius. In unoquoque genere videmus multitudinem ab aliqua unitate procedere: et ideo in quolibet genere invenitur unum primum, quod est mensura omnium quae in illo genere inveniuntur. Quorumcumque igitur invenitur in aliquo uno convenientia, oportet quod ab aliquo uno principio dependeant. Sed omnia in esse conveniunt. Oportet igitur

ao existir em ato. E isso é contra a razão daquilo que necessariamente existe. Logo, é necessário que aquilo que existe necessariamente seja tal necessariamente enquanto é esta coisa determinada.

Ainda, a natureza significada pelo nome *deus* é individualizada neste deus, ou por si mesma, ou por alguma outra coisa. Se por outra coisa, é necessário que haja aí composição. Se por si mesma, é impossível que convenha a outra coisa, porque aquilo que é princípio de individualização não pode ser comum a vários. Logo, é impossível haver vários deuses.

Ademais, se houver vários deuses, é necessário que a natureza da deidade não seja numericamente uma só em cada um deles. Portanto, deve haver algo que distinga a natureza divina neste e naquele. Ora, isso é impossível, porque a natureza divina não recebe adição nem das diferenças essenciais, nem dos acidentes, como foi demonstrado[81]; nem, ainda, a natureza divina é forma de alguma matéria que possa ser dividida com a divisão da matéria. Logo, é impossível haver vários deuses.

Igualmente, o ser próprio de cada coisa é somente um. Ora, Deus é o seu próprio ser, como foi demonstrado[82]. Logo, não pode haver senão um só Deus.

Ainda, uma coisa tem o ser segundo o modo pelo qual possui a unidade. Por isso, cada coisa repugna fortemente à sua divisão, para que não tenda pela divisão ao não existir. Ora, a natureza divina tem o ser em sumo grau. Portanto, tem a máxima unidade. Logo, de nenhum modo ela se distingue em vários.

Ademais, em qualquer gênero vemos que a multidão procede de alguma unidade. Por isso, em qualquer gênero se encontra um primeiro, que é a medida de todas as coisas que se encontram naquele gênero. Portanto, é necessário que o convir daquelas coisas que se encontram em algo uno dependa de algo uno como princípio. Ora, todas as coisas convêm

---

[81] Cf. caps. 23 e 24.
[82] Cf. cap. 22.

esse unum tantum quod est rerum omnium principium. Quod Deus est.

Item. In quolibet principatu ille qui praesidet unitatem desiderat: unde inter principatus est potissima monarchia, sive regnum. Multorum etiam membrorum unum est caput: ac per hoc evidenti signo apparet ei cui convenit principatus, unitatem deberi. Unde et Deum, qui est omnium causa, oportet unum simpliciter confiteri.

Hanc autem confessionem divinae unitatis etiam ex sacris eloquiis accipere possumus. Nam Deut. 6,4 dicitur: audi, Israel, Dominus Deus tuus Deus unus est; et Exod. 20,3: non erunt tibi dii alii praeter me; et Ephes. 4,5: unus Dominus, una fides, etc.

Hac autem veritate repelluntur gentiles deorum multitudinem confitentes. Quamvis plures eorum unum Deum summum esse dicerent, a quo omnes alios quos deos nominabant causatos esse asserebant, omnibus substantiis sempiternis divinitatis nomen adscribentes, et praecipue ratione sapientiae et felicitatis et rerum gubernationis. — Quae quidem consuetudo loquendi etiam in sacra Scriptura invenitur, dum sancti Angeli, aut etiam homines vel iudices, dii nominantur; sicut illud Psalmi: non est similis tibi in diis, Domine; et alibi, ego dixi, dii estis; et multa huiusmodi per varia Scripturae loca inveniuntur.

Unde magis huic veritati videntur contrarii Manichaei, duo prima ponentes principia, quorum alterum alterius causa non sit. — Hanc etiam veritatem Ariani suis erroribus impugnaverunt, dum confitentur patrem et filium non unum, sed plures deos esse: cum tamen filium verum Deum auctoritate Scripturae credere cogantur.

no existir. Logo, é necessário que o princípio de todas as coisas seja somente um único existir, o qual é Deus.

Igualmente, em todo governo, aquele que preside deseja a unidade. Por isso, entre os governos, o mais elevado é a *monarquia*, ou o reino. E assim é uma única cabeça de muitos membros. E por isso fica claro por um sinal evidente que a unidade é devida para aquele a quem convém o governo. Daí ser necessário confessar simplesmente um único Deus, que é a causa de todas as coisas.

Podemos, também, receber da Sagrada Escritura esta confissão da unidade divina: *Ouve, ó Israel, o Senhor teu Deus é único*[83]; *Não terás outros deuses além de mim*[84]; E *Um só Senhor, uma só fé*[85].

Com essa verdade são refutados os gentios, os quais confessam uma multidão de deuses. — Embora muitos deles dissessem que existe um único Deus supremo, e afirmassem que todos os outros que chamam deuses eram causados por aquele, atribuíam a todas as substâncias eternas o nome de divindade, principalmente pela razão de sabedoria, de felicidade e do governo das coisas. — Esse hábito de falar encontra-se também na Sagrada Escritura, quando se nomeiam como *deuses* os santos anjos, ou, também, os homens e os juízes: *Não há entre os deuses quem seja semelhante a ti, Senhor!*[86]; e em outro lugar: *Eu disse: vós sois deuses*[87]. Muitas outras citações encontram-se em diversos lugares da Escritura.

Os maniqueus parecem ser os mais contrários a essa verdade, quando afirmam dois primeiros princípios, um dos quais não é causa do outro. — Também os arianos impugnavam essa verdade com os seus erros, quando afirmavam que o Pai e o Filho não eram um só, mas vários deuses, embora fossem obrigados pela autoridade da Escritura a crer que o Filho é o verdadeiro Deus.

---

[83] Deuteronômio 6,4.
[84] Êxodo 20,3.
[85] Efésios 4,5.
[86] Salmo 85,8 (Vulgata).
[87] Salmo 81,6.

Capitulum XLIII
Quod Deus est infinitus

Cum autem infinitum quantitatem sequatur, ut Philosophi tradunt, non potest infinitas Deo attribui ratione multitudinis: cum ostensum sit solum unum Deum esse, nullamque in eo compositionem vel partium vel accidentium inveniri. Secundum etiam quantitatem continuam infinitus dici non potest: cum ostensum sit eum incorporeum esse. Relinquitur igitur investigare an secundum spiritualem magnitudinem esse infinitum ei conveniat.

Quae quidem spiritualis magnitudo quantum ad duo attenditur: scilicet quantum ad potentiam; et quantum ad propriae naturae bonitatem sive completionem. Dicitur enim aliquid magis vel minus album secundum modum quo in eo sua albedo completur. Pensatur etiam magnitudo virtutis ex magnitudine actionis vel factorum. Harum autem magnitudinem una aliam consequitur: nam ex hoc ipso quo aliquid actu est, activum est; secundum igitur modum quo in actu suo completur, est modus magnitudinis suae virtutis. Et sic relinquitur res spirituales magnas dici secundum modum suae completionis: nam et Augustinus dicit quod in his quae non mole magna sunt, idem est esse maius quod melius.

Ostendendum est igitur secundum huius magnitudinis modum Deum infinitum esse. Non autem sic ut infinitum privative accipiatur, sicut in quantitate dimensiva vel numerali: nam huiusmodi quantitas nata est finem habere; unde secundum subtractionem eius quod sunt nata habere, infinita dicuntur; et propter hoc in eis infinitum imperfectionem designat. Sed in Deo infinitum negative tantum intelligitur: quia nullus est perfectionis

Capítulo 43
Deus é infinito

Uma vez que *o infinito segue a quantidade*[88], como os filósofos ensinam, a infinitude não pode ser atribuída a Deus em razão da pluralidade, porque foi demonstrado existir apenas um só Deus[89], e que nEle não se encontra composição alguma de partes ou de acidentes[90]. Não se pode dizer, também, infinito segundo a quantidade contínua, uma vez que, como já foi demonstrado[91], Ele é incorpóreo. Portanto, fica por investigar se o existir infinito lhe convém segundo uma grandeza espiritual.

Esta grandeza espiritual considera-se sob dois aspectos, a saber, quanto à potência e quanto à consideração da bondade ou perfeição da sua natureza. Diz-se, com efeito, que uma coisa é mais ou menos branca, segundo o modo pelo qual nela se completa a brancura. E a grandeza da potência é medida pela grandeza da ação e dos efeitos. Ora, dessas grandezas, uma segue a outra, pois pelo fato de uma coisa estar em ato ela é ativa; portanto, segundo o modo pelo qual está completa em seu ato, é o modo da grandeza de sua potência. Resta, assim, que as coisas espirituais são ditas grandes segundo o modo de sua perfeição; Agostinho diz que *naquelas coisas que não são grandes pela massa, é o mesmo ser maior que ser melhor*[92].

Deve-se, portanto, demonstrar que Deus é infinito segundo o modo dessa grandeza. Mas não de uma maneira que o infinito seja compreendido privativamente como acontece na quantidade dimensiva ou numérica, pois tal quantidade tem por natureza um fim. Por isso, são chamadas infinitas pela subtração daquilo que têm por natureza e, por isso, o infinito designa nelas uma imperfeição. Ora, em Deus o infinito se entende somente negativamente,

---

[88] Aristóteles (384-322 a.C.), em Física I, 2, 185a, 33-34.
[89] Cf. capítulo anterior.
[90] Cf. caps. 18 e 23.
[91] Cf. cap. 20.
[92] Santo Agostinho (354-431), em Sobre a Trindade VI, cap. 8, ML 42, 929.

suae terminus sive finis, sed est summe perfectum. Et sic Deo infinitum attribui debet.

Omne namque quod secundum suam naturam finitum est, ad generis alicuius rationem determinatur. Deus autem non est in aliquo genere, sed eius perfectio omnium generum perfectiones continet, ut supra ostensum est. Est igitur infinitus.

Amplius. Omnis actus alteri inhaerens terminationem recipit ex eo in quo est: quia quod est in altero, est in eo per modum recipientis. Actus igitur in nullo existens nullo terminatur: puta, si albedo esset per se existens, perfectio albedinis in ea non terminaretur, quominus haberet quicquid de perfectione albedinis haberi potest. Deus autem est actus nullo modo in alio existens: quia nec est forma in materia, ut probatum est; nec esse suum inhaeret alicui formae vel naturae, cum ipse sit suum esse, ut supra ostensum est. Relinquitur igitur ipsum esse infinitum.

Adhuc. In rebus invenitur aliquid quod est potentia tantum, ut materia prima; aliquid quod est actus tantum, ut Deus, sicut supra ostensum est; aliquid quod est actu et potentia, sicut res ceterae. Sed potentia, cum dicatur ad actum, non potest actum excedere, sicut nec in unoquoque, ita nec simpliciter. Cum igitur materia prima sit infinita in sua potentialitate, relinquitur quod Deus, qui est actus purus, sit infinitus in sua actualitate.

Item. Tanto actus aliquis perfectior est, quanto minus habet potentiae permixtum. Unde omnis actus cui permiscetur potentia, habet terminum suae perfectionis: cui autem non permiscetur aliqua potentia, est absque termino perfectionis.Deus autem est actus purus absque omni potentia, ut supra ostensum est. Est igitur infinitus.

porque não existe termo ou fim algum da sua perfeição, sendo Ele sumamente perfeito. E assim o infinito deve ser atribuído a Deus.

Tudo aquilo que, por sua natureza, é finito, é determinado pela razão de algum gênero. Ora, Deus não existe em algum gênero, mas a sua perfeição contém as perfeições de todos os gêneros, como foi demonstrado[93]. Logo, é infinito.

Ademais, todo ato inerente a outro recebe a limitação daquilo em que está, porque o que está em outro nele existe à maneira do recipiente. Portanto, um ato que em nada existe por nada é limitado. Por exemplo, se existisse a brancura por si mesma, a sua perfeição não teria limites, mas teria toda aquela perfeição da brancura que se pode ter. Ora, Deus é o ato que não existe de maneira alguma em outro, porque não é forma numa matéria, como se provou[94]; nem o seu ser existe em alguma forma ou natureza, uma vez que Ele mesmo é o seu existir, como foi demonstrado[95]. Resulta, portanto, que Ele mesmo é infinito.

Ainda, encontra-se nas coisas algo que é somente potência, como a matéria-prima; e algo que é somente ato, Deus, como foi demonstrado[96]; e algo que é ato e potência, como as demais coisas. Ora, uma vez que a potência se refere ao ato, não pode exceder o ato, nem em cada uma das coisas, nem em absoluto. Logo, uma vez que a matéria-prima é infinita na sua potencialidade, resulta que Deus, que é ato puro, é infinito na sua atualidade.

Igualmente, um ato é tanto mais perfeito quanto é menos misturado de potência. Daí que todo ato com mistura de potência é limitado na sua perfeição; e aquele que não tem mescla de alguma potência não tem limite de perfeição. Ora, Deus é ato puro, sem qualquer potência, como se mostrou[97]. Logo, é infinito.

---

[93] Cf. caps. 25 e 28
[94] Cf. caps. 26 e 27.
[95] Cf. cap. 22.
[96] Cf. cap. 16.
[97] Ibidem.

Amplius. Ipsum esse absolute consideratum infinitum est: nam ab infinitis et infinitis modis participari possibile est. Si igitur alicuius esse sit finitum, oportet quod limitetur esse illud per aliquid aliud quod sit aliqualiter causa illius esse. Sed esse divini non potest esse aliqua causa: quia ipse est necesse per seipsum. Igitur esse suum est infinitum, et ipse infinitus.

Adhuc. Omne quod habet aliquam perfectionem, tanto est perfectius quanto illam perfectionem plenius participat. Sed non potest esse aliquis modus, nec etiam cogitari, quo plenius habeatur aliqua perfectio quam ab eo quod per suam essentiam est perfectum et cuius essentia est sua bonitas. Hoc autem Deus est. Nullo igitur modo potest cogitari aliquid melius vel perfectius Deo. Est igitur infinitus in bonitate.

Amplius. Intellectus noster ad infinitum in intelligendo extenditur: cuius signum est quod, qualibet quantitate finita data, intellectus noster maiorem excogitare potest. Frustra autem esset haec ordinatio intellectus ad infinitum nisi esset aliqua res intelligibilis infinita. Oportet igitur esse aliquam rem intelligibilem infinitam, quam oportet esse maximam rerum. Et hanc dicimus Deum. Deus igitur est infinitus.

Item. Effectus non potest extendi ultra suam causam. Intellectus autem noster non potest esse nisi a Deo, qui est prima omnium causa. Non igitur potest aliquid cogitare intellectus noster maius Deo. Si igitur omni finito potest aliquid maius cogitare, relinquitur Deum finitum non esse.

Amplius. Virtus infinita non potest esse in essentia finita: quia unumquodque agit per suam formam, quae vel est essentia eius vel pars essentiae; virtus autem principium actionis nominat. Sed Deus non habet virtutem activam finitam: movet enim in tempore infinito, quod non potest esse nisi a virtute infinita, ut supra ostensum est. Relinquitur igitur Dei essentiam esse infinitam.

Ademais, o que existe de modo absoluto é infinito, porque pode ser participado de infinitas coisas, de infinitos modos. Portanto, se o ser de algo é finito, é necessário que seja limitado por algum outro que, de alguma maneira, seja a causa do seu existir. Ora, não pode existir uma causa do ser divino, porque é Ele necessário por si mesmo. Logo, o seu ser é infinito, e Ele mesmo é infinito.

Ainda, tudo o que tem alguma perfeição, é tanto mais perfeito quanto mais plenamente participa daquela perfeição. Ora, é impossível que exista, nem mesmo pensando, um modo pelo qual se tenha mais plenamente alguma perfeição do que o daquele que é perfeito por sua essência, e cuja existência é sua própria bondade. Este é Deus. Logo, é impossível pensar em algo melhor ou mais perfeito do que Deus. Portanto, é infinito em bondade.

Ademais, o nosso intelecto se estende em sua atividade ao infinito. E um sinal disso é que, qualquer que seja a quantidade finita que lhe seja dada, o nosso intelecto pode conceber outra maior. Ora, seria inútil essa ordenação do intelecto ao infinito se não existisse algo inteligível infinito. Portanto, é necessário existir uma realidade inteligível infinita que seja a realidade maior. E a essa realidade chamamos Deus. Logo, Deus é infinito.

Igualmente, o efeito não pode se estender além de sua causa. E o nosso intelecto não pode existir a não ser por Deus, que é a primeira causa de todas as coisas. Portanto, o nosso intelecto não pode pensar em algo maior que Deus. Logo, se é possível pensar algo maior do que todas as coisas finitas, conclui-se que Deus não é finito.

Ademais, uma potência infinita não pode existir numa essência finita, porque cada um age pela sua forma, que é ou a sua essência, ou parte da essência; assim a potência designa o princípio da ação. Ora, Deus não tem uma potência ativa finita, pois move em tempo infinito, o que não pode existir a não ser por uma potência infinita, como se demonstrou[98]. Logo, resulta que a essência de Deus é infinita.

---

[98] Cf. cap. 20.

Esta razão é afirmada pelos que admitem a eternidade do mundo. Embora não admitida, esta razão confirma mais ainda a opinião acerca da infinitude da potência divina. Com efeito, todo agente é tanto mais perfeito em suas ações quanto mais afastada do ato está a potência que ele reduz a ato; assim, é necessária uma maior potência para aquecer a água do que o ar. Ora, aquilo que não existe absolutamente dista infinitamente do ato, e não está de modo algum em potência. Logo, se o mundo foi criado quando antes havia o nada absoluto, é necessário que seja infinita a potência de quem o fez.

Esta razão vale para provar a infinidade da potência divina também para os que afirmam a eternidade do mundo. Com efeito, confessam que Deus é a causa da substância do mundo, embora a considerem eterna, dizendo que Deus eterno é a causa da existência de um mundo eterno, do mesmo modo que um pé, se existisse desde a eternidade, seria a causa da pegada que, também desde toda a eternidade, tivesse sido impressa no pó[99]. Admitida esta opinião, segue-se, também, que a potência de Deus é infinita, segundo a razão antes expressa. Com efeito, quer tenham sido produzidas as coisas no tempo, como nós afirmamos, quer desde a eternidade, como eles afirmam, nada pode existir realmente que Ele não tenha produzido, visto ser o *princípio universal do existir*. E assim produziu sem uma matéria ou potência pressuposta. Ora, é necessário que a potência ativa corresponda à proporção da potência passiva. Porque, quanto maior preexiste ou se concebe uma potência passiva, tanto maior será a potência ativa que a reduzirá a ato. Por conseguinte, uma vez que a potência finita produz algum efeito, pressuposta a potência da matéria, resulta que a potência de Deus, que não pressupõe potência alguma, não é finita, mas infinita. Assim, também a sua essência é infinita.

Ademais, uma coisa é tanto mais durável quanto mais eficaz é a causa do seu existir.

---

[99] Santo Agostinho (354-431), em Sobre a Cidade de Deus X, cap. 31, ML 41, 311.

igitur cuius diuturnitas est infinita, oportet quod habeat esse per causam efficaciae infinitae. Sed diuturnitas Dei est infinita: ostensum est enim supra ipsum esse aeternum. Cum igitur non habeat, aliam causam sui esse praeter seipsum, oportet ipsum esse infinitum.

Huic autem veritati sacrae Scripturae auctoritas testimonium perhibet. Ait namque Psalmista: magnus Dominus et laudabilis nimis, et magnitudinis eius non est finis.

Huic etiam veritati attestantur antiquissimorum Philosophorum dicta, qui omnes infinitum posuerunt primum rerum principium, quasi ab ipsa veritate coacti. Propriam enim vocem ignorabant, aestimantes, infinitatem primi principii ad modum quantitatis discretae, secundum democritum, qui posuit atomos infinitos rerum principia, et secundum Anaxagoram, qui posuit infinitas partes consimiles principia rerum; vel ad modum quantitatis continuae, secundum illos qui posuerunt aliquod elementum, vel confusum aliquod infinitum corpus, esse primum omnium principium. Sed cum ostensum sit per sequentium Philosophorum studium quod non est aliquod corpus infinitum; et huic coniungatur quod oportet esse primum principium aliquo modo infinitum: concluditur quod neque est corpus neque virtus in corpore infinitum quod est primum principium.

Portanto, aquilo cuja duração é infinita necessariamente tem o seu existir produzido por uma causa de infinita eficácia. Ora, a duração de Deus é infinita, como foi demonstrado[100] que Ele é eterno. Logo, uma vez que não tem uma causa do seu existir além de si mesmo, necessariamente é infinito.

A autoridade da Sagrada Escritura é testemunho dessa verdade: *Senhor, és grande, a ti todo o louvor/ não se pode medir tua grandeza*[101].

Afirmações dos antigos filósofos são também testemunhos dessa verdade. Com efeito, todos eles afirmaram um primeiro princípio das coisas, obrigados pela mesma verdade[102]. Ignoravam, porém, a própria palavra, julgando a infinidade do primeiro princípio ao modo da quantidade discreta, segundo Demócrito, que afirmou que os átomos infinitos eram o princípio das coisas; E segundo Anaxágoras, que afirmou que infinitas partes semelhantes eram os princípios das coisas. Outros, ao modo de uma quantidade contínua, afirmaram que o primeiro princípio de todas as coisas era um elemento ou um corpo informe e infinito. Ora, como foi demonstrado pelo estudo dos filósofos posteriores que não existe um corpo infinito e que essa afirmação estava ligada à necessidade de existir um primeiro princípio de algum modo infinito, conclui-se disto que o primeiro princípio não é nem um corpo, nem uma potência corpórea infinitos.

Capitulum XLIV
Quod Deus est intelligens

Ex praemissis autem ostendi potest quod Deus sit intelligens.

Ostensum enim est supra quod in moventibus et motis non est possibile in infinitum procedere, sed oportet mobilia omnia reducere, ut probabile est, in unum primum movens seipsum. Movens autem seipsum se movet

Capítulo 44
Deus é inteligente

Pelo que foi dito, pode-se demonstrar que Deus é inteligente.

Foi demonstrado[103] que nos motores e movidos não é possível proceder ao infinito, mas que todas as coisas móveis devem reduzir-se, como é provável, a um primeiro motor que move a si mesmo. Ora, o que move a si mes-

---

[100] Cf. cap. 15.
[101] Salmo 144,3.
[102] Aristóteles (384-322 a.C.), em Física III, 4, 203a, 3-4; b4-7.
[103] Cf. cap. 13.

per appetitum et apprehensionem: sola enim huiusmodi inveniuntur seipsa movere, utpote in quibus est moveri et non moveri. Pars igitur movens in primo movente seipsum oportet et quod sit appetens et apprehendens. In motu autem qui est per appetitum et apprehensionem, appetens et apprehendens est movens motum: appetibile autem et apprehensum est movens non motum. Cum igitur id quod est omnium primum movens, quod Deum dicimus, sit movens omnino non motum, oportet quod comparetur ad motorem qui est pars moventis seipsum sicut appetibile ad appetentem. Non autem sicut appetibile sensuali appetitu: nam appetitus sensibilis non est boni simpliciter, sed huius particulati boni, cum et apprehensio sensus non sit nisi particularis; id autem quod est bonum et appetibile simpliciter, est prius eo quod est bonum et appetibile ut hic et nunc. Oportet igitur primum movens esse appetibile ut intellectum. Et ita oportet movens quod appetit ipsum, esse intelligens. Multo igitur magis et ipsum primum appetibile erit intelligens: quia appetens ipsum fit intelligens actu per hoc quod ei tamquam intelligibili unitur. Oportet igitur Deum esse intelligentem facta suppositione quod primum motum moveat seipsum, ut Philosophi voluerunt.

Adhuc. Idem necesse est sequi si fiat reductio mobilium non in aliquod primum movens seipsum, sed in movens omnino immobile. Nam primum movens est universale principium motus. Oportet igitur, cum omne movens moveat per aliquam formam quam intendit in movendo, quod forma per quam movet primum movens, sit universalis forma et universale bonum. Forma autem per modum universalem non invenitur nisi in intellectu. Oportet igitur primum movens, quod Deus est, esse intelligens.

Amplius. In nullo ordine moventium invenitur quod movens per intellectum sit instru-

mo, move-se pelo apetite e pelo conhecimento, pois somente dessa maneira movem a si mesmos os que têm a faculdade de se mover e de não ser movidos. Portanto, a parte motora do primeiro motor de si mesmo deve ser apetitiva e cognoscitiva. Mas, no movimento que é pelo apetite e pelo conhecimento, aquele que apetece e conhece é motor movido, mas aquilo que é apetecido e conhecido é motor não movido. Portanto, como aquilo que é o primeiro motor de todas as coisas, que chamamos Deus, é motor totalmente não movido, é necessário que se compare ao motor que é parte do que move a si mesmo, como o apetecível ao que apetece. Mas não como o apetecível pelo apetite sensível, pois o apetite sensível não se refere ao bem como tal, mas a um determinado bem particular, uma vez que a apreensão do sentido é particular. Com efeito, aquilo que é bom e apetecível como tal é anterior àquilo que é bom e apetecível *ut hic et nunc* [aqui e agora = neste exato instante e local]. Portanto, é necessário que o primeiro motor seja apetecível como entendido. E assim é necessário que o motor que o apetece seja inteligente. Ora, com mais razão o próprio primeiro apetecível será inteligente, porque o que o apetece se faz inteligente em ato pelo fato de unir-se a ele como inteligível. Logo, é necessário que Deus seja inteligente, supondo-se que o primeiro motor mova a si mesmo, como quiseram os filósofos.

Ainda, segue-se necessariamente o mesmo, se se faz a redução dos movíveis, não a um primeiro motor de si mesmo, mas a um motor totalmente imóvel. Com efeito, o primeiro motor é o princípio universal do movimento. Portanto, uma vez que todo motor move por alguma forma que tenha em vista ao mover, é necessário que a forma pela qual o primeiro motor move seja uma forma universal e um bem universal. Ora, a forma universal não se encontra a não ser no intelecto. Logo, é necessário que o primeiro motor, que é Deus, seja inteligente.

Ademais, em nenhuma ordem de motores se encontra que o que move pelo intelecto seja

mentum eius quod movet absque intellectu, sed magis e converso. Omnia autem moventia quae sunt in mundo, comparantur ad primum movens, quod Deus est, sicut instrumenta ad agens principale. Cum igitur in mundo inveniantur multa moventia per intellectum, impossibile est quod primum movens moveat absque intellectu. Necesse est igitur Deum esse intelligentem.

Item. Ex hoc aliqua res est intelligens quod est sine materia: cuius signum est quod formae fiunt intellectae in actu per abstractionem a materia. Unde et intellectus est universalium et non singularium: quia materia est individuationis principium. Formae autem intellectae in actu fiunt unum cum intellectu actu intelligente. Unde, si ex hoc sunt formae intellectae in actu quod sunt sine materia, oportet rem aliquam ex hoc esse intelligentem quod est sine materia. Ostensum est autem supra Deum esse omnino immaterialem. Est igitur intelligens.

Adhuc. Deo nulla perfectio deest quae in aliquo genere entium inveniatur, ut supra ostensum est: nec ex hoc aliqua compositio in eo consequitur, ut etiam ex superioribus patet. Inter perfectiones autem rerum potissima est quod aliquid sit intellectivum: nam per hoc ipsum est quodammodo omnia, habens in se omnium perfectionem. Deus igitur est intelligens.

Item. Omne quod tendit determinate in aliquem finem, aut ipsum praestituit sibi finem, aut praestituitur ei finis ab alio: alias non magis in hunc quam in illum finem tenderet. Naturalia autem tendunt in fines determinatos: non enim a casu naturales utilitates consequuntur: sic enim non essent semper aut in pluribus, sed raro; horum enim est casus. Cum ergo ipsa non praestituant sibi finem, quia rationem finis non cognoscunt; opor-

instrumento do que move sem intelecto, mas antes o contrário. Ora, todos os motores existentes no mundo se comparam ao primeiro motor, que é Deus, como os instrumentos ao agente principal. Uma vez que, no mundo se encontram muitos motores que movem pelo intelecto, é impossível que o primeiro motor mova sem intelecto. Logo, é necessário que Deus seja inteligente.

Igualmente, uma coisa é inteligente pelo fato de ser sem matéria; e sinal disso é que as formas se fazem entendidas em ato pela abstração da matéria. Portanto, o intelecto é dos universais, e não dos particulares, uma vez que a matéria é o princípio da individuação. Ora, as formas entendidas em ato se fazem uma coisa só com o intelecto que está em ato. Portanto, se existem por isso formas entendidas em ato que são sem matéria é necessário que, por isso mesmo, exista uma coisa inteligente, que seja sem matéria. Foi demonstrado[104] ser Deus totalmente imaterial. Logo, é inteligente.

Ainda, foi demonstrado[105] que a Deus não lhe falta perfeição alguma que se encontra em qualquer gênero de entes, e por isso se segue que não existe nEle composição alguma, como também está esclarecido[106]. Ora, entre as perfeições das coisas, a mais elevada é que algo seja dotado de inteligência, pois por ela o mesmo *é de certa maneira todas as coisas*[107], tendo em si a perfeição de todas. Logo, Deus é inteligente.

Igualmente, tudo que tende a um fim de maneira determinada, ou estabelece para si mesmo esse fim, ou o fim lhe é estabelecido por outro; de outro modo não tenderia mais para tal fim do que para o outro. Ora, as coisas naturais tendem para fins determinados; não é por acaso que conseguem as utilidades naturais; e assim não existiriam sempre ou quase sempre, mas raramente; e isto é o azar. Portanto, uma vez que elas não estabelecem o fim

---

[104] Cf. caps. 17, 20 e 27.
[105] Cf. cap. 28.
[106] Cf. cap. 31.
[107] Aristóteles (384-322 a.C.), em Sobre a Alma III, 8, 431b, 21.

tet quod eis praestituatur finis ab alio, qui sit naturae institutor. Hic autem est qui praebet omnibus esse, et est per seipsum necesse-esse, quem Deum dicimus, ut ex supra dictis patet. Non autem posset naturae finem praestituere nisi intelligeret. Deus igitur est intelligens.

Amplius. Omne quod est imperfectum, derivatur ab aliquo perfecto: nam perfecta naturaliter sunt priora imperfectis, sicut actus potentia. Sed formae in rebus particularibus existentes sunt imperfectae: quia partialiter, et non secundum communitatem suae rationis. Oportet igitur quod deriventur ab aliquibus formis perfectis et non particulatis. Tales autem formae esse non possunt nisi intellectae: cum non inveniatur aliqua forma in sua universalitate nisi in intellectu. Et per consequens oportet eas esse intelligentes, si sint subsistentes: sic enim solum possunt esse operantes. Deum igitur, qui est actus primus subsistens, a quo omnia alia derivantur, oportet esse intelligentem.

Hanc autem veritatem etiam fides catholica confitetur. Dicitur enim iob 9,4 de Deo: sapiens corde est et fortis robore. Et 12,16: apud ipsum est fortitudo et sapientia. In Psalmo: mirabilis facta est scientia tua ex me. Et Rom. 11,33: o altitudo divitiarum sapientiae et scientiae Dei. Huius autem fidei veritas in tantum apud homines invaluit ut ab intelligendo nomen Dei imponerent: nam theos, quod secundum Graecos Deum significat, dicitur a theasthe, quod est considerare vel videre.

para si, porque não conhecem a razão do fim, é necessário que o fim lhes seja estabelecido por outro, que é o autor da natureza. Este é quem dá o existir a todos e quem existe necessariamente por si mesmo, a quem chamamos Deus, como está claro pelo que foi dito[108]. Ora, não poderia estabelecer um fim para a natureza, a não ser que entendesse. Logo, Deus é inteligente.

Ademais, tudo o que é imperfeito deriva de algo perfeito, porque o que é perfeito naturalmente é anterior ao imperfeito, como o ato é anterior à potência. Ora, as formas existentes nas coisas particulares são imperfeitas, porque existem parcialmente e não segundo a extensão comum de sua razão. Portanto, é necessário que derivem de algumas formas perfeitas e não particularizadas. Ora, tais formas não podem existir se não são entendidas, uma vez que não se encontra forma alguma na sua universalidade a não ser no intelecto. É necessário, portanto, que elas sejam inteligentes, caso sejam subsistentes; porque só assim podem ser ativas. Logo, é necessário que Deus, que é ato primeiro subsistente do qual derivam todas as outras coisas, seja inteligente.

Esta verdade é também professada pela fé católica. O livro de Jó diz de Deus: *Ele é sábio de coração e robusto de força*[109]; e em outro lugar: *Nele, força e prudência*[110]. E no livro dos Salmos: *Excede o teu saber meu pensamento/ Não o posso atingir, de tão sublime*[111]; e ainda na Carta aos Romanos: *Como são infinitas as riquezas de Deus! Como são insondáveis sua sabedoria e seu conhecimento! Como são impenetráveis os seus juízos e incompreensíveis os seus caminhos!*[112]. A verdade dessa afirmação de fé prevaleceu de tal maneira entre os homens, que expressaram o nome de Deus derivado de entender, pois *theos*, que em grego significa Deus, vem de *theasthe*, que quer dizer *considerar* ou *ver*[113].

---

[108] Cf. cap. 13.
[109] Jó 9,4.
[110] Jó 12,16.
[111] Salmos 138,6.
[112] Romanos 11,33.
[113] Cf. Dionísio Areopagita (séc. V-VI), em Nomes Divinos, MG 3, XII, 948. Ou São João Damasceno (675-749), em a Fé Ortodoxa I, 9, MG 94, 836B-837A.

Capítulo 45
O entender de Deus é a sua essência

Por ser Deus inteligente, segue-se que o seu entender é a sua essência.

Com efeito, entender é o ato do inteligente que nele existe e que não passa a algo extrínseco, como o aquecimento passa àquilo que é aquecido. E, assim, o que é inteligível não é alterado pelo fato de ser entendido, é o inteligente que é aperfeiçoado. Ora, tudo que existe em Deus é a essência divina[114]. Logo, o entender de Deus é a essência divina, e o existir divino é o próprio Deus, uma vez que Deus é a sua essência e o seu existir[115].

Além disso, o entender está para o intelecto como a existência para a essência. Ora, o existir divino é a sua essência, como foi provado[116]. Portanto, também o entender divino é o seu intelecto. Ora, o intelecto divino é a essência de Deus, de outro modo existiria um acidente em Deus[117]. Logo, é necessário que o entender divino seja a sua essência.

Ademais, o ato segundo é mais perfeito que o ato primeiro, como a consideração é mais perfeita que a ciência. Ora, a ciência de Deus, ou o intelecto de Deus, é a sua própria essência, se Ele é inteligente, como foi provado[118]. Ora, nenhuma perfeição lhe convém por participação, mas por essência, como está claro pelo exposto[119]. Portanto, se em Deus a consideração não fosse a sua essência, haveria algo mais nobre e mais perfeito que a sua essência. E, assim, não estaria no grau final da perfeição e da bondade[120]. Logo, não seria Ele primeiro.

Ainda, entender é ato do que é inteligente. Portanto, se Deus, que é inteligente, não é o seu entender, é necessário que o seu entender seja comparado como a potência ao ato. E, as-

---

[114] Cf. cap. 28.
[115] Cf. caps. 21 e 22.
[116] Cf. cap. 22.
[117] Cf. cap. 23.
[118] Cf. cap. 23.
[119] Cf. cap. 23.
[120] Cf. cap. 28.

et actus. Quod est impossibile, ut supra probatum est.

Item. Omnis substantia est propter suam operationem. Si igitur operatio Dei sit aliud quam divina substantia, erit finis eius aliquid aliud a se. Et sic Deus non erit sua bonitas: cum bonum cuiuslibet sit finis eius.

Si autem divinum intelligere est eius esse, necesse est quod intelligere eius sit simplex, aeternum et invariabile, et actu tantum existens, et omnia quae de divino esse probata sunt. Non est igitur Deus in potentia intelligens, aut de novo aliquid intelligere incipiens, vel quamcumque mutationem aut compositionem in intelligendo habens.

Capitulum XLVI
Quod Deus per nihil aliud intelligit quam per suam essentiam

Ex his autem quae supra ostensa sunt, evidenter apparet quod intellectus divinus nulla alia specie intelligibili intelligat quam sua essentia.

Species enim intelligibilis principium formale est intellectualis operationis: sicut forma cuiuslibet agentis principium est propriae operationis. Divina autem operatio intellectualis est eius essentia, ut ostensum est. Esset igitur aliquid aliud divinae essentiae principium et causa si alia intelligibili specie quam sua essentia intellectus divinus intelligeret. Quod supra ostensis repugnat.

Adhuc. Per speciem intelligibilem fit intellectus intelligens actu: sicut per speciem sensibilem sensus actu sentiens. Comparatur igitur species intelligibilis ad intellectum sicut actus ad potentiam. Si igitur intellectus divinus aliqua alia specie intelligibili intelligeret quam seipso, esset in potentia respectu alicuius. Quod esse non potest, ut supra ostensum est.

sim, haveria em Deus, potência e ato. O que é impossível, como foi provado[121].

Igualmente, toda substância existe por causa de sua operação. Portanto, se a operação de Deus fosse outra coisa que a substância divina, o seu fim seria algo diverso de si mesmo. E, assim, Deus não seria a sua bondade, uma vez que o bem de cada coisa é o seu fim[122].

Ora, se o entender divino é o seu existir, é necessário que o seu entender seja simples, eterno e invariável e, também, existente somente em ato, como tudo o mais que foi provado do ser divino. Logo, Deus não é inteligente em potência, nem começa a entender de novo alguma coisa, e não tem mudança alguma ou composição no seu entender.

Capítulo 46
Deus não entende por nenhuma outra coisa que por sua essência

Do que foi demonstrado, aparece como evidente que o intelecto divino não entende por nenhuma outra espécie inteligível que por sua essência.

Com efeito, a espécie inteligível é o princípio formal da operação intelectual, como a forma de qualquer agente é o princípio da sua operação própria. Ora, a operação intelectual divina é a sua essência, como foi demonstrado[123]. Logo, se o intelecto divino entendesse por outra espécie inteligível que por sua essência, outra coisa seria o princípio e a causa da essência divina. Mas isso repugna ao que foi demonstrado[124].

Ainda, pela espécie inteligível o intelecto faz-se inteligente em ato, assim como pela espécie sensível o sentido sente em ato. A espécie inteligível está para o intelecto como o ato para a potência. Portanto, se o intelecto divino entendesse por outra espécie inteligível que por si mesmo, estaria em relação a alguma coisa. O que é impossível, como foi demonstrado[125].

---

[121] Cf. cap. 16.
[122] Cf. caps. 37 e 38.
[123] Cf. capítulo anterior.
[124] Cf. cap. 13.
[125] Cf. cap. 16.

Amplius. Species intelligibilis in intellectu praeter essentiam eius existens esse accidentale habet: ratione cuius scientia nostra inter accidentia computatur. In Deo autem non potest aliquod esse accidens, ut supra ostensum est. Igitur non est in intellectu eius aliqua species praeter ipsam divinam essentiam.

Adhuc. Species intelligibilis similitudo est alicuius intellecti. Si igitur in intellectu divino sit aliqua intelligibilis species praeter essentiam ipsius, similitudo alicuius intellecti erit. Aut igitur divinae essentiae: aut alterius rei. Ipsius quidem divinae essentiae non potest esse: quia sic divina essentia non esset intelligibilis per seipsam, sed illa species faceret eam intelligibilem. Nec etiam potest esse in intellectu divino species alia praeter essentiam ipsius quae sit alterius rei similitudo. Illa enim similitudo imprimeretur ei ab aliquo. Non autem a seipso: quia sic idem esset agens et patiens; essetque aliquod agens quod non suam sed alterius similitudinem induceret patienti, et sic non omne agens sibi simile ageret. Nec ab alio: esset enim aliquod agens prius eo. Ergo impossibile est quod in ipso sit aliqua species intelligibilis praeter ipsius essentiam.

Praeterea. Intelligere Dei est eius esse, ut ostensum est. Si igitur intelligeret per aliquam speciem quae non sit sua essentia, esset per aliquod aliud a sua essentia. Quod est impossibile. Non igitur intelligit per aliquam speciem quae non sit sua essentia.

Capitulum XLVII
Quod Deus intelligit perfecte seipsum

Ex hoc autem ulterius patet quod ipse seipsum perfecte intelligit.

Cum enim per speciem intelligibilem intellectus in rem intellectam feratur, ex duobus perfectio intellectualis operationis dependet. Unum est ut species intelligibilis perfecte rei

Ademais, a espécie inteligível distinta da essência do intelecto no qual existe tem um existir acidental, por esta razão a nossa ciência é computada entre os acidentes. Ora, em Deus não pode haver algo acidental, como foi demonstrado[126]. Logo, não há no seu intelecto outra espécie além da essência divina.

Ainda, a espécie inteligível é a semelhança de alguma coisa entendida. Por isso, se no intelecto divino houver alguma espécie inteligível distinta da sua essência, será a semelhança de alguma coisa entendida. Ou da essência divina ou de outra coisa. Ora, não pode ser semelhança da essência divina, porque a essência divina não seria inteligível por si, mas essa espécie a faria inteligível. — Nem, tampouco, pode haver no intelecto divino outra espécie distinta de sua essência que seja semelhança de outra coisa. Esta tal semelhança teria sido impressa por alguma coisa. Não por si mesmo, porque assim a mesma coisa seria agente e paciente, e existiria um agente que induziria no paciente não a sua semelhança, mas de outra coisa e, então, nem todo agente produziria algo semelhante a si. — Nem por outro, porque haveria um agente anterior ao intelecto divino. — Logo, é impossível que, no intelecto divino, exista uma espécie inteligível distinta de sua essência.

Além disso, o entender de Deus é o seu ser, como foi demonstrado[127]. Portanto, se entendesse por uma espécie que não fosse a sua essência, seria por algo distinto da sua essência. O que é impossível. Logo, não entende por alguma espécie que não seja a sua essência.

Capítulo 47
Deus entende perfeitamente a si mesmo

A partir do que foi dito, fica claro que Ele entende perfeitamente a si mesmo.

Com efeito, uma vez que o intelecto é levado à coisa entendida pela espécie inteligível, a perfeição da operação intelectual depende de dois elementos: um, que a espécie inteligível

---

[126] Cf. cap. 23.
[127] Cf. capítulo anterior.

intellectae conformetur. Aliud est ut perfecte intellectui coniungatur: quod quidem tanto fit amplius quanto intellectus in intelligendo maiorem efficaciam habet. Ipsa autem divina essentia quae est species intelligibilis qua intellectus divinus intelligit, est ipsi Deo penitus idem; estque intellectui ipsius idem omnino. Seipsum igitur Deus perfectissime cognoscit.

Adhuc. Res materialis intelligibilis efficitur per hoc quod a materia et materialibus conditionibus separatur. Quod ergo est per sui naturam ab omni materia et materialibus conditionibus separatum, hoc est intelligibile secundum suam naturam. Sed omne intelligibile intelligitur secundum quod est unum actu cum intelligente. Ipse autem Deus intelligens est, ut probatum est. Igitur, cum sit immaterialis omnino, et sibi ipsi maxime sit unum, maxime seipsum intelligit.

Item. Ex hoc aliquid actu intelligitur quod intellectus in actu et intellectum in actu unum sunt. Divinus autem intellectus est semper intellectus in actu: nihil enim est in potentia et imperfectum in Deo. Essentia autem Dei secundum seipsam perfecte intelligibilis est, ut ex dictis patet. Cum igitur intellectus divinus et essentia divina sint unum, ex dictis, manifestum est quod Deus perfecte seipsum intelligat: Deus enim est et suus intellectus et sua essentia.

Adhuc. Omne quod est in aliquo per modum intelligibilem, intelligitur ab eo. Essentia autem divina est in Deo per modum intelligibilem: nam esse naturale Dei et esse intelligibile unum et idem est, cum esse suum sit suum intelligere. Deus igitur intelligit essentiam suam. Ergo seipsum: cum ipse sit sua essentia.

Amplius. Actus intellectus, sicut et aliarum animae potentiarum, secundum obiec-

seja perfeitamente conforme com a coisa conhecida; o segundo, que haja perfeita união entre ela e o intelecto, e esta união será tanto maior quanto maior for a eficácia do intelecto no entender. Ora, a essência divina, que é a espécie inteligível pela qual o intelecto divino entende, identifica-se totalmente com Deus, e identifica-se totalmente, também, com o seu intelecto. Logo, Deus conhece a si mesmo perfeitamente.

Ainda, a coisa material torna-se inteligível porque é separada da matéria e das condições materiais. Portanto, aquilo que por sua natureza está separado de toda a matéria e das condições materiais é, segundo a sua natureza, inteligível. Mas todo inteligível se entende enquanto é uma só coisa em ato com o inteligente. Ora, Deus é inteligente, como foi provado[128]. Logo, uma vez que é totalmente imaterial e ao máximo uno consigo mesmo, ao máximo entende a si mesmo.

Igualmente, resulta disso que uma coisa é conhecida em ato porque o intelecto em ato e a coisa entendida em ato são uma unidade. Ora, o intelecto divino é sempre intelecto em ato, uma vez que em Deus nada existe em potência e imperfeito. E a essência de Deus é por si mesma perfeitamente inteligível, como está claro pelo que foi dito. Logo, como o intelecto divino e a essência divina são uma só coisa, pelo exposto[129], é claro que Deus se entende perfeitamente: com efeito Deus é seu intelecto e sua essência.

Ainda, tudo que está em alguma coisa de modo inteligível é entendido por ela. Ora, a essência divina está em Deus de modo inteligível, pois a existência natural e a existência inteligível de Deus são a única e a mesma coisa, porque o seu existir é o seu entender[130]. Logo, Deus entende a sua essência e a si mesmo, porque Ele é a sua essência.

Ademais, os atos do intelecto, como os das demais potências da alma, distinguem-se se-

---

[128] Cf. cap. 44.
[129] Cf. cap. 45.
[130] Cf. cap. 45.

ta distinguuntur. Tanto igitur erit perfectior intellectus operatio quanto erit perfectius intelligibile. Sed perfectissimum intelligibile est essentia divina: cum sit perfectissimus actus et prima veritas. Operatio autem intellectus divini est etiam nobilissima: cum sit ipsum esse divinum, ut ostensum est. Deus igitur seipsum intelligit.

Adhuc. Rerum omnium perfectiones in Deo maxime inveniuntur. Inter alias autem perfectiones in rebus creatis inventas maxima est intelligere Deum: cum natura intellectualis aliis praemineat, cuius perfectio est intelligere; nobilissimum autem intelligibile Deus est. Deus igitur maxime seipsum intelligit.

Hoc autem auctoritate divina confirmatur. Ait namque apostolus, I Cor. 2,10, quod spiritus Dei scrutatur etiam profunda Dei.

Capitulum XLVIII
Quod Deus primo et per se solum seipsum cognoscit

Ex praemissis autem apparet quod Deus primo et per se solum seipsum cognoscit.

Illa enim solum res est primo et per se ab intellectu cognita cuius specie intelligit: operatio enim formae quae est operationis principium proportionatur. Sed id quo Deus intelligit nihil est aliud quam sua essentia, ut probatum est. Igitur intellectum ab ipso primo et per se nihil est aliud quam ipsemet.

Adhuc. Impossibile est simul multa primo et per se intelligere: una enim operatio non potest simul multis terminari. Deus autem seipsum quandoque intelligit, ut probatum est. Si igitur intelligat aliquid aliud quasi primo et per se intellectum, oportet quod intel-

gundo os objetos. A operação do intelecto tanto será mais perfeita, quanto mais perfeito for o inteligível. Ora, a essência divina é o inteligível perfeitíssimo, uma vez que é ato perfeitíssimo e a primeira verdade. A operação do intelecto divino é também nobilíssima, uma vez que é o próprio ser divino, como foi demonstrado[131]. Logo, Deus entende a si mesmo.

Ainda, as perfeições de todas as coisas se encontram em Deus em grau máximo[132]. Ora, entre as outras perfeições que se encontram nas coisas criadas, a mais elevada é entender Deus, porque a natureza intelectual, cuja perfeição é entender, é superior às demais, e o inteligível mais nobre é Deus. Logo, Deus conhece a si mesmo em grau máximo.

Essa verdade é confirmada pela autoridade divina, pois diz o Apóstolo: *O espírito de Deus perscruta também as profundezas de Deus*[133].

Capítulo 48
Deus conhece, primeiramente e por si, somente a si mesmo

Do que foi exposto, fica claro que Deus conhece, primeiramente e por si, somente a si mesmo[134].

De fato, o intelecto conhece uma coisa, primeiramente e por si, pela espécie da coisa que ele entende, porque a operação é proporcional à forma, que é o princípio da operação. Ora, aquilo por meio do qual Deus entende outra coisa não é que a sua essência, como foi provado[135]. Logo, o que é entendido por Ele, primeiramente e por si, não é outro que Ele mesmo.

Ainda, é impossível entender, primeiramente e por si, muitas coisas simultaneamente, porque uma única operação não pode terminar simultaneamente em muitas coisas. Ora, Deus, às vezes, entende a si mesmo, como foi provado[136]. Portanto, se entendesse, primeiramente

---

[131] Cf. cap. 45.
[132] Cf. cap. 28.
[133] 1 Coríntios 2,10.
[134] Cf. Aristóteles (384-322 a.C.), em Metafísica 7, 1072b, 15-30.
[135] Cf. cap. 46.
[136] Cf. cap. anterior.

lectus eius mutetur de consideratione sui in considerationem illius. Illud autem est eo ignobilius. Sic igitur intellectus divinus mutatur in peius. Quod est impossibile.

Amplius. Operationes intellectus distinguuntur penes obiecta. Si igitur Deus intelligit se et aliud a se quasi principale obiectum, habebit plures operationes intellectuales. Ergo vel sua essentia erit in plura divisa: vel aliquam operationem intellectualem habebit quae non est sua substantia. Quorum utrumque impossibile esse monstratum est. Restat igitur nihil a Deo esse cognitum quasi primo et per se intellectum, nisi suam essentiam.

Item. Intellectus, secundum quod est differens a suo intellecto, est in potentia respectu illius. Si igitur aliquid aliud sit intellectum a Deo primo et per se, sequetur quod ipse sit in potentia respectu alicuius alterius. Quod est impossibile, ut ex dictis patet.

Praeterea. Intellectum est perfectio intelligentis: secundum enim hoc intellectus perfectus est quod actu intelligit; quod quidem est per hoc quod est unum cum eo quod intelligitur. Si igitur aliquid aliud a Deo sit primo intellectum ab ipso, erit aliquid aliud perfectio ipsius, et eo nobilius. Quod est impossibile.

Amplius. Ex multis intellectis intelligentis scientia integratur. Si igitur sunt multa scita a Deo quasi principaliter cognita et per se, sequitur quod scientia Dei sit ex multis composita. Et sic vel erit divina essentia composita: vel scientia erit accidens Deo. Quorum utrumque impossibile esse ex dictis manifestum est. Relinquitur igitur quod id quod est primo et per se intellectum a Deo, nihil est aliud quam sua substantia.

Adhuc. Operatio intellectualis speciem et nobilitatem habet secundum id quod est per se et primo intellectum: cum hoc sit eius

e por si, outra coisa, seria necessário que o seu intelecto mudasse da consideração de si para a consideração da outra coisa. Ora, esta é menos nobre que Ele. Logo, o intelecto divino estaria mudando para pior; o que é impossível.

Ademais, as operações do intelecto distinguem-se entre si pelos objetos. Portanto, se Deus entende a si e a outra coisa como objeto principal, terá várias operações intelectuais. Logo, ou a sua essência estará dividida em várias, ou terá alguma operação intelectual que não é a sua substância. Ora, foi demonstrado[137] que uma e outra coisa são impossíveis. Conclui-se, pois, que nada é conhecido por Deus, primeiramente e por si, a não ser a sua essência.

Igualmente, o intelecto, enquanto difere daquilo que entende, está em potência para ele. Portanto, se outra coisa é entendida por Deus, primeiramente e por si, seguir-se-ia que Ele estaria em potência para essa outra coisa; o que é impossível, pelo que foi exposto[138].

Além disso, o que se entende é a perfeição de quem entende. Com efeito, o intelecto é perfeito enquanto entende em ato o que acontece por ser uma só coisa com o que é entendido. Portanto, se Deus entendesse primeiramente outra coisa distinta de si, esta seria sua perfeição e algo mais nobre que Ele. O que é impossível.

Ademais, a ciência de quem entende é integrada por muitas coisas entendidas. Portanto, se muitas coisas fossem conhecidas por Deus principalmente e por si, seguir-se-ia que a ciência de Deus seria composta de muitas coisas. E assim, ou a essência divina seria composta, ou a ciência seria um acidente em Deus. Uma e outra coisa são impossíveis, pelo que foi esclarecido[139]. Conclui-se, portanto, que aquilo que é primeiramente e por si entendido por Deus não é outra coisa que a sua substância.

Ainda, a operação intelectual tem a espécie e a nobreza de acordo com aquilo que é entendido primeiramente e por si, uma vez que isto

---

[137] Cf. caps. 18, 23, 45.
[138] Cf. cap. 16.
[139] Cf. caps. 18, 23, 45.

obiectum. Si igitur Deus aliud a se intelligeret quasi per se et primo intellectum, eius operatio intellectualis speciem et nobilitatem haberet secundum id quod est aliud ab ipso. Hoc autem est impossibile: cum sua operatio sit eius essentia, ut ostensum est. Sic igitur impossibile est quod intellectum a Deo primo et per se sit aliud ab ipso.

Capitulum XLIX
Quod Deus cognoscit alia a se

Ex hoc autem quod seipsum cognoscit primo et per se, quod alia a se in seipso cognoscat ponere oportet.

Effectus enim cognitio sufficienter habetur per cognitionem suae causae: unde et scire dicimur unumquodque cum causam cognoscimus. Ipse autem Deus est per suam essentiam causa essendi aliis. Cum igitur suam essentiam plenissime cognoscat, oportet ponere quod etiam alia cognoscat.

Adhuc. Omnis effectus in sua causa aliqualiter praeexistit similitudo: cum omne agens agat sibi simile. Omne autem quod est in aliquo, est in eo per modum eius in quo est. Si igitur Deus aliquarum rerum est causa, cum ipse sit secundum suam naturam intellectualis, similitudo causati sui in eo erit intelligibiliter. Quod autem est in aliquo per modum intelligibilem, ab eo intelligitur. Deus igitur res alias a se in seipso intelligit.

Amplius. Quicumque cognoscit perfecte rem aliquam, cognoscit omnia quae de re illa vere possunt dici et quae ei conveniunt secundum suam naturam. Deo autem secun-

é o seu objeto. Portanto, se Deus entendesse algo distinto de si como por si e primeiramente entendido, sua operação intelectual teria a espécie e a nobreza de acordo com aquilo que é distinto dEle. Ora, isto é impossível, porque a sua operação é a sua essência, como foi demonstrado[140]. Logo, é impossível que aquilo que Deus entende primeiramente e por si seja algo distinto dEle.

Capítulo 49
Deus conhece outras coisas distintas de si

Dado o fato de que conhece a si mesmo, primeiramente e por si[141], é necessário afirmar que Deus conhece em si mesmo outras coisas distintas de si.

O conhecimento de um efeito é tido suficientemente pelo conhecimento da causa, donde *dizermos que conhecemos uma coisa quando lhe conhecemos a causa*[142]. Ora, Deus é, pela sua essência, causa do existir das coisas. Logo, como conhece plenamente a sua essência, deve-se afirmar que conhece também as outras coisas.

Ainda[143], uma semelhança de todo efeito preexiste na sua causa de algum modo, uma vez que todo *agente produz algo semelhante a si*[144]. Ora, tudo que existe em alguma coisa existe segundo o modo da coisa em que existe. Portanto, se Deus é a causa de algumas coisas, uma vez que Ele é intelectual, por sua natureza, a semelhança das coisas causadas por Ele existirá de modo inteligível. Ora, o que existe em alguma coisa, de modo inteligível, é por ela entendida. Logo, Deus entende em si mesmo as outras coisas distintas de si mesmo.

Ademais[145], quem conhece perfeitamente uma coisa conhece tudo o que dela verdadeiramente pode-se afirmar e tudo o que lhe convém segundo a sua natureza. Ora, convém

---

[140] Cf. cap. 45.
[141] Cf. Egídio Romano (1246-1316), agostiniano, professor em Paris e Arcebispo de Bourges. Em Sobre os Erros dos Filósofos, cap. 2.
[142] Aristóteles (384-322 a.C.), em Analíticos Posteriores I, 2,71b 9-11.
[143] Pugio Fidei I, cap. 15, n. 10, p. 236.
[144] Cf. cap. 46.
[145] Pugio Fidei I, cap. 15, n. 10, p. 236.

dum suam naturam convenit quod sit aliorum causa. Cum igitur perfecte seipsum cognoscat, cognoscit se esse causam. Quod esse non potest nisi cognoscat aliqualiter causatum. Quod est aliud ab ipso: nihil enim sui ipsius causa est. Ergo Deus cognoscit alia a se.

Colligentes igitur has duas conclusiones, apparet Deum cognoscere seipsum quasi primo et per se notum, alia vero sicut in essentia sua visa.

Quam quidem veritatem expresse dionysius tradit, in VII cap. De div. Nom., dicens: non secundum visionem singulis se immittit, sed secundum unam causae continentiam scit omnia. Et infra: divina sapientia seipsam cognoscens scit alia.

Cui etiam sententiae attestari videtur Scripturae sacrae auctoritas. Nam in Psalmo de Deo dicitur: prospexit de excelso sancto suo, quasi de seipso excelso alia videns.

a Deus, segundo a sua natureza, ser a causa das outras coisas. Portanto, como conhece perfeitamente a si mesmo, conhece-se como causa. E isso só pode ser porque conhece, de alguma maneira, o causado. Este é distinto de si mesmo, porque nenhuma coisa é causa de si mesma. Logo, Deus conhece as outras coisas distintas de si mesmo.

Reunindo, pois, as duas conclusões[146], fica claro que Deus conhece a si mesmo, primeiramente e por si, e as outras coisas enquanto vistas na sua essência.

Essa verdade é expressamente ensinada por Dionísio, quando escreve: *Em sua própria visão Deus não se restringe às coisas singulares, mas as conhece todas como contidas em uma única causa*[147]; e mais adiante: *A sabedoria divina, conhecendo a si mesma, conhece as outras coisas.*

A autoridade da Sagrada Escritura parece aprovar essa sentença: *Olha o Senhor do seu excelso templo/das alturas do céu contempla a terra*[148].

Capitulum L
Quod Deus habet propriam cognitionem de omnibus rebus

Quia vero quidam dixerunt quod Deus de aliis rebus non habet cognitionem nisi universalem, utpote cognoscens ea inquantum sunt entia, ex hoc quod naturam essendi cognoscit per cognitionem sui ipsius; restat ostendendum quod Deus cognoscit omnes alias res prout ab invicem sunt distinctae et a Deo. Quod est cognoscere res secundum proprias rationes earum.

Ad huius autem ostensionem, Deum esse causam omnis entis supponatur: quod et ex supra dictis aliquatenus patet, et infra plenius ostendetur. Sic igitur nihil in aliqua re esse potest quod non sit ab eo causatum vel mediate

Capítulo 50
Deus tem conhecimento próprio de todas as coisas

Uma vez que alguns disseram que Deus tem apenas um conhecimento universal das outras coisas, conhecendo-as enquanto entes, porque conhece a natureza do que existe pelo conhecimento de si mesmo, fica por demonstrar que Deus conhece todas outras coisas como distintas entre si e de Deus. E isso é conhecer as coisas segundo as razões próprias das mesmas.

Para demonstração disso, supomos que Deus é a causa de todo ente, o que está claro, de algum modo, pelo que foi dito[149], e abaixo será mais plenamente demonstrado[150]. Portanto, nada pode existir em alguma coisa que não

---

[146] Cf. capítulos anteriores.
[147] Dionísio Areopagita (séc. V-VI), em Os Nomes Divinos VII, 2, MG869C.
[148] Salmo 101,20.
[149] Cf. cap. 13.
[150] Cf. Livro 2, cap. 15.

vel immediate. Cognita autem causa, cognoscitur eius effectus. Quicquid igitur est in quacumque re potest cognosci cognito Deo et omnibus causis mediis quae sunt inter Deum et res. Sed Deus seipsum cognoscit et omnes causas medias quae sunt inter ipsum et rem quamlibet. Quod enim seipsum perfecte cognoscat, iam ostensum est. Seipso autem cognito, cognoscit quod ab ipso immediate est. Quo cognito, cognoscit iterum quod ab illo immediate est: et sic de omnibus causis mediis usque ad ultimum effectum. Ergo Deus cognoscit quicquid est in re. Hoc autem est habere propriam et completam cognitionem de re, cognoscere scilicet omnia quae in re sunt, communia et propria. Deus ergo propriam de rebus cognitionem habet, secundum quod sunt ab invicem distinctae.

Adhuc. Omne quod agit per intellectum, habet cognitionem de re quam agit secundum propriam facti rationem: quia cognitio facientis determinat formam facto. Deus autem causa est rerum per intellectum: cum suum esse sit suum intelligere, unumquodque autem agit inquantum est actu. Cognoscit igitur causatum suum proprie, secundum quod est distinctum ab aliis.

Amplius. Rerum distinctio non potest esse a casu: habet enim ordinem certum. Oportet ergo ex alicuius causae intentione distinctionem in rebus esse. Non autem ex intentione alicuius causae per necessitatem naturae agentis: quia natura determinatur ad unum, et sic nullius rei per naturae necessitatem agentis intentio potest esse ad multa inquantum distincta sunt. Restat ergo quod distinctio in rebus provenit ex intentione alicuius causae cognoscentis. Videtur autem intellectus proprium esse rerum distinctionem considerare: unde et Anaxagoras distinctionis principium

seja causado por Ele ou mediata ou imediatamente. Ora, conhecida a causa, conhece-se o seu efeito. Logo, tudo o que existe em qualquer coisa pode ser conhecido, se Deus é conhecido, e todas as causas intermediárias que existem entre Deus e as coisas. Ora, Deus conhece a si mesmo e todas as causas intermediárias que existem entre Deus e as coisas. Que Deus se conhece perfeitamente, já foi provado[151]. Por se conhecer a si mesmo, conhece o que dEle procede imediatamente. E isso sendo conhecido, conhece por sua vez o que disso imediatamente procede. E assim conhece todas as causas intermediárias, até o último efeito. Logo, Deus conhece tudo que existe nas coisas. Ora, isso é ter um conhecimento próprio e completo da coisa, a saber, conhece tudo o que, próprio e comum, existe na coisa. Logo, Deus tem um conhecimento próprio das coisas, enquanto são distintas entre si[152].

Ainda, todo que age pelo intelecto tem conhecimento da coisa que ele produz segundo a razão própria do efeito, pois o conhecimento de quem faz determina a forma do efeito. Ora, Deus é causa das coisas pelo intelecto, porque o seu existir é o seu entender, e cada coisa age enquanto está em ato. Logo, Deus conhece propriamente o seu efeito enquanto distinto dos outros.

Ademais, a distinção das coisas não pode ser casual, porque tem uma ordem certa. É necessário, portanto, que a distinção exista nas coisas provindas da intenção de alguma causa. Mas não da intenção de uma causa que age por necessidade da natureza, porque a natureza é determinada a uma só coisa, e, dessa maneira, a intenção de uma causa que age, por necessidade da natureza, não poderá ser para muitas coisas distintas entre si. Resulta, pois, que a distinção nas coisas provenha da intenção de uma causa dotada de conhecimento. Ora, parece ser próprio do intelecto considerar a dis-

---

[151] Cf. cap. 47.
[152] Liber de Causis (Anônimo) — O texto latino é uma tradução de autores árabes. Santo Tomás de Aquino (1225-1274) comentou o texto em Exposição sobre o livro De Causis (Cf. Suma Teológica I, questão 14, artigo 6 em Respondo) e Santo Alberto Magno (1193-1280) em O livro De Causis e o processo do universo.

intellectum dixit. Universalis autem rerum distinctio non potest esse ex intentione alicuius causarum secundarum: quia omnes huiusmodi causae sunt de universitate causatorum distinctorum. Est igitur hoc primae causae, quae per seipsam ab omnibus aliis distinguitur, intendere distinctionem omnium rerum. Deus igitur cognoscit res ut distinctas.

Item. Quicquid Deus cognoscit, perfectissime cognoscit: est enim in eo omnis perfectio sicut in simpliciter perfecto, ut supra ostensum est. Quod autem cognoscitur in communi tantum, non perfecte cognoscitur: ignorantur enim ea quae sunt praecipua illius rei, scilicet ultimae perfectiones, quibus perficitur proprium esse eius; unde tali cognitione magis cognoscitur res in potentia quam in actu. Si igitur Deus cognoscendo essentiam suam cognoscit omnia in universali, oportet quod etiam propriam habeat cognitionem de rebus.

Adhuc. Quicumque cognoscit naturam aliquam, cognoscit per se accidentia illius naturae. Per se autem accidentia entis, inquantum est ens, sunt unum et multa, ut probatur in IV metaph. Deus igitur, si cognoscendo essentiam suam cognoscit in universali naturam entis, sequitur quod cognoscat multitudinem. Multitudo autem sine distinctione intelligi non potest. Intelligit igitur res prout sunt ab invicem distinctae.

Amplius. Quicumque cognoscit perfecte aliquam naturam universalem, cognoscit modum quo natura illa haberi potest: sicut qui cognoscit albedinem, scit quod recipt magis et minus, Sed ex diverso modo essendi constituuntur diversi gradus entium. Si igitur Deus cognoscendo se cognoscit naturam universalem entis; non autem imperfectem, quia ab eo omnis imperfectio longe est, ut supra

tinção das coisas. Por isso, Anaxágoras[153] disse que *o intelecto é o princípio da distinção*. Entretanto, a distinção universal das coisas não pode provir da intenção de uma das causas segundas, porque todas estas causas são partes da totalidade de efeitos distintos. Logo, cabe à primeira causa, que, por si mesma, é distinta de todas as outras, promover a distinção de todas as coisas, Logo, Deus conhece as coisas como distintas.

Igualmente, tudo quanto Deus conhece, conhece perfeitissimamente, uma vez que toda perfeição existe nEle, sendo Ele simplesmente perfeito, como se demonstrou[154]. Ora, o que se conhece apenas em comum não se conhece perfeitamente, pois se ignora dessa coisa aquilo que é principal, isto é, suas últimas perfeições, pelas quais se completa o seu próprio ser; daí que em tal conhecimento mais se conhece a coisa em potência do que em ato. Logo, se Deus, conhecendo a sua essência, conhece tudo em geral, deve ter também um conhecimento próprio das coisas.

Ainda, quem conhece uma natureza conhece por si os acidentes daquela natureza. Ora, os acidentes por si do ente, enquanto é ente, são o *uno* e o *múltiplo*, como está provado no Livro IV da *Metafísica*[155]. Logo, se Deus, ao conhecer a sua essência, conhece em geral a natureza do ente, segue-se que conhece a multidão. Ora, a multidão não pode ser entendida sem a distinção. Logo, entende as coisas enquanto são distintas entre si.

Ademais, quem conhece perfeitamente uma natureza universal conhece o modo pelo qual aquela natureza pode ser possuída; por exemplo, quem conhece a brancura sabe que ela admite mais ou menos. Ora, os diversos graus dos entes são constituídos pelos diversos modos de ser. Portanto, se Deus, ao se conhecer, conhece a natureza universal do ente, e não imperfeitamente, porque toda im-

---

[153] Anaxágoras (500-428 a.C.) em Física VIII, I, 250b, 24-26.
[154] Cf. cap. 28.
[155] Aristóteles (384-322 a.C.), em Metafísica IV, 2, 1003b, 22-1004a,9.

probatum est: oportet quod cognoscat omnes gradus entium. Et sic de rebus aliis a se habebit propriam cognitionem.

Praeterea. Quicumque cognoscit perfecte aliquid, cognoscit omnia quae sunt in illo. Sed Deus cognoscit seipsum perfecte. Ergo cognoscit omnia quae sunt in ipso secundum potentiam activam. Sed omnia secundum proprias formas sunt in ipso secundum potentiam activam: cum ipse sit omnis entis principium. Ipse igitur habet cognitionem propriam de omnibus rebus.

Adhuc. Quicumque scit naturam aliquam, scit an illa natura sit communicabilis: non enim animalis naturam sciret perfecte qui nesciret eam pluribus communicabilem esse. Divina autem natura communicabilis est per similitudinem. Scit ergo Deus quot modis eius essentiae aliquid simile esse potest. Sed ex hoc sunt diversitates formarum quod divinam essentiam res diversimode imitantur: unde Philosophus formam naturalem divinum quoddam nominat. Deus igitur de rebus habet cognitionem secundum proprias formas.

Praeterea. Apud homines et alios cognoscentes habetur cognitio de rebus prout in sua multitudine sunt ab invicem distinctae. Si igitur Deus res in sua distinctione non cognoscit, sequitur eum insipientissimum esse: sicut et illis qui ponebant Deum non cognoscere litem, quam omnes cognoscunt; quod pro inconvenienti habet Philosophus, in I de anima et in III metaphysicae.

Hoc etiam auctoritate Scripturae canonicae edocemur. Dicitur namque Gen. 1,31: vidit Deus cuncta quae fecerat, et erant valde bona. Et Heb. 4,13: non est ulla creatura invisibilis in conspectu eius: omnia nuda et aperta sunt oculis eius.

perfeição está longe dele, como foi provado[156], é necessário que conheça todos os graus do ente. E, assim, terá um conhecimento próprio das outras coisas distintas de si.

Além disso, quem conhece uma coisa perfeitamente conhece todas as coisas que existem nela. Ora, Deus conhece a si mesmo perfeitamente. Logo, conhece todas as coisas que existem nEle segundo sua potência ativa. Ora, segundo sua potência ativa, todas as coisas estão em Deus, segundo suas próprias formas, porque Ele é o princípio de todo ente. Logo, Ele tem um conhecimento próprio de todas as coisas.

Ainda, quem conhece uma natureza sabe se aquela natureza é comunicável; com efeito, não conheceria perfeitamente a natureza do animal quem ignorasse que ela é comunicável a muitos. Ora, a natureza divina é comunicável por semelhança. Logo, Deus sabe de quantos modos alguma coisa pode ser semelhante à sua essência. Ora, as diversidades das formas provêm de que as coisas imitam diversamente a essência divina; por isso o Filósofo diz que a forma natural é *algo divino*[157]. Logo, Deus tem um conhecimento das coisas segundo suas formas próprias.

Além disso, os homens e outros dotados de conhecimento conhecem as coisas enquanto distintas entre si na sua multidão. Portanto, se Deus não conhecesse as coisas em sua distinção, resultaria ser *ignorantíssimo*, como afirmavam aqueles que Deus não conhecia a *luta*, que todos conhecem; e isso o Filósofo tem como inadmissível[158].

A autoridade das Escrituras Canônicas ensina-nos sobre isso: *Deus viu tudo o que fizera, e eis que estava muito bom*[159]; *Não existe criatura alguma que fique invisível diante dela; mas tudo se apresenta nu e patente aos olhos de Deus*[160].

---

[156] Cf. cap. 28.
[157] Aristóteles (384-322 a.C.), em Física I ,9, 192a,16-17.
[158] Aristóteles (384-322 a.C.), em Sobre a Alma I, 5, 410b, 4-7; e em Metafísica III, 4, 1000b, 3-9.
[159] Gênesis 1,31.
[160] Hebreus 4,13.

Capitulum LI et LII
Rationes ad inquirendum qualiter multitudo intellectorum sit in intellectu divino

Sed ne multitudo intellectorum in intellectum divinum compositionem inducat, investigandus est modus quo ista intellecta sint multa.

Non autem haec multitudo sic intelligi potest quasi multa intellecta habeant esse distinctum in Deo. Ista enim intellecta aut essent idem quod essentia divina: et sic in essentia Dei poneretur aliqua multitudo, quod supra multipliciter est remotum. Aut essent superaddita essentiae divinae: et sic esset in Deo aliquod accidens, quod supra impossibile esse ostendimus.

Nec iterum potest poni huiusmodi formas intelligibilia per se existere: quod Plato, praedicta inconvenientia vitans, videtur posuisse, introducendo ideas. Nam formae rerum naturalium sine materia existere non possunt: cum nec sine materia intelligantur. — Quod etiam si poneretur, nec hoc sufficeret ad ponendum Deum intelligere multitudinem. Nam cum formae praedictae sint extra Dei essentiam, si sine his Deus multitudinem rerum intelligere non posset, quod ad perfectionem sui intellectus requiritur, sequeretur quod sua perfectio in intelligendo ab alio dependeret: et per consequens in essendo, cum suum esse sit suum intelligere. Cuius contrarium supra ostensum est.

Item. Cum omne quod est praeter essentiam suam sit causatum ab eo, ut infra ostendetur, necesse est, si formae praedictae extra Deum sunt, ab eo causatas esse. Ipse autem est causa rerum per intellectum, ut infra ostendetur. Ergo Deum intelligere huiusmodi intelligibilia praeexigitur ordine naturae ad hoc quod huiusmodi intelligibilia sint. Non igitur

Capítulos 51 e 52
Razões para investigar como a multidão de noções existe no intelecto divino

Para que a multidão de noções não induza composição no intelecto divino, deve-se investigar como essas noções são muitas.

Com efeito, essa multidão não pode ser entendida como se muitas noções tivessem em Deus um existir distinto. Porque essas noções ou seriam idênticas com a essência divina e, assim, introduzir-se-ia na essência de Deus uma multidão, o que foi afastado de muitos modos[161]; ou seriam acrescentadas à essência divina, e assim, existiria em Deus algum acidente, o que foi demonstrado ser impossível[162].

Nem se pode afirmar, por sua vez, que essas formas inteligíveis existam por si. Platão, para evitar os inconvenientes citados, parece que as afirmou ao introduzir as *ideias*[163]. Com efeito, as formas naturais não podem existir sem a matéria, como também não se entendem sem ela. — Ainda que se admitissem essas formas, isso não bastaria para afirmar que Deus entende a multidão de noções. Porque, uma vez que essas formas estão fora da essência de Deus, se sem elas Deus não pudesse entender a multidão das coisas, o que é requerido pela perfeição do seu intelecto, seguir-se-ia que sua perfeição no entender dependeria de outro; portanto no ser, uma vez que o seu ser é o seu entender. O contrário disso foi demonstrado[164].

Igualmente, uma vez que tudo o que existe fora da sua essência é causado por Deus, como adiante se demonstrará[165], é necessário que as sobreditas formas, se estão fora de Deus, sejam por ele causadas. Ora, Ele é a causa das coisas por meio do intelecto, como adiante se demonstrará[166]. Logo, que Deus entenda estes inteligíveis é exigência da ordem da natureza

---

[161] Cf. caps. 18, 20 e 42.
[162] Cf. cap. 23.
[163] Platão (254-184 a.C.), em Fedon 48, 99E.
[164] Cf. cap. 13.
[165] Cf. Livro 2, cap. 15.
[166] Cf. Livro 2, caps. 23 e 24.

per hoc Deus intelligit multitudinem quod intelligibilia multa per se existunt extra eum.

Adhuc. Intelligibile in actu est intellectus in actu: sicut et sensibile in actu est sensus in actu. Secundum vero quod intelligibile ab intellectu distinguitur, est utrumque in potentia, sicut et in sensu patet: nam neque visus est videns actu, neque visibile videtur actu, nisi cum visus informatur visibilis specie, ut sic ex visu et visibili unum fiat. Si igitur intelligibilia Dei sunt extra intellectum ipsius, sequetur quod intellectus suus sit in potentia, et similiter intelligibilia ipsius. Et sic indigebit aliquo reducente in actu. Quod est impossibile: nam hoc esset eo prius.

Praeterea. Intellectum oportet esse in intelligente. Non igitur sufficit ponere formas rerum per se existentes extra intellectum divinum ad hoc quod Deus multitudinem rerum intelligat, sed oportet quod sint in ipso intellectu divino.

[Capitulum 52] Ex eisdem etiam rationibus apparet quod non potest poni quod multitudo intelligibilium praedictorum sit in aliquo alio intellectu praeter divinum, vel animae vel Angeli sive intelligentiae. Nam sic intellectus divinus, quantum ad aliquam suam operationem, dependeret ab aliquo posteriori intellectu. Quod etiam est impossibile.

Sicut etiam res in se subsistentes a Deo sunt, ita et quae rebus insunt. Unde et ad esse praedictorum intelligibilium in aliquo posteriorum intellectuum praeexigitur intelligere divinum, per quod Deus est causa. Sequetur etiam intellectum divinum esse in potentia: cum sua intelligibilia non sint ei coniuncta.

Sicut etiam unicuique est proprium esse, ita et propria operatio. Non igitur esse potest ut per hoc quod aliquis intellectus ad operan-

para que eles existam como tais. Logo, não é porque muitos inteligíveis existem por si fora de Deus que Deus não entende a multidão.

Ainda, o inteligível em ato é intelecto em ato, do mesmo modo que o sensível em ato é o sentido em ato[167]. Mas, se consideramos que o inteligível distingue-se do intelecto, um e outro estão em potência, como fica claro também no sentido; porque nem a vista vê em ato, nem o visível é visto em ato, senão quando a vista é informada pela espécie do visível, de modo que da vista e do visível se faz uma só coisa. Portanto, se os inteligíveis de Deus estão fora do seu intelecto, segue-se que o seu intelecto está em potência e, de modo semelhante, os seus inteligíveis. E assim necessitaria de algo que o reduzisse a ato, o que é impossível, pois isto seria anterior a ele.

Além disso, é necessário que a noção exista em quem entende. Portanto, não basta afirmar que existem por si formas das coisas fora do intelecto divino, para que Deus entenda a multidão das coisas, mas é necessário que elas existam no mesmo intelecto divino.

[Capítulo 52] Fica claro, também, pelas mesmas razões, que não se pode afirmar que a multidão dos inteligíveis citados exista em algum outro intelecto humano ou angélico além do divino. Assim, o intelecto divino dependeria, em alguma operação, de um intelecto posterior, o que também é impossível.

Assim como as coisas subsistentes em si mesmas são causadas por Deus, assim, também, aquelas que existem nas coisas. Por isso, para que possam existir as formas inteligíveis citadas em algum dos intelectos posteriores, deve-se pressupor o entender divino, pelo qual Deus é a causa. Resultaria também que o intelecto divino estaria em potência, uma vez que os seus inteligíveis não existiram unidos a Ele.

Assim como a cada um cabe o seu próprio ser, assim também a sua própria operação. Portanto, é impossível que, pelo fato de

---

[167] Aristóteles (384-322 a.C.), em Sobre a Alma III, 2, 425b,2 2-426a, 15.

dum disponitur, alius operationem intellectualem exequatur, sed ipsemet intellectus apud quem dispositio invenitur: sicut unumquodque est per essentiam suam, non per essentiam alterius. Per hoc igitur quod intelligibilia multa sunt apud aliquem secundorum intellectuum, non poterit esse quod intellectus primus multitudinem cognoscat.

Capitulum LIII
Solutio praemissae dubitationis

Praemissa autem dubitatio faciliter solvi potest, si diligenter inspiciatur qualiter res intellectae in intellectu existant.

Et ut ab intellectu nostro ad divini intellectus cognitionem, prout est possibile, procedamus, considerandum est quod res exterior intellecta a nobis in intellectu nostro non existit secundum propriam naturam, sed oportet quod species eius sit in intellectu nostro, per quam fit intellectus in actu. Existens autem in actu per huiusmodi speciem sicut per propriam formam, intelligit rem ipsam. Non autem ita quod ipsum intelligere sit actio transiens in intellectum, sicut calefactio transit in calefactum, sed manet in intelligente: sed habet relationem ad rem quae intelligitur, ex eo quod species praedicta, quae est principium intellectualis operationis ut forma, est similitudo illius.

Ulterius autem considerandum est quod intellectus, per speciem rei formatus, intelligendo format in seipso quandam intentionem rei intellectae, quae est ratio ipsius, quam significat definitio. Et hoc quidem necessarium est: eo quod intellectus intelligit indifferenter rem absentem et praesentem, in quo cum intellectu imaginatio convenit; sed intellectus hoc amplius habet, quod etiam intelligit rem ut separatam a conditionibus materialibus, sine quibus in rerum natura non existit; et hoc non posset esse nisi intellectus sibi intentionem praedictam formaret.

que um intelecto se disponha a operar, outro execute a operação intelectual, e não aquele em que se encontra a disposição; assim como cada coisa existe por sua essência e não pela de outro. Logo, porque muitos inteligíveis estão em alguns dos intelectos segundos, seria impossível que o primeiro intelecto conhecesse a multidão.

Capítulo 53
Solução da dúvida precedente[168]

A dúvida precedente pode ser resolvida facilmente se observamos diligentemente como as coisas entendidas existem no intelecto.

E para que procedamos, quanto é possível, do nosso intelecto ao conhecimento do intelecto divino, deve-se considerar que a coisa exterior entendida por nós no nosso intelecto não existe segundo a sua própria natureza, mas é necessário que uma sua espécie [imagem] exista no nosso intelecto, pela qual o intelecto passa ao ato. Ora, ao existir em ato por meio dessa espécie, como por sua própria forma, entende a coisa. Mas não de tal maneira que o entender seja uma ação que passa ao intelecto, como o aquecimento passa ao aquecido, a ação permanece em quem entende. E isto tem uma relação com a coisa entendida, porque a espécie citada que é o princípio da operação intelectual, como forma, é a semelhança da coisa.

Deve-se ainda considerar, que o intelecto, informado pela espécie da coisa, ao entender forma em si mesmo a intenção da coisa entendida, que é a sua razão, significada pela definição. E isso é necessário porque o intelecto entende indiferentemente a coisa ausente e presente, no que a imaginação convém com o intelecto; o intelecto, entretanto, tem isso a mais, conhece também a coisa como separada das condições materiais, sem as quais não existe na natureza. E isso não poderia existir a não ser que o intelecto formasse em si a intenção citada.

---

[168] Três redações sucessivas teve este capítulo. As duas primeiras são autógrafas de Santo Tomás e a terceira definitiva é uma revisão ditada. Cf. Contra Gentiles I 53 d'après l'Autographes de Saint Thomas. Em Recherches de philosophie VI (Paris, Desclée de Brouwer, 1963), p. 221-240.

Haec autem intentio intellecta, cum sit quasi terminus intelligibilis operationis, est aliud a specie intelligibili quae facit intellectum in actu, quam oportet considerari ut intelligibilis operationis principium: licet utrumque sit rei intellectae similitudo. Per hoc enim quod species intelligibilis quae est forma intellectus et intelligendi principium, est similitudo rei exterioris, sequitur quod intellectus intentionem formet illi rei similem: quia quale est unumquodque, talia operatur. Et ex hoc quod intentio intellecta est similis alicui rei, sequitur quod intellectus, formando huiusmodi intentionem, rem illam intelligat.

Intellectus autem divinus nulla alia specie intelligit quam essentia sua, ut supra ostensum est. Sed tamen essentia sua est similitudo omnium rerum. Per hoc ergo sequitur quod conceptio intellectus divini, prout seipsum intelligit, quae est verbum ipsius, non solum sit similitudo ipsius Dei intellecti, sed etiam omnium quorum est divina essentia similitudo. Sic ergo per unam speciem intelligibilem, quae est divina essentia, et per unam intentionem intellectam, quae est verbum divinum, multa possunt a Deo intelligi.

Capitulum LIV
Qualiter divina essentia una et simplex sit propria similitudo omnium intelligibilium

Sed rursus difficile vel impossibile alicui videri potest quod unum et idem simplex, ut divina essentia, sit propria ratio sive similitudo diversorum.

Nam, cum diversarum rerum sit distinctio ratione propriarum formarum, quod alicui secundum propriam formam simile fuerit, alteri necesse est ut dissimile inveniatur. Secundum vero quod diversa aliquid commune habent, nihil prohibet ea similitudinem unam habere, sicut homo et asinus inquantum sunt animalia. Ex quo sequetur quod Deus de rebus propriam cognitionem non habeat, sed

Essa intenção entendida, uma vez que é como o termo da operação intelectual, é distinta da espécie inteligível que constitui o intelecto em ato e que deve ser considerada como o princípio da operação inteligível, embora ambas sejam semelhança da coisa entendida. Pelo fato de que a espécie inteligível, que é forma do intelecto e princípio do entender, é a semelhança da coisa exterior, segue-se que o intelecto forma uma intenção semelhante àquela coisa, porque *cada coisa opera segundo aquilo que é*. E, porque a intenção entendida é semelhante a alguma coisa, resulta que o intelecto, ao formar essa intenção, entende aquela coisa.

O intelecto divino, porém, não entende por nenhuma outra espécie que por sua essência, como foi demonstrado[169]. Entretanto, a sua essência é a semelhança de todas as coisas[170]. É por isso que a concepção do intelecto divino, enquanto entende a si mesmo, que é o seu Verbo, não só é a semelhança do mesmo Deus entendido, como também de todas as coisas, das quais a essência divina é a semelhança. Portanto, muitas coisas podem ser entendidas por Deus, por uma só espécie inteligível, que é a divina essência, e por uma só intenção entendida que é o Verbo divino.

Capítulo 54
Como a essência divina, una e simples, é a semelhança própria de todos os inteligíveis

Pode parecer difícil ou impossível a alguém que o que é uno e ao mesmo tempo simples, como a divina essência, seja a razão própria ou a semelhança de diferentes coisas.

Com efeito, uma vez que a distinção das diversas coisas depende da razão das próprias formas, a que for semelhante à outra segundo a própria forma, é necessário que seja dessemelhante de outra. Entretanto, na medida em que coisas diversas têm algo comum, nada proíbe que tenham uma só semelhança, como, por exemplo, o homem e o asno, enquanto são animais. Resultará disso que Deus não tem

---

[169] Cf. capítulo 46.
[170] Cf. capítulo 29.

communem: nam secundum modum quo similitudo cogniti est in cognoscente, sequitur cognitionis operatio, sicut et calefactio secundum modum caloris; similitudo enim cogniti in cognoscente est sicut forma qua agitur. Oportet igitur, si Deus de pluribus propriam cognitionem habet, quod ipse sit propria ratio singulorum. Quod qualiter sit investigandum est.

Ut enim Philosophus dicit, in VIII metaph., formae et definitiones rerum, quae eas significant, sunt similes numeris. Nam in numeris, una unitate addita vel subtracta, species numeri variatur: ut patet in binario et ternario. Similiter autem est et in definitionibus: nam una differentia addita vel subtracta variat speciem; substantia enim sensibilis absque rationali, et rationali addito, specie differt.

In his autem quae in se multa continent, non sic se habet intellectus ut natura. Nam ea quae ad esse alicuius rei requiruntur illius rei natura divisa esse non patitur: non enim remanebit animalis natura si a corpore anima subtrahatur. Intellectus vero ea quae sunt in esse coniuncta, interdum disiunctim accipere potest, quando unum eorum in alterius rationem non cadit. Et per hoc in ternario potest considerare binarium tantum; et in animali rationali id quod est sensibile tantum. Unde intellectus id quod plura complectitur potest accipere ut propriam rationem plurimorum, apprehendendo aliqua illorum absque aliis. Potest enim accipere denarium ut propriam rationem novenarii, una unitate subtracta; et similiter ut propriam rationem singulorum numerorum infra inclusorum. Similiter etiam in homine accipere potest proprium exemplar animalis irrationalis inquantum huiusmodi, et singularum specierum eius, nisi aliquas differentias adderent positivas. Propter hoc quidam Philosophus, Clemens nomine, dixit quod nobiliora in entibus, sunt minus nobilium exemplaria.

um conhecimento próprio das coisas, mas comum, porque a operação do conhecimento segue o modo segundo o qual a semelhança da coisa conhecida está em quem conhece, por exemplo: o aquecimento segue o modo do calor, porque a semelhança da coisa conhecida está em quem conhece como a forma pela qual age. Portanto, se Deus tem o conhecimento próprio de muitas coisas, é necessário que Ele seja a razão própria de cada uma. Como isso pode ser, deve-se investigar.

Diz o Filósofo[171] que as formas e as definições das coisas que as significam são semelhantes aos números. Com efeito, nos números, se se acrescenta uma unidade ou se subtrai, varia a espécie do número, como fica claro em dois e três. Ora, coisa semelhante acontece nas definições, pois se se acrescenta ou se subtrai uma diferença, varia a espécie, por exemplo: a substância sensível sem o *racional* e com o *racional* difere especificamente.

Naquelas coisas que contêm em si muitos elementos, o intelecto não se comporta como a natureza. A natureza de uma coisa não admite que seja dividido o que é requerido para que essa coisa exista, por exemplo: a natureza animal não permanecerá se a alma for subtraída do corpo. O intelecto, ao contrário, pode às vezes admitir separadamente o que está unido na existência de uma coisa, quando um não cabe na razão do outro. Por isso, no número três pode-se considerar somente o dois; e no animal racional, somente aquilo que é sensível. Portanto, o intelecto pode compreender, como razão própria de muitos, aquilo que abarca várias coisas, apreendendo algumas delas sem as outras. Pode compreender, por exemplo, o número dez como a razão própria do nove, subtraindo-lhe uma única unidade, e igualmente como a razão própria de cada um dos números inferiores incluídos. Do mesmo modo, no homem pode compreender o exemplar próprio de animal irracional enquanto tal, e de cada uma de suas espécies, a não ser que acrescentem algumas diferenças positivas. Por causa disso, um filósofo,

---

[171] Aristóteles (384-322 a.C.), em Metafísica VIII, 3, 1043b, 32-36.

Divina autem essentia in se nobilitates omnium entium comprehendit, non quidem per modum compositionis, sed per modum perfectionis, ut supra ostensum est. Forma autem omnis, tam propria quam communis, secundum id quod aliquid ponit, est perfectio quaedam: non autem imperfectionem includit nisi secundum quod deficit a vero esse. Intellectus igitur divinus id quod est proprium unicuique in essentia sua comprehendere potest, intelligendo in quo eius essentiam imitetur, et in quo ab eius perfectione deficit unumquodque: utpote, intelligendo essentiam suam ut imitabilem per modum vitae et non cognitionis, accipit propriam formam plantae; si vero ut imitabilem per modum cognitionis et non intellectus, propriam formam animalis; et sic de aliis. Sic igitur patet quod essentia divina, inquantum est absolute perfecta, potest accipi ut propria ratio singulorum. Unde per eam Deus propriam cognitionem de omnibus habere potest.

Quia vero propria ratio unius distinguitur a propria ratione alterius; distinctio autem est pluralitatis principium: oportet in intellectu divino distinctionem quandam et pluralitatem rationum intellectarum considerare, secundum quod id quod est in intellectu divino est propria ratio diversorum. Unde, cum hoc sit secundum quod Deus intelligit proprium respectum assimilationis quam habet unaquaeque creatura ad ipsum, relinquitur quod rationes rerum in intellectu divino non sint plures vel distinctae nisi secundum quod Deus cognoscit res pluribus et diversis modis esse assimilabiles sibi.

Et secundum hoc Augustinus dicit quod Deus alia ratione facit hominem et alia equum; et rationes rerum pluraliter in mente

de nome Clemente[172] disse que *os entes mais nobres são exemplares dos menos nobres.*

A essência divina compreende em si a nobreza de todos os entes, não segundo o modo de composição, mas segundo o modo de perfeição, como foi demonstrado[173]. Ora, toda forma, tanto a própria como a comum, é uma perfeição na medida em que realiza alguma coisa, e não inclui imperfeição a não ser na medida em que carece do verdadeiro ser. Logo, o intelecto divino pode compreender na sua essência aquilo que é próprio de cada coisa, entendendo no que a essência divina é imitada e no que cada uma carece da sua perfeição. Assim, entendendo a sua essência como imitável a modo de vida e não a modo de conhecimento, compreende a forma própria da planta; ao contrário, se entende como imitável a modo de conhecimento e não de intelecto, compreende a forma própria do animal, e assim por diante. Fica claro, portanto, que a essência divina, enquanto é absolutamente perfeita, pode ser compreendida como razão própria das coisas singulares. Por isso, Deus pode por meio dela ter conhecimento próprio de todas as coisas.

Mas porque a razão própria de uma coisa se distingue da razão própria de outra, e porque a distinção é o princípio da pluralidade, é necessário considerar no intelecto divino uma distinção e pluralidade de razões inteligíveis, na medida em que aquilo que está no intelecto divino é a razão própria das diversas coisas. Portanto, uma vez que isto acontece na medida em que Deus entende a própria relação de semelhança que cada criatura tem com Ele, resulta que as razões das coisas no intelecto divino não são muitas ou distintas, a não ser na medida em que Deus conhece que as coisas lhe são assemelháveis de muitos e diversos modos.

É nesse sentido que Agostinho[174] afirma que *Deus faz o homem segundo uma razão, e o cavalo segundo outra, e que as razões das*

---

[172] Clemente de Alexandria (†215), cf. Dionísio Areopagita (séc. V-VI), em Os Nomes Divinos V, 9, MG 3, 824d.
[173] Cf. cap. 31.
[174] Santo Agostinho (354-431), em Oitenta e Três Questões, q. 46, ML 46, 29-30.

divina esse dicit. In quo etiam aliqualiter salvatur Platonis opinio ponentis ideas, secundum quas formarentur omnia quae in rebus materialibus existunt.

Capitulum LV
Quod Deus omnia simul intelligit

Ex his autem ulterius apparet quod Deus omnia simul intelligit.

Intellectus enim noster simul multa actu intelligere non potest, quia, cum intellectus in actu sit intellectum in actu, si plura simul actu intelligeret, sequeretur quod intellectus simul esset plura secundum unum genus, quod est impossibile. Dico autem secundum unum genus: quia nihil prohibet idem subiectum informari diversis formis diversorum generum, sicut idem corpus est figuratum et coloratum. Species autem intelligibiles, quibus intellectus formatur ad hoc quod sit ipsa intellecta in actu, omnes sunt unius generis: habent enim unam rationem essendi secundum esse intelligibile, licet res quarum sunt species in una essendi non conveniant ratione; unde nec contrariae sunt per contrarietatem rerum quae sunt extra animam. Et inde est quod, quando aliqua multa accipiuntur quocumque modo unita, simul intelliguntur: simul enim intelligit totum continuum, non partem post partem; et similiter simul intelligit propositionem, non prius subiectum et postea praedicatum; quia secundum unam totius speciem omnes partes cognoscit.

Ex his igitur accipere possumus quod quaecumque plura una specie cognoscuntur, simul possunt intelligi. Omnia autem quae Deus cognoscit, una specie cognoscit, quae est sua essentia. Omnia igitur simul intelligere potest.

coisas existem em grande número na mente divina. E, assim, se salva de alguma maneira a opinião de Platão[175] sobre as ideias, segundo a qual tudo o que existe nas coisas materiais seria formado por elas.

Capítulo 55
Deus entende simultaneamente todas as coisas

Fica claro, do que foi exposto, que Deus entende simultaneamente todas as coisas.

Com efeito, o nosso intelecto não pode entender em ato muitas coisas simultaneamente, porque como o *intelecto em ato é o que se entende em ato*[176], se entendesse em ato simultaneamente muitas coisas, resultaria que o intelecto seria simultaneamente várias coisas segundo um único gênero, o que é impossível. Digo *segundo um único gênero*, porque nada impede que o mesmo sujeito seja informado por diversas formas de diversos gêneros, como um mesmo corpo pode ter figura e cor. Mas as espécies inteligíveis, pelas quais o intelecto é informado para que elas sejam conhecidas em ato, são todas de um único gênero, pois têm uma única razão de existir segundo o ser inteligível, embora as coisas das quais são espécies não convenham em uma única razão de existir. É, por isso, que não são contrárias pela contrariedade das coisas que existem fora da alma. E daí que, quando muitas coisas são compreendidas de algum modo unidas, são entendidas simultaneamente. Assim, um todo contínuo é entendido simultaneamente, e não uma parte depois de outra parte. E igualmente entende simultaneamente a proposição, e não o sujeito em primeiro lugar e, depois, o predicado, porque conhece todas as partes por uma única espécie do todo.

Portanto, podemos compreender que aquelas coisas múltiplas que são conhecidas por uma única espécie podem ser entendidas simultaneamente. Ora, todas as coisas que Deus conhece, conhece por uma única espé-

---

[175] Platão (254-184 a.C.), passim.
[176] Aristóteles (384-322 a.C.), em Sobre a Alma III, 4-5, 430a, 2-5.

Item. Vis cognoscitiva non cognoscit aliquid actu nisi adsit intentio: unde et phantasmata in organo conservata interdum non actu imaginamur, quia intentio non fertur ad ea; appetitus enim alias potentias in actum movet in agentibus per voluntatem. Multa igitur ad quae simul intentio non fertur, non simul intuemur. Quae autem oportet sub una intentione cadere, oportet simul esse intellecta: qui enim comparationem duorum considerat, intentionem ad utrumque dirigit et simul intuetur utrumque.

Omnia autem quae sunt in divina scientia sub una intentione necesse est cadere. Intendit enim Deus suam essentiam perfecte videre. Quod est videre ipsam secundum totam virtutem suam, sub qua omnia concluduntur. Deus igitur, videndo essentiam suam, simul omnia intuetur.

Amplius. Intellectus successive multa considerantis impossibile est esse unam tantum operationem: cum enim operationes secundum obiecta differant, oportebit diversam esse operationem intellectus qua considerabitur primum, et qua considerabitur secundum. Intellectus autem divini est una operatio, quae est sua essentia, ut probatum est supra. Non igitur successive, sed simul omnia sua cognita considerat.

Adhuc. Successio sine tempore intelligi non potest, nec tempus sine motu: cum tempus sit numerus motus secundum prius et posterius. In Deo autem impossibile est esse motum aliquem, ut ex supra dictis haberi potest. Nulla igitur est in consideratione divina successio. Et sic omnia quae cognoscit simul considerat.

cie, que é a sua essência[177]. Logo, pode entender simultaneamente todas as coisas.

Igualmente, a faculdade cognoscitiva não conhece alguma coisa em ato a não ser que esteja presente a intenção. Por isso, às vezes não imaginamos em ato os fantasmas [representações imaginárias] conservados no órgão, porque a intenção não é levada a eles. Com efeito, o apetite move ao ato as outras potências nos que agem pela vontade. Portanto, não intuímos simultaneamente muitas coisas, às quais a intenção não é levada simultaneamente. Mas aquelas coisas que necessariamente caem sob uma única intenção devem ser entendidas simultaneamente, pois, quem considera a comparação de duas coisas dirige a intenção a uma e outra, e as intui simultaneamente.

Com efeito, todas as coisas que estão na ciência divina caem necessariamente sob uma única intenção. Pois Deus pretende ver perfeitamente a sua essência, a saber, vê-la segundo todo seu poder, o qual abarca todas as coisas. Logo, Deus vendo a sua essência intui simultaneamente todas as coisas.

Ademais, é impossível haver uma única operação do intelecto de quem considera sucessivamente muitas coisas, uma vez que os objetos distinguem as operações. Será, pois, necessário que a operação do intelecto que considerar o primeiro seja diversa daquela que considerar o segundo. Ora, a operação do intelecto divino é uma só, a saber, a sua essência, como foi provado[178]. Logo, não considera sucessiva, mas simultaneamente todas as coisas conhecidas.

Ainda, não se pode entender a sucessão sem o tempo, nem o tempo sem o movimento, uma vez que o tempo é *o número do movimento segundo o antes e o depois*[179]. Ora, é impossível que exista algum movimento em Deus, como se pode concluir do que já foi dito[180]. Logo, nenhuma sucessão existe na consideração divina. E, assim, considera simultaneamente tudo o que conhece.

---

[177] Cf. cap. 46.
[178] Cf. cap. 45.
[179] Aristóteles (384-322 a.C.), em Física IV, 11, 219b, 1-2.
[180] Cf. cap. 13.

Item. Intelligere Dei est ipsum suum esse, ut ex supra dictis patet. In esse autem divino non est prius et posterius, sed est totum simul, ut supra ostensum est. Igitur nec consideratio Dei habet prius et posterius, sed omnia simul intelligit.

Praeterea. Omnis intellectus intelligens unum post aliud est quandoque potentia intelligens et quandoque actu: dum enim intelligit primum in actu, intelligit secundum in potentia. Intellectus autem divinus nunquam est in potentia sed semper actu intelligens. Non igitur intelligit res successive, sed omnia simul intelligit.

Huic autem veritati testimonium sacra Scriptura affert: dicitur enim Iac. 1,17, quod apud Deum non est transmutatio nec vicissitudinis obumbratio.

Igualmente, o entender de Deus é o seu mesmo ser, como está claro pelo que foi dito[181]. Ora, no ser divino não há antes ou depois, mas é tudo simultâneo, como foi demonstrado[182]. Logo, nenhuma consideração de Deus tem antes e depois, mas entende todas as coisas simultaneamente.

Além disso, todo intelecto que entende uma coisa depois de outra, às vezes está em potência e às vezes em ato, pois quando entende o primeiro em ato, entende o segundo em potência. Mas, o intelecto divino nunca está em potência, sempre está em ato entendendo. Logo, não entende as coisas sucessivamente, mas entende simultaneamente todas as coisas.

A Sagrada Escritura dá testemunho dessa verdade quando diz que *todo o dom perfeito desce do alto, do Pai das luzes, no qual não há mudança, nem sombra de variação*[183].

Capitulum LVI
Quod cognitio Dei non est habitualis

Ex hoc autem apparet quod in Deo non est habitualis cognitio.

In quibuscumque enim est habitualis cognitio, non omnia simul cognoscuntur, sed dum quaedam cognoscuntur actu, alia cognoscuntur habitu. Deus autem omnia simul actu intelligit, ut probatum est. Non est igitur in eo habitualis cognitio.

Praeterea. Habens habitum et non considerans est quodammodo in potentia, aliter tamen quam ante intelligere. Ostensum est autem quod intellectus divinus nullo modo est in potentia. Nullo igitur modo est in ipso habitualis.

Adhuc. Omnis intellectus habitualiter aliquid cognoscentis est aliud eius essentia quam sua operatio intellectualis, quae est ipsa consideratio: intellectui enim habitualiter cog-

Capítulo 56
O conhecimento de Deus não é habitual

Do exposto fica claro que em Deus não existe conhecimento habitual.

Com efeito, aqueles que têm conhecimento habitual, não conhecem todas as coisas simultaneamente, mas, enquanto umas são conhecidas em ato, as outras são conhecidas pelo hábito. Ora, Deus entende em ato todas as coisas simultaneamente, como foi provado[184]. Logo, nEle não existe conhecimento habitual.

Além disso, aquele quem tem hábito e não considera está de algum modo em potência, ainda que de maneira distinta do que antes de entender. Ora, foi demonstrado que o intelecto divino não está de modo algum em potência[185]. Logo, nEle não existe de modo algum conhecimento habitual.

Ainda, a essência de todo intelecto que conhece habitualmente alguma coisa é outra coisa que a sua operação intelectual, que é a mesma consideração. Ao intelecto que co-

---
[181] Cf. cap. 45.
[182] Cf. cap. 15.
[183] Carta de São Tiago 1,17.
[184] Cf. capítulo anterior.
[185] Cf. cap. 45.

noscenti deest sua operatio; non autem eius essentia deesse ei potest. In Deo autem sua essentia est sua operatio, ut supra ostensum est. Non est igitur in eius intellectu habitualis cognitio.

Item. Intellectus habitualiter tantum cognoscens non est in sua ultima perfectione: unde nec felicitas, quae est optimum, ponitur secundum habitum, sed secundum actum. Si igitur Deus est habitualiter cognoscens per suam substantiam, secundum suam substantiam consideratus non erit universaliter perfectus. Cuius contrarium ostensum est supra.

Amplius. Ostensum est quod ipse est intelligens per essentiam suam, non autem per aliquas species intelligibiles essentiae superadditas. Omnis autem intellectus in habitu per aliquas species intelligit: nam habitus vel est habilitatio quaedam intellectus ad recipiendum species intelligibiles quibus actu fiat intelligens; vel est ordinata aggregatio ipsarum specierum existentium in intellectu non secundum completum actum, sed medio modo inter potentiam et actum. Non est igitur in ipso habitualis scientia.

Praeterea. Habitus quaedam qualitas est. Deo autem non potest nec qualitas nec aliquod accidens accidere, ut supra probatum est. Non igitur Deo competit habitualis cognitio.

Quia vero dispositio qua quis est habitu tantum considerans aut volens vel agens assimilatur dispositioni dormientis, hinc est quod David, ut habitualem dispositionem a Deo removeret, dicit: ecce, non dormitavit neque dormiet qui custodit Israel. Hinc etiam est quod Eccli. 23,28 dicitur: oculi Domini multo sunt lucidiores super solem: nam sol semper est in actu lucendi.

nhece habitualmente lhe falta a sua operação, mas não lhe pode faltar a sua essência. Ora, em Deus a sua essência é a sua operação, como foi mostrado[186]. Logo, não existe no seu intelecto conhecimento habitual.

Igualmente, o intelecto que conhece somente de modo habitual não está em sua última perfeição. E, por isso, também a felicidade, que é o melhor, não consiste em um hábito, mas em um ato. Portanto, se Deus conhece habitualmente por sua substância, considerado em sua substância não seria totalmente perfeito, contrariamente ao que foi demonstrado[187].

Ademais, demonstrou-se[188] que Ele entende pela sua essência, e não por algumas espécies inteligíveis a ela acrescentadas. Ora, todo intelecto em hábito entende por algumas espécies, porque o hábito ou é uma habilitação do intelecto para receber espécies inteligíveis, pelas quais se faz inteligente em ato; ou é uma agregação ordenada das mesmas espécies nele existentes, não segundo um ato completo, mas de modo intermediário entre a potência e o ato. Logo, nEle não existe ciência habitual.

Além disso, o hábito é uma qualidade. Ora, a Deus não se pode acrescentar qualidade nem acidente algum, como foi demonstrado[189]. Logo, a Deus não compete conhecimento habitual.

Porque a disposição pela qual alguém está em hábito somente considerando, ou querendo, ou agindo, assemelha-se à disposição daquele que dorme, Davi, para remover de Deus a disposição habitual, diz: *Ah, não dorme nem cochila / o vigia de Israel*[190]. Por isso, é também dito no Eclesiástico: *Os olhos do Senhor são muito mais luminosos que o sol*[191], porque o sol está sempre em ato de iluminar.

---

[186] Ibidem.
[187] Cf. cap. 28.
[188] Cf. cap. 46.
[189] Cf. cap. 23.
[190] Salmo 120,4.
[191] Eclesiástico 23,28. (Vulgata)

Capítulo 57
O conhecimento de Deus não é discursivo

Do exposto se tem que a consideração divina não é por raciocínio, nem é discursiva.

A nossa consideração é por raciocínio quando, da consideração de uma coisa passamos a outra, como no silogismo, dos princípios para as conclusões. Com efeito, não é por isso que alguém raciocina ou discorre quando examina de que maneira a conclusão resulta das premissas, considerando uma e outra simultaneamente. Isso acontece não argumentando, mas julgando os argumentos; assim como o conhecimento não é material porque julga objetos materiais. Ora, foi demonstrado[192] que Deus não considera um depois do outro, como que sucessivamente, mas a todos simultaneamente. Logo, o seu conhecimento não é por raciocínio ou discursivo, embora conheça todo o processo do discurso e do raciocínio.

Igualmente, todo aquele que raciocina intui, por meio de uma consideração, os princípios e, por meio de outra, as conclusões, e assim não seria necessário, considerados os princípios, proceder à conclusão, se, ao serem considerados os princípios, as conclusões fossem também consideradas. Ora, Deus conhece todas as coisas numa única operação, que é a sua essência, como foi provado[193]. Logo, o seu conhecimento não é por raciocínio.

Além disso, todo conhecimento por raciocínio tem algo de potência e algo de ato, porque as conclusões estão em potência nos princípios. Ora, no intelecto divino não há lugar para potência, como foi demonstrado[194]. Logo, o seu intelecto não é discursivo.

Ademais, em qualquer ciência discursiva é necessário existir algo causado, porque os princípios são, de certo modo, causa eficiente da conclusão. Por isso se diz que a demonstração é o *silogismo que faz saber*[195]. Ora, na

---

[192] Cf. cap. 55.
[193] Cf. cap. 46.
[194] Cf. cap. 16.
[195] Aristóteles (384-322 a.C.), em Analíticos Posteriores I, 2, 71b, 18.

test esse causatum: cum sit ipse Deus, ut ex superioribus patet. Dei igitur scientia non potest esse discursiva.

Adhuc. Ea quae naturaliter cognoscuntur, absque ratiocinatione nobis sunt nota: sicut patet de primis principiis. Sed in Deo non potest esse cognitio nisi naturalis, immo nisi essentialis: sua enim scientia est sua essentia, ut supra probatum est. Dei igitur cognitio non est ratiocinativa.

Praeterea. Omnem motum necesse est reduci in primum movens quod est movens tantum et non motum. Illud igitur a quo est prima origo motus, oportet omnino esse movens non motum. Hoc autem est intellectus divinus, ut supra ostensum est. Oportet igitur intellectum divinum omnino esse moventem non motum. Ratiocinatio autem est quidam motus intellectus transeuntis ab uno in aliud. Non est igitur divinus intellectus ratiocinativus.

Item. Quod est supremum in nobis est inferius eo quod in Deo est: nam inferius non attingit superius nisi in sui summo. Supremum autem in nostra cognitione est, non ratio, sed intellectus, qui est rationis origo. Dei igitur cognitio non est ratiocinativa, sed intellectualis tantum.

Amplius. A Deo omnis defectus removendus est: eo quod ipse est simpliciter perfectus, ut supra ostensum est. Sed ex imperfectione intellectualis naturae provenit ratiocinativa cognitio. Nam quod per aliud cognoscitur minus est notum eo quod per se cognoscitur; nec ad id quod per aliud est notum natura cognoscentis sufficit sine eo per quod fit notum. In cognitione autem ratiocinativa fit aliquid

ciência divina nada pode existir causado, uma vez que é o mesmo Deus, como está claro pelo exposto[196]. Logo, a ciência de Deus não pode ser discursiva.

Ainda, as coisas que são naturalmente conhecidas, nos são conhecidas sem raciocínio, como fica claro com os primeiros princípios. Ora, em Deus não pode haver outro conhecimento a não ser o natural, ou melhor, a não ser o essencial, porque a sua ciência é a sua essência, como foi provado[197]. Logo, o conhecimento de Deus não é por raciocínio.

Além disso, é necessário que todo movimento se reduza a um primeiro motor, que é só motor, e não movido. Portanto, aquilo que está na primeira origem do movimento é necessário que seja totalmente motor, e não movido. Isto é o intelecto divino, como foi demonstrado[198]. É, pois, necessário que o intelecto divino seja totalmente motor não movido. Ora, o processo do raciocínio é um movimento do intelecto que passa de uma coisa para a outra. Logo, o intelecto divino não é por um processo de raciocínio.

Igualmente, aquilo que é supremo em nós é inferior ao que existe em Deus, porque o inferior não atinge o superior senão pela parte mais alta do inferior[199]. Ora, o supremo em nosso conhecimento não é a razão, mas o intelecto, que é a origem da razão. Logo, o conhecimento de Deus não é um processo de raciocínio, mas é só intelectual.

Ademais, deve-se remover de Deus todo defeito, por ser ele simplesmente perfeito, como foi demonstrado[200]. Ora, o conhecimento por um processo de raciocínio provém da imperfeição da natureza intelectual, porque aquilo que é conhecido por meio de outro é menos conhecido do que aquilo que é conhecido por si. Ora, nem a natureza do que conhece é suficiente para conhecer aquilo que é

[196] Cf. cap. 45.
[197] Cf. cap. 45.
[198] Cf. cap. 44.
[199] Dionísio Areopagita (séc. V-VI), em Os Nomes Divinos VII, 3, MG 3, 872B.
[200] Cf. cap. 28.

notum per aliud: quod autem intellectualiter cognoscitur per se est notum, et ad ipsum cognoscendum natura cognoscentis sufficit absque exteriori medio. Unde manifestum est quod defectivus quidam intellectus est ratio. Divina igitur scientia non est ratiocinativa.

Adhuc. Absque rationis discursu comprehenduntur ea quorum species sunt in cognoscente: non enim visus discurrit ad lapidem cognoscendum cuius similitudo in visu est. Divina autem essentia est omnium similitudo, ut supra probatum est. Non igitur procedit ad aliquid cognoscendum per rationis discursum.

Patet etiam solutio eorum quae discursum in divinam scientiam inducere videntur. Tum ex hoc quod per essentiam suam alia novit. Quod quidem ostensum est non fieri discursive: cum eius essentia se habeat ad alia non sicut principium ad conclusiones, sed sicut species ad res cognitas. Tum ex hoc quod inconveniens forte aliquibus videretur si Deus syllogizare non posset. Habet enim syllogizandi scientiam tanquam iudicans, et non sicut syllogizando discurrens.

Huic autem veritati, rationibus probatae, etiam sacra Scriptura testimonium perhibet. Dicitur enim Hebr. 4,13: omnia nuda et aperta sunt oculis eius. Quae enim ratiocinando scimus non sunt secundum se nobis nuda et aperta, sed ratione aperiuntur et nudantur.

conhecido por outro, sem aquilo pelo qual se faz conhecido. No conhecimento por raciocínio, uma coisa se faz conhecida por meio de outra, ao passo que o que se conhece intelectualmente é conhecido por si mesmo, e a natureza do que conhece é suficiente para conhecê-lo, sem mediação exterior. Portanto, é evidente que a razão é um intelecto defeituoso. Logo, a ciência divina não é por um processo de raciocínio.

Ainda, aquelas coisas cujas espécies estão naquele que conhece são compreendidas sem o discurso da razão. Assim, a vista não discorre para conhecer a pedra, cuja semelhança está na vista. Ora, a essência divina é a semelhança de todas as coisas, como foi provado[201]. Logo, para conhecer alguma coisa não procede por discurso da razão.

Fica clara, também, a solução daqueles que parecem induzir o discurso na ciência divina. — Seja porque conhece as outras coisas pela sua essência, o que já foi demonstrado não se fazer discursivamente, uma vez que a sua essência está para as outras coisas, não como o princípio para as conclusões, mas como as espécies para as coisas conhecidas[202]. — Seja porque a alguns talvez parecesse inconveniente que Deus não possa silogizar. Entretanto, tem a ciência do silogizar como quem julga, mas não como quem discorre por silogismos.

A Sagrada Escritura apresenta, também, o seu testemunho para essa verdade provada por razões ao dizer que: *Mas tudo se apresenta nu e patente aos olhos de Deus*[203]. Aquilo que conhecemos raciocinando, ao contrário, não é em si mesmo nu e patente para nós, mas é à razão que o manifesta e descobre.

---

[201] Cf. cap. 54.
[202] Cf. cap. 46.
[203] Hebreus 4,13.

Capitulum LVIII
Quod Deus non intelligit componendo et dividendo

Per eadem etiam ostendi potest quod intellectus divinus non intelligit per modum intellectus componentis et dividentis.

Cognoscit enim omnia cognoscendo essentiam suam. Essentiam autem suam non cognoscit componendo et dividendo: cognoscit enim seipsum sicut est: in ipso autem nulla est compositio. Non igitur intelligit per modum intellectus componentis et dividentis.

Adhuc. Ea quae intellectu componuntur et dividuntur nata sunt seorsum ab eo considerari: compositione enim et divisione opus non esset si in hoc ipso quod de aliquo apprehenderetur quid est, haberetur quid ei inesset vel non inesset. Si igitur Deus intelligeret per modum intellectus componentis et dividentis, sequeretur quod non uno intuitu omnia consideraret, sed seorsum unumquodque. Cuius contrarium supra est ostensum.

Amplius. In Deo non potest esse prius et posterius. Compositio autem et divisio posterior est consideratione eius quod quid est, quae est eius principium. In operatione igitur divini intellectus compositio et divisio esse non potest.

Item. Proprium obiectum intellectus est quod quid est: unde circa hoc non decipitur intellectus nisi per accidens, circa compositionem autem et divisionem decipitur; sicut et sensus qui est propriorum semper est verus, in aliis autem fallitur. In intellectu autem divino non est aliquid per accidens, sed solum quod per se est. In divino igitur intellectu non est compositio et divisio sed solum simplex rei acceptio.

Amplius. Propositionis per intellectum componentem et dividentem formatae compositio in ipso intellectu existit, non in re quae

Capítulo 58
Deus não entende compondo e dividindo

Pelas mesmas razões pode-se demonstrar que o intelecto divino não entende pelo modo do intelecto que compõe e divide.

Com efeito, conhece todas as coisas ao conhecer sua essência[204]. E não conhece a sua essência compondo e dividindo, uma vez que conhece a si mesmo tal como é; nEle não existe composição alguma. Logo, não entende pelo modo do intelecto que compõe e divide.

Ainda, aquelas coisas que são compostas e divididas pelo intelecto são naturalmente consideradas por ele à parte. Não haveria necessidade de composição e de divisão, se ao apreender naquelas coisas o *que é*, se tivesse o que lhe é inerente ou não inerente. Portanto, se Deus entendesse pelo modo do intelecto que compõe e divide, seguir-se-ia que não consideraria todas coisas numa só intuição, mas cada uma separadamente. Ora, já se demonstrou o contrário[205].

Ademais, em Deus não pode existir antes e depois. Com efeito, a composição e a divisão são posteriores à consideração de *aquilo que é*, que é o seu princípio. Logo, na operação do intelecto divino, não pode haver composição e divisão.

Igualmente, o objeto próprio do intelecto é *aquilo que é* (quididade). Por isso, o intelecto não se engana quanto a isso, a não ser acidentalmente. Mas engana-se na composição e divisão. Assim como, também, o sentido quanto ao que lhe é próprio é sempre verdadeiro, mas se engana com os outros. Ora, no intelecto divino não existe algo acidentalmente, mas só o que é por si[206]. Logo, no intelecto divino não existe composição e divisão, mas somente a simples apreensão do objeto.

Ademais, a composição de uma proposição formada pelo intelecto que compõe e divide existe no próprio intelecto, e não na coisa

---

[204] Cf. cap. 46.
[205] Cf. cap. 55.
[206] Cf. cap. 23.

est extra animam. Si igitur intellectus divinus de rebus iudicet per modum intellectus componentis et dividentis, erit intellectus ipse compositus. Quod est impossibile, ut ex supra dictis patet.

Item. Intellectus componens et dividens diversis compositionibus diversa diiudicat: compositio enim intellectus compositionis terminos non excedit; unde compositione qua intellectus diiudicat hominem esse animal, non diiudicat triangulum esse figuram. Compositio autem vel divisio operatio quaedam intellectus est. Si igitur Deus res considerat componendo et dividendo, sequetur quod suum intelligere non sit unum tantum sed multiplex. Et sic etiam sua essentia non erit una tantum: cum sua operatio intellectualis sit sua essentia, ut supra ostensum est.

Non autem propter hoc oportet nos dicere quod enuntiabilia ignorat. Nam essentia sua, cum sit una et simplex, exemplar est omnium multiplicium et compositorum. Et sic per ipsam Deus omnem multitudinem et compositionem tam naturae quam rationis cognoscit.

His autem sacrae Scripturae auctoritas consonat. Dicitur enim Isaiae 55,8 non enim cogitationes meae cogitationes vestrae. Et tamen in Psalmo dicitur: Dominus scit cogitationes hominum, quas constat per compositionem et divisionem intellectus procedere. Dionysius etiam dicit, VII cap. De div. Nom.: igitur divina sapientia, seipsam cognoscens, cognoscit omnia, et materialia immaterialiter et indivisibiliter divisibilia et multa unitive.

Capitulum LIX
Quod a Deo non excluditur veritas enuntiabilium

Ex hoc autem apparet quod, licet divini intellectus cognitio non se habeat ad modum intellectus componentis et dividentis, non ta-

que está fora da alma. Portanto, se o intelecto divino julga as coisas pelo modo do intelecto que compõe e divide, será um intelecto composto. O que é impossível, como está claro pelo que foi dito[207].

Igualmente, o intelecto que compõe e divide julga coisas diversas por diversas composições, uma vez que a composição do intelecto não excede os termos da composição, e por isso, com a composição que o intelecto julga que o homem é animal, não julga que o triângulo é figura. Ora, a composição e a divisão são operações do intelecto. Logo, se Deus considera as coisas compondo e dividindo, segue-se que o seu entender não é apenas um, mas múltiplo. E desse modo a sua essência não será apenas uma, uma vez que a sua operação intelectual é a sua essência, como foi demonstrado[208].

Entretanto, não podemos dizer por causa disso que Deus ignora os enunciáveis, porque a sua essência, uma vez que é única e simples, é exemplar de todas as coisas múltiplas e compostas. E assim é por ela que Deus conhece toda multiplicidade e toda composição, tanto da natureza, quanto da razão.

Com isso concorda a autoridade da Sagrada Escritura, pois está escrito: *Vossos pensamentos não são os meus*[209]. E também: *Conhece (e são como o vento) os pensamentos humanos!*[210], cogitações essas que procedem por composição e divisão do intelecto. Afirma também Dionísio: *A divina sabedoria, ao conhecer a si mesma, conhece todas as coisas: as materiais, imaterialmente; as divisíveis, indivisivelmente; as múltiplas, unificadamente*[211].

Capítulo 59
Não se exclui de Deus a verdade dos enunciáveis

Do exposto fica claro que, embora o conhecimento do intelecto divino não seja pelo modo do intelecto que compõe e divide,

---
[207] Cf. cap. 18.
[208] Cf. cap. 45.
[209] Isaías 55,8.
[210] Salmo 93,5.11.
[211] Dionísio Areopagita (séc. V-VI), em Os nomes divinos VII, 2, MG 3, 869B.

men excluditur ab eo veritas, quae, secundum Philosophum, solum circa compositionem et divisionem intellectus est.

Cum enim veritas intellectus sit adaequatio intellectus et rei, secundum quod intellectus dicit esse quod est vel non esse quod non est, ad illud in intellectu veritas pertinet quod intellectus dicit, non ad operationem qua illud dicit. Non enim ad veritatem intellectus exigitur ut ipsum intelligere rei aequetur, cum res interdum sit materialis, intelligere vero immateriale: sed illud quod intellectus intelligendo dicit et cognoscit, oportet esse rei aequatum, ut scilicet ita sit in re sicut intellectus dicit. Deus autem sua simplici intelligentia, in qua non est compositio et divisio, cognoscit non solum rerum quidditates, sed etiam enuntiationes, ut ostensum est. Et sic illud quod intellectus divinus intelligendo dicit est compositio et divisio. Non ergo excluditur veritas ab intellectu divino ratione suae simplicitatis.

Amplius. Cum aliquod incomplexum vel dicitur vel intelligitur, ipsum quidem incomplexum, quantum est de se, non est rei aequatum nec rei inaequale: cum aequalitas et inaequalitas secundum comparationem dicantur; incomplexum autem, quantum est de se, non continet aliquam comparationem vel applicationem ad rem. Unde de se nec verum nec falsum dici potest: sed tantum complexum, in quo designatur comparatio incomplexi ad rem per notam compositionis aut divisionis. Intellectus tamen incomplexus, intelligendo quod quid est, apprehendit quidditatem rei in quadam comparatione ad rem: quia apprehendit eam ut huius rei quidditatem. Unde, licet ipsum incomplexum, vel etiam definitio, non sit secundum se verum vel falsum, tamen intellectus apprehendens quod quid est dicitur quidem per se semper esse verus, ut patet in III

entretanto dele não se exclui a verdade que, segundo o Filósofo[212], existe somente na composição e divisão do intelecto.

Como a verdade do intelecto é *a adequação do intelecto à coisa*[213], enquanto o intelecto diz que *o que é é*, e que *o que não é não é*[214], a verdade do intelecto pertence ao que o intelecto diz, e não à operação pela qual o diz. Ora, para a verdade do intelecto não se exige que o mesmo entender seja adequado à coisa, uma vez que esta é, às vezes, material, e o entender imaterial, mas aquilo que o intelecto entendendo diz e conhece é necessário que seja adequado à coisa, isto é, que exista na coisa como o intelecto diz. Ora, Deus, em sua simples inteligência, na qual não existe composição e divisão, não só conhece a quididade das coisas, mas também as enunciações, como foi demonstrado[215]. E, assim, aquilo que o intelecto divino entendendo diz é composição e divisão. Logo, não se exclui a verdade do intelecto divino em razão de sua simplicidade.

Ademais, quando se diz ou se entende algo não complexo, esse algo não complexo, por si mesmo, não é igual ou desigual a uma coisa, uma vez que a igualdade ou a desigualdade dizem-se por comparação. Ora, o não complexo, por si mesmo, não contém uma comparação ou uma aplicação a uma coisa. Logo, ele mesmo, não se pode dizer verdadeiro ou falso, mas somente complexo, no que se designa a comparação do não complexo com a coisa, considerada como composição ou divisão. No entanto, o intelecto não complexo, ao entender *o que aquilo é*, apreende a quididade da coisa por uma comparação com ela, porque a apreende como quididade desta coisa. Por isso, embora o não complexo ou também a definição não sejam, enquanto tais, verdadeiros ou falsos, contudo, o intelecto, ao apreender *o que aquilo é*, se diz que ele é sempre por si verdadeiro[216], embora

---

[212] Aristóteles (384-322 a.C.), em Metafísica V, 4, 1027b, 25-29.
[213] Aristóteles (384-322 a.C.), em Sobre a verdade, q. 1, a. 1.
[214] Aristóteles (384-322 a.C.), em Metafísica III, 7, 1011b, 27.
[215] Cf. capítulo anterior.
[216] Aristóteles (384-322 a.C.), em Sobre a alma III, 6, 430b, 27-31.

de anima; etsi per accidens possit esse falsus, inquantum vel definitio includit aliquam complexionem, vel partium definitionis ad invicem, vel totius definitionis ad definitum. Unde definitio dicetur, secundum quod intelligitur ut huius vel illius rei definitio, secundum quod ab intellectu accipitur, vel simpliciter falsa, si partes definitionis non cohaereant invicem, ut si dicatur animal insensibile; vel falsa secundum hanc rem, prout definitio circuli accipitur ut trianguli. Dato igitur, per impossibile, quod intellectus divinus solum incomplexa cognosceret, adhuc esset verus, cognoscendo suam quidditatem ut suam.

Adhuc. Divina simplicitas perfectionem non excludit: quia in suo esse simplici habet quicquid perfectionis in aliis rebus per quandam aggregationem perfectionum seu formarum invenitur, ut supra ostensum est. Intellectus autem noster, apprehendendo incomplexa, nondum pertingit ad ultimam suam perfectionem, quia adhuc est in potentia respectu compositionis vel divisionis: sicut et in naturalibus simplicia sunt in potentia respectu commixtorum, et partes respectu totius. Deus igitur secundum suam simplicem intelligentiam illam perfectionem cognitionis habet quam intellectus noster habet per utramque cognitionem, et complexorum et incomplexorum. Sed veritas consequitur intellectum nostrum in sui perfecta cognitione, quando iam usque ad compositionem pervenit. Ergo et in ipsa simplici Dei intelligentia est veritas.

Item. Cum Deus omnis boni bonum sit, utpote omnes bonitates in se habens, ut supra ostensum est, bonitas intellectus ei deesse non potest. Sed verum est bonum intellectus: ut patet per Philosophum, in VI ethicorum. Ergo veritas in Deo est. Et hoc est quod dicitur in Psalmo: est autem Deus verax.

possa acidentalmente ser falso, por acrescentar à definição alguma complexidade, ou das partes da definição entre si, ou de toda a definição com o definido. Por isso, a definição, entendida como definição desta ou daquela coisa, compreendida pelo intelecto, será dita ou simplesmente falsa (se as suas partes não são coerentes entre si, por exemplo, se dizemos: *animal insensível*), ou relativamente falsa (com respeito a tal coisa, por exemplo, se tomamos a definição do círculo pela do triângulo). Dada, portanto, a impossibilidade de que o intelecto divino conhecesse unicamente os não complexos, ainda assim, seria verdadeiro conhecendo a sua quididade como sua.

Ainda, a simplicidade divina não exclui a perfeição, porque na simplicidade do seu ser possui toda a perfeição que se encontra nas outras coisas por uma agregação de perfeições ou de formas, como foi demonstrado[217]. Ora, o nosso intelecto, ao apreender os não complexos, não atinge a sua última perfeição, porque está ainda em potência para a composição e a divisão, como também, na natureza, as coisas simples estão em potência para as compostas e as partes para o todo. Logo, Deus, por sua simples inteligência, tem aquela perfeição de conhecimento que o nosso intelecto tem por um e outro conhecimento, não só dos complexos, mas também dos não complexos. Ora, a verdade segue o nosso entendimento no perfeito conhecimento de si, quando ele já chegou até a composição. Logo, há verdade também na simples inteligência de Deus.

Igualmente, uma vez que Deus é *o bem de todo bem*[218], porque tem em si todas as bondades, como acima foi demonstrado[219], não lhe pode faltar a bondade do intelecto. Ora, *o verdadeiro é o bem do intelecto*[220], como deixa claro o Filósofo. Logo, em Deus existe a verdade. Isso mesmo dizem os Salmos: *Deus é veraz*[221].

---

[217] Cf. caps. 28 e 31.
[218] Santo Agostinho (354-431), em Sobre a trindade VIII, 3, ML 42, 949.
[219] Cf. cap. 40.
[220] Aristóteles (384-322 a.C.), em Ética VI, 2, 1139a, 27-31.
[221] Salmo 85,15 (Vulgata).

Capitulum LX
Quod Deus est veritas

Ex praemissis autem apparet quod ipse Deus est veritas.

Veritas enim quaedam perfectio est intelligentiae, sive intellectualis operationis, ut dictum est. Intelligere autem Dei est sua substantia. Ipsum etiam intelligere, cum sit divinum esse, ut ostensum est, non supervenienti aliqua perfectione perfectum est, sed est per seipsum perfectum: sicut et de divino esse supra ostensum est. Relinquitur igitur quod divina substantia sit ipsa veritas.

Item. Veritas est quaedam bonitas intellectus, secundum Philosophum. Deus autem est sua bonitas, ut supra ostensum est. Ergo est etiam sua veritas.

Praeterea. De Deo nihil participative dici potest: cum sit suum esse, quod nihil participat. Sed veritas est in Deo, ut supra ostensum est. Si igitur non dicatur participative, oportet quod dicatur essentialiter. Deus ergo est sua veritas.

Amplius. Licet verum proprie non sit in rebus sed in mente, secundum Philosophum, res tamen interdum vera dicitur, secundum quod proprie actum propriae naturae consequitur. Unde Avicenna dicit, in sua metaphysica, quod veritas rei est proprietas esse uniuscuiusque rei quod stabilitum est ei, inquantum talis res nata est de se facere veram aestimationem, et inquantum propriam sui rationem quae est in mente divina, imitatur. Sed Deus est sua essentia. Ergo, sive de veritate intellectus loquamur sive de veritate rei, Deus est sua veritas.

Capítulo 60
Deus é a verdade

Do exposto fica claro que Deus é a verdade.

Com efeito, a verdade é uma perfeição da inteligência ou da operação intelectual, como foi dito[222]. Ora, o entender de Deus é a sua substância[223]. E o mesmo entender, uma vez que é o ser divino, como foi demonstrado[224], é perfeito, não por acréscimo de alguma perfeição, mas por si mesmo, como foi demonstrado para o existir divino[225]. Logo, conclui-se que a substância divina é a mesma verdade.

Igualmente, *a verdade é uma bondade do intelecto*, segundo o Filósofo[226]. Ora, Deus é a sua bondade, como foi demonstrado[227]. Logo, Deus é também a sua verdade.

Além disso, nada pode ser dito de Deus por modo de participação, uma vez que é o seu ser, que de nada participa[228]. Ora, em Deus existe a verdade, como foi demonstrado[229]. Portanto, se não se diz por modo de participação, é necessário que se diga essencialmente. Logo, Deus é a sua verdade.

Ademais, embora *o verdadeiro não exista propriamente nas coisas, mas na mente*, segundo o Filósofo[230], entretanto uma coisa é dita, às vezes, verdadeira, enquanto exprime propriamente o ato da sua natureza. Por isso, Avicena[231] diz que *a verdade de uma coisa é a propriedade do ser de cada coisa que lhe foi determinado*, enquanto tal coisa é apta naturalmente a fazer de si um juízo verdadeiro, e enquanto imita a razão própria que de si existe na mente divina. Ora, Deus é a sua essência. Logo, quer falemos da verdade do intelecto, quer da verdade da coisa, Deus é a sua verdade.

---

[222] Cf. capítulo precedente.
[223] Cf. cap. 45.
[224] Ibidem.
[225] Cf. cap. 28.
[226] Aristóteles (384-322 a.C.), em Ética VI, 2, 1139a, 27-31.
[227] Cf. cap. 38.
[228] Cf. cap. 23.
[229] Cf. capítulo precedente.
[230] Aristóteles (384-322 a.C.), em Metafísica V, 4, 1027b, 25-27.
[231] Avicena (980-1037), em Metafísica, Tratado VIII, VI.

Hoc autem confirmatur auctoritate Domini de se dicentis, Ioan. 14,6: ego sum via, veritas et vita.

Capitulum LXI
Quod Deus est purissima veritas

Hoc autem ostenso, manifestum est quod in Deo est pura veritas, cui nulla falsitas vel deceptio admisceri potest.

Veritas enim falsitatem non compatitur: sicut nec albedo nigredinem. Deus autem non solum est verus, sed est ipsa veritas. Ergo in eo falsitas esse non potest.

Amplius. Intellectus non decipitur in cognoscendo quod quid est: sicut nec sensus in proprio sensibili. Omnis autem cognitio divini intellectus se habet ad modum intellectus cognoscentis quod quid est, ut ostensum est. Impossibile est igitur in divina cognitione errorem sive deceptionem aut falsitatem esse.

Praeterea. Intellectus in primis principiis non errat, sed in conclusionibus interdum, ad quas ex principiis primis ratiocinando procedit. Intellectus autem divinus non est ratiocinativus aut discursivus, ut supra ostensum est. Non igitur potest esse in ipso falsitas aut deceptio.

Item. Quanto aliqua vis cognoscitiva est altior, tanto eius proprium obiectum est universalius, plura sub se continens: unde illud quod visus cognoscit per accidens, sensus communis aut imaginatio apprehendit ut sub proprio obiecto contentum. Sed vis divini intellectus est in fine sublimitatis in cognoscendo. Ergo omnia cognoscibilia comparantur ad ipsum sicut cognoscibilia proprie et per se et non secundum accidens. In talibus autem virtus cognoscitiva non errat. In nullo igitur cognoscibili possibile est divinum intellectum errare.

Isso é confirmado pela autoridade do Senhor quando falou de si: *Eu sou o caminho, a verdade e a vida*[232].

Capítulo 61
Deus é a verdade puríssima

Tendo isso demonstrado, fica claro que Deus é a verdade pura, à qual não se pode misturar falsidade alguma ou engano.

Com efeito, a verdade não comporta falsidade, como o branco não comporta negro. Ora, Deus não é somente verdadeiro, mas é a própria verdade[233]. Logo, nEle não pode existir falsidade.

Ademais, o intelecto não se engana ao conhecer *aquilo que é*, assim como o sentido não se engana em relação ao próprio sensível[234]. Ora, todo conhecimento do intelecto divino segue o modo do intelecto que conhece *aquilo que é*, como foi demonstrado[235]. Logo, é impossível existir erro no conhecimento divino, engano ou falsidade.

Além disso, o intelecto não erra nos primeiros princípios, mas às vezes nas conclusões, às quais procede raciocinando a partir dos primeiros princípios. Ora, o intelecto divino não raciocina nem é discursivo, como foi demonstrado[236]. Logo, não é possível haver nele falsidade ou engano.

Igualmente, quanto mais elevada for a faculdade cognoscitiva, tanto mais universal é o seu objeto próprio, contendo em si muitas coisas. Assim, aquilo que a vista acidentalmente conhece, o senso comum e a imaginação apreendem como contido em seus objetos próprios. Ora, a potência do intelecto divino está no grau mais sublime do conhecimento. Portanto, todos os cognoscíveis se equiparam a ele como cognoscíveis de modo próprio e por si e não acidentalmente. Assim, em relação a tais cognoscíveis a faculdade cognoscitiva não erra. Logo, é impossível que o intelecto divino erre em algum cognoscível.

---

[232] João 14,6.
[233] Cf. capítulo precedente
[234] Cf. cap. 59.
[235] Cf. cap. 58.
[236] Cf. cap. 57.

Amplius. Virtus intellectualis est quaedam perfectio intellectus in cognoscendo. Secundum autem virtutem intellectualem non contingit intellectum falsum dicere, sed semper verum: verum enim dicere est bonus actus intellectus, virtutis autem est actum bonum reddere. Sed divinus intellectus perfectior est per suam naturam quam intellectus humanus per habitum virtutis: est enim in fine perfectionis. Relinquitur igitur quod in intellectu divino non potest esse falsitas.

Adhuc. Scientia intellectus humani a rebus quodammodo causatur: unde provenit quod scibilia sunt mensura scientiae humanae; ex hoc enim verum est quod intellectu diiudicatur, quia res ita se habet, et non e converso. Intellectus autem divinus per suam scientiam est causa rerum. Unde oportet quod scientia eius sit mensura rerum: sicut ars est mensura artificiatorum, quorum unumquodque in tantum perfectum est inquantum arti concordat. Talis igitur est comparatio intellectus divini ad res qualis rerum ad intellectum humanum. Falsitas autem causata ex inaequalitate intellectus humani et rei non est in rebus, sed in intellectu. Si igitur non esset omnimoda adaequatio intellectus divini ad res, falsitas esset in rebus, non in intellectu divino. Nec tamen in rebus est falsitas: quia quantum unumquodque habet de esse, tantum habet de veritate. Nulla igitur inaequalitas est inter intellectum divinum et res; nec aliqua falsitas in intellectu divino esse potest.

Item. Sicut verum est bonum intellectus, ita falsum est malum ipsius: naturaliter enim appetimus verum cognoscere et refugimus falso decipi. Malum autem in Deo esse non potest, ut probatum est. Non potest igitur in eo esse falsitas.

Ademais, a virtude intelectual é uma perfeição do intelecto no ato de conhecer. Ora, em razão da virtude intelectual não acontece que o intelecto diga o que é falso, mas sempre o verdadeiro. Afirmar o verdadeiro é o ato bom do intelecto, porque é próprio da virtude *fazer o ato bom*[237]. Ora, o intelecto divino é mais perfeito por sua natureza do que o intelecto humano pelo hábito da potência, porque está no termo da perfeição[238]. Logo, resulta que no intelecto divino não pode existir falsidade.

Ainda, a ciência do intelecto humano é causada, de algum modo, pelas coisas, decorre daí que as coisas que podem ser conhecidas são a medida da ciência humana; por isso, é verdadeiro o que o intelecto julga porque assim é a coisa, e não o contrário. Ora, o intelecto divino é a causa das coisas por sua ciência. Logo, é necessário que sua ciência seja a medida das coisas: assim como a arte é a medida das obras de arte, cada uma das quais é perfeita na medida em que concorda com a arte. Portanto, a relação do intelecto divino com as coisas é igual à relação das coisas com o intelecto humano. Ora, a falsidade causada pela inadequação entre o intelecto humano e a coisa não está nas coisas, mas no intelecto. Logo, se não houvesse inteira adequação entre o intelecto divino e as coisas, a falsidade estaria nas coisas e não no intelecto divino. Entretanto, não existe falsidade nas coisas, porque quanto uma tem de ser, tanto tem de verdade. Logo, não há inadequação alguma entre o intelecto divino e as coisas, nem falsidade alguma pode haver no intelecto divino.

Igualmente, *assim como o verdadeiro é o bem do intelecto, a falsidade é o seu mal*[239], pois naturalmente desejamos conhecer o verdadeiro, e fugimos de ser enganados pelo falso. Ora, em Deus não pode existir mal algum, como se provou[240]. Logo, nEle não pode haver falsidade.

---

[237] Aristóteles (384-322 a.C.), em Ética II, 5, 1106a, 23-24.
[238] Cf. cap. 28.
[239] Aristóteles (384-322 a.C.), em Ética VI, 2, 1139a, 30-31.
[240] Cf. cap. 39.

Hinc est quod dicitur Rom. 3,4: est autem Deus verax; et Num. 23,19: non est Deus ut homo, ut mentiatur; et I Ioan. 1,5: Deus lux est et tenebrae in eo non sunt ullae.

Capitulum LXII
Quod divina veritas est prima et summa veritas

Ex his autem quae ostensa sunt manifeste habetur quod divina veritas sit prima et summa veritas.

Sicut enim est dispositio rerum in esse, ita et in veritate, ut patet per Philosophum, in II metaph.: et hoc ideo quia verum et ens se invicem consequuntur; est enim verum cum dicitur esse quod est vel non esse quod non est. Sed divinum esse est primum et perfectissimum. Ergo et sua veritas est prima et summa.

Item. Quod per essentiam alicui convenit, perfectissime ei convenit. Sed veritas Deo attribuitur essentialiter, ut ostensum est. Sua igitur veritas est summa et prima veritas.

Praeterea. Veritas in nostro intellectu ex hoc est quod adaequatur rei intellectae. Aequalitatis autem causa est unitas, ut patet in V metaphysicae. Cum igitur in intellectu divino sit omnino idem intellectus et quod intelligitur, sua veritas erit prima et summa veritas.

Amplius. Illud quod est mensura in unoquoque genere, est perfectissimum illius generis: unde omnes colores mensurantur albo. Sed divina veritas est mensura omnis veritatis. Veritas enim nostri intellectus mensuratur a re quae est extra animam, ex hoc enim intellectus noster verus dicitur quod consonat rei: veritas autem rei mensuratur ad intellectum

Por isso, diz a Carta aos Romanos: *Deus é verdadeiro*[241]; e o Livro dos Números[242]: *Deus não é homem para mentir*; e a Primeira Carta de João[243]: *Deus é luz e nele não há nenhuma espécie de trevas*.

Capítulo 62
A verdade divina é a primeira e suma verdade

O que foi demonstrado deixa claro que a verdade divina é a primeira e suma verdade.

E as palavras do Filósofo[244] esclarecem que *a disposição das coisas no ser é idêntica na verdade*; e isso porque o verdadeiro e o ente se seguem mutuamente, pois existe o verdadeiro *quando se diz que o que é é; e que o que não é não é*[245]. Ora, o ser divino é o primeiro e perfeitíssimo. Logo, a sua verdade é também a primeira e a suma verdade.

Igualmente, o que convém por essência a alguma coisa, convém-lhe perfeitissimamente. Ora, a verdade é atribuída a Deus essencialmente, como foi demonstrado[246]. Logo, a sua verdade é a suma e primeira verdade.

Além disso, a verdade existe em nosso intelecto pelo fato de ser adequada à coisa conhecida. Ora, a unidade é causa da adequação[247]. Portanto, uma vez que no intelecto divino são totalmente idênticos o intelecto e o que se entende, a sua verdade será a primeira e suma verdade.

Ademais, aquilo que é a medida em algum gênero é o mais perfeito desse gênero. Por isso, todas as cores se medem pelo branco. Ora, a verdade divina é a medida de toda verdade. Com efeito, a verdade do nosso intelecto é medida por uma coisa que existe fora da alma, por isso ele se diz verdadeiro porque está de acordo com a coisa. Mas a verdade da coisa é

---

[241] Romanos 3,4 (Vulgata).
[242] Números 23,19.
[243] 1 João 1,5.
[244] Aristóteles (384-322 a.C.), em Metafísica II, 1, 993b, 30-31.
[245] Aristóteles (384-322 a.C.), em Metafísica III, 7, 1011b, 27-28.
[246] Cf. cap. 60.
[247] Aristóteles (384-322 a.C.), em Metafísica V, 15, 1021a, 12.

divinum, qui est causa rerum, ut infra probabitur; sicut veritas artificiatorum ab arte artificis; tunc enim vera est arca quando consonat arti. Cum etiam Deus sit primus intellectus et primum intelligibile, oportet quod veritas intellectus cuiuslibet eius veritate mensuretur: si unumquodque mensuratur primo sui generis, ut Philosophus tradit, in X metaphysicae. Divina igitur veritas est prima, summa et perfectissima veritas.

medida pela verdade do intelecto divino, que é a causa das coisas, como será provado[248]: assim, a verdade das obras de arte é medida pela arte do artesão, por exemplo, um móvel é verdadeiro quando está de acordo com a arte. Como Deus é também o primeiro intelecto e o primeiro inteligível, é necessário que a verdade de qualquer intelecto seja medido pela sua verdade, como diz o Filósofo: que *cada qual se mede pelo primeiro no seu gênero*[249]. Logo, a verdade divina é a primeira, suma e perfeitíssima verdade.

Capitulum LXIII
Rationes volentium subtrahere Deo cognitionem singularium

Sunt autem quidam qui perfectioni divinae cognitionis singularium notitiam subtrahere nituntur. Ad quod quidem confirmandum septem viis procedunt.

Prima est ex ipsa singularitatis conditione. Cum enim singularitatis principium sit materia signata, non videtur per aliquam virtutem immaterialem singularia posse cognosci, si omnis cognitio per quandam assimilationem fiat. Unde et in nobis illae solae potentiae singularia apprehendunt quae materialibus organis utuntur, ut imaginatio et sensus et huiusmodi; intellectus autem noster, quia immaterialis est, singularia non cognoscit. Multo igitur minus intellectus divinus singularium est cognoscitivus, qui maxime a materia recedit. Et sic nullo modo videtur quod Deus singularia cognoscere possit.

Capítulo 63
Razões dos que querem subtrair a Deus o conhecimento dos singulares

Há alguns[250] que se esforçam por subtrair à perfeição do conhecimento divino a noção dos singulares. Para isso confirmar procedem por sete vias.

A primeira via[251] apoia-se na própria condição da singularidade. Uma vez que o princípio da singularidade é a matéria determinada (*signata* = sinalizada), não parece que as coisas singulares possam ser conhecidas por alguma faculdade imaterial, se todo conhecimento se faz por uma assimilação. Daí que em nós, somente aquelas faculdades que se utilizam de órgãos materiais apreendem as coisas singulares, como a imaginação, os sentidos e outras. Entretanto, o nosso intelecto, porque é imaterial, não conhece as coisas singulares. Muito menos, portanto, o intelecto divino conhece as coisas singulares, uma vez que é totalmente distante da matéria. E, assim, parece que Deus não pode, de nenhum modo, conhecer as coisas singulares.

---

[248] Cf. Livro II, cap. 24.
[249] Aristóteles (384-322 a.C.), em Metafísica X, 1, 1059b, 18.
[250] O problema dos singulares discutido na metade do século XIII, deve-se à descoberta do pensamento aristotélico, graças aos trabalhos de Averróis (denominado O Comentador). Crítico de Averróis e principalmente de Avicena foi Algazel em seu livro Destruição dos Filósofos.
[251] Pugio Fidei, I, cap. 16, n. 1, p. 237.
  Santo Tomás de Aquino (1225-1274), na Suma Teológica, parte I, questão 14, Sobre a Ciência de Deus, no artigo 11, Se Deus conhece os singulares, cita Avicena (980-1037) em Metafísica, Tratado VIII, capítulo 6 e Algazel [ou Al Ghazali] (1053-1111) em Filosofia, Livro I, Tratado 3.

Secunda est quod singularia non semper sunt. Aut igitur semper scientur a Deo: aut quandoque scientur et quandoque non scientur. Primum esse non potest: quia de eo quod non est non potest esse scientia, quae solum verorum est; ea autem quae non sunt, vera esse non possunt. Secundum etiam esse non potest: quia divini intellectus cognitio est omnino invariabilis, ut ostensum est.

Tertia, ex eo quod non omnia singularia de necessitate proveniunt, sed quaedam contingenter. Unde de eis certa cognitio esse non potest nisi quando sunt. Certa enim cognitio est quae falli non potest: cognitio autem omnis quae est de contingenti, cum futurum est, falli potest; potest enim evenire oppositum eius quod cognitione tenetur; si enim non posset oppositum evenire, iam necessarium esset. Unde et de contingentibus futuris non potest esse in nobis scientia, sed coniecturalis aestimatio quaedam. Supponere autem oportet omnem Dei cognitionem esse certissimam et infallibilem, ut supra ostensum est. Impossibile est etiam quod Deus aliquid de novo cognoscere incipiat, propter eius immutabilitatem, ut dictum est. Ex his igitur videtur sequi quod singularia contingentia non cognoscat.

Quarta est ex hoc quod quorundam singularium causa est voluntas. Effectus autem, antequam sit, non potest nisi in sua causa cognosci: sic enim solum esse potest antequam in se esse incipiat. Motus autem voluntatis a nullo possunt per certitudinem cognosci nisi a volente, in cuius potestate sunt. Impossibile igitur videtur quod Deus de huiusmodi sin-

A segunda via[252] afirma que nem sempre as coisas singulares existem. Portanto, ou serão sempre conhecidas de Deus, ou às vezes serão conhecidas e às vezes não serão conhecidas de Deus. O primeiro é impossível, porque não pode haver ciência do que não existe, uma vez que a ciência é só das coisas verdadeiras e as coisas que não existem não podem ser verdadeiras. O segundo é, também, impossível, porque o conhecimento do intelecto divino é totalmente invariável, como foi demonstrado[253].

A terceira via[254] funda-se em que nem todas as coisas singulares procedem por necessidade, mas algumas por contingência. Daí que delas só pode haver conhecimento certo quando existem. Com efeito, o conhecimento certo é o que não pode enganar-se. Entretanto, todo conhecimento que procede por contingência, por ser futuro, pode enganar-se, porque pode acontecer o oposto daquilo de que se tem conhecimento. Se não pudesse acontecer o oposto, então o conhecimento contingente seria necessário. Portanto, não podemos ter ciência sobre os futuros contingentes, mas uma avaliação conjuntural. Ora, deve-se supor que todo conhecimento de Deus é certíssimo e infalível, como foi demonstrado[255]. É também impossível que Deus comece a conhecer uma coisa como nova, por causa da sua imutabilidade, como foi dito[256]. Disso tudo, portanto, parece resultar que não conhece as coisas singulares contingentes.

A quarta via[257] parte da vontade que é a causa de algumas coisas singulares. Com efeito, o efeito, antes de existir, não pode ser conhecido senão na sua causa, e é somente assim que ele pode existir antes que comece a existir em si mesmo. Ora, os movimentos da vontade somente podem ser conhecidos com certeza por quem os quer e sob cujo poder estão.

---

[252] Pugio Fidei I, cap. 16, n. 2, p. 237.
[253] Cf. cap. 45.
[254] Pugio Fidei I, cap. 16, n. 3, p. 237.
[255] Cf. cap. 61.
[256] Cf. cap. 45.
[257] Pugio Fidei I, cap. 16, n. 4, p. 237.

gularibus quae causam ex voluntate sumunt, notitiam aeternam habeat.

Quinta est ex singularium infinitate. Infinitum enim, inquantum huiusmodi, est ignotum: nam omne quod cognoscitur sub cognoscentis comprehensione quodammodo mensuratur; cum mensuratio nihil aliud sit quam quaedam certificatio rei mensuratae. Unde omnis ars infinita repudiat. Singularia autem sunt infinita, ad minus in potentia. Impossibile igitur videtur quod Deus singularia cognoscat.

Sexta est ex ipsa vilitate singularium. Cum enim nobilitas scientiae ex nobilitate scibilis quodammodo pensetur, vilitas etiam scibilis in vilitatem scientiae redundare videtur. Divinus autem intellectus nobilissimus est. Non igitur eius nobilitas patitur quod Deus quaedam vilissima inter singularia cognoscat.

Septima est ex malitia quae in quibusdam singularibus invenitur. Cum enim cognitum sit aliquo modo in cognoscente; malum autem in Deo esse non possit, ut supra ostensum est: videtur sequi quod Deus malum et privationem omnino non cognoscat, sed solum intellectus qui est in potentia; privatio enim non nisi in potentia esse potest. Et ex hoc sequitur quod non habeat Deus de singularium notitiam, in quibus malum et privatio invenitur.

Capitulum LXIV
Ordo dicendorum circa divinam cognitionem

Ad huius autem erroris exclusionem; ut etiam divinae scientiae perfectio ostendatur; oportet diligenter veritatem inquirere circa

Logo, parece impossível que Deus tenha uma informação eterna sobre essas coisas singulares causadas pela vontade.

A quinta via[258] funda-se na infinidade das coisas singulares. Com efeito, *o infinito enquanto tal é desconhecido*[259], uma vez que tudo o que se conhece se mede de algum modo pela compreensão de quem conhece. A mensuração nada mais é do que uma certificação da coisa medida. É por isso que toda arte repudia as coisas infinitas. Ora, as coisas singulares são infinitas, pelo menos em potência. Logo, parece impossível que Deus conheça as coisas singulares.

A sexta via[260] apoia-se na vileza das coisas singulares. Uma vez que a nobreza da ciência é avaliada, de algum modo, pela nobreza do seu objeto, também a vileza deste parece redundar na vileza da ciência. Ora, o intelecto divino é nobilíssimo. Logo, a sua nobreza não admite que Deus conheça entre as coisas singulares algumas muitíssimo vis.

A sétima via[261] parte da malícia que se encontra em algumas coisas singulares. Uma vez que o que é conhecido está de algum modo naquele que conhece, e como em Deus não pode existir o mal, como foi demonstrado[262], parece que se deve concluir que Deus não conhece o mal e a privação, que apenas são conhecidos por um intelecto em potência; com efeito, a privação não pode existir senão em potência. Daí se segue que Deus não tem conhecimento das coisas singulares nas quais se encontram o mal e a privação.

Capítulo 64
Ordem do que se deve dizer sobre o conhecimento divino[263]

Para refutar o erro do capítulo precedente e também para mostrar a perfeição da ciência divina, é necessário examinar atentamente

---

[258] Pugio Fidei I, cap. 16, n. 5, p. 237.
[259] Aristóteles (384-322 a.C.), em Física I, 4, 187b, 7-8.
[260] Pugio Fidei I, cap. 16, n. 6, p. 237.
[261] Pugio Fidei I, cap. 16, n. 7, p. 237.
[262] Cf. cap, 39.
[263] Pugio Fidei I, cap. 17, p. 238.

singula praedictorum, ut ea quae sunt veritati contraria repellantur.

Primo, ergo, ostendemus quod divinus intellectus singularia cognoscit.
Secundo, quod cognoscit ea quae non sunt in actu.
Tertio, quod cognoscit contingentia futura infallibili cognitione.
Quarto, quod cognoscit motus voluntatis.
Quinto, quod cognoscit infinita.
Sexto, quod cognoscit quaelibet vilia et minima in entibus.
Septimo, quod cognoscit mala et privationes quaslibet vel defectus.

Capitulum LXV
Quod Deus singularia cognoscat

Primo igitur ostendemus quod singularium cognitio Deo non potest deesse.

Ostensum enim est supra quod Deus cognoscit alia inquantum est causa eis. Effectus autem Dei sunt res singulares. Hoc enim modo Deus causat res, inquantum facit eas esse in actu: universalia autem non sunt res subsistentes, sed habent esse solum in singularibus, ut probatur in VII metaphysicae. Deus igitur cognoscit res alias a se non solum in universali, sed etiam in singulari.

Item. Cognitis principiis ex quibus constituitur essentia rei, necesse est rem illam cognosci: sicut, cognita anima rationali et corpore tali, cognoscitur homo. Singularis autem essentia constituitur ex materia designata et forma individuata: sicut socratis essentia ex hoc corpore et hac anima, ut essentia hominis universalis ex anima et corpore, ut patet in VII metaphysicae. Unde, sicut haec cadunt in definitione hominis universalis, ita illa cade-

a verdade de cada um dos argumentos ditos acima, e assim seja refutado o que é contrário à verdade.

Por isso, mostraremos que o intelecto divino conhece:
1º as coisas singulares (c. LXV);

2º as coisas que não existem em ato (c. LXVI);
3º infalivelmente, os futuros contingentes (c. LXVII);
4º os movimentos da vontade (c. LXVIII);
5º os infinitos (c. LXIX);
6º os mais vis e os menores entre os entes (c. LXX);
7º os males e as diversas espécies privações ou o defeito (c. LXXI).

Capítulo 65
Deus conhece os singulares[264]

Demonstraremos em primeiro lugar que em Deus não pode faltar o conhecimento dos singulares.

Foi demonstrado[265] que Deus conhece as outras coisas enquanto é a causa delas. Com efeito, as coisas singulares são efeitos de Deus. É desta maneira que Deus causa as coisas enquanto as faz existir em ato. Os universais, no entanto, não são coisas subsistentes, mas existem somente nos singulares[266]. Logo, Deus conhece as outras coisas distintas de si não só no universal, mas também no singular.

Igualmente, conhecidos os princípios que constituem a essência de uma coisa, conhece-se necessariamente esta coisa; por exemplo, conhecida a alma racional e tal corpo, conhece-se o homem. Ora, a essência do singular é constituída pela matéria determinada (*signata*) e pela forma individualizada; por exemplo, a essência de Sócrates é constituída por este corpo e por esta alma, como a essência do homem universal por alma e

---

[264] Santo Tomás de Aquino segue aqui a doutrina de Algazel [ou Al Ghazali] (1053-1111) e de Averróis [Ibn Roschd] (1126-1198). Cf. Suma Teológica — Parte I, q. 14, a. 11; De Veritate, q. 2, a. 5.
[265] Cf. cap. 49.
[266] Aristóteles (384-322 a.C.), em Metafísica VII, 13, 138b — 8-15.

rent in definitione socratis si posset definiri. Cuicumque igitur adest cognitio materiae, et eorum per quae materia designatur, et formae in materia individuatae, ei non potest deesse cognitio singularis. Sed Dei cognitio usque ad materiam et accidentia individuantia et formas pertingit. Cum enim suum intelligere sit sua essentia, oportet quod intelligat omnia quae sunt quocumque modo in eius essentia; in qua quidem virtute sunt, sicut in prima origine, omnia quae esse quocumque modo habent, cum sit primum et universale essendi principium; a quibus materia et accidens non sunt aliena, cum materia sit ens in potentia et accidens sit ens in alio. Deo igitur cognitio singularium non deest.

Amplius. Natura generis perfecte non potest cognosci nisi eius differentiae primae et passiones propriae cognoscantur: non enim perfecte sciretur natura numeri si par et impar ignorarentur. Sed universale et singulare sunt differentiae, vel per se passiones entis. Si igitur Deus, cognoscendo essentiam suam, perfecte cognoscit naturam communem entis, oportet quod perfecte cognoscat universale et singulare. Sicut autem non perfecte cognosceret universale si cognosceret intentionem universalitatis et non cognosceret rem universalem, ut hominem aut animal; ita non perfecte cognosceret singulare si cognosceret rationem singularitatis et non cognosceret hoc vel illud singulare. Oportet igitur quod Deus res singulares cognoscat.

Adhuc. Sicut Deus est ipsum suum esse, ita est suum cognoscere, ut ostensum est. Sed

corpo[267]. Portanto, assim como esses elementos entram na definição do homem universal, assim também aqueles entrariam na definição de Sócrates, se ele pudesse ser definido. Por conseguinte, a quem tem o conhecimento da matéria e daquelas coisas pelas quais a matéria é determinada, assim como da forma individualizada na matéria, não lhe pode faltar o conhecimento do singular. Ora, o conhecimento de Deus chega até a matéria, os acidentes que a individualizam e as formas. Uma vez que o seu entender é a sua essência[268], deve entender tudo que, de algum modo, existe em sua essência. Nesta estão virtualmente, como em sua primeira origem, todas as coisas que de algum modo existem, porque é o primeiro e universal princípio do existir; destas coisas a matéria e o acidente não são alheios, uma vez que a matéria é ente em potência e o acidente é ente em outro. Logo, a Deus não lhe falta conhecimento dos singulares.

Ademais[269], não se pode conhecer perfeitamente a natureza do gênero a não ser que se conheçam as suas primeiras diferenças e as suas propriedades; por exemplo, não se conheceria perfeitamente a natureza do número se o par e o ímpar fossem ignorados. Ora, o *universal* e o *singular* são diferenças ou propriedades do ente. Portanto, se Deus, ao conhecer sua essência, conhece perfeitamente a natureza comum do ente, deve conhecer perfeitamente o universal e o singular. Por exemplo, não conheceria perfeitamente o universal se conhecesse a intenção de universalidade e não conhecesse uma coisa universal, como o homem ou o animal. Do mesmo modo, não conheceria perfeitamente o singular se conhecesse a razão de singularidade e não conhecesse este ou aquele singular. Logo, é necessário que Deus conheça as coisas singulares.

Ainda, assim como Deus é seu próprio ser, é também o seu conhecer, como foi demons-

---

[267] Aristóteles (384-322 a.C.), em Metafísica VII, 10, 1035b-1036a.
[268] Cf. cap. 45.
[269] Pugio Fidei I, cap. 18, n. 3, p. 239.

ex hoc quod est suum esse oportet quod in ipso inveniantur omnes perfectiones essendi sicut in prima essendi origine, ut supra habitum est. Ergo oportet quod in eius cognitione inveniatur omnis cognitionis perfectio sicut in primo cognitionis fonte. Hoc autem non esset si ei singularium notitia deesset: cum in hoc aliquorum cognoscentium perfectio consistat. Impossibile est igitur eum singularium notitiam non habere.

Praeterea. In omnibus virtutibus ordinatis hoc communiter invenitur quod virtus superior ad plura se extendit et tamen est unica, virtus vero inferior se extendit ad pauciora, et multiplicatur tamen respectu illorum: sicut patet in imaginatione et sensu; nam una vis imaginationis se extendit ad omnia quae quinque vires sensuum cognoscunt et ad plura. Sed vis cognoscitiva in Deo est superior quam in homine. Quicquid ergo homo diversis viribus cognoscit, intellectu scilicet, imaginatione et sensu, hoc Deus uno suo simplici intellectu considerat. Est igitur singularium cognoscitivus, quae nos sensu et imaginatione apprehendimus.

Amplius. Divinus intellectus ex rebus cognitionem non sumit, sicut noster, sed magis per suam cognitionem est causa rerum, ut infra ostendetur: et sic eius cognitio quam de rebus aliis habet, est ad modum practicae cognitionis. Practica autem cognitio non est perfecta nisi ad singularia perveniatur: nam practicae cognitionis finis est operatio, quae in singularibus est. Divina igitur cognitio quam de aliis rebus habet, se usque ad singularia extendit.

Adhuc. Primum mobile movetur a motore movente per intellectum et appetitum, ut supra ostensum est. Non autem posset motor

trado[270]. Ora, porque é o seu existir, é necessário que em Deus se encontrem todas as perfeições do existir, como em sua primeira fonte, como ficou estabelecido[271]. Portanto, é necessário que em seu conhecimento se encontre, como na primeira fonte do conhecimento, a perfeição de todo conhecimento. Ora, não seria assim se lhe faltasse a informação dos singulares, uma vez que nisso consiste a perfeição daqueles que conhecem. Logo, é impossível que Deus não tenha conhecimento dos singulares.

Além disso, em todas as faculdades ordenadas encontra-se comumente que a faculdade superior se estende a muitas coisas, embora seja ela uma só. A faculdade inferior, ao contrário, estende-se a poucas coisas, embora se multiplique com relação a elas. Por exemplo, na imaginação e nos sentidos: a única faculdade da imaginação se estende a todas as coisas que as cinco faculdades dos sentidos conhecem e a outros. Ora, a faculdade cognoscitiva em Deus é superior à no homem. Logo, o que o homem conhece por muitas faculdades, a saber: pelo intelecto, pela imaginação e pelo sentido, Deus considera pelo seu único e simples intelecto. Portanto, conhece os singulares, que nós apreendemos pela imaginação e pelo sentido.

Ademais, o intelecto divino não recebe das coisas o conhecimento, como o nosso, mas é antes causa das coisas pelo seu conhecimento, como será demonstrado[272]. E, assim, o conhecimento que tem das coisas é à maneira do conhecimento prático. Ora, o conhecimento prático não é perfeito a não ser que chegue aos singulares, porque o fim do conhecimento prático é a operação que acontece nos singulares. Logo, o conhecimento que Deus tem das outras coisas se estende até os singulares.

Ainda, o primeiro móvel é movido pelo motor que move pelo intelecto e pelo apetite, como foi demonstrado[273]. Ora, não poderia

---

[270] Cf. cap. 45.
[271] Cf. cap. 28.
[272] Cf. Livro II, cap. 24.
[273] Cf. cap. 44.

aliquis per intellectum causare motum nisi cognosceret mobile inquantum natum est moveri secundum locum. Hoc autem est inquantum est hic et nunc: et per consequens inquantum est singulare. Intellectus igitur qui est motor primi mobilis, cognoscit primum mobile inquantum est singulare. Qui quidem motor vel ponitur Deus, et sic habetur propositum: vel aliquid quod est infra Deum. Cuius intellectus si potest cognoscere singulare sua virtute, quod noster intellectus non potest, multo magis hoc poterit intellectus Dei.

Item. Agens honorabilius est paciente et acto, sicut actus potentia. Forma igitur quae est inferioris gradus non potest agendo perducere suam similitudinem in gradum altiorem; sed forma superior poterit perducere agendo suam similitudinem in gradum inferiorem; sicut ex virtutibus incorruptibilibus stellarum producuntur formae corruptibiles in istis inferioribus, virtus autem corruptibilis non potest producere formam incorruptibilem. Cognitio autem omnis fit per assimilationem cognoscentis et cogniti: in hoc tamen differt, quod assimilatio in cognitione humana fit per actionem rerum sensibilium in vires cognoscitivas humanas, in cognitione autem Dei est e converso per actionem formae intellectus divini in res cognitas. Forma igitur rei sensibilis, cum sit per suam materialitatem individuata, suae singularitatis similitudinem perducere non potest in hoc quod sit omnino immaterialis, sed solum usque ad vires quae organis materialibus utuntur; ad intellectum autem perducitur per virtutem intellectus agentis, inquantum omnino a conditionibus materiae exuitur; et sic similitudo singularitatis formae sensibilis non potest pervenire usque ad intellectum humanum. Similitudo autem formae intellectus divini, cum pertingat usque ad rerum minima, ad quae pertingit sua causalitas, pervenit usque ad singularitatem formae sensibilis et materialis. Intellectus igitur divinus potest cognoscere singularia, non autem humanus.

um motor causar o movimento pelo intelecto a não ser que conhecesse o móvel que por natureza move-se localmente. E isso acontece enquanto o móvel está aqui e agora e, portanto, enquanto é singular. Portanto, o intelecto que é motor do primeiro móvel conhece o primeiro móvel enquanto é singular. Ora, esse motor ou se afirma que é Deus e, assim, temos o que foi proposto, ou é algo que é inferior a Deus. Se tal intelecto pode conhecer o singular por sua própria virtude, o que é impossível para o nosso intelecto, muito mais poderia o intelecto de Deus.

Igualmente, o *agente é mais nobre que o paciente e que o ato*[274], assim como o ato que a potência. Portanto, a ação de uma forma de grau inferior não pode levar sua semelhança a um grau mais alto, mas a ação de uma forma superior pode levar sua semelhança a um grau inferior; por exemplo, as formas corruptíveis nas coisas inferiores são produzidas pelas potências incorruptíveis dos astros, mas uma potência corruptível não pode produzir uma forma incorruptível. Ora, todo conhecimento faz-se pela assimilação entre aquele que conhece e o que ele conhece, com esta diferença: a assimilação no conhecimento humano se faz pela ação das coisas sensíveis sobre as faculdades cognoscitivas humanas, mas no conhecimento divino, ao contrário, é pela ação da forma do intelecto divino sobre as coisas conhecidas. Portanto, a forma da coisa sensível, individualizada por sua materialidade, não pode levar a semelhança da sua singularidade até algo que seja totalmente imaterial, mas somente até as faculdades que se utilizam de órgãos materiais. Esta semelhança é levada até o intelecto pela potência do intelecto agente, à medida que se despoja totalmente das condições da matéria; assim, a semelhança da singularidade da forma sensível não pode chegar até o intelecto humano. Mas a semelhança da forma do intelecto divino chega até a singularidade da forma sensível e material, uma vez que ele atinge até as coisas em suas mínimas

---

[274] Aristóteles (384-322 a.C.), em Sobre a Alma III, 5, 430a, 18-19.

Praeterea. Sequeretur inconveniens quod Philosophus contra empedoclem inducit, scilicet Deum esse insipientissimum, si singularia non cognoscit, quae etiam homines cognoscunt.

Haec autem probata veritas etiam Scripturae sacrae auctoritate firmatur. Dicitur enim Hebr. 4,13: non est ulla creatura invisibilis in conspectu eius. Error etiam contrarius excluditur Eccli. 16,16: non dicas: a Deo abscondar, et ex summo quis mei memorabitur?

Patet etiam ex dictis qualiter obiectio in contrarium facta non recte concludit. Nam id quo intellectus divinus intelligit, etsi immateriale sit, est tamen et materiae et formae similitudo, sicut primum principium productivum utriusque.

Capitulum LXVI
Quod Deus cognoscit ea quae non sunt

Deinde ostendendum est quod Deo non deest notitia eorum etiam quae non sunt.

Ut enim ex supra dictis patet, eadem est comparatio scientiae divinae ad res scitas quae scibilium ad scientiam nostram. Est autem haec comparatio scibilis ad nostram scientiam, quod scibile potest esse absque eo quod eius scientia a nobis habeatur, ut ponit exemplum Philosophus, in praedicamentis, de circuli quadratura; non autem e converso. Talis ergo erit comparatio divinae scientiae

particularidades, que a sua casualidade alcança. Logo, o intelecto divino, diferentemente do humano, pode conhecer o singular.

Além disso[275], o Filósofo objeta, contra Empédocles, o seguinte inconveniente, isto é, que *Deus seria ignorantíssimo*[276] se não conhecesse os singulares que os homens também conhecem.

Essa verdade demonstrada é confirmada pela autoridade da Sagrada Escritura. Lê-se, com efeito, em Hebreus: *Não há criatura invisível aos olhos dele*[277]. O erro oposto também é afastado no Eclesiástico: *Não digas: eu me perturbarei aos olhos de Deus, e quem se lembrará de mim lá do alto dos céus?*[278]

Pelo exposto fica claro como a objeção contrária[279] não conclui retamente, pois aquilo pelo que o intelecto divino conhece, embora seja imaterial, é semelhança da matéria e da forma, como o primeiro princípio causador de ambos[280].

Capítulo 66
Deus conhece as coisas que não existem[281]

Deve-se demonstrar, em seguida, que a Deus não falta o conhecimento das coisas que não existem[282].

Como está claro pelo que foi dito[283], a relação entre a ciência divina e as coisas que conhece é a mesma que entre as coisas cognoscíveis e a nossa ciência. Ora, a relação entre a coisa cognoscível e a nossa ciência é tal que a coisa cognoscível pode existir sem que tenhamos conhecimento dela, como exemplifica o Filósofo[284], com a quadratura do círculo, mas não ao contrário. Logo, a relação entre a

---

[275] Pugio Fidei I, cap. 18, n. 5-6, p. 239.
[276] Aristóteles (384-322 a.C.), em Sobre a Alma I, 5, 410b, 4-7.
[277] Carta aos Hebreus, 4,13.
[278] Eclesiástico, 16,16.
[279] Cf. cap. 63.
[280] Maimônides [ou Rabi Moisés] (1135-1204), em Guia dos Indecisos, III, p. 136.
[281] Cf. Santo Tomás de Aquino (1225-1274), em Suma Teológica Parte I, q. 14, a. 9, p. 332, São Paulo: Loyola, 2001; referido a Algazel (1053-1111), em Metafísica, parte 2, tratado 1, proposição 2.
[282] Cf. cap. 63.
[283] Cf. cap. 61.
[284] Aristóteles (384-322 a.C.), em Categorias VII, 7b, 30-33.

ad res alias quod etiam non existentium esse potest.

Item. Cognitio divini intellectus comparatur ad res alias sicut cognitio artificis ad artificiata: cum per suam scientiam sit causa rerum. Artifex autem suae artis cognitione etiam ea quae nondum sunt artificiata cognoscit: formae enim artis ex eius scientia effluunt in exteriorem materiam ad artificiatorum constitutionem; unde nihil prohibet in scientia artificis esse formas quae nondum exterius prodierunt. Sic igitur nihil prohibet Deum eorum quae non sunt notitiam habere.

Praeterea. Deus cognoscit alia a se per suam essentiam inquantum est similitudo eorum quae ab eo procedunt, ut ex dictis patet. Sed, cum essentia Dei sit infinitae perfectionis, ut supra ostensum est; quaelibet autem alia res habeat esse et perfectionem terminatam: impossibile est quod universitas rerum aliarum adaequet essentiae divinae perfectionem. Extendit igitur se vis suae repraesentationis ad multo plura quam ad ea qua sunt. Si igitur Deus totaliter virtutem et perfectionem essentiae suae cognoscit, extendit se eius cognitio non solum ad ea quae sunt, sed etiam ad ea qua non sunt.

Amplius. Intellectus noster, secundum illam operationem qua cognoscit quod quid est, notitiam habere potest etiam eorum quae non sunt actu: potest enim leonis vel equi essentiam comprehendere omnibus huiusmodi animalibus interemptis. Intellectus autem divinus cognoscit ad modum cognoscentis quod quid est non solum definitiones, sed etiam enuntiabilia, ut ex supra dictis patet. Potest igitur etiam eorum quae non sunt notitiam habere.

ciência divina e as outras coisas será tal, que também possa ser com as que não existem.

Igualmente[285], o conhecimento do intelecto divino está para as outras coisas como o conhecimento do artesão para as suas obras, uma vez que, por sua ciência, é a causa das coisas. Ora, o artesão, pelo seu conhecimento artístico, conhece também as obras que ainda não foram produzidas, porque é da sua ciência que fluem as formas artísticas até a matéria exterior para a constituição de suas obras. Por isso, nada proíbe que, na ciência do artesão, existam formas que ainda não foram externadas. Portanto, nada proíbe que Deus tenha informação daquelas coisas que não existem.

Além disso, Deus conhece coisas distintas de si pela sua essência, enquanto esta é a semelhança de tudo que dEle procede, como está claro pelo que foi dito[286]. Ora, uma vez que a essência de Deus é de uma perfeição infinita, como foi demonstrado[287], e que a perfeição do ser de qualquer outra coisa é limitada, é impossível que a totalidade das outras coisas seja igual à perfeição da essência divina. Por isso, a sua potência de tornar presentes as coisas se estende a muitas mais do que as que existem. Logo, se Deus conhece totalmente a potência e a perfeição da sua essência[288], o seu conhecimento estende-se não só às coisas que existem, mas também às que não existem.

Ademais, o nosso intelecto, mediante a operação pela qual conhece *aquilo que é*, pode também ter informação das coisas que não existem em ato; por exemplo, pode compreender a essência do leão ou do cavalo, ainda que esses animais estivessem mortos. Ora, o intelecto divino conhece, à maneira de quem conhece *aquilo que é*, não somente as definições, mas também os enunciáveis, como fica claro pelo que foi dito[289]. Logo, pode também ter informação daquelas coisas que não existem.

---

[285] Pugio Fidei I, cap. 19, n. 2, p. 240.
[286] Cf. cap. 49.
[287] Cf. cap. 43.
[288] Cf. cap. 47.
[289] Cf. caps. 58 e 59.

Adhuc. Effectus aliquis in sua causa praenosci potest etiam antequam sit: sicut praenoscit astrologus eclipsim futuram ex consideratione ordinis caelestium motuum. Sed cognitio Dei est de rebus omnibus per causam: se enim cognoscendo, qui est omnium causa, alia quasi suos effectus cognoscit, ut supra ostensum est. Nihil igitur prohibet quin etiam quae nondum sunt cognoscat.

Amplius. Intelligere Dei successionem non habet, sicut nec eius esse. Est igitur totum simul semper manens: quod de ratione aeternitatis est. Temporis autem duratio successione prioris et posterioris extenditur. Proportio igitur aeternitatis ad totam temporis durationem est sicut proportio indivisibilis ad continuum: non quidem eius indivisibilis quod terminus continui est, quod non adest cuilibet parti continui, — huius enim similitudinem habet instans temporis — sed eius indivisibilis quod extra continuum est, cuilibet tamen parti continui, sive puncto in continuo signato, coexistit: nam, cum tempus motum non excedat, aeternitas, quae omnino extra motum est, nihil temporis est.

Rursum, cum aeterni esse nunquam deficiat, cuilibet tempori vel instanti temporis praesentialiter adest aeternitas. Cuius exemplum utcumque in circulo est videre: punctum enim in circumferentia signatum, etsi indivisibile sit, non tamen cuilibet puncto alii secundum situm coexistit simul, ordo enim situs continuitatem circumferentiae facit; centrum vero, quod est extra circumferentiam, ad quodlibet punctum in circumferentia signatum directe oppositionem habet. Quicquid igitur in quacumque parte temporis est, coexistit aeterno quasi praesens eidem: etsi respectu alterius partis temporis sit praeteritum vel futurum.

Ainda[290], pode-se prever um efeito, em sua causa, mesmo antes de existir: por exemplo, o astrônomo prevê um eclipse futuro mediante a consideração da ordem dos movimentos celestes. Ora, o conhecimento que Deus tem de todas as coisas é mediante causa, porque conhecendo a si mesmo, que é a causa de tudo, conhece as outras coisas como efeitos seus, como foi demonstrado[291]. Logo, nada proíbe que também conheça as coisas que ainda não existem.

Ademais[292], o entender de Deus não tem sucessão, como também o seu existir. Por isso, permanece todo, sempre e ao mesmo tempo, o que é a razão de eternidade. Ora, a duração do tempo se estende na sucessão de antes e depois. Portanto, a proporção entre a eternidade e toda a duração do tempo é como a proporção entre o indivisível e o contínuo. Não, porém, daquele indivisível que é o termo do contínuo, e que não está em cada parte do contínuo (à semelhança do instante no tempo), mas daquele indivisível que está fora do contínuo e, no entanto, coexiste com qualquer parte do contínuo, ou com um ponto determinado no contínuo, pois, como o tempo não excede o movimento, a eternidade, que está totalmente fora do movimento, nada tem com o tempo.

Por outro lado, como o existir do que é eterno jamais acabará, a eternidade está presente a qualquer tempo ou instante de tempo. Um exemplo disso pode-se ver no círculo: assim, um ponto determinado do círculo, embora indivisível, entretanto não coexiste simultaneamente com qualquer outro ponto quanto ao lugar, porque a ordem dos lugares faz a continuidade da circunferência, o centro, pelo contrário, que está fora da circunferência, opõe-se diretamente a qualquer ponto determinado na mesma. Qualquer coisa, portanto, que existe em alguma parte do tempo coexiste com o eterno como presente a ele, embora, em

---

[290] Pugio Fidei I, cap. 19, n. 3, p. 240.
[291] Cf. cap. 49.
[292] Pugio Fidei I, cap. 19, n. 4, p. 240-241.

Aeterno autem non potest aliquid praesentialiter coexistere nisi toti: quia successionis durationem non habet. Quicquid igitur per totum decursum temporis agitur, divinus intellectus in tota sua aeternitate intuetur quasi praesens. Nec tamen quod quadam parte temporis agitur, semper fuit existens. Relinquitur igitur quod eorum quae secundum decursum temporis nondum sunt, Deus notitiam habet.

Per has igitur rationes apparet quod Deus non entium notitiam habet. Non tamen omnia non entia eandem habent habitudinem ad eius scientiam. Ea enim quae non sunt nec erunt nec fuerunt, a Deo sciuntur quasi eius virtuti possibilia. Unde non cognoscit ea ut existentia aliqualiter in seipsis, sed ut existentia solum in potentia divina. Quae quidem a quibusdam dicuntur a Deo cognosci secundum notitiam simplicis intelligentiae.

Ea vero quae sunt praesentia, praeterita vel futura nobis, cognoscit Deus secundum quod sunt in sua potentia, et in propriis causis, et in seipsis. Et horum cognitio dicitur notitia visionis: non enim Deus rerum quae apud nos nondum sunt, videt solum esse quod habent in suis causis, sed etiam illud quod habent in seipsis, inquantum eius aeternitas est praesens sua indivisibilitate omni tempori.

Et tamen esse quodcumque rei Deus cognoscit per essentiam suam. Nam sua essentia est repraesentabilis per multa quae non sunt nec erunt nec fuerunt. Ipsa etiam est similitudo virtutis cuiuslibet causae, secundum quam praeexistunt effectus in causis. Esse etiam cuiuslibet rei quod habet in seipsa, est ab ea exemplariter deductum. Sic igitur non entia cognoscit Deus inquantum aliquo modo habent esse: vel in potentia Dei, vel in causis suis, vel in seipsis. Quod rationi scientiae non obsistit.

relação a outra parte do tempo, seja passado ou futuro. Mas uma coisa não pode coexistir como presente ao que é eterno a não ser que seja a todo ele, porque não tem duração sucessiva. Portanto, tudo o que acontece em todo decurso do tempo, o intelecto divino vê como presente em toda sua eternidade. Entretanto, o que acontece em uma parte do tempo não existiu sempre. Conclui-se, pois, que Deus tem informação daquelas coisas que ainda não existem segundo o decurso do tempo.

Por essas razões[293], fica claro que Deus tem informação dos não entes. Mas, nem todos os não entes têm a mesma relação com a sua ciência. Aquelas coisas que não existem, nem existirão, nem existiram, Deus as conhece como possíveis à sua potência. Por isso, não as conhece como existentes em si mesmas de alguma maneira, mas como existentes somente na potência divina. E alguns dizem que Deus as conhece *por uma ciência de simples inteligência.*

As coisas que para nós são presentes, passadas ou futuras, Deus as conhece enquanto estão na potência divina, nas próprias causas e nelas mesmas. E este conhecimento se chama *ciência de visão*. Com efeito, quanto às coisas que para nós ainda não existem, Deus não somente vê o ser que têm em suas causas, mas também o que têm em si mesmas, enquanto a sua eternidade está presente, com sua indivisibilidade, em todo tempo.

Entretanto, Deus conhece a existência de qualquer coisa por sua essência. Com efeito, a sua essência pode ser representada por muitas coisas que não existem, nem existirão, nem existiram. Ela é também a semelhança da potência de qualquer causa, pela qual preexistem os efeitos nas causas. E a existência que qualquer coisa possui em si mesma deriva dela como de seu exemplar. Assim, Deus conhece os não entes enquanto têm algum modo de existência, ou na potência divina, ou nas suas causas, ou em si mesmos. E isso não se opõe à razão de ciência.

---

[293] Ibidem, n. 5, p. 241.

His autem quae praemissa sunt etiam Scripturae sacrae auctoritas testimonium perhibet. Dicitur enim Eccli. 23,29: Domino Deo nostro, antequam crearentur, nota sunt omnia: sic et post perfectum cognoscit omnia. Et Ier. 1,5: priusquam te formarem in utero novi te.

Patet autem ex praemissis quod non cogimur dicere, sicut quidam dixerunt, Deum universaliter singularia cognoscere, quia cognoscit ea in causis universalibus tantum, sicut qui cognosceret eclipsim hanc, non prout haec, sed prout provenit ex oppositione: cum ostensum sit quod divina cognitio se extendit ad singularia prout sunt in seipsis.

A autoridade das Sagradas Escrituras dá testemunho das razões acima citadas[294]: *Todas as coisas, antes de serem criadas, são conhecidas do Senhor, nosso Deus*[295]; *Antes de te formar no ventre de tua mãe, eu te conheci*[296].

Pelo exposto[297], fica claro que não somos obrigados a dizer, como alguns[298] disseram, que Deus conhece os singulares de maneira universal, porque os conhece somente nas causas universais: por exemplo, aquele que conhece um eclipse, não como tal eclipse, mas somente enquanto provém da oposição (dos astros), como foi demonstrado[299] que o conhecimento divino se estende aos singulares como existem em si mesmos.

Capitulum LXVII
Quod Deus cognoscit singularia contingentia futura

Ex his autem iam aliqualiter patere potest quod contingentium singularium ab aeterno Deus infallibilem scientiam habuit, nec tamen contingentia esse desistunt.

Contingens enim certitudini cognitionis non repugnat nisi secundum quod futurum est, non autem secundum quod praesens est. Contingens enim, cum futurum est, potest non esse: et sic cognitio aestimantis ipsum futurum esse falli potest; falletur enim si non erit quod futurum esse aestimavit. Ex quo autem praesens est, pro illo tempore non potest non esse: potest autem in futurum non esse, sed hoc non iam pertinet ad contingens prout praesens est, sed prout futurum est. Unde nihil certitudini sensus deperit cum quis videt currere hominem, quamvis hoc dictum sit contingens. Omnis igitur cognitio quae supra contingens fertur prout praesens est, certa esse

Capítulo 67
Deus conhece os singulares que são contingentes futuros

Do exposto já se pode esclarecer, de alguma maneira, que, desde toda eternidade Deus tem ciência infalível dos singulares contingentes, sem que cessem de ser contingentes[300].

Com efeito, o contingente é incompatível com a certeza do conhecimento enquanto é futuro, mas não enquanto é presente. Uma vez que o contingente futuro pode não existir, assim, o conhecimento de quem o julga futuro pode enganar-se; enganar-se-á se não existir aquilo que julgou ser futuro. Ora, do momento em que é presente, nesse tempo não pode não existir, embora possa não existir no futuro; mas isso já não pertence ao contingente como presente, e sim como futuro. Portanto, quando alguém vê um homem correr, nada enfraquece a certeza do sentido, embora esta afirmação seja contingente. Logo, todo conhecimento que tem como objeto um contingente, enquan-

---

[294] Ibidem, n. 6, p. 241.
[295] Eclesiástico 23,29 (Vulgata).
[296] Jeremias 1,5.
[297] Pugio Fidei I, cap. 19, n. 7, p. 241.
[298] Cf. cap. 63.
[299] Cf. caps. 50 e 65.
[300] Cf. cap. 63. Contingente é aqui rigorosamente o termo correlativo de necessário. É contingente tudo aquilo que é em condição de poder ser e não ser.

potest. Divini autem intellectus intuitus ab aeterno fertur in unumquodque eorum quae temporis cursu peraguntur prout praesens est, ut supra ostensum est. Relinquitur igitur quod de contingentibus nihil prohibet Deum ab aeterno scientiam infallibilem habere.

Item. Contingens a necessario differt secundum quod unumquodque in sua causa est: contingens enim sic in sua causa est ut non esse ex ea possit et esse; necessarium vero non potest ex sua causa nisi esse. Secundum id vero quod utrumque eorum in se est, non differt quantum ad esse, supra quod fundatur verum: quia in contingenti, secundum id quod in se est, non est esse et non esse, sed solum esse, licet in futurum contingens possit non esse. Divinus autem intellectus ab aeterno cognoscit res non solum secundum esse quod habent in causis suis, sed etiam secundum esse quod habent in seipsis. Nihil igitur prohibet ipsum habere aeternam cognitionem de contingentibus et infallibilem.

Amplius. Sicut ex causa necessaria certitudinaliter sequitur effectus, ita ex causa contingenti completa si non impediatur. Sed, cum Deus cognoscat omnia, ut ex supra dictis patet, scit non solum causas contingentium, sed etiam ea quibus possunt impediri. Scit igitur per certitudinem an contingentia sint vel non sint.

Adhuc. Effectum excedere suae causae perfectionem non contingit, interdum tamen ab ea deficit. Unde, cum in nobis ex rebus cognitio causetur, contingit interdum quod necessaria non per modum necessitatis cognoscimus, sed probabilitatis. Sicut autem apud nos res sunt causa cognitionis, ita divina cognitio est causa rerum cognitarum. Nihil igitur prohibet ea in se contingentia esse de quibus Deus necessariam scientiam habet.

to está presente, pode ser certo. Ora, a visão do intelecto divino tem como objeto, desde toda a eternidade, cada uma das coisas que percorre o curso do tempo, enquanto está presente, coma foi demonstrado[301]. Logo, resulta que nada proíbe que Deus, desde toda eternidade, tenha ciência infalível dos contingentes.

Igualmente, o contingente diferencia-se do necessário pela maneira como cada um está na sua causa. O contingente está na sua causa de tal maneira que pode, a partir dela, existir e não existir; o necessário, ao contrário, a partir da sua causa, não pode senão existir. Mas, pelo que um e outro são em si mesmos, não se diferenciam quanto ao existir sobre o qual se funda o verdadeiro, porque no contingente, pelo que é em si mesmo, não há existir e não existir, mas somente existir, embora no futuro o contingente possa não existir. Ora, o intelecto divino conhece as coisas desde toda eternidade, não somente pelo existir que têm nas suas causas, e também pelo existir que têm em si mesmas. Logo, nada impedirá que Ele tenha conhecimento eterno e infalível dos contingentes.

Ademais[302], assim como um efeito procede certamente de uma causa necessária, assim também de uma causa contingente completa, se não está impedida. Ora, uma vez que Deus conhece todas as coisas, como está claro pelo já exposto[303], conhece não somente as causas dos contingentes, mas também as coisas pelas quais podem ser impedidas. Logo, Deus sabe com certeza se os contingentes existem ou não existem.

Ainda, não ocorre que um efeito exceda a perfeição da sua causa, entretanto, às vezes, ele é deficiente nisso. Por isso, uma vez que o nosso conhecimento é causado pelas coisas, ocorre, às vezes, que não conhecemos o que é necessário pelo modo de necessidade, mas pelo modo de probabilidade. Ora, assim como para nós as coisas são a causa do conhecimento, o conhecimento divino é a causa das coisas conhecidas. Logo, nada proíbe que sejam con-

---

[301] Cf. capítulo anterior.
[302] Ibidem.
[303] Cf. cap. 50.

Praeterea. Effectus non potest esse necessarius cuius causa est contingens: contingeret enim effectum esse remota causa. Effectus autem ultimi causa est et proxima et remota. Si igitur proxima fuerit contingens, eius effectum contingentem oportet esse, etiam si causa remota necessaria sit: sicut plantae non necessario fructificant, quamvis motus solis sit necessarius, propter causas intermedias contingentes. Scientia autem Dei, etsi sit causa rerum scitarum per ipsam, est tamen causa remota. Eius igitur necessitati scitorum contingentia non repugnat: cum contingat causas intermedias contingentes esse.

Item. Scientia Dei vera non esset et perfecta si non hoc modo res evenirent sicut Deus eas evenire cognoscit. Deus autem, cum sit cognitor totius esse, cuius est principium, cognoscit unumquemque effectum non solum in se, sed etiam in ordine ad quaslibet suas causas. Ordo autem contingentium ad suas causas proximas est ut contingenter ex eis proveniant. Cognoscit igitur Deus aliqua evenire et contingenter evenire. Sic igitur divinae scientiae certitudo et veritas rerum contingentiam non tollit.

Patet igitur ex dictis quomodo obiectio cognitionem contingentium in Deo impugnans sit repellenda. Non enim posteriorum variatio prioribus variabilitatem inducit: cum contingat ex causis necessariis primis effectus ultimos contingentes procedere. Res autem a Deo scitae non sunt priores eius scientia, sicut apud nos est, sed sunt ea posteriores. Non igitur sequitur, si id quod est a Deo scitum variari potest, quod eius scientia possit falli vel qualitercumque variari. Secundum consequens igi-

tingentes em si mesmas as coisas de que Deus tem a ciência necessária.

Além disso, não pode ser necessário o efeito cuja causa é contingente, porque aconteceria existir um efeito de uma causa remota. Ora, a causa de um último efeito é ou próxima, ou remota. Portanto, se a próxima for contingente é necessário que o seu efeito seja contingente, embora seja necessária a causa remota. Por exemplo, as plantas não frutificam necessariamente, embora seja necessário o movimento do sol, em razão das causas intermediárias contingentes. Ora, a ciência de Deus, embora seja por si mesma causa das coisas que conhece, é, entretanto, causa remota. Logo, a necessidade da sua ciência não é incompatível com a contingência das coisas conhecidas, pois acontece que as causas intermediárias são contingentes.

Igualmente[304], a ciência de Deus não seria verdadeira e perfeita se as coisas não acontecessem da maneira como Deus as conhece. Ora, como Deus é conhecedor de tudo que existe, e também é o seu princípio, conhece cada efeito não só em si mesmo, mas também em ordem a cada uma das suas causas. Ora, a ordenação dos contingentes às suas causas próximas é que delas provenham de modo contingente. Portanto, Deus conhece que algumas coisas acontecem, e que acontecem de maneira contingente. Logo, a certeza e a verdade da ciência divina não eliminam a contingência das coisas.

Fica claro[305], pelo que foi dito, como deve ser contestada a objeção que impugna o conhecimento divino dos contingentes. Com efeito, a mudança das coisas posteriores não induz mudança nas coisas anteriores, uma vez que acontece que os efeitos últimos contingentes procedem das causas primeiras necessárias. Ora, as coisas conhecidas por Deus não são anteriores à sua ciência, como sucede conosco, mas são posteriores. Portanto, se o que é conhecido por Deus pode variar, não

---

[304] Ibidem.
[305] Ibidem.

tur decipiemur si, quia nostra cognitio rerum variabilium variabilis est, propter hoc in omni cognitione hoc necessario accidere putetur.

Rursum, cum dicitur, Deus scit, vel scivit, hoc futurum, medium quoddam accipitur inter divinam scientiam et rem scitam, scilicet tempus in quo est locutio, respectu cuius illud quod a Deo scitum dicitur est futurum. Non autem est futurum respectu divinae scientiae, quae, in momento aeternitatis existens, ad omnia praesentialiter se habet. Respectu cuius, si tempus locutionis de medio subtrahatur, non est dicere hoc esse cognitum quasi non existens, ut locum habeat quaestio qua quaeritur an possit non esse: sed sic cognitum dicetur a Deo ut iam in sua existentia visum. Quo posito, non remanet praedictae quaestioni locus: quia quod iam est, non potest, quantum ad illud instans, non esse. Deceptio igitur accidit ex hoc quod tempus in quo loquimur, coexistit aeternitati, vel etiam tempus praeteritum — quod designatur cum dicimus, Deus scivit —: unde habitudo temporis praeteriti vel praesentis ad futurum aeternitati attribuitur, quae omnino ei non competit. Et ex hoc accidit secundum accidens falli.

Praeterea, si unumquodque a Deo cognoscitur sicut praesentialiter visum, sic necessarium erit esse quod Deus cognoscit, sicut necessarium est socratem sedere ex hoc quod sedere videtur. Hoc autem non necessarium est absolute, vel, ut a quibusdam dicitur, necessitate consequentis: sed sub conditione, vel necessitate consequentiae. Haec enim conditionalis est necessaria: si videtur sedere, sedet. Unde et, si conditionalis in categoricam transferatur, ut dicatur, quod videtur sedere, necesse est sedere, patet eam de dicto intellectam, et compositam, esse veram; de re vero intellectam, et divisam, esse falsam. Et sic in his,

se segue que sua ciência possa se enganar ou variar de alguma maneira. Logo, segundo esta consequência, nós nos enganaremos se julgarmos, porque o nosso conhecimento das coisas variáveis é variável, que isso acontece necessariamente em todo conhecimento.

Por outro lado, quando se diz que *Deus sabe ou soube que isso acontecerá*, considera-se um meio entre a ciência divina e a coisa conhecida, a saber, o tempo em que se fala, em relação ao qual aquilo que se diz conhecido de Deus é futuro. Mas, não é futuro em relação à ciência divina, a qual, existindo no instante da eternidade, está presente a todas as coisas. Relativamente à ciência divina, se se subtrai o meio do tempo de que se fala, não se pode dizer que o futuro é conhecido como se não existisse, e assim não haverá lugar à questão se pode ou não existir, mas se afirmará que Deus o conhece como já visto em sua existência. Afirmado isso, não há lugar para a questão proposta, porque o que já existe não pode, em relação àquele instante, não existir. Portanto, o engano acontece porque o tempo no qual falamos coexiste com a eternidade, como também o tempo passado, que se designa quando dizemos: *Deus sabia*. Atribui-se, então, à eternidade a relação do tempo passado, ou presente, com o futuro, o que não lhe cabe de modo algum. E por isso acontece enganar-se *acidentalmente*.

Além disso[306], se cada coisa é conhecida por Deus como vista presencialmente, então o que Deus conhece será necessário; por exemplo, é necessário que Sócrates esteja sentado, porque é visto sentado. Ora, isto não é absolutamente necessário, ou como alguns dizem, por *necessidade [intrínseca] do consequente*, mas sob condição, ou por *necessidade [lógica] da consequência*. Assim, esta condicional é necessária: *se o vemos sentado, está sentado*. Daí que, se esta condicional for transferida em categórica, e diga: *o que vemos sentado é necessário que esteja sentado*, é claro que ela, entendida *do que se diz* e em *sentido compos-*

---

[306] Ibidem.

et in omnibus similibus quae Dei scientiam circa contingentia oppugnantes argumentantur, secundum compositionem et divisionem falluntur.

Quod autem Deus futura contingentia sciat, etiam auctoritate Scripturae sacrae ostenditur. Dicitur enim Sap. 8,8, de divina sapientia: *signa et monstra scit antequam fiant, et eventus temporum et saeculorum*. Et Eccli. 39,24 *non est quicquam absconditum ab oculis eius: a saeculo usque in saeculum respicit*. Et Isaiae 48,5: *praedixi tibi ex tunc: antequam venirent, indicavi tibi*.

Capitulum LXVIII
Quod Deus cognoscit motus voluntatis

Deinde oportet ostendere quod Deus cogitationes mentium et voluntates cordium cognoscat.

Omne enim quod quocumque modo est cognoscitur a Deo, inquantum suam essentiam cognoscit, ut supra ostensum est. Ens autem quoddam est in anima, quoddam in rebus extra animam. Cognoscit igitur Deus omnes huiusmodi entis differentias, et quae sub eis continentur. Ens autem in anima est quod est in voluntate vel cogitatione. Relinquitur igitur quod Deus ea quae sunt in cogitatione et voluntate cognoscat.

Amplius. Sic Deus cognoscendo suam essentiam alia cognoscit, sicut per cognitionem causae cognoscuntur effectus. Omnia igitur Deus cognoscit, suam essentiam cognoscendo, ad quae sua causalitas extenditur. Extenditur autem ad operationes intellectus et voluntatis: nam, cum res quaelibet operetur per suam formam, a qua est aliquod esse rei, oportet fontale principium totius esse, a

to é verdadeira, mas entendida da *coisa*, e em *sentido dividido* é falsa. E assim, nestas e em todas as coisas semelhantes, enganam-se *quanto à composição e à divisão* os contestadores da ciência de Deus no que argumentam sobre os contingentes.

Que Deus conhece os futuros contingentes[307], também se demonstra pela autoridade da Sagrada Escritura: diz a Sabedoria divina: *Ele conhece os sinais, os prodígios e a sucessão das estações e dos tempos, antes de acontecerem*[308]; e o Eclesiástico: *Nada se oculta aos seus olhos que atingem de um ao outro século*[309]; e Isaias: *Desde então eu te predisse tais coisas, antes que acontecessem, e as te dei a conhecer*[310].

Capítulo 68
Deus conhece os movimentos da vontade

Deve-se mostrar, em seguida[311], que Deus conhece os pensamentos da mente e as vontades do coração.

Com efeito, tudo o que existe de algum modo é conhecido por Deus, enquanto conhece a sua essência, como foi demonstrado[312]. Ora, existe um ente na alma e outro nas coisas fora da alma. Portanto, Deus conhece todas as diferenças deste ente e as que estão contidas nelas. Ora, o ente que existe na alma está na vontade ou no pensamento. Conclui-se, portanto, que Deus conhece tudo que está no pensamento e na vontade.

Ademais[313], conhecendo a sua essência, Deus conhece as outras coisas, assim como pelo conhecimento da causa se conhecem os efeitos. Portanto, Deus, conhecendo a sua essência, conhece todas as coisas às quais se estende a sua casualidade. Esta se estende às operações do intelecto e da vontade. Com efeito, uma vez que cada coisa opera por sua forma, da qual é o seu existir, é necessário que o

---

[307] Ibidem.
[308] Sabedoria 8,8.
[309] Eclesiástico 39,24.
[310] Isaías 48,5.
[311] Pugio Fidei I, cap. 21, n. 1, p. 244.
[312] Cf. caps. 49 e 50.
[313] Pugio Fidei I, cap. 21, n. 4, p. 244.

quo est etiam omnis forma, omnis operationis principium esse; cum effectus causarum secundarum in causas primas principalius reducantur. Cognoscit igitur Deus et cogitationes et affectiones mentis.

Item. Sicut esse suum est primum et per hoc omnis esse causa, ita suum intelligere est primum, et per hoc omnis intellectualis operationis intellectualis causa. Sicut igitur Deus cognoscendo suum esse cognoscit esse cuiuslibet rei, ita cognoscendo suum intelligere et velle cognoscit omnem cogitationem et voluntatem.

Adhuc. Deus non solum cognoscit res secundum quod in seipsis sunt, sed etiam secundum quod sunt in causis suis, ut ex supra dictis patet: cognoscit enim ordinem causae ad suum effectum. Sed artificialia sunt in artificibus per intellectum et voluntatem artificum, sicut res naturales sunt in suis causis per virtutes causarum: sicut enim res naturales assimilant sibi suos effectus per suas virtutes activas, ita artifex per intellectum inducit formam artificiati, per quam assimilatur suae arti. Et similis ratio est de omnibus quae a proposito aguntur. Scit igitur Deus et cogitationes et voluntates.

Item. Deus non minus cognoscit substantias intelligibiles quam ipse, vel nos, substantias sensibiles: cum substantiae intellectuales sint magis cognoscibiles, puta magis in actu existentes. Informationes autem et inclinationes substantiarum sensibilium cognoscuntur et a Deo et a nobis. Cum igitur cogitatio animae sit per informationem quandam ipsius; affectio autem sit quaedam inclinatio ipsius ad aliquid, nam et ipsam inclinationem rei naturalis appetitum naturalem dicimus; relinquitur quod Deus cogitationes et affectiones cordium cognoscat.

princípio que é a fonte de todo existir, do qual é também toda forma, seja o princípio de toda operação, uma vez que os efeitos das causas segundas reduzem-se principalmente às causas primeiras. Logo, Deus conhece não só os pensamentos, mas também as afeições da alma.

Igualmente[314], como o seu existir é primeiro e, por isso, a causa de todo existir, assim o seu entender é primeiro e, por isso, a causa intelectual de toda operação intelectual. Portanto, assim como Deus, conhecendo o seu existir, conhece o existir de cada coisa, assim também, conhecendo o seu entender e querer conhece todo pensamento e toda vontade.

Ainda[315], Deus conhece as coisas não somente enquanto existem em si mesmas, mas também enquanto existem em suas causas, como foi esclarecido[316]. Conhece, pois, a ordenação da causa ao seu efeito. Ora, as obras de arte existem nos artesãos pelo intelecto e pela vontade deles, como as coisas naturais existem nas suas causas pelas potências das causas. Assim como as coisas naturais tornam semelhantes a si os seus efeitos pelas potências ativas, assim o artesão introduz, pelo intelecto, a forma da obra de arte, pela qual se torna semelhante à sua arte. E semelhante razão cabe a todas aquelas coisas que se fazem de propósito. Logo, Deus conhece os pensamentos e as vontades.

Igualmente, Deus não conhece menos as substâncias inteligíveis do que, Ele ou nós, as substâncias sensíveis, uma vez que as substâncias intelectuais são mais cognoscíveis, porque existem mais em ato. As informações e inclinações das substâncias sensíveis são conhecidas não só de Deus, mas também de nós. Portanto, uma vez que o pensamento da alma existe por uma informação da mesma, e a afeição é uma inclinação da alma para alguma coisa, pois chamamos de apetite natural à mesma inclinação da coisa natural, resta dizer que Deus conhece os pensamentos e as afeições dos corações.

---

[314] Ibidem, n. 5, 245.
[315] Ibidem, n. 6, 246.
[316] Cf. cap. 66.

Hoc autem testimonio Scripturae sacrae confirmatur. Dicitur enim in Psalmo: scrutans corda et renes Deus; Prov. 15,11: infernus et perditio coram Domino: quanto magis corda filiorum hominum. Ioan. 2,25: ipse sciebat quid esset in homine.

Dominium autem quod habet voluntas supra suos actus, per quod in eius est potestate velle vel non velle, excludit determinationem virtutis ad unum, et violentiam causae exterius agentis: non autem excludit influentiam superioris causae, a qua est ei esse et operari. Et sic remanet causalitas in causa prima, quae Deus est, respectu motuum voluntatis: ut sic Deus, seipsum cognoscendo, huiusmodi cognoscere possit.

Isso[317] é confirmado pelo testemunho da Escritura Sagrada: *Deus perscruta os corações e os rins*[318]; *Estão diante de Deus o inferno e a perdição; quanto mais os corações dos homens*[319]; *Ele sabia o que havia no homem*[320].

O domínio que a vontade tem sobre os seus atos, pelo qual tem poder para querer ou não querer, exclui a determinação da potência para uma só coisa, e a violência de uma causa exterior ativa. Não exclui, porém, a influência de uma causa superior, da qual tem o existir e o operar. Assim, permanece a causalidade na causa primeira, que é Deus, relativamente aos movimentos da vontade, de tal modo que Deus, conhecendo-se, pode conhecer esses movimentos.

Capitulum LXIX
Quod Deus cognoscit infinita

Post haec ostendendum est quod Deus infinita cognoscit.

Cognoscendo enim se esse causam rerum alia a se cognoscit, ut ex superioribus patet. Ipse autem est causa infinitorum, si infinita sunt entia: est enim omnium eorum quae sunt causa. Est igitur infinitorum cognoscitivus.

Item. Deus suam virtutem perfecte cognoscit, ut ex supra dictis patet. Virtus autem non potest cognosci perfecte nisi cognoscantur omnia in quae potest: cum secundum ea quantitas virtutis quodammodo attendatur. Sua autem virtus, cum sit infinita, ut ostensum est supra, ad infinita se extendit. Est igitur Deus infinitorum cognitor.

Capítulo 69
Deus conhece os infinitos

Depois do que foi dito, deve-se demonstrar que Deus conhece os infinitos[321].

Com efeito, ao se conhecer conhece que é a causa das coisas distintas de si, como fica claro pelo que foi exposto[322]. Ora, Ele é a causa dos infinitos se os infinitos são entes, pois é a causa de todas as coisas que existem. Logo, conhece os infinitos.

Igualmente[323], Deus conhece perfeitamente a sua potência, como fica claro pelo que foi exposto[324]. E uma potência não pode ser conhecida perfeitamente se não se conhecem todas as coisas sobre as quais tem poder, uma vez que é por elas que se mede, de algum modo, a intensidade da potência. Ora, uma vez que a potência divina é infinita, como foi demonstrado[325], estende-se aos infinitos. Logo, Deus conhece os infinitos.

---

[317] Ibidem.
[318] Salmo 7,10.
[319] Provérbios 15,11.
[320] João 2,25.
[321] Cf. cap. 63.
[322] Cf. cap. 49.
[323] Pugio Fidei I, cap. 22, n. 1, p. 245.
[324] Cf. cap. 47.
[325] Cf. cap. 43.

Amplius. Si Dei cognitio ad omnia se extendit quae quocumque modo sunt, ut ostensum est, oportet quod non solum cognoscat ens actu, sed etiam ens potentia. Sed in rebus naturalibus est infinitum in potentia, etsi non actu, ut Philosophus probat in III physicorum. Cognoscit igitur Deus infinita: sicut unitas, quae est principium numeri, infinitas species numerorum cognosceret si cognosceret quicquid est in se in potentia; est enim unitas potentia omnis numerus.

Adhuc. Deus essentia sua sicut quodam medio exemplari alia cognoscit. Sed cum sit perfectionis infinitae, ut supra ostensum est, ab ipso exemplari possunt infinita habentia perfectiones finitas: quia nec aliquod unum eorum, nec quotlibet plura exemplata perfectionem exemplaris adaequare possunt; et sic semper remanet novus modus quo aliquod exemplatum ipsam imitari possit. Nihil igitur prohibet ipsum per essentiam suam infinita cognoscere.

Praeterea. Esse Dei est suum intelligere. Sicut igitur suum esse est infinitum, ut ostensum est, ita suum intelligere est infinitum. Sicut autem se habet finitum ad finitum, ita infinitum ad infinitum. Si igitur secundum intelligere nostrum, quod finitum est, finita capere possumus, et Deus secundum suum intelligere infinita capere potest.

Amplius. Intellectus cognoscens maximum intelligibile non minus cognoscit minora, sed magis, ut patet per Philosophum, in III de anima: quod ex hoc provenit quia intellectus non corrumpitur ex excellenti intelligibili, sicut sensus, sed magis perficitur. Sed si accipiantur infinita entia; sive sint eiusdem

Ademais, se o conhecimento de Deus se estende a todas as coisas que de algum modo existem, como foi exposto[326], é necessário que conheça não só o ente em ato, como também o ente em potência. Ora, nas coisas naturais há o infinito em potência, embora não em ato, como o Filósofo[327] prova. Logo, Deus conhece os infinitos, como a unidade, por exemplo, que é o princípio do número, e se conhecesse tudo o que por si existe em potência conheceria espécies infinitas de números, porque a unidade é em potência todo número.

Ainda, Deus conhece as coisas distintas de si pela sua essência, como por um meio exemplar. Ora, uma vez que Ele é de perfeição infinita, como foi demonstrado[328], do mesmo exemplar podem existir infinitos que tenham perfeições finitas, porque nem sequer um destes, nem muitos exemplares copiados podem igualar a perfeição do exemplar. Assim, permanece sempre uma nova maneira pela qual algum exemplar copiado possa imitar o exemplar. Logo, nada proíbe que Deus, pela sua essência, conheça os infinitos.

Além disso[329], o existir de Deus é o seu entender[330]. Portanto, assim como o seu existir é infinito, como foi demonstrado[331], assim o seu entender é infinito. Ora, como o finito está para o finito, assim o infinito está para o infinito. Logo, se pelo nosso entender, que é finito, podemos compreender coisas finitas, também Deus, pelo seu entender, pode compreender coisas infinitas.

Ademais, *o intelecto, que conhece o inteligível maior não conhece menos, antes muito mais, os inteligíveis menores*, como esclareceu o Filósofo[332]. Isso provém de que o intelecto não é corrompido pelo inteligível excelente, assim como o sentido, mas se aperfeiçoa mais. Ora, se considerássemos infinitos entes, ou da

---

[326] Cf. cap. 50.
[327] Aristóteles (384-322 a.C.), em Física III, 5-6, 206a, 7-25.
[328] Cf. cap. 43.
[329] Pugio Fidei I, cap. 22, n. 3, p. 245.
[330] Cf. cap. 45.
[331] Cf. cap. 43.
[332] Aristóteles (384-322 a.C.), em Sobre a Alma III, 4, 429b, 3-4.

speciei, ut infiniti homines, sive infinitarum specierum; etiam si aliqua vel omnia essent infinita secundum quantitatem, si hoc esset possibile; universum eorum esset minoris infinitatis quam Deus: nam quodlibet eorum et omnia simul haberent esse receptum et limitatum ad aliquam speciem vel genus, et sic secundum aliquid esset finitum; unde deficeret ab infinitate Dei, qui est infinitus simpliciter, ut supra ostensum est. Cum igitur Deus perfecte seipsum cognoscat, nihil prohibet eum etiam illam summam infinitorum cognoscere.

Adhuc. Quanto aliquis intellectus est efficacior et limpidior in cognoscendo, tanto ex uno potest plura cognoscere: sicut et omnis virtus, quanto est fortior, tanto est magis unita. Intellectus autem divinus secundum efficaciam sive perfectionem est infinitus, ut ex superioribus patet. Potest ergo per unum, quod est sua essentia, infinita cognoscere.

Praeterea. Intellectus divinus est perfectus simpliciter: sicut et eius essentia. Nulla igitur perfectio intelligibilis ei deest. Sed id ad quod est in potentia intellectus noster est eius perfectio intelligibilis. Est autem in potentia ad omnes species intelligibiles. Species autem huiusmodi sunt infinitae: nam et numerorum species infinitae sunt et figurarum. Relinquitur igitur quod Deus omnia huiusmodi infinita cognoscat.

Item. Cum intellectus noster sit cognoscitivus infinitorum in potentia, potest enim in infinitum species numerorum multiplicare; si intellectus divinus non cognosceret infinita etiam actu, sequeretur quod vel plurium esset cognoscitivus intellectus humanus quam divinus; vel quod intellectus divinus non cognosceret omnia actu quorum est cognoscitivus in

mesma espécie como infinitos homens, ou de infinitas espécies, ainda que alguns, ou mesmo todos, fossem infinitos de acordo com a quantidade, se isso fosse possível, o conjunto deles seria em infinidade inferior a Deus. Com efeito, cada um deles e todos simultaneamente teriam um existir recebido e limitado a alguma espécie ou gênero e, assim, seria finito segundo algo, e por isso estariam em falta com a infinidade de Deus, que é simplesmente infinito, como foi demonstrado[333]. Logo, uma vez que Deus se conhece perfeitamente[334], nada proíbe que Ele também conheça essa soma de infinitos.

Ainda, quanto mais eficiente e límpido é um intelecto no conhecer, tanto mais coisas pode conhecer por meio de uma só, como também toda potência quanto mais forte é, tanto mais unida é. Ora, o intelecto divino é infinito em eficácia e perfeição, como está claro pelo que foi exposto[335]. Logo, por meio de uma só coisa, que é a sua essência, pode conhecer os infinitos.

Além disso, o intelecto divino é simplesmente perfeito, como também a sua essência. Por isso, não lhe falta perfeição alguma inteligível. Ora, o objeto pelo qual o nosso intelecto está em potência é a sua perfeição inteligível. Assim, o nosso intelecto está em potência para todas as espécies inteligíveis, e essas espécies são infinitas uma vez que as espécies dos números e das figuras são infinitas. Conclui-se, portanto, que Deus conhece todos esses infinitos.

Igualmente, uma vez que o nosso intelecto conhece os infinitos em potência, pode multiplicar ao infinito as espécies dos números; se o intelecto divino não conhecesse os infinitos também em ato, seguir-se-ia ou que o intelecto humano conheceria mais coisas que o divino, ou que o intelecto divino não conheceria em ato tudo o que conhece em potência.

---

[333] Cf. cap. 43.
[334] Cf. cap. 47.
[335] Cf. cap. 45.

potentia. Quorum utrumque est impossibile, ut ex supra dictis patet.

Adhuc. Infinitum cognitioni repugnat inquantum repugnat numerationi: nam partes infiniti numerari secundum se impossibile est, quasi contradictionem implicans. Cognoscere autem aliquid per numerationem suarum partium est intellectus successive cognoscentis partem post partem, non autem intellectus simul diversas partes comprehendentis. Cum igitur intellectus absque successione cognoscat omnia simul, non magis impeditur cognoscere infinita quam finita.

Amplius. Omnis quantitas in quadam multiplicatione partium consistit: et propter hoc numerus est prima quantitatum. Ubi ergo pluralitas nullam differentiam operatur, ibi nec aliquid quod quantitatem consequitur aliquam differentiam facit. In cognitione autem Dei plura hoc modo cognoscuntur ut unum: cum non per diversas species, sed per unam speciem, quae est Dei essentia, cognoscantur. Unde et simul multa cognoscuntur a Deo. Et ita in Dei cognitione nullam differentiam pluralitas facit. Ergo nec infinitum, quod quantitatem consequitur. Nihil ergo differt ad intellectum divinum infinitorum et finitorum cognitio. Et sic, cum cognoscat finita, nihil prohibet eum cognoscere etiam infinita.

Huic autem consonat quod in Psalmo dicitur: *et sapientiae eius non est numerus.*

Patet autem ex praedictis quare intellectus noster infinitum non cognoscit, sicut intellectus divinus. Differt enim intellectus noster ab intellectu divino quantum ad quatuor, quae hanc differentiam faciunt.

Ora, as duas consequências são impossíveis, como fica claro pelo que foi exposto[336].

Ainda[337], o infinito é incompatível com o conhecimento, enquanto é incompatível com a numeração, porque enumerar as partes do infinito é em si impossível, uma vez que implica contradição. Ora, conhecer alguma coisa por numeração das suas partes é próprio do intelecto que conhece sucessivamente, parte após parte, mas não do intelecto que compreende simultaneamente diversas partes. Logo, uma vez que o intelecto divino conhece sem sucessão todas as coisas, simultaneamente[338], não está mais impedido de conhecer os infinitos do que os finitos.

Ademais[339], toda quantidade consiste numa multiplicação das partes, e por isso o número é a primeira das quantidades. Portanto, onde a pluralidade não faz nenhuma diferença, ali não faz alguma diferença o que segue a quantidade. Ora, no conhecimento divino muitas coisa são conhecidas como uma só, uma vez que são conhecidas não por muitas espécies, mas por uma só que é a essência de Deus[340]. Por isso, Deus conhece muitas coisas ao mesmo tempo. Assim, a multiplicidade não faz diferença alguma no conhecimento divino. Logo, nem o infinito que segue a quantidade[341]. Portanto, não faz diferença alguma ao conhecimento divino conhecer infinitos ou finitos. Por isso, se conhece os finitos, nada o impede de conhecer também os infinitos.

Está de acordo com isso o que diz o Salmo[342]: *A sua sabedoria não tem número.*

Fica claro, pelo exposto, por que o nosso intelecto não conhece os infinitos, como o intelecto divino. Diferencia-se o nosso intelecto do divino por quatro motivos:

---

[336] Cf. caps. 16 e 29.
[337] Pugio Fidei I, cap. 22, n. 5, p. 246.
[338] Cf. cap. 55.
[339] Ibidem.
[340] Cf. cap. 46.
[341] Aristóteles (384-322 a.C.), em Física II, 185a, 33-34.
[342] Pugio Fidei I, cap. 22, n. 8, p. 246 e Salmo 146,5.

Primum est, quod intellectus noster simpliciter finitus est: divinus autem infinitus. Secundum est, quia intellectus noster diversa per diversas species cognoscit. Unde non potest in infinita secundum unam cognitionem, sicut intellectus divinus. Tertium est ex hoc proveniens, quod intellectus noster, quia per diversas species diversa cognoscit, non potest simul multa cognoscere; et ita infinita cognoscere non posset nisi successive ea numerando. Quod non est in intellectu divino, qui simul multa intuetur, quasi per unam speciem visa. Quartum est, quia intellectus divinus est eorum quae sunt et quae non sunt, ut ostensum est.

Patet etiam quomodo verbum Philosophi, qui dicit quod infinitum, secundum quod infinitum, est ignotum, praesenti sententiae non obviat. Quia, cum infiniti ratio quantitati competat, ut ipse dicit, infinitum ut infinitum cognosceretur si per mensurationem suarum partium notum esset: haec est enim propria cognitio quantitatis. Sic autem Deus non cognoscit. Unde, ut ita dicatur, non cognoscit infinitum secundum quod est infinitum, sed secundum quod ad suam scientiam se habet ac si esset finitum, ut ostensum est.

Sciendum tamen quod Deus infinita non cognoscit scientia visionis, ut verbis aliorum utamur, quia infinita nec sunt actu, nec fuerunt nec erunt; cum generatio ex neutra parte sit infinita, secundum fidem catholicam. Scit tamen infinita scientia simplicis intelligentiae. Scit enim Deus infinita quae nec sunt nec erunt nec fuerunt, quae tamen sunt in potentia creaturae. Et scit etiam infinita quae sunt in sua potentia quae nec sunt nec erunt nec fuerunt. Unde, quantum ad quaestionem de cognitione singularium pertinet, responderi posset per interemptionem maioris: non enim

Primeiro, porque ele é simplesmente finito, e o intelecto divino é infinito. — *Segundo*, porque o nosso intelecto conhece diversas coisas por espécies diversas e, por isso, não pode conhecer, como o intelecto divino, os infinitos por meio de um só conhecimento. — *Terceiro*, procede do anterior: porque o nosso intelecto conhece diversas coisas por espécies diversas, por isso não pode conhecer simultaneamente muitas coisas e, assim, não poderia conhecer infinitas coisas, senão enumerando-as sucessivamente. Isto não sucede com o intelecto divino, que vê muitas coisas simultaneamente, como vistas por uma só espécie. — *Quarto*, porque o intelecto divino tem como objeto as coisas que existem e as que não existem, como foi demonstrado[343].

Fica claro[344], também, que a palavra do Filósofo: *O infinito, enquanto infinito, é desconhecido*[345], não contradiz a presente sentença. Com efeito, como a razão de infinito cabe à quantidade, como ele mesmo diz[346], o infinito seria conhecido como infinito se fosse conhecido pela medição das suas partes, pois nisto está o conhecimento próprio de quantidade. Ora, não é assim que Deus conhece. Portanto, por assim dizer, não conhece o infinito enquanto infinito, mas enquanto se refere à sua ciência como se fosse finito, como foi demonstrado.

Deve-se saber[347], entretanto, que Deus não conhece os infinitos pela ciência da visão, para usar palavras de outros, porque os infinitos nem existem em ato, nem existiram, nem existirão, uma vez que a geração, segundo a fé católica, não é infinita de nenhuma parte. Conhece, porém, os infinitos pela ciência de simples inteligência. Portanto, Deus conhece os infinitos que nem existem, nem existirão, nem existirão, os quais existem em potência da criatura. Logo, no que se refere à questão do conhecimento dos singulares, poder-se-ia responder pela negação da maior: os singula-

---

[343] Cf. cap. 66.
[344] Ibidem.
[345] Aristóteles (384-322 a.C.), em Física I, 4, 187a, 7-8. — Cf. cap. 63.
[346] Aristóteles (384-322 a.C.), em Física II, 185a, 33-34.
[347] Pugio Fidei I, cap. 22, n. 9, p. 246-247.

singularia sunt infinita. Si tamen essent, nihil minus Deus ea cognosceret.

Capitulum LXX
Quod Deus vilia cognoscit

Hoc autem habito, ostendendum est quod Deus cognoscit vilia; et quod hoc nobilitati eius scientiae non repugnat.

Quando enim aliqua virtus activa est fortior, tanto in remotiora suam actionem extendit: ut etiam in sensibilium actionibus apparet. Vis autem divini intellectus in cognoscendo res similatur virtuti activae: intellectus enim divinus non recipiendo a rebus cognoscit, sed magis per hoc quod eis influit. Cum igitur sit infinitae virtutis in intelligendo, ut ex praedictis patet, oportet quod eius cognitio usque ad remotissima extendatur. Sed gradus nobilitatis et vilitatis in omnibus entibus attenditur secundum propinquitatem et distantiam a Deo, qui est in fine nobilitatis. Ergo quantumcumque vilissima in entibus Deus, propter maximam virtutem sui intellectus, cognoscit.

Praeterea. Omne quod est, in eo quod est vel quale quid est, actu est, et similitudo primi actus est, et ex hoc nobilitatem habet. Quod etiam potentia est, ex ordine ad actum, nobilitatis est particeps: sic enim esse dicitur. Relinquitur igitur quod unumquodque, in se consideratum, nobile est: sed vile dicitur respectu nobilioris. A Deo autem distant nobilissimae aliarum rerum non minus quam ultimae rerum creaturarum distent a supremis. Si igitur haec distantia impediret divinam cognitionem, multo magis impediret illa. Et sic sequeretur quod nihil Deus cognosceret aliud a se. Quod supra improbatum est. Si igitur aliquid aliud a se cognoscit, quantumcumque nobilissimum, pari ratione cognoscit quodlibet, quantumcumque dicatur vilissimum.

res não são infinitos. Mas, se fossem infinitos, ainda assim Deus os conheceria.

Capítulo 70
Deus conhece as coisas vis

Comprovado isso[348], deve-se demonstrar que Deus conhece as coisas vis, e que isso não é incompatível com a nobreza da sua ciência[349].

Quanto mais forte é uma potência ativa, tanto mais distante se estende a sua ação, como aparece, também, nas ações das potências sensíveis. A força do intelecto divino no conhecimento das coisas é semelhante à potência ativa, pois o intelecto divino conhece sem receber das coisas, mas influindo sobre elas. Portanto, uma vez que é de potência infinita no entender, como está claro pelo que foi dito[350], é necessário que o seu conhecimento se estenda às coisas muitíssimo distantes. Ora, o grau de nobreza e de vileza em todos os entes se considera pela proximidade e distância de Deus, que está no cimo da nobreza. Logo, Deus conhece os entes por mais vis que sejam, em razão da máxima potência do seu intelecto.

Além disso, tudo o que existe está em ato na sua essência ou na sua qualidade e é semelhança do ato primeiro, e dele tem a nobreza. E também o que está em potência, em razão da sua relação com o ato, participa da nobreza e, assim, se diz que existe. Conclui-se, pois, que cada coisa, considerada em si mesma, é nobre, mas se diz vil em relação a uma mais nobre. Ora, as coisas muitíssimo nobres não distam de Deus menos do que as últimas das criaturas distam das primeiras. Se, portanto, esta distância impedisse o conhecimento divino, muito mais o impediria aquela. E assim seguir-se-ia que Deus não conhece o que é distinto de si; e isso foi reprovado[351]. Logo, se Deus conhece alguma coisa distinta de si por mais nobre que seja, pela mesma razão conhece qualquer coisa por mais vil que seja.

---

[348] Pugio Fidei I, cap. 23, n. 1, p. 247.
[349] Cf. cap. 63.
[350] Cf. cap. 43.
[351] Cf. cap. 49.

Amplius. Bonum ordinis universi nobilius est qualibet parte universi: cum partes singulae ordinentur ad bonum ordinis qui est in toto sicut ad finem, ut per Philosophum patet, in XI metaphysicae. Si igitur Deus cognoscit aliquam aliam naturam nobilem, maxime cognoscet ordinem universi. Hic autem cognosci non potest nisi cognoscantur et nobiliora et viliora, in quorum distantiis et habitudinibus ordo universi consistit. Relinquitur igitur quod Deus cognoscit non solum nobilia, sed etiam ea quae vilia reputantur.

Adhuc. Vilitas cognitorum in cognoscentem non redundat per se: hoc est enim de ratione cognitionis, ut cognoscens contineat species cogniti secundum modum suum. Per accidens autem potest redundare in cognoscentem vilitas cognitorum: vel eo quod, dum vilia considerat, a nobilioribus abstrahitur cogitandis: vel eo quod ex consideratione vilium in aliquas indebitas affectiones inclinatur. Quod quidem in Deo esse non potest, ut ex dictis patet. Non igitur derogat divinae nobilitati vilium rerum cognitio, sed magis pertinet ad divinam perfectionem, secundum quod omnia in seipso praehabet, ut supra ostensum est.

Adhuc. Virtus aliqua non iudicatur parva quae in parva potest, sed quae ad parva determinatur: nam virtus quae in magna potest, etiam potest in parva. Cognitio ergo quae simul potest in nobilia et vilia, non est iudicanda vilis, sed illa quae in vilia tantum potest, sicut in nobis accidit: nam alia consideratione consideramus divina et humana, et alia scientia est utriusque; unde, comparatione nobilioris, inferior vilior reputatur. In Deo autem non est sic: nam eadem scientia et consideratione

Ademais, o bem da ordem do universo é mais nobre que o de qualquer parte do universo, uma vez que cada uma das partes se ordena para o bem da ordem como para o seu fim, que está no todo, como diz claramente o Filósofo[352]. Portanto, se Deus conhece alguma outra natureza nobre, conhecerá especialmente a ordem do universo. Ora, esta não pode ser conhecida a não ser que sejam conhecidas as coisas mais nobres e as mais vis, cujas distâncias e relações constituem a ordem do universo. Logo, conclui-se que Deus conhece não só as coisas nobres, como também as que são julgadas vis.

Ainda[353], a vileza das coisas conhecidas não redunda por si no que conhece, porque é da razão do conhecimento que o que conhece contenha a espécie do que é conhecido segundo a maneira que lhe é própria. Acidentalmente, no entanto, a vileza do que é conhecido pode redundar no que conhece, ou porque a consideração das coisas vis o distrai de pensar nas mais nobres, ou porque a consideração das mais vis o inclina para algumas afeições indevidas. Ora, isso não pode existir em Deus, como está claro pelo que foi dito[354]. Logo, o conhecimento das coisas vis não prejudica a nobreza divina, mas, pelo contrário, faz parte da perfeição divina no sentido de que Ele tem em si de antemão todas as coisas, como foi demonstrado[355].

Ainda[356], uma potência não se julga pequena porque é capaz de pequenas coisas, mas porque a estas é determinada. A potência que é capaz de grandes coisas é capaz também de pequenas. Portanto, não deve ser julgado vil o conhecimento que é capaz de conhecer simultaneamente as coisas nobres e as vis, mas o que é capaz de conhecer somente as vis, como acontece conosco. Com efeito, com diferentes considerações consideramos as coisas divinas e humanas e as ciências de umas e de outras

---

[352] Aristóteles (384-322 a.C.), em Metafísica XII, 10, 1075a, 11-15.
[353] Pugio Fidei I, cap. 23, n. 2, p. 247.
[354] Cf. caps. 39 e 55.
[355] Cf. cap. 29.
[356] Pugio Fidei I, cap. 23, n. 3, p. 248.

seipsum et omnia alia considerat. Non igitur eius scientiae aliqua vilitas ascribitur ex hoc quod quaecumque vilia cognoscit.

Huic autem consonat quod dicitur Sap. 7 de divina sapientia, quod attingit ubique propter suam munditiam, et nihil inquinatum incurrit in illam.

Patet autem ex praedictis quod ratio quae in oppositum obiiciebatur, ostensae veritati non repugnat. Nobilitas enim scientiae attenditur secundum ea ad quae principaliter scientia ordinatur, et non ad omnia quaecumque in scientia cadunt: sub nobilissima enim scientiarum, apud nos, cadunt non solum suprema in entibus, sed etiam infima; nam philosophia prima considerationem suam extendit a primo ente usque ad ens in potentia, quod est ultimum in entibus. Sic autem sub divina scientia comprehenduntur infima entium quasi cum principali cognito simul nota: divina enim essentia est principale a Deo cognitum, in quo omnia cognoscuntur, ut supra ostensum est.

Patet etiam quod haec veritas non repugnat dictis Philosophi in XI metaphysicae. Nam ibi intendit ostendere quod divinus intellectus non cognoscit aliud a se quod sit sui intellectus perfectio quasi principale cognitum. Et secundum hunc modum dicit quod vilia melius ignorantur quam cognoscuntur: quando scilicet est alia cognitio vilium et nobilium, et vilium consideratio considerationem nobilium impedit.

são também diferentes: por isso, na comparação com a mais nobre, a inferior é julgada mais vil. Ora, em Deus não é assim: por uma mesma ciência e consideração, considera a si mesmo e a todas as outras coisas[357]. Logo, não se atribui à ciência divina vileza alguma, pelo fato de conhecer tudo o que é vil.

Com isso[358] concorda o que é dito sobre a sabedoria divina[359]: *Ela atinge, por causa da sua pureza, todas as coisas e nada de manchado nela penetra.*

Fica claro[360], pelo que foi dito, que a razão aduzida em contrário[361] não é incompatível com a verdade demonstrada. Com efeito, considera-se a nobreza da ciência pelas coisas às quais a ciência principalmente se ordena, e não por tudo o que cabe no âmbito da ciência: nas ciências mais nobres, entre nós, cabem não somente as coisas mais elevadas, como também as mais baixas. Assim, a filosofia primeira estende a sua consideração desde o primeiro ente até o ente em potência, que é o último entre os entes. Assim, na ciência divina estão compreendidos os entes mais baixos, conhecidos do mesmo modo que o principal: a essência divina é este principal conhecido por Deus, no qual todas as coisas são conhecidas, como foi demonstrado[362].

Fica claro, também, que essa verdade não é incompatível com o que diz o Filósofo. Pretende ele aí demonstrar que o intelecto divino não conhece, como objeto principal, alguma coisa distinta de si que seja uma perfeição do seu intelecto. E neste sentido diz que *é melhor ignorar as coisas vis do que conhecê-las*[363], a saber, quando é distinto o conhecimento das coisas vis e o das nobres, a consideração das vis impede a das nobres.

---

[357] Cf. cap. 46.
[358] Pugio Fidei I, cap. 23, n. 4, p. 248.
[359] Sabedoria 7, 24, 25.
[360] Pugio Fidei I, cap. 23, n. 5, p. 248.
[361] Cf. cap. 63.
[362] Cf. caps. 48 e 49.
[363] Aristóteles (384-322 a.C.), em Metafísica XI, 9, 1074b, 29-34.

Capitulum LXXI
Quod Deus cognoscit mala

Nunc restat ostendere quod Deus cognoscat etiam mala.

Bono enim cognito, malum oppositum cognoscitur. Sed Deus cognoscit omnia particularia bona, quibus mala opponuntur. Cognoscit igitur Deus mala.

Praeterea. Contrariorum rationes in anima non sunt contrariae: alias non simul essent in anima, nec simul cognoscerentur. Ratio ergo qua cognoscitur malum, non repugnat bono, sed magis ad rationem boni pertinet. Si igitur in Deo, propter suam absolutam perfectionem, inveniuntur omnes rationes bonitatis, ut supra probatum est, relinquitur quod in ipso sit ratio qua malum cognoscitur. Et sic est etiam malorum cognoscitivus.

Item. Verum est bonum intellectus: ex hoc enim aliquis intellectus dicitur bonus quod verum cognoscit. Verum autem non solum est bonum esse bonum, sed etiam malum esse malum: sicut enim verum est esse quod est, ita verum est non esse quod non est. Bonum igitur intellectus etiam in cognitione mali consistit. Sed, cum divinus intellectus sit perfectus in bonitate, non potest sibi deesse aliqua intellectualium perfectionum. Adest igitur sibi malorum cognitio.

Amplius. Deus cognoscit rerum distinctionem, ut supra ostensum est. Sed in ratione distinctionis est negatio: distincta enim sunt quorum unum non est aliud. Unde et prima, quae seipsis distinguuntur, mutuo sui negationem includunt: ratione cuius negativae propositiones in eis sunt immediatae, ut,

Capítulo 71
Deus conhece o mal

Resta, agora[364], demonstrar que Deus conhece também o mal[365].

Com efeito, conhecido o bem, conhece-se o mal oposto. Ora, Deus conhece todos os bens particulares, aos quais os males se opõem. Logo, Deus conhece os males.

Além disso[366], as razões dos contrários na alma não são contrárias, senão não estariam ao mesmo tempo nela, nem seriam conhecidas ao mesmo tempo. Portanto, a razão pela qual se conhece o mal não é incompatível com o bem, antes pertence à razão do bem. Logo, se em Deus, em razão de sua absoluta perfeição, se encontram todas as razões da bondade, como foi provado[367], fica claro que nEle está a razão pela qual o mal é conhecido. E assim conhece também os males.

Igualmente[368], *o verdadeiro é o bem do intelecto*[369], e um intelecto se diz bom porque conhece o que é verdadeiro. Ora, é verdadeiro não somente que o bem é bem, mas também que o mal é mal, assim como é verdadeiro que o que é é, também é verdadeiro que o que não é não é. Logo, o bem do intelecto consiste também no conhecimento do mal. Ora, como o intelecto divino é perfeito em bondade[370], não lhe pode faltar nenhuma das perfeições intelectuais. Logo, nEle está presente o conhecimento dos males.

Ademais[371], Deus conhece a distinção das coisas, como foi demonstrado[372]. Ora, na razão de distinção está a negação, porque distintas são aquelas coisas das quais uma não é a outra. Daí que as primeiras coisas, que por si mesmas se distinguem, incluem mutuamente a negação de si mesmas: em razão disso, as

---

[364] Pugio Fidei I, cap. 24, n. 1, p. 248.
[365] Cf. cap. 63.
[366] Pugio Fidei I, cap. 24, n. 2, p. 248.
[367] Cf. cap. 40.
[368] Pugio Fidei I, cap. 24, n. 6, p. 249.
[369] Aristóteles (384-322 a.C.), em Ética VI, 2, 1139a, 28.
[370] Cf. cap. 41.
[371] Pugio Fidei I, cap. 24, n. 4, p. 249.
[372] Cf. cap. 50.

nulla quantitas est substantia. Cognoscit igitur Deus negationem. Privatio autem negatio quaedam est in subiecto determinato, ut in IV metaphys. Ostenditur. Cognoscit igitur privationem. Et per consequens malum, quod nihil est aliud quam privatio debitae perfectionis.

Praeterea. Si Deus cognoscit omnes species rerum, ut supra probatum est, et etiam a quibusdam philosophis conceditur et probatur, oportet quod cognoscat contraria: tum quia quorundam generum species sunt contrariae; tum quia differentiae generum sunt contrariae, ut patet in X metaphysicae. Sed in contrariis includitur oppositio formae et privationis, ut ibidem habetur. Ergo oportet quod Deus cognoscat privationem. Et per consequens malum.

Adhuc. Deus cognoscit non solum formam, sed etiam materiam, ut supra ostensum est. Materia autem, cum sit ens in potentia, cognosci perfecte non potest nisi cognoscatur ad quae eius potentia se extendat: sicut et in omnibus aliis potentiis accidit. Extendit autem se potentia materiae et ad formam et privationem: quod enim potest esse, potest etiam non esse. Ergo Deus cognoscit privationem. Et sic cognoscit per consequens malum.

Item. Si Deus cognoscit aliquid aliud a se, maxime cognoscet quod est optimum. Hoc autem est ordo universi, ad quem sicut ad finem omnia particularia bona ordinantur. In ordine autem universi sunt quaedam quae sunt ad removendum nocumenta quae possent ex quibusdam aliis provenire: ut patet in his quae dantur animalibus ad defensionem. Ergo huiusmodi nocumenta Deus cognoscit. Cognoscit igitur mala.

proposições negativas delas são imediatas; por exemplo, *nenhuma quantidade é substância*. Logo, Deus conhece a negação. Ora, a privação é uma negação em um sujeito determinado[373], como demonstra Aristóteles. Logo, conhece a privação. E, por isso, o mal, que nada mais é que a privação da perfeição devida.

Além disso[374], se Deus conhece todas as espécies das coisas, como foi provado[375], e foi comprovado e concedido por alguns filósofos, é necessário que conheça as coisas contrárias, seja porque as espécies de alguns gêneros são contrárias, seja porque as diferenças dos gêneros são contrárias, como está claro no livro da *Metafísica*[376]. Ora, nas coisas contrárias, está incluída a oposição entre a forma e a privação[377]. Logo, é necessário que Deus conheça a privação. E, por consequência, o mal.

Ainda, Deus conhece não só a forma, como também a matéria, como foi demonstrado[378]. Ora, a matéria, uma vez que é ente em potência, não pode ser conhecida perfeitamente, a não ser que se conheça a que se estende a sua potência, como acontece também com todas as outras potências. Ora, a potência da matéria estende-se à forma e à privação, uma vez que o que pode existir pode também não existir. Logo, Deus conhece a privação. E assim, por consequência, conhece o mal.

Igualmente, se Deus conhece algo distinto de si, com mais razão conhecerá o que é ótimo. Ora, a ordem do universo é esta: a ela, como a um fim, estão ordenados todos os bens particulares. Mas na ordem do universo há algumas coisas que existem para remover os danos que poderiam provir de outras, como está claro naquilo que é dado aos animais para sua defesa. Logo, Deus conhece tais danos e, portanto, conhece os males.

---

[373] Aristóteles (384-322 a.C.), em Metafísica III, 2, 1004a, 9-16.
[374] Pugio Fidei I, cap. 24, n. 5, p. 249.
[375] Cf. cap. 50.
[376] Aristóteles (384-322 a.C.), em Metafísica IX, 8, 1058a, 8-21.
[377] Aristóteles (384-322 a.C.), em Metafísica IX, 4, 1055a, 33.
[378] Cf. cap. 65.

Praeterea. In nobis malorum cognitio nunquam vituperatur secundum id quod per se scientiae est, idest secundum iudicium quod habetur de malis: sed per accidens, secundum quod per malorum considerationem interdum aliquis ad mala inclinatur. Hoc autem non est in Deo: quia immutabilis est, ut supra ostensum est. Nihil igitur prohibet quin Deus mala cognoscat.

Huic autem consonat quod dicitur Sap. 8, quod Dei sapientiam non vincit malitia. Prov. 15,11 dicitur: infernus et perditio coram Domino. Et in Psalmo: delicta mea a te non sunt abscondita. Et iob 11,11 dicitur: ipse novit hominum vanitatem: et videns iniquitatem, nonne considerat?

Sciendum autem quod circa cognitionem mali et privationis aliter se habet intellectus divinus, atque aliter intellectus noster. Nam cum intellectus noster singulas res per singulas species proprias cognoscat et diversas, id quod est in actu cognoscit per speciem intelligibilem, per quam fit intellectus in actu. Unde et potentiam cognoscere potest, inquantum in potentia ad talem speciem quandoque se habet: ut sicut actum cognoscit per actum, ita etiam potentiam per potentiam cognoscat. Et quia potentia est de ratione privationis, nam privatio est negatio, cuius subiectum est ens in potentia; sequitur quod intellectui nostro competat aliquo modo cognoscere privationem, inquantum est natus esse in potentia. Licet etiam dici possit quod ex ipsa cognitione actus sequitur cognitio potentiae et privationis.

Intellectus autem divinus, qui nullo modo est in potentia, non cognoscit modo praedicto privationem nec aliquid aliud. Nam si cognosceret aliquid per speciem quae non est ipse, sequeretur de necessitate quod proportio eius

Além disso[379], entre nós, o conhecimento dos males nunca é condenado, segundo o que tem por si de ciência, isto é, segundo o julgamento que se tem dos males, mas sim acidentalmente, segundo que pela consideração dos males, às vezes alguém se inclina aos mesmos males. Ora, isso não existe em Deus, porque é imutável, como foi demonstrado[380]. Logo, nada proíbe que Deus conheça os males.

Isso[381] concorda com o que as Escrituras[382] dizem: no livro da Sabedoria: *A malícia não vence a sabedoria de Deus*; no livro dos Provérbios: *O inferno e a perdição estão diante do Senhor*; e nos Salmos: *Os meus pecados não são ocultos a vós*; e no livro de Jó: *Ele conhece a vaidade dos homens e não considera vendo a iniquidade?*

Deve-se saber, no entanto, que, a respeito do conhecimento do mal e da privação, o intelecto divino comporta-se de uma maneira e o nosso intelecto de outra. Com efeito, uma vez que o nosso intelecto conhece as coisas particulares por espécies particulares próprias e diversas, conhece aquilo que está em ato por espécie inteligível, pela qual se faz intelecto em ato. Por isso, pode conhecer também a potência, enquanto, às vezes, está em potência relativamente a tal espécie. Assim como conhece o ato pelo ato, assim conhece a potência pela potência. E porque a potência é da razão de privação, e a privação é uma negação, cujo sujeito é um ente em potência, segue-se que compete ao nosso intelecto conhecer de algum modo a privação, enquanto está naturalmente em potência. — Poder-se-ia dizer também que do conhecimento do ato segue-se o conhecimento da potência e da privação.

O intelecto divino, entretanto, que de nenhum modo está em potência, não conhece desse modo a privação, ou qualquer outra coisa[383]. Pois, se conhecesse alguma coisa por uma espécie que não seja Ele mesmo, seguir-

---

[379] Pugio Fidei I, cap. 24, n. 6, p. 249.
[380] Cf. cap. 13.
[381] Pugio Fidei I, cap. 24, n. 7, p. 249.
[382] Sabedoria 8,12; Provérbios 15,11; Salmos 68,6 e Jó 11,11.
[383] Cf. caps. 45 ss.

ad illam speciem esset sicut proportio potentiae ad actum. Unde oportet quod ipse intelligat solum per speciem quae est sua essentia. Et per consequens quod intelligat se tantum sicut primum intellectum. Intelligendo tamen se, cognoscit alia, sicut supra ostensum est. Non solum autem actus, sed potentias et privationes.

Et hic est sensus verborum quae Philosophus ponit in III de anima, dicens: aut quomodo malum cognoscit, aut nigrum? contraria enim quodammodo cognoscit. Oportet autem potentia esse cognoscens, et esse in ipso. Si vero alicui non inest contrarium — scilicet in potentia —, seipsum cognoscit, et actu est, et separabile. — Nec oportet sequi expositionem Averrois, qui vult quod ex hoc sequatur quod intellectus qui est tantum in actu, nullo modo cognoscat privationem. Sed sensus est quod non cognoscat privationem per hoc quod est in potentia ad aliquid aliud, sed per hoc quod cognoscit seipsum et est semper in actu.

Rursum sciendum quod, si Deus hoc modo seipsum cognosceret quod, cognoscendo se, non cognosceret alia entia, quae sunt particularia bona, nullo modo cognosceret privationem aut malum. Quia bono quod est ipse non est aliqua privatio opposita: cum privatio et suum oppositum sint nata esse circa idem, et sic ei quod est actus purus nulla privatio opponitur. Et per consequens nec malum. Unde, posito quod Deus se solum cognoscat, cognoscendo bono quod est ipse non cognoscet malum. Sed quia, cognoscendo se, cognoscit entia in quibus natae sunt esse privationes, necesse est ut cognoscat privationes oppositas, et mala opposita particularibus bonis.

Sciendum etiam quod, sicut Deus absque discursu intellectus cognoscendo se cognoscit alia, ut supra ostensum est; ita etiam non

se-ia necessariamente que a proporção entre Ele e aquela espécie seria como a proporção entre a potência e o ato. É necessário, portanto, que Deus entenda somente pela espécie que é a sua essência. E, por conseguinte, que Ele se entenda somente como o primeiro objeto de seu intelecto. E, entendendo-se, conhece as outras coisas, como foi demonstrado[384], não só os atos, mas as potência e as privações.

Este é o sentido das palavras do Filósofo: *Como [o intelecto] conhece o mal ou o negro? Com efeito, conhece de certo modo por seus contrários. É necessário, portanto, que conheça em potência e que um dos contrários esteja nele. Se, porém, existe um intelecto que não tenha em si nenhum contrário, a saber em potência, ele se conhece e está em ato e é distinto da matéria.* — Nem se deve seguir a exposição de Averróis[385], que quer que disso se siga que o intelecto que está somente em ato não conhece de nenhum modo a privação. Mas o sentido é que não conhece a privação pelo fato de estar em potência para alguma outra coisa, mas porque conhece a si mesmo e está sempre em ato.

Deve-se saber ainda que, se Deus se conhecesse desta maneira, ao se conhecer, não conheceria outros entes que são bens particulares, e não conheceria de modo algum a privação e o mal. Porque não existe privação alguma oposta ao bem que é Ele mesmo, uma vez que a privação e o seu oposto referem-se naturalmente à mesma coisa, e assim nenhuma privação se opõe ao que é ato puro. E, por conseguinte, nem o mal. Portanto, na suposição de que Deus somente se conheça, ao conhecer o bem que é Ele mesmo, não conheceria o mal. Mas, porque ao se conhecer conhece os entes que por natureza têm privações, é necessário que conheça as privações e os males opostos aos bens particulares.

Deve-se saber[386], também, que assim como Deus, ao se conhecer, conhece as outras coisas, sem discurso do intelecto, como foi de-

---

[384] Cf. cap. 49.
[385] Averrois [Ibn Roschd] (1126-1198), em De Anima III, 25, linha 43-48, p. 463.
[386] Pugio Fidei I, cap. 24, n. 8, p. 249.

oportet quod eius cognitio sit discursiva si per bona cognoscit mala. Nam bonum est quasi ratio cognitionis mali. Unde cognoscuntur mala per bona sicut res per suas definitiones: non sicut conclusiones per principia. Nec etiam ad imperfectionem cognitionis divinae cedit si mala per privationem bonorum cognoscat. Quia malum non dicit esse nisi inquantum est privatio boni. Unde secundum hunc solum modum est cognoscibile: nam unumquodque, quantum habet de esse, tantum habet de cognoscibilitate.

monstrado[387], assim também não é necessário que o seu conhecimento seja discursivo, se pelas coisas boas conhece as más. Com efeito, o bem é como a razão do conhecimento do mal. Portanto, as coisas más são conhecidas pelas boas, como as coisas pelas suas definições e não como as conclusões por seus princípios. E não é, também, imperfeição do conhecimento divino, se conhece os males pela privação dos bens, porque o mal não existe a não ser enquanto é privação do bem. Portanto, é somente dessa maneira que é cognoscível, pois cada coisa tem de cognoscibilidade quanto tem de existir.

Capitulum LXXII
Quod Deus est volens

Expeditis his quae ad divini intellectus cognitionem pertinent, nunc restat considerare de Dei voluntate.

Ex hoc enim quod Deus est intelligens, sequitur quod sit volens. Cum enim bonum intellectum sit obiectum proprium voluntatis, oportet quod bonum intellectum, inquantum huiusmodi, sit volitum. Intellectum autem dicitur ad intelligentem. Necesse est igitur quod intelligens bonum, inquantum huiusmodi, sit volens. Deus autem intelligit bonum: cum enim sit perfecte intelligens, ut ex supra dictis patet, intelligit ens simul cum ratione boni. Est igitur volens.

Adhuc. Cuicumque inest aliqua forma, habet per illam formam habitudinem ad ea quae sunt in rerum natura: sicut lignum album per suam albedinem est aliquibus simile et quibusdam dissimile. In intelligente autem et sentiente est forma rei intellectae et sensatae: cum omnis cognitio sit per aliquam similitudinem. Oportet igitur esse habitudinem intelligentis et sentientis ad ea quae sunt intellecta et sensata secundum quod sunt in rerum natura. Non autem hoc est per hoc quod intelligunt et sentiunt: nam per hoc magis attenditur ha-

Capítulo 72
Deus é dotado de vontade

Exposto o que pertence ao conhecimento do intelecto divino, resta considerar agora a vontade de Deus.

Com efeito, dado que Deus é inteligente, segue-se que seja dotado de vontade. Uma vez que o bem entendido é objeto próprio da vontade, é necessário que o bem entendido, enquanto tal, seja querido. Diz-se que é entendido em relação a quem entende. Portanto, é necessário que aquele que entende o bem, enquanto tal, seja dotado de vontade. Ora, Deus entende o bem, uma vez que é perfeitamente inteligente, como foi esclarecido[388], e, assim, entende o ente juntamente com a razão do bem. Logo, é dotado de vontade.

Ainda, qualquer coisa que possui uma forma tem, por ela, relação com as outras coisas que existem na natureza; por exemplo, a madeira branca é, pela sua brancura, semelhante a algumas coisas e diferente de outras. Ora, a forma da coisa entendida e sentida está naquele que entende e sente, uma vez que todo conhecimento é por alguma semelhança. Logo, é necessário que haja relação daquele que entende e sente com as coisas entendidas e sentidas, como existem na natureza. E isso não é porque entendem e sentem, porque por

---

[387] Cf. cap. 57.
[388] Cf. caps. 44 e 45.

bitudo rerum ad intelligentem et sentientem; quia intelligere et sentire est secundum quod res sunt in intellectu et sensu, secundum modum utriusque. Habet autem habitudinem sentiens et intelligens ad rem quae est extra animam per voluntatem et appetitum. Unde omnia sentientia et intelligentia appetunt et volunt: voluntas tamen proprie in intellectu est. Cum igitur Deus sit intelligens, oportet quod sit volens.

Amplius. Illud quod consequitur omne ens, convenit enti inquantum est ens. Quod autem est huiusmodi, oportet quod in eo maxime inveniatur quod est primum ens. Cuilibet autem enti competit appetere suam perfectionem et conservationem sui esse: unicuique tamen secundum suum modum, intellectualibus quidem per voluntatem, animalibus per sensibilem appetitum, carentibus vero sensu per appetitum naturalem. Aliter tamen quae habent, et quae non habent: nam ea quae non habent, appetitiva virtute sui generis desiderio tendunt ad acquirendum quod ei deest; quae autem habent, quietantur in ipso. Hoc igitur primo enti, quod Deus est, deesse non potest. Cum igitur ipse sit intelligens, inest sibi voluntas, qua placet sibi suum esse et sua bonitas.

Item. Intelligere, quanto perfectius est, tanto delectabilius est intelligenti. Sed Deus intelligit, et suum intelligere est perfectissimum, ut supra ostensum est. Ergo intelligere est ei delectabilissimum. Delectatio autem intelligibilis est per voluntatem: sicut delectatio sensibilis est per concupiscentiae appetitum. Est igitur in Deo voluntas.

Praeterea. Forma per intellectum considerata non movet nec aliquid causat nisi mediante voluntate, cuius obiectum est finis et bonum, a quo movetur aliquis ad agendum. Unde intellectus speculativus non movet; neque imaginatio pura absque aestimatione.

isso considera-se antes à relação das coisas com aquele que entende e sente, porque entender e sentir realizam-se enquanto as coisas estão no intelecto e no sentido. Ora, aquele que sente e entende se relaciona com as coisas que estão fora da alma mediante a vontade e o apetite. Portanto, todos aqueles que sentem e entendem apetecem e querem; a vontade, entretanto, existe propriamente no intelecto[389]. Logo, uma vez que Deus é inteligente, é necessário que seja dotado de vontade.

Ademais, aquilo que acompanha todo ente convém ao ente enquanto ente. É necessário, portanto, que isso se encontre no primeiro ente em máximo grau. Ora, compete a todo ente desejar sua perfeição e a conservação do seu ser; mas a cada um, segundo o seu modo, isto é, aos intelectuais, pela vontade; aos animais, pelo apetite sensitivo; e aos carentes de sentidos, pelo apetite natural. De maneira diferente acontece com os que têm a perfeição e os que não a têm. Os que não a têm tendem a adquirir o que lhes falta, pelo desejo da potência apetitiva do seu gênero, e os que a têm descansam nela. Portanto, isso não pode faltar ao primeiro ente, que é Deus. Logo, uma vez que é inteligente, existe nEle a vontade, com a qual se compraz no seu ser e na sua bondade.

Igualmente, quanto mais perfeito é o entender, tanto mais agradável é ao inteligente. Ora, Deus entende e o seu entender é perfeitíssimo, como foi demonstrado[390]. Logo, entender lhe é muitíssimo agradável. Ora, o deleite intelectual é pela vontade, como o deleite sensível é pelo apetite de concupiscência. Logo, em Deus existe a vontade.

Além disso, a forma considerada pelo intelecto não move nem causa coisa alguma, a não ser mediante a vontade, cujo objeto é o fim e o bem, pelos quais alguém é movido para agir. Por isso, o intelecto especulativo não move, nem a imaginação pura sem a estimativa[391].

---

[389] Aristóteles (384-322 a.C.), em Sobre a Alma III, 9, 432b, 8.
[390] Cf. caps. 44 e 45.
[391] Aristóteles (384-322 a.C.), em Sobre a Alma III, lectio14 (812-815).

Sed forma intellectus divini est causa motus et esse in aliis: agit enim res per intellectum, ut infra ostendetur. Oportet igitur quod ipse sit volens.

Item. In virtutibus motivis, in habentibus intellectum, prima invenitur voluntas: nam voluntas omnem potentiam applicat ad suum actum; intelligimus enim quia volumus, et imaginamur quia volumus, et sic de aliis. Et hoc habet quia obiectum eius est finis: — quamvis intellectus, non secundum modum causae efficientis et moventis, sed secundum modum causae finalis, moveat voluntatem, proponendo sibi suum obiectum, quod est finis. Primo igitur moventi convenit maxime habere voluntatem.

Praeterea. Liberum est quod sui causa est: et sic liberum habet rationem eius quod est per se. Voluntas autem primo habet libertatem in agendo: inquantum enim voluntarie agit quis, dicitur libere agere quamcumque actionem. Primo igitur agenti maxime competit per voluntatem agere, cui maxime convenit per se agere.

Amplius. Finis et agens ad finem semper unius ordinis inveniuntur in rebus: unde et finis proximus, qui est proportionatus agenti, incidit in idem specie cum agente, tam in naturalibus quam in artificialibus; nam forma artis per quam artifex agit, est species formae quae est in materia, quae est finis artificis; et forma ignis generantis qua agit, est eiusdem speciei cum forma ignis geniti, quae est finis generationis. Deo autem nihil coordinatur quasi eiusdem ordinis nisi ipse: alias essent plura prima, cuius contrarium supra ostensum est. Ipse est igitur primum agens propter finem qui est ipsemet. Ipse igitur non solum est finis appetibilis, sed appetens, ut ita dicam, se finem, et appetitu intellectuali, cum sit intelligens: qui est voluntas. Est igitur in Deo voluntas.

Ora, a forma do intelecto divino é a causa do movimento e do existir nos outros entes, pois produz as coisas pelo intelecto, como será demonstrado[392]. Logo, é necessário que Ele seja dotado de vontade.

Igualmente, a vontade é a primeira entre as potências motoras naqueles que têm o intelecto, porque a vontade aplica toda potência aos seus atos. Assim, entendemos porque queremos e imaginamos porque queremos e assim com as demais potências. Isso acontece porque o seu objeto é o fim: — embora o intelecto mova a vontade, não à maneira de causa eficiente e motora, mas à maneira de causa final, propondo-lhe o seu objeto, que é o fim. Logo, convém ao primeiro motor ter a vontade no sumo grau.

Além disso, *é livre o que é a causa de si mesmo*[393]. E assim o que é livre tem a razão daquilo que é por si. Ora, a vontade tem a liberdade para agir em primeiro lugar, pois é enquanto age voluntariamente que se diz que alguém faz livremente qualquer ação. Logo, ao primeiro agente compete, no sumo grau, agir pela vontade, a ele convém, também, em sumo grau, agir por si.

Ademais, o fim e o que age para o fim encontram-se sempre numa mesma ordem de coisas. Por isso, o fim próximo, que é proporcionado ao agente, encontra-se na mesma espécie que o agente, tanto nas coisas naturais como nas artificiais. Assim, a forma artística, pela qual o artista age, é a espécie da forma que existe na matéria e que é o fim do artista; e a forma do fogo gerador pela qual age é da mesma espécie do fogo gerado que é o fim dessa geração. Ora, nada se coordena com Deus como se fosse da mesma ordem, a não ser Ele mesmo. De outro modo, haveria muitos primeiro e o contrário disso foi demonstrado[394]. Portanto, Ele é o primeiro que age por um fim, que é Ele mesmo. Logo, Ele não é somente o fim apetecível, mas Ele apetece, por assim dizer, a si mesmo como fim, e uma vez que é

---

[392] Cf. Livro II, cap. 24.
[393] Aristóteles (384-322 a.C.), em Metafísica I, 2, 982b, 26.
[394] Cf. cap. 42.

Hanc autem Dei voluntatem Scripturae sacrae testimonia confitentur. Dicitur enim in Psalmo: omnia quaecumque voluit, Dominus fecit. Et Rom. 9,19: voluntati eius quis resistit?

Capitulum LXXIII
Quod voluntas Dei est eius essentia

Ex hoc autem apparet quod sua voluntas non est aliud quam sua essentia.

Deo enim convenit esse volentem inquantum est intelligens, ut ostensum est. Est autem intelligens per essentiam suam, ut supra probatum est. Ergo et volens. Est igitur voluntas Dei ipsa eius essentia.

Adhuc. Sicut intelligere est perfectio intelligentis, ita et velle volentis: utrumque enim est actio in agente manens, non autem transiens in aliquid passum, sicut calefactio. Sed intelligere Dei est eius esse, ut supra probatum est: eo quod, cum esse divinum secundum se sit perfectissimum, nullam supervenientem perfectionem admittit, ut supra ostensum est. Est igitur et divinum velle esse ipsius. Ergo et voluntas Dei est eius essentia.

Amplius. Cum omne agens agat inquantum actu est, oportet quod Deus, qui est actus purus, per suam essentiam agat. Velle autem est quaedam Dei operatio. Oportet igitur quod Deus per essentiam suam sit volens. Sua igitur voluntas est sua essentia.

Item. Si voluntas esset aliquid additum divinae substantiae, cum divina substantia sit quid completum in esse, sequeretur quod voluntas adveniret ei quasi accidens subiecto; sequeretur quod divina substantia compararetur ad ipsam quasi potentia ad actum; et quod esset compositio in Deo. Quae omnia

inteligente, com o apetite intelectual, que é a vontade. Logo, em Deus existe a vontade.

Os testemunhos da Escritura confirmam esta vontade de Deus: no Salmo se diz: *Tudo o que quis, Deus fez*; e em são Paulo: *Quem resistiria à sua vontade*[395]?

Capítulo 73
A vontade divina é sua essência

Fica claro do que foi exposto que a sua vontade outra coisa não é que a sua essência.

Com efeito, convém a Deus ser dotado de vontade, uma vez que é inteligente, como foi demonstrado[396]. Ora, é inteligente por sua essência, como foi provado[397]. Portanto, é dotado de vontade. Logo, a vontade de Deus é a sua mesma essência.

Ainda, assim como o entender é a perfeição do inteligente, assim também o querer é a perfeição do dotado de vontade, uma e outra são ações imanentes ao agente, e não transeuntes a algo passivo, como a calefação. Ora, o entender de Deus é o seu existir, como foi provado[398], por isso, uma vez que o existir divino é perfeitíssimo em si mesmo, não admite perfeição alguma que lhe seja acrescida, como foi demonstrado[399]. Portanto, o querer divino é também o seu mesmo existir. Logo, a vontade de Deus é a sua essência.

Ademais, como todo agente age enquanto está em ato, é necessário que Deus, que é ato puro, aja pela sua essência. Ora, querer é uma operação de Deus. Portanto, é necessário que Deus seja dotado de vontade pela sua essência. Logo, a sua vontade é a sua essência.

Igualmente, se a vontade fosse uma adição à substância divina, como esta é algo completo no existir, seguir-se-ia que a vontade viria a ela como acidente ao sujeito. Seguir-se-ia, também, que a substância divina se compararia a ela como a potência ao ato; e que haveria composição em Deus. Ora, tudo isso foi desa-

---

[395] Salmo 134,6 e Carta aos Romanos 9,19.
[396] Cf. capítulo anterior.
[397] Cf. caps. 45 e 46.
[398] Cf. cap. 45.
[399] Cf. caps. 23 e 28.

supra improbata sunt. Non est igitur possibile quod divina voluntas sit aliquid additum divinae essentiae.

Capitulum LXXIV
Quod principale volitum Dei est divina essentia

Ex hoc autem ulterius apparet quod principale divinae voluntatis volitum est eius essentia. Bonum enim intellectum est obiectum voluntatis, ut dictum est. Id autem quod a Deo principaliter intelligitur est divina essentia, ut supra probatum est. Divina igitur essentia est id de quo principaliter est divina voluntas.

Item. Appetibile comparatur ad appetitum sicut movens ad motum, ut supra dictum est. Et similiter se habet volitum ad voluntatem: cum voluntas sit de genere appetitivarum potentiarum. Si igitur voluntatis divinae sit aliud principale volitum quam ipsa Dei essentia, sequetur quod aliquid aliud sit superius divina voluntate, quod ipsam movet. Cuius contrarium ex praedictis patet.

Praeterea. Principale volitum est unicuique volenti causa volendi: cum enim dicimus, volo ambulare ut saner, causam nos reddere arbitramur; et si quaeratur, quare vis sanari, procedetur in assignatione causarum quousque perveniatur ad finem ultimum, qui est principale volitum, quod est causa volendi per seipsum. Si igitur Deus aliquid aliud principaliter velit quam seipsum, sequetur quod aliquid aliud sit ei causa volendi. Sed suum velle est suum esse, ut ostensum est. Ergo aliquid aliud erit ei causa essendi. Quod est contra rationem primi entis.

Adhuc. Unicuique volenti principale volitum est suus ultimus finis: nam finis est per se volitus, et per quem alia fiunt volita. Ultimus autem finis est ipse Deus: quia ipse est sum-

provado[400]. Logo, é impossível que a vontade divina seja uma adição à essência divina.

Capítulo 74
A essência divina é o objeto principal da vontade divina

Ademais, fica claro do exposto que o objeto principal da vontade divina é a sua essência.

Com efeito, o bem entendido é o objeto da vontade, como foi dito[401]. Ora, o que Deus principalmente entende é a essência divina, como foi provado[402]. Logo, a essência divina é o objeto principal da vontade divina.

Igualmente, o apetecível está para o apetite como o motor para o que é movido, como foi dito[403]. De modo semelhante está para a vontade o seu objeto, uma vez que ela é do gênero das potências apetitivas. Portanto, se a vontade divina tem um objeto principal distinto da essência de Deus, segue-se que alguma outra coisa é superior à vontade divina e a move. Mas, pelo que foi dito[404], ficou claro o contrário.

Além disso, o objeto principal é para todo dotado de vontade a causa de querer. Com efeito, quando dizemos: *Quero andar para sarar* — julgamos que damos a causa. E se se perguntar: *Por que queres sarar?* — proceder-se-á indicando as causas até que se chegue ao fim último, o objeto principal, que é por si mesmo, a causa do querer. Portanto, se Deus quiser que outra coisa, distinta de si mesmo, seja principal, seguir-se-á que uma outra coisa será a causa do seu querer. Ora, o seu querer é o seu existir, como se mostrou[405]. Logo, outra coisa seria a causa de seu existir. E isso é contrário à razão de primeiro ente.

Ainda, o objeto principal de todo dotado de vontade é o seu último fim, pois o fim é querido por si mesmo, e é por ele que as outras coisas se fazem queridas. Ora, Deus é o fim

---
[400] Cf. caps. 16, 18 e 23.
[401] Cf. cap. 72.
[402] Cf. cap. 48.
[403] Cf. cap. 44.
[404] Cf. capítulo anterior.
[405] Ibidem.

mum bonum, ut ostensum est. Ipse igitur est principale volitum suae voluntatis.

Amplius. Unaquaeque virtus ad suum obiectum principale secundum aequalitatem proportionatur: nam virtus rei secundum obiecta mensuratur, ut patet per Philosophum, in I caeli et mundi. Voluntas igitur ex aequo proportionatur suo principali obiecto: et similiter intellectus, et etiam sensus. Divinae autem voluntati nihil ex aequo proportionatur nisi eius essentia. Ergo principale obiectum divinae voluntatis est essentia divina. Cum autem essentia divina sit Dei intelligere et omnia alia quae in ipso esse dicuntur, manifestum est ulterius quod eodem modo principaliter vult se intelligere, se velle, se esse unum, et quicquid aliud est huiusmodi.

Capitulum LXXV
Quod Deus, volendo se, vult etiam alia

Hinc autem ostendi potest quod, volendo se, vult etiam alia.

Cuius enim est velle finem principaliter, eius est velle ea quae sunt ad finem ratione finis. Est autem ipse Deus ultimus rerum finis, ut ex praedictis aliquatenus patet. Ex hoc igitur quod vult se esse, etiam alia vult, quae in ipsum sicut in finem ordinantur.

Item. Unusquisque eius quod est propter ipsum ab ipso volitum et amatum, perfectionem desiderat: quae enim propter se amamus, volumus esse optima, et semper meliorari et multiplicari, quantum possibile est. Ipse autem Deus essentiam suam propter seipsam vult et amat. Non autem secundum se augmentabilis et multiplicabilis est, ut ex supra dictis est manifestum: sed solum multiplicabilis est secundum suam similitudinem, quae a multis participatur. Vult igitur Deus rerum

último porque Ele é o sumo bem, como se demonstrou[406]. Logo, Ele é o objeto principal de sua vontade.

Ademais, cada potência tem com seu objeto principal uma proporção de igualdade, pois a potência de uma coisa é medida pelo objeto, como o Filósofo deixa claro[407]. Portanto, a vontade tem uma proporção de igualdade com o seu objeto principal, assim como o intelecto e os sentidos. Ora, nenhuma coisa tem uma proporção de igualdade com a vontade divina a não ser a sua essência. Logo, o objeto principal da vontade divina é a essência divina. Como, entretanto, a essência divina é o entender de Deus e todas as outras coisas que se dizem existir nEle, é evidente que, do mesmo modo principal, Deus quer entender-se, querer-se, ser uno etc.

Capítulo 75
Deus, no querer a si mesmo, quer também as outras coisas

Pode-se, agora, demonstrar que, no querer a si mesmo, Deus quer, também, as outras coisas.

Com efeito, é próprio de quem quer principalmente o fim querer as coisas que são para o fim, em razão do fim. Ora, Deus é o fim último das coisas, como está claro pelo exposto. Logo, porque quer existir, quer também as outras coisas, que se ordenam a Ele como ao fim.

Igualmente, cada um deseja a perfeição daquilo que é querido e amado pelo que é. Com efeito, as coisas que amamos pelo que são, queremos que sejam ótimas, e que sempre sejam melhores e mais numerosas, quanto seja possível. Ora, Deus quer e ama a sua essência por si mesma. Entretanto, em si mesma ela não pode ser aumentada, nem multiplicada, como está claro pelo que foi dito[408], mas é multiplicável somente em sua semelhança, que por muitos é participada[409]. Logo, Deus

---

[406] Cf. cap. 41.
[407] Aristóteles (384-322 a.C.), em Sobre o Céu e o Mundo I, 11, 281a,7-27.
[408] Cf. cap. 42.
[409] Cf. cap. 29.

multitudinem ex hoc quod suam essentiam et perfectionem vult et amat.

Amplius. Quicumque amat aliquid secundum se et propter ipsum, amat per consequens omnia in quibus illud invenitur: ut qui amat dulcedinem propter ipsam, oportet quod omnia dulcia amet. Sed Deus suum esse secundum se et propter ipsum vult et amat, ut supra ostensum est. Omne autem aliud esse est quaedam sui esse secundum similitudinem participatio, ut ex praedictis aliquatenus patet. Relinquitur igitur quod Deus, ex hoc ipso quod vult et amat se, vult et amat alia.

Adhuc. Deus, volendo se, vult omnia quae in ipso sunt. Omnia autem quodammodo praeexistunt in ipso per proprias rationes, ut supra ostensum est. Deus igitur, volendo se, etiam alia vult.

Item. Quanto aliquid est perfectioris virtutis, tanto sua causalitas ad plura se extendit et in magis remotum, ut supra dictum est. Causalitas autem finis in hoc consistit quod propter ipsum alia desiderantur. Quanto igitur finis est perfectior et magis volitus, tanto voluntas volentis finem ad plura extenditur ratione finis illius. Divina autem essentia est perfectissima in ratione bonitatis et finis. Igitur diffundet suam causalitatem maxime ad multa, ut propter ipsam multa sint volita; et praecipue a Deo, qui eam secundum totam suam virtutem perfecte vult.

Praeterea. Voluntas consequitur intellectum. Sed Deus intellectu suo intelligit se principaliter et in se intelligit alia. Igitur similiter principaliter vult se, et, volendo se, vult omnia alia.

Hoc autem auctoritate sacrae Scripturae confirmatur. Dicitur enim Sap. 11,25: diligis enim omnia quae sunt, et nihil eorum odisti quae fecisti.

quer a multidão das coisas porque quer e ama a sua essência e perfeição.

Ademais, o que ama alguma coisa pelo que ela é e por causa dela, ama, por conseguinte, tudo em que ela se encontra. Assim, quem ama a doçura por causa dela deve amar todas as coisas doces. Ora, Deus ama e quer o seu existir pelo que é e por causa de si mesmo, como foi demonstrado[410]. Entretanto, todo outro ser é uma participação do seu ser por semelhança, como está claro, de certo modo, pelo que foi dito. Fica, portanto, que Deus, pelo fato de se querer e amar, quer e ama as outras coisas.

Ainda, Deus, no querer a si mesmo, quer tudo o que existe em si. Ora, todas as coisas preexistem nEle, de alguma maneira, por suas próprias razões, como foi demonstrado[411]. Logo, Deus, no querer a si mesmo, quer também as outras coisas.

Igualmente, quanto de uma potência perfeita alguma coisa tem, tanto a sua causalidade se estende a mais coisas e mais remotas, como foi demonstrado[412]. Ora, a causalidade do fim consiste em que outras coisas são desejadas por causa dele. Portanto, quanto mais perfeito e querido for o fim, tanto mais a vontade do que quer o fim se estenderá a muitas coisas em razão do mesmo fim. Ora, a essência divina é perfeitíssima em razão da bondade e do fim. Logo, difundirá, ao máximo, a sua causalidade a muitas coisas, para que sejam queridas por causa dela e principalmente por Deus, que a quer perfeitamente em toda a sua potência.

Além disso, a vontade acompanha o intelecto. Ora, Deus, pelo seu intelecto, principalmente se entende e em si entende as outras coisas. Logo, de modo semelhante, principalmente se quer e ao se querer quer todas as outras coisas.

Isto está confirmado pela autoridade da Sagrada Escritura: *Amas todas as coisas que existem, e não aborreces nada de quanto fizeste*[413].

---

[410] Cf. capítulo anterior.
[411] Cf. cap. 54.
[412] Cf. cap. 70.
[413] Sabedoria 11,25.

Capitulum LXXVI
Quod Deus uno actu voluntatis se et alia velit

Hoc autem habito, sequitur quod Deus uno actu voluntatis se et alia velit.

Omnis enim virtus una operatione, vel uno actu, fertur in obiectum et in rationem formalem obiecti: sicut eadem visione videmus lumen et colorem, qui fit visibilis actu per lumen. Cum autem aliquid volumus propter finem tantum, illud quod propter finem desideratur accipit rationem voliti ex fine: et sic finis comparatur ad ipsum sicut ratio formalis ad obiectum, ut lumen ad colorem. Cum igitur Deus omnia alia velit propter se sicut propter finem, ut ostensum est, uno actu voluntatis vult se et alia.

Amplius. Quod perfecte cognoscitur et desideratur, secundum totam suam virtutem cognoscitur et desideratur. Finis autem virtus est non solum secundum quod in se desideratur, sed etiam secundum quod alia fiunt appetibilia propter ipsum. Qui igitur perfecte desiderat finem, utroque modo ipsum desiderat. Sed non est ponere aliquem actum Dei volentis quo velit se et non velit se perfecte: cum in eo nihil sit imperfectum. Quolibet igitur actu quo Deus vult se, vult se absolute et alia propter se. Alia vero a se non vult nisi inquantum vult se, ut probatum est. Relinquitur igitur quod se et alia non alio et alio actu voluntatis vult, sed uno et eodem.

Adhuc. Sicut ex supra dictis patet, in actu cognitivae virtutis discursus attenditur secundum quod semotim cognoscimus principia, et ex eis in conclusiones venimus: si enim in ipsis principiis intueremur conclusiones ipsa

Capítulo 76
Deus se quer e as outras coisas por um só ato da vontade

Afirmado o anterior, segue-se que Deus se quer e as outras coisas por um só ato da vontade.

Com efeito, toda potência move-se para o objeto e para a razão formal do objeto por uma só operação, ou por um só ato. É assim que, pela mesma visão, vemos a luz e a cor, que se faz visível em ato pela luz. Ora, quando queremos uma coisa somente por causa do fim essa coisa que é desejada por causa do fim recebe dele a razão de ser querida e, assim, o fim está para essa coisa como a razão formal para o objeto, como a luz para a cor. Portanto, como Deus quer todas as outras coisas por causa de si, como por fim, como foi demonstrado[414], por um só ato da vontade se quer e as outras coisas.

Ademais, aquilo que se conhece e se deseja perfeitamente é conhecido e desejado segundo toda a sua potência. Ora, a potência do fim não está só em ser desejado pelo que é, mas também pelo que as outras coisas se tornam apetecíveis por causa dele. Portanto, quem deseja perfeitamente o fim, deseja-o de um e outro modo. Ora, não se pode afirmar algum ato no querer de Deus pelo qual se quer e não se quer perfeitamente, uma vez que nEle nada existe de imperfeito[415]. Portanto, qualquer ato pelo qual Deus se quer, se quer absolutamente, e as outras coisas, por causa de si. As outras coisas distintas de si, porém, não as quer a não ser enquanto se quer, como foi provado[416]. Conclui-se, portanto, que se quer e as outras coisas não por distintos atos da vontade, mas por um só e mesmo ato.

Ainda, está claro pelo que foi dito[417] que no ato da potência cognoscitiva considera-se o raciocínio pelo qual separadamente conhecemos os princípios e a partir deles chegamos às conclusões. Se, ao conhecer os princípios,

---

[414] Cf. capítulo anterior.
[415] Cf. cap. 28.
[416] Cf. capítulo anterior.
[417] Cf. cap. 57.

principia cognoscendo, non esset discursus, sicut nec quando aliquid videmus in speculo. Sicut autem principia se habent ad conclusiones in speculativis, ita fines ad ea quae sunt ad finem in operativis et appetitivis: nam sicut conclusiones cognoscimus per principia, ita ex fine procedit appetitus et operatio eorum quae sunt ad finem. Si igitur aliquis semotim velit finem et ea quae sunt ad finem, erit quidam discursus in eius voluntate. Hunc autem in Deo esse est impossibile: cum sit extra omnem motum. Relinquitur igitur quod simul, et eodem actu voluntatis, Deus vult se et alia.

Item. Cum Deus semper velit se, si alio actu vult se et alio alia, sequetur quod est impossibile: nam unius simplicis potentiae non sunt simul duae operationes.

Praeterea. In omni actu voluntatis volitum comparatur ad volentem ut movens ad motum. Si igitur sit aliqua actio voluntatis divinae qua vult alia a se, diversa a voluntate qua vult se, in illo erit aliquid aliud movens divinam voluntatem. Quod est impossibile.

Amplius. Velle Dei est suum esse, ut probatum est. Sed in Deo non est nisi unum esse. Ergo non est ibi nisi unum velle.

Item. Velle competit Deo secundum quod est intelligens. Sicut igitur uno actu intelligit se et alia, inquantum essentia sua est exemplar omnium; ita uno actu vult se et alia, inquantum sua bonitas est ratio omnis bonitatis.

intuíssemos neles as conclusões, não haveria raciocínio, como não há quando vemos uma coisa no espelho. Ora, como os princípios estão para as conclusões no conhecimento especulativo, assim também os fins estão para aquelas coisas que são para o fim no conhecimento operativo e apetitivo[418]. Com efeito, assim como conhecemos as conclusões pelos princípios, assim também o apetite procede do fim e as operações daquelas coisas que estão para o fim. Logo, se alguém quisesse separadamente o fim e as coisas que estão para o fim, haveria na sua vontade uma espécie de discurso. Ora, isto é impossível existir em Deus, uma vez que está fora de qualquer movimento. Conclui-se, portanto, disto que ao mesmo tempo e pelo mesmo ato de vontade Deus se quer e as outras coisas.

Igualmente, uma vez que Deus sempre se quer, se por um ato se quisesse e por outro as coisas, resultaria que, ao mesmo tempo, existiriam nEle dois atos de vontade. Ora, isso é impossível, porque numa única e simples potência não há, ao mesmo tempo, duas operações.

Além disso, em todo o ato de vontade, o que é querido está para o que quer como o motor para o movido. Portanto, se houvesse alguma ação da vontade divina pela qual quisesse outras coisas distintas de si, diferente da vontade pela qual se quer, haveria nEle outro motor da divina vontade. O que é impossível.

Ademais, o querer de Deus é o seu existir, como foi provado[419]. Ora, em Deus não existe a não ser um único existir. Logo, nEle não existe senão um único querer.

Igualmente, o querer cabe a Deus por ser inteligente[420]. Portanto, como por um único ato se entende e as outras coisas, enquanto a sua essência é o exemplar de todas as coisas[421]; assim também por um único ato se quer e as outras coisas, enquanto sua bondade é a razão de toda bondade[422].

---

[418] Aristóteles (384-322 a.C.), em Física II, 9, 200a, 34b, 1.
[419] Cf. cap. 73.
[420] Cf. cap. 72.
[421] Cf. cap. 49.
[422] Cf. cap. 40.

Capitulum LXXVII
Quod volitorum multitudo divinae simplicitati non repugnat

Ex hoc autem sequitur quod volitorum multitudo non repugnat unitati et simplicitati divinae substantiae.

Nam actus secundum obiecta distinguuntur. Si igitur volita plura quae Deus vult inducerent in ipso aliquam multitudinem, sequeretur quod non esset in eo una tantum operatio voluntatis. Quod est contra praeostensa.

Item. Ostensum est quod Deus alia vult inquantum vult bonitatem suam. Hoc igitur modo comparantur aliqua ad voluntatem quo comprehenduntur a bonitate eius. Sed omnia in bonitate eius unum sunt: sunt enim alia in ipso secundum modum eius, scilicet materialia immaterialiter et multa unite, ut ex supra dictis patet. Relinquitur igitur quod multitudo volitorum non multiplicat divinam substantiam.

Praeterea. Divinus intellectus et voluntas sunt aequalis simplicitatis: quia utrumque est divina substantia, ut probatum est. Multitudo autem intellectorum non inducit multitudinem in essentia divina, neque compositionem in intellectu eius. Ergo neque multitudo volitorum inducit aut diversitatem in essentia divina, aut compositionem in eius voluntate.

Amplius. Hoc inter cognitionem et appetitum interest, quod cognitio fit secundum quod cognitum est aliquo modo in cognoscente; appetitus autem non, sed e converso secundum quod appetitus refertur ad rem appetibilem, quam appetens quaerit vel in qua quiescit. Et propter hoc bonum et ma-

Capítulo 77
A multiplicidade dos objetos queridos não é incompatível com a simplicidade divina

Segue-se do que foi exposto que a multiplicidade dos objetos queridos não é incompatível com a unidade e a simplicidade da substância divina.

Com efeito, os atos distinguem-se pelos objetos. Portanto, se muitos objetos que Deus quer introduzissem nEle alguma pluralidade, seguir-se-ia que não existiria nEle uma única operação da vontade. O que é contra o que foi antes demonstrado[423].

Igualmente, foi demonstrado[424] que Deus quer as outras coisas enquanto quer a sua bondade. Portanto, algumas coisas estão para a sua vontade do mesmo modo como são abrangidas pela sua bondade. Ora, todas as coisas são uma única coisa na sua bondade, elas estão em Deus segundo o modo divino, isto é, *as coisas materiais, imaterialmente e as coisas múltiplas, juntamente*[425], como está claro pelo que foi exposto[426]. Logo, a multiplicidade dos objetos queridos não multiplica a substância divina.

Além disso, o intelecto e a vontade divinos são iguais em simplicidade, porque um e outro são a substância divina, como foi provado[427]. Ora, a multiplicidade dos objetos entendidos não induz multiplicidade na essência divina, nem composição no seu intelecto. Logo, nem a multiplicidade dos objetos queridos induz ou diversidade na essência divina, ou composição na sua vontade.

Ademais, isto diferencia o conhecimento e o apetite: o conhecimento se faz enquanto o que é conhecido está presente de algum modo no que conhece; já o apetite não, mas pelo contrário, o apetite se refere à coisa apetecível, que quem apetece quer ou na qual descansa. Por isso, o bem e o mal, que dizem respeito

---

[423] Cf. capítulo anterior.
[424] Cf. cap. 75.
[425] Cf. Suma Teológica, III parte, q. 10, a. 3, quanto ao primeiro, p. 217 do Vol. 8, em São Paulo, Loyola, 2002.
[426] Cf. cap. 58.
[427] Cf. cap. 45.

lum, quae respiciunt appetitum, sunt in rebus; verum autem et falsum, quae respiciunt cognitionem, sunt in mente; ut Philosophus dicit, in VI metaphysicae. Quod autem aliquid ad multa se habeat, non repugnat simplicitati eius: cum et unitas sit multorum numerorum principium. Multitudo ergo volitorum a Deo non repugnat eius simplicitati.

Capitulum LXXVIII
Quod divina voluntas ad singula bonorum se extendit

Ex quo etiam apparet quod non oportet nos dicere, ad conservandam simplicitatem divinam, quod velit alia bona in quadam universalitate, inquantum vult se esse principium bonorum quae possunt ab ipso fluere, non autem velit ea in particulari.

Nam velle est secundum comparationem volentis ad rem volitam. Non autem prohibet divina simplicitas quin possit comparari ad multa etiam particularia: dicitur enim Deus optimum vel primum etiam respectu singularium. Ergo sua simplicitas non prohibet quin etiam in speciali vel particulari alia a se velit.

Item. Voluntas Dei ad alia comparatur inquantum bonitatem participant ex ordine ad bonitatem divinam, quae est ratio volendi Deo. Sed non solum universitas bonorum, sed et singulum eorum a bonitate divina bonitatem sortitur, sicut et esse. Voluntas igitur Dei ad singula bonorum se extendit.

Amplius. Secundum Philosophum, in XI metaph., duplex bonum ordinis invenitur in universo: unum quidem secundum quod totum universum ordinatur ad id quod est extra universum, sicut exercitus ordinatur ad ducem; aliud secundum quod partes universi ordinantur ad invicem, sicut et partes exercitus.

ao apetite, estão nas coisas; e o verdadeiro e o falso, que dizem respeito ao conhecimento, estão na mente, como afirma o Filósofo[428]. Ora, que alguma coisa se refira a muitas não é incompatível com a sua simplicidade, uma vez que a mesma unidade é o princípio de muitos números. Logo, a multiplicidade dos objetos queridos por Deus não é incompatível com a sua simplicidade.

Capítulo 78
A vontade divina se estende a cada um dos bens particulares

Do que foi exposto fica claro que não devemos dizer, para salvar a simplicidade divina, que Deus quer os outros bens em uma universalidade, enquanto se quer como princípio dos bens que podem fluir dele, e que não os quer em particular.

Com efeito, o querer envolve uma relação entre o que quer e a coisa querida. Ora, nada impede que a simplicidade divina possa se referir a muitas coisas, mesmo particulares, pois se diz que Deus é o melhor, ou o primeiro, em relação a cada uma das coisas singulares. Logo, a sua simplicidade não impede que queira também as outras coisas em especial ou em particular.

Igualmente, a vontade de Deus se refere às outras coisas enquanto participam da bondade que é ordenada à bondade divina: esta é para Deus a razão do seu querer[429]. Ora, não só a universalidade dos bens, mas também cada um deles, recebe a sua bondade da bondade divina, como também o ser. Logo, a vontade de Deus se estende a cada um dos bens.

Ademais, segundo o Filósofo[430], encontram-se duas ordens de bens universo: a primeira está em que todo o universo se ordena a algo que existe além do universo; por exemplo, o exército se ordena a um chefe; a segunda está em que as partes do universo se ordenam entre si, como também as partes do exército. A

---

[428] Aristóteles (384-322 a.C.), em Metafísica V, 4, 1027b, 25-27.
[429] Cf. cap. 75.
[430] Aristóteles (384-322 a.C.), em Metafísica XI, 10, 1075a, 11-15.

Secundus autem ordo est propter primum. Deus autem, ex hoc quod vult se ut finis est, vult alia quae ordinantur in ipsum ut in finem, sicut probatum est. Vult igitur bonum ordinis totius universi in ipsum, et bonum ordinis universi secundum partes suas ad invicem. Bonum autem ordinis consurgit ex singulis bonis. Vult igitur etiam singula bona.

Praeterea. Si Deus non vult singula bona ex quibus constat universum, sequitur quod in universo sit casu ordinis bonum: non est enim possibile quod aliqua pars universi omnia particularia bona componat in ordinem universi, sed sola universalis causa totius universi, quae Deus est, qui per suam voluntatem agit, ut infra ostendetur. Quod autem ordo universi sit casualis, est impossibile: quia sequeretur quod multo magis alia posteriora essent casu. Relinquitur igitur quod Deus etiam singula bonorum vult.

Adhuc. Bonum intellectum, inquantum huiusmodi, est volitum., Sed Deus intelligit etiam particularia bona, ut supra probatum est. Vult igitur etiam particularia bona.

Hoc autem auctoritate Scripturae confirmatur, quae, Genesis 1, ad singula opera complacentiam divinae voluntatis ostendit, dicens: vidit Deus lucem quod esset bona, et similiter de aliis operibus, et postea de omnibus simul: vidit Deus cuncta quae fecerat, et erant valde bona.

segunda ordem existe por causa da primeira. Ora, Deus, pelo fato de que se quer como o fim que Ele é, quer as outras coisas que se ordenam a Ele como a um fim, como foi provado[431]. Portanto, quer o bem da ordem de todo o universo ordenado a si mesmo, e o bem da ordem das partes do universo ordenadas entre si. Ora, o bem da ordem resulta de cada um dos bens particulares. Logo, Deus quer também cada um dos bens particulares.

Além disso, se Deus não quer cada um dos bens particulares, dos quais consta o universo, segue-se que no universo exista por acaso o bem da ordem, uma vez que não é possível que alguma parte do universo reúna todos os bens particulares na ordem do universo, mas unicamente a causa universal de todo o universo, que é Deus, que age por sua vontade, como se demonstrará[432]. Ora, é impossível que a ordem do universo seja casual, porque seguir-se-ia que, com mais razão, seriam casuais outros bens posteriores. Logo, conclui-se que Deus quer também cada um dos bens singulares.

Ainda, o bem conhecido enquanto tal é querido[433]. Ora, Deus conhece também os bens particulares, como foi provado[434]. Logo, quer também os bens particulares.

Isso é confirmado pela autoridade das Escrituras, que mostra a complacência da vontade divina em cada uma das obras, quando diz: *Deus viu que a luz era boa*[435]. Diz o mesmo das outras obras e depois de todas simultaneamente: *Deus viu todas as coisas que fizera e eram muito boas*[436].

Capitulum LXXIX
Quod Deus vult etiam ea quae nondum sunt

Si autem velle est per comparatione volentis ad volitum, forte alicui potest videri quod Deus non velit nisi ea quae sunt: nam relativa

Capítulo 79
Deus quer também as coisas que ainda não existem

Se o querer envolve uma relação entre o que quer e a coisa querida, talvez possa parecer a alguém que Deus não queira a não ser as

---

[431] Cf. cap. 75.
[432] Cf. Livro II, cap. 23.
[433] Cf. cap. 72.
[434] Cf. cap. 65.
[435] Gênesis 1,4.
[436] Gênesis 1.31.

oportet simul esse, et, uno interempto, interimitur alterum, ut Philosophus docet. Si igitur velle est per comparationem volentis ad volitum, nullus potest velle nisi ea quae sunt.

Praeterea. Voluntas dicitur ad volita, sicut et causa et creator. Non autem potest dici etiam Deus creator, vel Dominus, vel pater, nisi eorum quae sunt. Ergo nec potest dici velle nisi ea quae sunt. Ex hoc autem posset ulterius concludi, si divinum velle est invariabile, sicut et suum esse, et non vult nisi ea quae actu sunt, quod nihil velit quod non semper sit.

Dicunt autem ad haec quidam quod ea quae non sunt in seipsis, sunt in Deo et in eius intellectu. Unde nihil prohibet etiam ea quae non sunt in seipsis, Deum velle secundum quod in eo sunt. Hoc autem non videtur sufficienter dictum. Nam secundum hoc dicitur quilibet volens aliquid velle, quod voluntas sua refertur ad volitum. Si igitur divina voluntas non refertur ad volitum quod non est nisi secundum quod est in ipso vel in eius intellectu, sequetur quod Deus non velit illud aliter nisi quia vult illud esse in se vel in eius intellectu. Hoc autem non intendunt loquentes sed quod Deus huiusmodi quae nondum sunt velit esse etiam in seipsis.

Rursum, si voluntas comparatur ad rem volitam per suum obiectum, quod est bonum intellectum; intellectus autem non solum intelligit bonum esse in se, sed etiam in propria natura: et voluntas comparabitur ad volitum non solum secundum quod est in cognoscente, sed etiam secundum quod est in seipso.

Dicamus igitur quod, cum bonum apprehensum moveat voluntatem, oportet quod ipsum velle sequatur conditionem apprehen-

coisas que existem, porque é necessário que as coisas relativas existam simultâneas e, desaparecida uma, desaparece também a outra, como ensina o Filósofo[437]. Portanto, se o querer envolve uma relação entre o que quer e a coisa querida, ninguém pode querer a não ser as coisas que existem.

Além disso, a vontade se diz em referência ao que é querido: por exemplo, se diz *causa* e *criador*. Não se pode dizer Deus criador, ou Senhor, ou Pai, somente de coisas que existem. Logo, também não se pode dizer querer a não ser das coisas que existem. Daí poder-se-ia concluir ainda que, se o querer divino é invariável, como também o seu ser e não quer a não ser o que existe em ato, que nada quereria do que não existisse.

A isso alguns respondem que as coisas que não existem em si mesmas estão em Deus e no seu intelecto. Portanto, nada impede que as coisas que não existem em si mesmas Deus as queira como estão no seu intelecto. Mas essa afirmação não parece ser suficiente. Porque, de acordo com isso, se diz que todo o que quer quer alguma coisa, pelo fato de que a sua vontade está em referência à coisa querida. Portanto, se a vontade divina não estiver em referência à coisa querida, que não existe a não ser como está em Deus ou no seu intelecto, seguir-se-á que Deus somente a quererá como existente em si ou no seu intelecto. Ora, não é isto que pretendem os que responderam, mas que Deus quer que as coisas que ainda não existem existam em si mesmas.

Por outro lado, se a vontade está em referência ao que é querido por seu objeto, que é o bem conhecido, o intelecto não só entende que o bem existe em si, mas também em sua própria natureza; e a vontade estará em referência ao que é querido, não somente enquanto ele existe no que conhece, mas também enquanto existe em si mesmo.

Digamos, portanto, que quando o bem apreendido move a vontade, é necessário que o mesmo querer siga a condição da apreen-

[437] Aristóteles (384-322 a.C.), em Categorias 7, 7b, 15, 19-20.

sionis: sicut et motus aliorum mobilium sequuntur conditiones moventis quod est causa motus. Relatio autem apprehendentis ad apprehensum est consequens ad apprehensionem ipsam: per hoc enim refertur apprehendens ad apprehensum quod apprehendit ipsum. Non autem solum apprehendens apprehendit rem secundum quod est in ipso, sed secundum quod est in propria natura: quia non solum cognoscimus rem intelligi a nobis, quod est eam esse in intellectu, sed eam esse vel fuisse vel futuram esse in propria natura. Licet igitur tunc res illa non sit nisi in cognoscente, relatio tamen consequens apprehensionem est ad eam non prout est in cognoscente, sed prout est secundum propriam naturam, quam apprehendit apprehendens.

Voluntatis igitur divinae relatio est ad rem non existentem secundum quod est in propria natura secundum aliquod tempus, et non solum secundum quod est in Deo cognoscente. Vult igitur Deus rem quae non est nunc, esse secundum aliquod tempus: et non solum vult secundum quod ipse eam intelligit. Nec est simile de relatione volentis ad volitum, et creantis ad creatum, et facientis ad factum, aut Domini ad subiectam creaturam. Nam velle est actio in volente manens: unde non cogit intelligi aliquid extra existens. Sed facere et creare et gubernare significant actionem terminatam ad exteriorem effectum, sine cuius existentia huiusmodi actio non potest intelligi.

Capitulum LXXX
Quod Deus de necessitate vult suum esse et suam bonitatem

Ex his autem quae supra ostensa sunt, sequitur quod Deus de necessitate velit suum esse et suam bonitatem, nec possit contrarium velle.

Ostensum est enim supra quod Deus vult suum esse et suam bonitatem ut principale

são, assim como também os movimentos dos outros que são movidos seguem as condições do que move, que é a causa do movimento. Ora, a relação do que apreende com o que é apreendido é consequente à mesma apreensão, e por isso o que apreende está em referência ao que é apreendido que ele apreende. Ora, o que apreende não só apreende a coisa enquanto existe nele, mas também enquanto existe na própria natureza, porque não somente conhecemos que a coisa é por nós conhecida, o que é para ela existir no intelecto, como também que ela existe, ou existiu, ou existirá na própria natureza. Logo, embora aquela coisa não exista a não ser no que conhece, contudo a relação consequente à apreensão se estabelece com ela, não enquanto existe no que conhece, mas enquanto existe na própria natureza, a qual é apreendida por quem apreende.

Portanto, a relação da vontade divina é com a coisa que não existe, enquanto ela existe na natureza em determinado tempo, e não somente enquanto existe em Deus que a conhece. Deus quer que a coisa, que não existe agora, exista em algum tempo, e não quer que somente Ele a conheça. A relação do que quer com o que é querido não é semelhante à do criador com o criado, do artesão com a obra feita, do Senhor com a criatura que lhe é sujeita; porque querer é uma ação que permanece no que quer e, por isso, não obriga a conceber que existe algo exterior. Mas fazer, criar e governar significam ações que terminam no efeito exterior, sem cuja existência não se poderiam conceber essas ações.

Capítulo 80
Deus quer necessariamente seu existir e sua bondade

Segue-se, do que foi demonstrado, que Deus quer necessariamente o seu existir e a sua bondade e que não pode querer o contrário.

Com efeito, foi demonstrado[438] que Deus quer seu existir e sua bondade como objeto

---

[438] Cf. cap. 74.

obiectum, quod est sibi ratio volendi alia. In omni igitur volito vult suum esse et suam bonitatem: sicut visus in omni colore videt lumen. Impossibile est autem Deum non velle aliquid actu: esset enim volens in potentia tantum; quod est impossibile, cum suum velle sit suum esse. Necesse est igitur quod velit suum esse et suam bonitatem.

Item. Quilibet volens de necessitate vult suum ultimum finem: sicut homo de necessitate vult suam beatitudinem, nec potest velle miseriam. Sed Deus vult se esse sicut ultimum finem, ut ex praedictis patet. Necessario igitur vult se esse, nec potest velle se non esse.

Amplius. In appetitivis et in operativis finis hoc modo se habet sicut principium indemonstrabile in speculativis: sicut enim ex principiis concluduntur in speculativis conclusiones, ita in activis et appetitivis ratio omnium agendorum et appetendorum ex fine sumitur. Sed in speculativis intellectus de necessitate assentit primis principiis indemonstrabilibus, quorum contrariis nullo modo potest assentire. Ergo voluntas necessario inhaeret fini ultimo, ut non possit contrarium velle. Et sic, si divinae voluntati non est alius finis quam ipse, de necessitate vult se esse.

Adhuc. Omnia, inquantum sunt, assimilantur Deo, qui est primo et maxime ens. Omnia autem, inquantum sunt, suo modo naturaliter diligunt suum esse. Multo igitur magis Deus suum esse diligit naturaliter. Natura autem eius est per se necesse-esse, ut supra probatum est. Deus igitur ex necessitate vult se esse.

principal, que é para si a razão de querer as outras coisas. Portanto, em tudo o que é querido, quer o seu existir e a sua bondade, assim como a vista vê a luz em toda cor. Ora, é impossível que Deus não queira algo em ato, porque quereria somente em potência, o que é impossível, porque o seu querer é o seu existir[439]. Logo, é necessário que Deus queira o seu existir e a sua bondade.

Igualmente, todo o que quer necessariamente quer o seu último fim, assim como o homem quer necessariamente a sua felicidade, e não pode querer a infelicidade. Ora, Deus quer o seu existir como último fim, conforme fica claro pelo que foi dito[440]. Logo, quer necessariamente ser e não pode querer não ser.

Ademais, nas potências apetitivas e operativas, o fim procede como o princípio indemonstrável nas coisas especulativas[441]: assim como nas especulativas, as conclusões se concluem dos princípios, assim nas operativas e apetitivas se toma do fim tudo o que se deve fazer e apetecer. Ora, nas especulativas, o intelecto consente necessariamente com os primeiros princípios indemonstráveis, e de nenhum modo pode consentir com os contrários deles. Logo, a vontade adere necessariamente ao fim último, de tal modo que não pode querer o contrário dele. E assim, se para a vontade divina não existe outro fim que Deus[442], necessariamente Deus quer ser.

Ainda, todas as coisas, enquanto existem, se assemelham a Deus, que é o primeiro e supremo ente[443]. Ora, todas as coisas, enquanto existem, a seu modo amam naturalmente o seu ser. Portanto, muito mais Deus ama naturalmente o seu ser. Ora, a sua natureza, como foi provado[444], é existir por si necessariamente. Logo, Deus quer necessariamente o seu existir.

---

[439] Cf. caps. 16 e 73.
[440] Cf. cap. 74.
[441] Aristóteles (384-322 a.C.), em Física II, 9, 200a, 34b,1.
[442] Cf. cap. 74.
[443] Cf. cap. 29.
[444] Cf. cap. 13.

Praeterea. Omnis perfectio et bonitas quae in creaturis est, Deo convenit essentialiter, ut supra probatum est. Diligere autem Deum est summa perfectio rationalis creaturae: cum per hoc quodammodo Deo uniatur. Ergo in Deo essentialiter est. Ergo ex necessitate diligit se. Et sic vult se esse.

Além disso, toda perfeição e bondade que existe nas criaturas convém essencialmente a Deus, como foi provado[445]. Ora, amar a Deus é a suprema perfeição da criatura racional, uma vez que é por esse amor que ela se une de algum modo a Deus. Logo, esse amor existe essencialmente em Deus; portanto, Ele se ama necessariamente. E, assim, quer o seu ser.

Capitulum LXXXI
Quod Deus non de necessitate vult alia a se

Si autem divina voluntas est divinae bonitatis et divini esse ex necessitate, posset alicui videri quod etiam aliorum ex necessitate esset: cum omnia alia velit volendo suam bonitatem, ut supra probatum est. Sed tamen recte considerantibus apparet quod non est aliorum ex necessitate.

Est enim aliorum ut ordinatorum ad finem suae bonitatis. Voluntas autem non ex necessitate fertur in ea quae sunt ad finem, si finis sine his esse possit: non enim habet necesse medicus, ex suppositione voluntatis quam habet de sanando, illa medicamenta adhibere infirmo sine quibus nihilominus potest infirmum sanare. Cum igitur divina bonitas sine aliis esse possit, quinimmo nec per alia ei aliquid accrescat; nulla inest ei necessitas ut alia velit ex hoc quod vult suam bonitatem.

Adhuc. Cum bonum intellectum sit proprium obiectum voluntatis, cuiuslibet per intellectum concepti potest esse voluntas ubi salvatur ratio boni. Unde, quamvis esse cuiuslibet, inquantum huiusmodi, bonum sit, non esse autem malum; ipsum tamen non esse alicuius potest cadere sub voluntate ratione alicuius boni adiuncti quod salvatur, licet non ex necessitate: est enim bonum aliquid esse, etiam

Capítulo 81
Não é por necessidade que Deus quer as coisas distintas de si

Se a vontade divina tem necessariamente por objeto a bondade e o existir divino, poderia a alguém parecer que tivesse também necessariamente por objeto as outras coisas, uma vez que quer todas as outras coisas ao querer a sua própria bondade, como foi provado[446]. Entretanto, fica claro aos que consideram retamente que não tem necessariamente por objeto as outras coisas.

Com efeito, tem por objeto as outras coisas enquanto ordenadas para o fim de sua bondade[447]. Ora, a vontade não se inclina necessariamente para as coisas que estão para o fim, se este pode existir sem elas. Assim, um médico não tem necessidade, suposta a sua vontade de curar, de ministrar a um enfermo aqueles remédios sem os quais, entretanto, este pode ser curado. Portanto, uma vez que a bondade divina pode existir sem as outras coisas e, além disso, nada lhe acrescentam, não existe necessidade alguma para Deus de as querer, porque quer a sua bondade.

Ainda, uma vez que o objeto próprio da vontade é o bem conhecido, ela pode ter como objeto qualquer coisa concebida pelo intelecto, em que é salvaguardada a razão de bem. Portanto, embora o existir, enquanto tal, seja um bem de qualquer coisa, e o não existir, um mal, todavia o não existir pode ser objeto da vontade, não necessariamente, em razão de algum bem anexo que se salva; de fato, é um

---

[445] Cf. cap. 28.
[446] Cf. cap. 75.
[447] Cf. cap. 75.

alio non existente. Solum igitur illud bonum voluntas, secundum sui rationem, non potest velle non esse, quo non existente tollitur totaliter ratio boni. Tale autem nullum est praeter Deum. Potest igitur voluntas, secundum sui rationem, velle non esse quamcumque rem praeter Deum. Sed in Deo est voluntas secundum totam suam facultatem: omnia enim in ipso sunt universaliter perfecta. Potest igitur Deus velle non esse quamcumque rem aliam praeter se. Non igitur de necessitate vult esse alia a se.

Amplius. Deus, volendo bonitatem suam, vult esse alia a se prout bonitatem eius participant. Cum autem divina bonitas sit infinita, est infinitis modis participabilis, et aliis modis quam ab his creaturis quae nunc sunt participetur. Si igitur, ex hoc quod vult bonitatem suam, vellet de necessitate ea quae ipsam participant, sequeretur quod vellet esse infinitas creaturas, infinitis modis participantes suam bonitatem. Quod patet esse falsum: quia, si vellet, essent; cum sua voluntas sit principium essendi rebus, ut infra ostendetur. Non igitur ex necessitate vult etiam ea quae nunc sunt.

Item. Sapientis voluntas, ex hoc quod est de causa, est de effectu qui ex causa de necessitate sequitur: stultum enim esset velle solem existere super terram, et non esse diei claritatem. Sed effectum qui non ex necessitate sequitur ex causa, non est necesse aliquem velle ex hoc quod vult causam. A Deo autem procedunt alia non ex necessitate, ut infra ostendetur. Non igitur necesse est quod Deus alia velit ex hoc quod vult se.

bem que uma coisa exista, mesmo não existindo uma outra. Portanto, a vontade, pelo que ela é, somente não pode querer que não exista aquele bem, que ao não existir, elimina totalmente a razão de bem. Ora, além de Deus não existe tal bem. Logo, a vontade, pelo que ela é, pode querer que não exista qualquer coisa, excetuado Deus. Ora, em Deus a vontade existe em toda sua potencialidade, porque nEle tudo é universalmente perfeito[448]. Portanto, Deus pode querer que não exista qualquer outra coisa com a exceção de Si mesmo. Logo, não necessariamente Deus quer que existam coisas distintas de si mesmo.

Ademais, Deus, ao querer a sua bondade, quer que existam coisas distintas de si, como participantes de sua bondade[449]. Ora, como a bondade divina é infinita, pode ser participada de infinitos modos e de outros distintos dos que as criaturas, que agora existem, participam. Portanto, se porque quer a sua bondade quisesse necessariamente as coisas que dela participam, seguir-se-ia que quereria que existissem infinitas criaturas participantes por infinitos modos da sua bondade. O que claramente é falso porque, se quisesse, existiriam, uma vez que a sua bondade é o princípio da existência das coisas, como adiante se demonstrará[450]. Logo, não é necessariamente que quer também as coisas que agora existem.

Igualmente, a vontade do sábio, que se ocupa de uma causa, ocupa-se também do efeito que dela se segue necessariamente. Seria insensatez, portanto, querer que o sol existisse sobre a terra e que não existisse a claridade do dia. Mas, porque se quer uma causa, não é necessário que alguém queira um efeito que dela não procede por necessidade. Ora, outras coisas procedem de Deus não necessariamente, como adiante se demonstrará[451]. Logo, não é necessário que Deus, porque se quer, queira as outras coisas.

---

[448] Cf. cap. 28.
[449] Cf. cap. 75.
[450] Cf. Livro II, cap. 23.
[451] Ibidem.

Amplius. Res procedunt a Deo sicut artificiata ab artifice, ut infra ostendetur. Sed artifex, quamvis velit se habere artem, non tamen ex necessitate vult artificiata producere. Ergo nec Deus ex necessitate vult alia a se esse.

Est ergo considerandum quare Deus alia a se ex necessitate sciat, non autem ex necessitate velit: cum tamen, ex hoc quod intelligit et vult se, intelligat et velit alia. Huius autem ratio est: quod enim intelligens intelligat aliquid, est ex hoc quod intelligens se habet quodam modo; prout ex hoc aliquid actu intelligitur quod est eius similitudo in intelligente.

Sed quod volens aliquid velit, ex hoc est quod volitum aliquo modo se habet: volumus enim aliquid vel quia finis est, vel quia ad finem ordinatur. Esse autem omnia in Deo, ut in eo intelligi possent, ex necessitate requirit divina perfectio: non autem divina bonitas ex necessitate requirit alia esse, quae in ipsam ordinantur ut in finem. Et ob hoc necesse est Deum alia scire, non autem velle. Unde nec omnia vult quae ad bonitatem ipsius ordinem habere possent: omnia autem scit quae ad essentiam eius, per quam intelligit, qualemcumque ordinem habent.

Ademais, as coisas procedem de Deus como os artefatos do artista, o que adiante se demonstrará[452]. Ora, o artesão, embora queira a posse de sua arte, contudo não quer necessariamente produzir os artefatos. Logo, nem Deus quer necessariamente que existam outras coisas distintas de si.

Deve-se, portanto, considerar por que Deus conhece necessariamente as coisas distintas de si, e não as quer necessariamente, uma vez que é pelo fato de se conhecer e se querer que as conhece e as quer[453]. A razão disto é: se quem conhece, conhece uma coisa, é porque que ele se encontra em certa disposição; porque desde que uma coisa é conhecida em ato a sua semelhança está em quem conhece.

Mas, se o que quer, quer alguma coisa, é porque ela se encontra em certa disposição, porque queremos uma coisa ou porque ela é fim, ou porque se ordena ao fim. Ora, a perfeição divina requer necessariamente que todas as coisas existam em Deus, para que nEle possam ser conhecidas[454]. Mas, a bondade divina não requer necessariamente a existência de outras coisas que lhe sejam ordenadas como a um fim. Por isso, é necessário que Deus conheça as outras coisas, e não, que as queira. Portanto, não quer todas as coisas que poderiam ser ordenadas à sua bondade. Mas, todas as coisas que tenham alguma ordenação para a sua essência, pela qual Deus conhece, Ele as conhece.

Capitulum LXXXII
Rationes ducentes ad inconveniens si Deus alia a se non necessario velit

Videntur tamen sequi inconvenientia si Deus ea quae vult non ex necessitate velit.

Si enim Dei voluntas respectu aliquorum volitorum non determinetur quantum ad illa, videtur se ad utrumlibet habere. Omnis autem virtus quae est ad utrumlibet est quodammo-

Capítulo 82
Razões que levam a consequências inaceitáveis, caso Deus não queira necessariamente as coisas distintas de si

Parece, todavia, que seguirão consequências inaceitáveis, caso Deus não queira necessariamente aquilo que quer.

Com efeito, se a vontade de Deus, com respeito a algumas coisas queridas, não está determinada a elas, parece que está disposta a uma ou outra delas. Ora, toda faculdade que

---

[452] Cf. Livro II, cap. 24.
[453] Cf. caps. 49 e 75.
[454] Cf. cap. 50.

do in potentia: nam ad utrumlibet species est possibilis contingentis. Erit igitur Dei voluntas in potentia. Non igitur erit Dei substantia, in qua nulla est potentia, ut supra ostensum est.

Adhuc. Si ens in potentia, inquantum huiusmodi, natum est moveri, quia quod potest esse potest non esse; sequitur ulterius divinam voluntatem esse variabilem.

Praeterea. Si naturale est Deo aliquid circa causata sua velle, necessarium est. Innaturale autem nihil in ipso esse potest: non enim in ipso potest esse aliquid per accidens neque violentum, ut supra ostensum est.

Item. Si quod est ad utrumlibet indifferenter se habens non magis in unum quam in aliud tendit nisi ab alio determinetur, oportet quod Deus vel nihil eorum velit ad quae ad utrumlibet se habet, cuius contrarium supra ostensum est; vel quod ab alio determinetur ad unum. Et sic erit aliquid eo prius, quod ipsum determinet ad unum.

Horum autem nullum necesse est sequi. Ad utrumlibet enim esse alicui virtuti potest convenire dupliciter: uno modo, ex parte sui; alio modo, ex parte eius ad quod dicitur.

Ex parte quidem sui, quando nondum consecuta est suam perfectionem, per quam ad unum determinetur. Unde hoc in imperfectionem virtutis redundat, et ostenditur esse potentialitas in ipsa: sicut patet in intellectu dubitantis, qui nondum assecutus est principia ex quibus ad alterum determinetur.

Ex parte autem eius ad quod dicitur, invenitur aliqua virtus ad utrumlibet esse quando perfecta operatio virtutis a neutro dependet, sed tamen utrumque esse potest: sicut ars, quae diversis instrumentis uti potest ad idem

está disposta a uma ou outra coisa, está de certo modo em potência, pois estar disposto a uma ou outra coisa é uma espécie de contingente possível. Portanto, a vontade divina estará em potência. Logo, não seria a substância de Deus, na qual não há potência alguma, como foi demonstrado[455].

Ainda, se o ente em potência, enquanto tal, naturalmente se move, porque o que pode existir pode também não existir, segue-se que a vontade divina é variável.

Além disso, se é natural para Deus querer algo acerca das coisas das quais Ele é a causa, isso é necessário. Ora, nada não natural pode existir em Deus, pois não pode existir nEle algo acidental ou violento, como foi demonstrado[456].

Igualmente, o que está disposto indiferentemente a uma ou outra coisa não tende mais a uma do que à outra, se não for determinado por outro; é necessário, pois, ou que Deus nada queira daquelas às quais está disposto — o contrário disto foi demonstrado[457] —, ou que seja determinado por outro a uma delas. E assim haveria algo anterior a Ele, que o determinaria a uma coisa.

Não é, porém, necessário seguir nenhuma dessas consequências. Com efeito, estar disposta a uma ou outra coisa pode convir a uma faculdade de duas maneiras: da parte de si mesma, ou da parte da coisa a que está disposta.

Da parte de si mesma, quando ainda não conseguiu a sua perfeição, pela qual é determinada a uma coisa. Por isso, essa maneira redunda na imperfeição da faculdade e demonstra que nela existe potencialidade; por exemplo, no intelecto do que duvida, que ainda não conseguiu os princípios pelos quais se determinará a uma conclusão.

Da parte daquela a que está disposta, uma faculdade está disposta a uma e outra coisa quando a operação perfeita da faculdade não depende de nenhuma delas, mas pode dispor-se a uma e outra; por exemplo, a arte

---

[455] Cf. cap. 16.
[456] Cf. cap. 19.
[457] Cf. cap. 75.

opus aequaliter perficiendum. Hoc autem ad imperfectionem virtutis non pertinet, sed magis ad eius eminentiam: inquantum utrumlibet oppositorum excedit, et ob hoc determinatur ad neutrum, se ad utrumlibet habens. Sic autem est in divina voluntate respectu aliorum a se: nam finis eius a nullo aliorum dependet, cum tamen ipsa fini suo perfectissime sit unita. Non igitur oportet potentialitatem aliquam in divina voluntate poni.

Similiter autem nec mutabilitatem. Si enim in divina voluntate nulla est potentialitas, non sic absque necessitate alterum oppositorum praeaccipit circa sua causata quasi consideretur in potentia ad utrumque, ut primo sit volens potentia utrumque et postmodum volens actu, sed semper est volens actu quicquid vult, non solum circa se sed etiam circa causata: sed quia volitum non habet necessarium ordinem ad divinam bonitatem, quae est proprium obiectum divinae voluntatis; per modum quo non necessaria, sed possibilia enuntiabilia dicimus quando non est necessarius ordo praedicati ad subiectum.

Unde cum dicitur, Deus vult hoc causatum, manifestum est esse enuntiabile non necessarium, sed possibile, illo modo quo non dicitur aliquid possibile secundum aliquam potentiam, sed quod non necesse est esse nec impossibile est esse, ut Philosophus tradit in V metaph.: sicut triangulum habere duo latera aequalia est enuntiabile possibile, non tamen secundum aliquam potentiam, cum in mathematicis non sit potentia neque motus. Exclusio igitur necessitatis praedictae immutabilitatem divinae voluntatis non tollit. Quam Scriptura sacra profitetur, I Reg. 15,29: triumphator in Israel poenitudine non flectetur.

Quamvis autem divina voluntas ad sua causata non determinetur, non tamen oportet dicere quod nihil eorum velit, aut quod ad

que pode se utilizar de diversos instrumentos para realizar igualmente a mesma obra. Isso não pertence à imperfeição da faculdade, mas antes à sua eminência, enquanto excede uma ou outra das coisas opostas e, por isso, não é determinada a nenhuma delas, estando disposta a ambas. Assim é com a vontade divina em relação às coisas distintas de si, pois o seu fim não depende de nenhuma delas, uma vez que está perfeitissimamente unida ao próprio fim. Logo, não se deve afirmar potencialidade alguma na vontade divina.

E muito menos se deve afirmar a mutabilidade. Se não existe potencialidade alguma na vontade divina, certamente Deus não prefere livremente um dos opostos entre os seus efeitos, como se considerasse em potência a um e outro, de modo que os quisesse antes em potência e depois em ato, mas sempre está em ato de querer tudo o que quer, não só quanto a si, mas também quanto aos efeitos. Mas, como o que é querido não tem uma ordenação necessária à bondade divina, que é o objeto próprio da vontade divina, assim dizemos que aquelas enunciações não são necessárias, mas possíveis, quando não há ordenação necessária do predicado ao sujeito.

Daí, quando se diz: *Deus quer este efeito*, é evidente que é uma enunciação não necessária, mas possível, não no sentido em que se diz que algo é possível *segundo alguma potência*, mas no sentido de que *não é necessário, nem é impossível ser*, como afirma o Filósofo[458]. Por exemplo, ter o triângulo dois lados iguais é enunciação possível, embora não segundo alguma potência, uma vez que na matemática não há potência, nem movimento. Portanto, a exclusão da sobredita necessidade não tira a imutabilidade da vontade divina. O que a Sagrada Escritura afirma: *O triunfador de Israel não se curvará pelo arrependimento*[459].

Embora a vontade divina não esteja determinada aos seus efeitos, não se deve dizer que não quer nenhum, nem que esteja determina-

---

[458] Aristóteles (384-322 a.C.), em Metafísica V, 12, 1019b, 21-33.
[459] 1 Reis 15,29.

volendum ab aliquo exteriori determinetur. Cum enim bonum apprehensum voluntatem sicut proprium obiectum determinet; intellectus autem divinus non sit extraneus ab eius voluntate, cum utrumque sit sua essentia; si voluntas Dei ad aliquid volendum per sui intellectus cognitionem determinetur, non erit determinatio voluntatis divinae per aliquid extraneum facta. Intellectus enim divinus apprehendit non solum divinum esse, quod est bonitas eius, sed etiam alia bona, ut supra ostensum est. Quae quidem apprehendit ut similitudines quasdam divinae bonitatis et essentiae, non ut eius principia. Et sic voluntas divina in illa tendit ut suae bonitati convenientia, non ut ad suam bonitatem necessaria.

Sic autem et in nostra voluntate accidit: quod, cum ad aliquid inclinatur quasi necessarium simpliciter ad finem, quadam necessitate movetur in illud; cum autem tendit in aliquid solum propter convenientiam quandam, non necessario in illud tendit. Unde nec divina voluntas tendit in sua causata necessario.

Non etiam oportet propter praemissa innaturale aliquid in Deo ponere. Voluntas namque sua uno et eodem actu vult se et alia: sed habitudo eius ad se est necessaria et naturalis; habitudo autem eius ad alia est secundum convenientiam quandam, non quidem necessaria et naturalis, neque violenta aut innaturalis, sed voluntaria; quod enim voluntarium est, neque naturale neque violentum necesse est esse.

Capitulum LXXXIII
Quod Deus vult aliquid aliud a se necessitate suppositionis

Ex his autem haberi potest quod, licet Deus circa causata nihil necessario velit absolute, vult tamen aliquid necessario ex suppositione.

Ostensum enim est divinam voluntatem immutabilem esse. In quolibet autem immu-

da a querer por algo exterior. Uma vez que o bem conhecido determina a vontade como o seu objeto próprio, e o intelecto divino não é alheio à sua vontade, pois um e outro são a sua essência, se a vontade divina é determinada a querer algo pelo conhecimento do seu intelecto, esta determinação da vontade divina não será feita por algo estranho. O intelecto divino apreende, com efeito, não só o ser divino, que é a sua bondade, mas também os outros bens, como foi demonstrado[460]. Apreende, porém, esses outros bens como semelhanças da bondade e da essência divina, não como seus princípios. Assim, a vontade divina tende a eles não como necessários, mas como convenientes à sua bondade.

Algo semelhante acontece na nossa vontade: quando ela se inclina para algo que é simplesmente necessário ao fim, é movida para ele por uma necessidade. Mas, quando tende para uma coisa apenas por certa conveniência, não tende necessariamente. Logo, nem a vontade divina tende necessariamente para os seus efeitos.

Não se deve, também, devido ao que precede, afirmar em Deus algo não natural. A sua vontade, com efeito, quer por um só ato a Si mesmo e as outras coisas. Mas, enquanto a relação da vontade divina consigo é necessária e natural, a relação com as outras coisas é por uma conveniência, não necessária e natural, nem violenta ou não natural, mas *voluntária*. Ora, o que é voluntário não é necessário que seja nem natural, nem violento.

Capítulo 83
É por necessidade de suposição que Deus quer algo distinto em si mesmo

Do que precede pode-se concluir que, embora Deus, no que toca aos efeitos, nada queira necessariamente em sentido absoluto, todavia quer alguma coisa por necessidade de suposição.

Foi demonstrado[461] que a vontade divina é imutável. Ora, em tudo o que é imutável, se

---
[460] Cf. cap. 49.
[461] Cf. canterior.

tabili, si semel est aliquid, non potest postmodum non esse: hoc enim moveri dicimus quod aliter se habet nunc et prius. Si igitur divina voluntas est immutabilis, posito quod aliquid velit, necesse est ex suppositione eum hoc velle.

Item. Omne aeternum est necessarium. Deum autem velle aliquid causatum esse est aeternum: sicut enim esse suum, ita et velle aeternitate mensuratur. Est ergo necessarium. Sed non absolute consideratum: quia voluntas Dei non habet necessariam habitudinem ad hoc volitum. Ergo est necessarium ex suppositione.

Praeterea. Quicquid Deus potuit, potest: virtus enim eius non minuitur, sicut nec eius essentia. Sed non potest nunc non velle quod ponitur voluisse: quia non potest mutari sua voluntas. Ergo nunquam potuit non velle quicquid voluit. Est ergo necessarium ex suppositione eum voluisse quicquid voluit, sicut et velle: neutrum autem necessarium absolute, sed possibile modo praedicto.

Amplius. Quicumque vult aliquid, necessario vult ea quae necessario requiruntur ad illud, nisi sit ex parte eius defectus, vel propter ignorantiam, vel quia a recta electione eius quod est ad finem intentum abducatur per aliquam passionem. Quae de Deo dici non possunt. Si igitur Deus, volendo se, vult aliquid aliud a se, necessarium est eum velle omne illud quod ad volitum ab eo ex necessitate requiritur: sicut necessarium est Deum velle animam rationalem esse, supposito quod velit hominem esse.

algo existe uma vez, não pode, depois, não existir; portanto, dizemos mover-se aquilo que se tem de diversa maneira antes e depois. Logo, se a vontade divina é imutável, posto que queira alguma coisa, é necessário que queira essa coisa por suposição.

Igualmente, todo eterno é necessário. É eterno que Deus queira que algum efeito exista, porque assim como o seu existir, assim também o seu querer é medido pela eternidade[462]. Logo, é necessário. Mas não considerado de maneira absoluta, porque a vontade de Deus não tem uma relação necessária com aquilo que é querido[463]. Logo, é necessário por suposição.

Além disso, tudo o que Deus pôde pode: pois a sua potência, como também a sua essência não diminuem. Ora, não pode agora não querer o que foi afirmado ter querido, porque a sua vontade é imutável. Portanto, nunca pôde não querer aquilo que quis. Logo, é necessário por suposição que Ele quis o que quis, assim como também o que quer. Entretanto, nem uma nem outra coisa é necessária absolutamente, mas possível no sentido acima dito.

Ademais, quem quer uma coisa, necessariamente quer aquelas coisas que por necessidade são requeridas por aquela coisa, a não ser que haja um defeito da parte dele, ou ignorância, ou porque a paixão o desvia de escolher retamente aquilo que conduz ao fim pretendido. Ora, isso não se pode dizer de Deus. Portanto, se Deus, ao se querer, quer alguma outra coisa distinta de si, é necessário que Ele queira tudo aquilo que é requerido, por necessidade, pelo que é querido por Ele. Por exemplo, é necessário que Deus queira que exista a alma racional, suposto que queira a existência do homem.

---

[462] Cf. cap. 73.
[463] Cf. capítulo anterior.

Capitulum LXXXIV
Quod voluntas Dei non est impossibilium secundum se

Ex hoc apparet quod voluntas Dei non potest esse eorum quae sunt secundum se impossibilia.

Huiusmodi enim sunt quae in seipsis repugnantiam habent: ut hominem esse asinum, in quo includitur rationale esse irrationale. Quod autem repugnat alicui, excludit aliquid eorum quae ad ipsum requiruntur: sicut esse asinum excludit hominis rationem. Si igitur necessario vult ea quae requiruntur ad hoc quod supponitur velle, impossibile est eum velle ea quae eis repugnant. Et sic impossibile est eum velle ea quae sunt impossibilia simpliciter.

Item. Sicut supra ostensum est, Deus, volendo suum esse, quod est sua bonitas, vult omnia alia inquantum habent eius similitudinem. Secundum hoc autem quod aliquid repugnat rationi entis inquantum huiusmodi, non potest in eo salvari similitudo primi esse, scilicet divini, quod est fons essendi. Non potest igitur Deus velle aliquid quod repugnat rationi entis inquantum huiusmodi. Sicut autem rationi hominis inquantum est homo repugnat esse irrationale, ita rationi entis inquantum huiusmodi repugnat quod aliquid sit simul ens et non ens. Non potest igitur Deus velle quod affirmatio et negatio sint simul verae. Hoc autem includitur in omni per se impossibili, quod ad seipsum repugnantiam habet inquantum contradictionem implicat. Voluntas igitur Dei non potest esse per se impossibilium.

Amplius. Voluntas non est nisi alicuius boni intellecti. Illud igitur quod non cadit in intellectum, non potest cadere in voluntatem. Sed ea quae sunt secundum se impossibilia non cadunt in intellectum, cum sibi ipsis repugnent: nisi forte per errorem non intelligentis rerum proprietatem, quod de Deo

---

Capítulo 84
A vontade de Deus não quer o impossível em si mesmo

Fica claro do que foi exposto que a vontade de Deus não quer as coisas que são impossíveis em si mesmas.

São impossíveis as coisas que têm em si mesmas alguma repugnância: Por exemplo, que o homem seja asno, e isso implica que o racional é irracional. Aquilo que repugna a alguma coisa exclui algo que lhe é requerido: Por exemplo, o ser asno exclui a razão de homem. Portanto, se quer necessariamente aquelas coisas que são requeridas ao que se supõe querer, é impossível que queira as coisas que não são compatíveis com aquelas. E assim é impossível que Ele queira aquelas coisas que são simplesmente impossíveis.

Igualmente, como foi demonstrado[464], Deus ao querer o seu ser, que é a sua bondade, quer todas as outras coisas enquanto têm semelhança com Ele. Ora, de acordo com isso, aquilo que não é compatível com a razão de ente enquanto tal, nele não se pode salvar a semelhança do primeiro ser, isto é, do divino, que é a fonte do existir. Portanto, Deus não pode querer uma coisa que não é compatível com razão de ente enquanto tal. Ora, como o ser irracional não é compatível com a razão de homem, enquanto é homem, assim, não é compatível com a razão de ente enquanto tal que uma coisa seja ao mesmo tempo ente e não ente. Logo, Deus não pode querer que uma afirmação e uma negação sejam ao mesmo tempo verdadeiras. Ora, isso abrange todo impossível por si, que repugna a si mesmo enquanto implica contradição. Logo, a vontade de Deus não pode querer o que é impossível por si.

Ademais, a vontade quer somente um bem conhecido. Portanto, o que não cai no campo do intelecto não pode cair no campo da vontade. Ora, aquelas coisas que são impossíveis por si não caem no campo do intelecto, uma vez que repugnam a si mesmas, a não ser talvez por erro do que não entende

---

[464] Cf. cap. 75.

dici non potest. In divinam igitur voluntatem non possunt cadere quae secundum se sunt impossibilia.

Adhuc. Secundum quod unumquodque se habet ad esse, ita se habet ad bonitatem. Sed impossibilia sunt quae non possunt esse. Ergo non possunt esse bona. Ergo nec volita a Deo, qui non vult nisi ea quae sunt vel possunt esse bona.

Capitulum LXXXV
Quod divina voluntas non tollit contingentiam a rebus, neque eis necessitatem absolutam imponit

Ex praedictis autem haberi potest quod divina voluntas contingentiam non tollit, nec necessitatem absolutam rebus imponit.

Vult enim Deus omnia quae requiruntur ad rem quam vult, ut dictum est. Sed aliquibus rebus secundum modum suae naturae competit quod sint contingentes, non necessariae. Igitur vult aliquas res esse contingentes. Efficacia autem divinae voluntatis exigit ut non solum sit quod Deus vult esse, sed etiam ut hoc modo sit sicut Deus vult illud esse: nam et in agentibus naturalibus, cum virtus agens est fortis, assimilat sibi suum effectum non solum quantum ad speciem, sed etiam quantum ad accidentia, quae sunt quidam modi ipsius rei. Igitur efficacia divinae voluntatis contingentiam non tollit.

Amplius. Deus principalius vult bonum universitatis suorum effectuum quam aliquod bonum particulare: quanto in illo completior invenitur suae bonitatis similitudo. Completio autem universi exigit ut sint aliqua contingentia: alias non omnes gradus entium in universo continerentur. Vult igitur Deus aliqua esse contingentia.

a propriedade das coisas; o que não se pode dizer de Deus. Logo, aquelas coisas que são impossíveis por si não podem cair no campo da vontade divina.

Ainda, de acordo com o que cada coisa se refere ao ser, assim se refere à bondade. Ora, as coisas impossíveis são as que não podem existir. Logo, não podem ser boas e nem queridas por Deus, que não quer senão aquelas coisas que existem ou que podem ser boas.

Capítulo 85
A vontade divina não suprime a contingência das coisas, nem lhes impõe necessidade absoluta

Pode-se concluir do que foi exposto que a vontade divina não suprime a contingência das coisas, nem lhes impõe necessidade absoluta.

Com efeito, Deus quer todas as coisas que são requeridas para a coisa que Ele quer, como foi dito[465]. Ora, compete a algumas coisas, segundo o modo de sua natureza, serem contingentes, não necessárias. Logo, Deus quer que existam coisas contingentes. Ora, a eficácia da vontade divina exige que não só exista o que Deus quer que exista, como também que exista da maneira como Ele quer. Nos agentes naturais, também, quando a potência que age é forte, ela assimila a si o seu efeito, não só quanto à espécie, mas também quanto aos acidentes, que são certos modos próprios da coisa. Logo, a eficácia da vontade divina não suprime a contingência.

Ademais, Deus prefere, muito mais, o bem da universalidade dos seus efeitos do que um bem particular, uma vez que naquele se encontra uma mais completa semelhança de sua bondade[466]. Ora, a realização perfeita do universo exige que existam coisas contingentes, do contrário não seriam contidos no universo todos os graus dos entes. Logo, Deus quer que existam coisas contingentes.

---

[465] Cf. cap. 83.
[466] Cf. cap. 75.

Adhuc. Bonum universi in quodam ordine consideratur, ut patet in XI metaphysicae. Requirit autem ordo universi aliquas causas esse variabiles: cum corpora sint de perfectione universi, quae non movent nisi mota. A causa autem variabili effectus contingentes sequuntur: non enim potest esse effectus firmioris esse quam sua causa. Unde videmus, quamvis causa remota sit necessaria, si tamen causa proxima sit contingens, effectum contingentem esse: sicut patet in his quae circa inferiora corpora accidunt; quae quidem contingentia sunt propter proximarum causarum contingentiam, quamvis causae remotae, quae sunt motus caelestes, sint ex necessitate. Vult igitur Deus aliqua contingenter evenire.

Praeterea. Necessitas ex suppositione in causa non potest concludere necessitatem absolutam in effectu. Deus autem vult aliquid in creatura non necessitate absoluta, sed solum necessitate quae est ex suppositione, ut supra ostensum est. Ex voluntate igitur divina non potest concludi in rebus creatis necessitas absoluta. Haec autem sola excludit contingentiam: nam etiam contingentia ad utrumlibet redduntur ex suppositione necessaria; sicut socratem moveri, si currit, est necessarium. Divina igitur voluntas non excludit a rebus volitis contingentiam.

Non igitur sequitur, si Deus vult aliquid, quod illud de necessitate eveniat: sed quod haec conditionalis sit vera et necessaria, si Deus aliquid vult, illud erit. Consequens tamen non oportet esse necessarium.

Ainda, o bem do universo consiste em certa ordem, como diz o Filósofo[467]. Ora, a ordem do universo requer que existam algumas causas variáveis, uma vez que pertencem à perfeição do universo os corpos que não movem a não ser movidos. Os efeitos contingentes resultam de uma causa variável, pois não pode existir efeito mais firme que a sua causa. Daí vermos que, embora a causa remota seja necessária, se a causa próxima for contingente, o efeito será contingente. Isso fica claro no que acontece nos corpos inferiores, os quais são contingentes por causa da contingência das causas próximas, embora as causas remotas, que são os movimentos celestes, sejam necessárias. Logo, Deus quer que aconteçam coisas por contingência.

Além disso, a necessidade hipotética numa causa não pode produzir no efeito uma necessidade absoluta. Ora, Deus quer algo na criatura, não por necessidade absoluta, mas só por necessidade hipotética, como foi demonstrado[468]. Logo, da vontade divina não se pode concluir a necessidade absoluta nas coisas criadas. Ora, somente a necessidade absoluta exclui a contingência, porque as coisas contingentes, indiferentes a uma e outra coisa, podem se tornar necessárias hipotéticas: por exemplo, mover-se Sócrates, se ele se move, é necessário. Logo, a vontade divina não exclui a contingência das coisas que quer.

Não se pode concluir disso, portanto, que se Deus quer alguma coisa ela acontecerá necessariamente, mas sim que é verdadeira e necessária esta proposição condicional: *Se Deus quer algo, isso será*. Entretanto, não é necessário que o consequente seja necessário.

Capitulum LXXXVI
Quod divinae voluntatis potest ratio assignari

Colligere autem ex praedictis possumus quod divinae voluntatis ratio assignari potest.

Finis enim est ratio volendi ea quae sunt ad finem. Deus autem vult bonitatem suam tanquam finem, omnia autem alia vult tan-

Capítulo 86
Pode-se indicar a razão da vontade divina

Pode-se concluir do que foi dito que é possível indicar a razão da vontade divina.

Com efeito, o fim é a razão de se querer as coisas que são para o fim. Ora, Deus quer a sua vontade como fim e quer todas as outras

---

[467] Aristóteles (384-322 a.C.), em Metafísica XI, 10, 1075a, 11-15.
[468] Cf. caps. 81 ss.

quam ea quae sunt ad finem. Sua igitur bonitas est ratio quare vult alia quae sunt diversa ab ipso.

Rursus. Bonum particulare ordinatur ad bonum totius sicut ad finem, ut imperfectum ad perfectum. Sic autem cadunt aliqua sub divina voluntate secundum quod se habent in ordine boni. Relinquitur igitur quod bonum universi sit ratio quare Deus vult unumquodque particulare bonum in universo.

Item. Sicut supra ostensum est, supposito quod Deus aliquid velit, sequitur ex necessitate quod velit ea quae ad illud requiruntur. Quod autem alii necessitatem imponit, est ratio quare illud sit. Ratio igitur quare Deus vult ea quae requiruntur ad unumquodque, est ut sit illud ad quod requiritur.

Sic igitur procedere possumus in assignando divinae voluntatis rationem: Deus vult hominem habere rationem ad hoc quod homo sit; vult autem hominem esse ad hoc quod completio universi sit; vult autem bonum universi esse quia decet bonitatem ipsius.

Non tamen praedicta triplex ratio secundum eandem habitudinem procedit. — Nam bonitas divina neque dependet a perfectione universi, neque ex ea aliquid sibi accrescit. — Perfectio autem universi, licet ex aliquibus particularibus bonis ex necessitate dependeat, quae sunt essentiales partes universi, ex quibusdam tamen non dependet ex necessitate, sed tamen ex eis aliqua bonitas vel decor accrescit universo: sicut ex his quae sunt solum ad munimentum vel decorem aliarum partium universi. — Particulare autem bonum dependet ex necessitate ex his quae ad ipsum absolute requiruntur: licet et hoc etiam habeat quaedam quae sunt propter melius ipsius. — Aliquando igitur ratio divinae voluntatis continet solum decentiam; aliquando utilitatem; aliquando autem necessitatem quae est

coisas como coisas que são para o fim. Logo, a sua bondade é a razão pela qual quer as outras coisas que são distintas de si.

Por outro lado, o bem particular ordena-se para o bem do todo como para o fim, como o imperfeito para o perfeito. Deste modo, algumas coisas caem sob a vontade divina enquanto se referem à ordem do bem[469]. Portanto, o bem do universo é a razão pela qual Deus quer cada bem particular no universo.

Igualmente, como foi demonstrado[470], na suposição de que Deus queira alguma coisa, segue-se necessariamente que quer aquelas coisas que são requeridas para ela. Ora, o que impõe necessidade a outro é a razão pela qual este existe. Logo, a razão pela qual Deus quer aquilo que é requerido para a existência de cada coisa é que exista aquilo que é requerido.

Portanto, assim podemos proceder indicando a razão da vontade divina. Com efeito, Deus quer que o homem tenha uma razão para que exista como homem, e quer que o homem exista para que haja a perfeição completa do universo, e quer que exista o bem do universo porque convém à sua bondade.

Entretanto, as três razões citadas não procedem segundo a mesma relação. — Com efeito, a bondade divina não depende da perfeição do universo, nem desta perfeição algo lhe é acrescentado. — E a perfeição do universo, embora dependa por necessidade de alguns bens particulares, que são partes essenciais dele, todavia não depende por necessidade de outros, os quais, entretanto, acrescentam ao universo alguma bondade ou beleza, como aqueles que existem somente para a proteção ou beleza das outras partes do universo. — O bem particular, por sua vez, depende por necessidade das coisas que são para ele requeridas de modo absoluto, embora tenha também algumas coisas que existem em razão de seu aprimoramento. — Portanto, às vezes, a razão da vontade divina abrange só conveniência, outras vezes, utilidade, outras,

---

[469] Cf. cap. 78.
[470] Cf. cap. 83.

ex suppositione; necessitatem vero absolutam, solum cum vult seipsum.

Capitulum LXXXVII
Quod divinae voluntatis nihil potest esse causa

Quamvis autem aliqua ratio divinae voluntatis assignari possit, non tamen sequitur quod voluntatis eius sit aliquid causa.

Voluntati enim causa volendi est finis. Finis autem divinae voluntatis est sua bonitas. Ipsa igitur est Deo causa volendi, quae est etiam ipsum suum velle. Aliorum autem a Deo volitorum nullum est Deo causa volendi. Sed unum eorum est alteri causa ut ordinem habeat ad divinam bonitatem. Et sic intelligitur Deus propter unum eorum aliud velle.

Patet tamen quod non oportet discursum aliquem ponere in Dei voluntate. Nam ubi est unus actus, non consideratur discursus: ut supra circa intellectum ostensum est. Deus autem uno actu vult et suam bonitatem et omnia alia: cum sua actio sit sua essentia.

Per praedicta autem excluditur error quorundam dicentium omnia procedere a Deo secundum simplicem voluntatem: ut de nullo oporteat rationem reddere nisi quia Deus vult.

Quod etiam Scripturae divinae contrariatur, quae Deum perhibet secundum ordinem sapientiae suae omnia fecisse: secundum illud Psalmi: omnia in sapientia fecisti. Et Eccli. 1,10 dicitur quod Deus effudit sapientiam suam super omnia opera sua.

Capitulum LXXXVIII
Quod in Deo est liberum arbitrium

Ex praedictis autem ostendi potest quod in Deo liberum arbitrium inveniatur.

Nam liberum arbitrium dicitur respectu eorum quae non necessitate quis vult, sed propria sponte: unde in nobis est liberum arbi-

---

necessidade hipotética; mas uma necessidade absoluta somente quando Ele se quer.

Capítulo 87
Nada pode ser causa da vontade divina

Embora possa ser atribuída alguma razão à vontade divina, não se segue, contudo, que exista algo que seja causa de sua vontade.

Com efeito, para a vontade a causa do querer é o fim. Ora, o fim da vontade divina é a sua bondade. Portanto, para Deus esta é a causa do querer, que é também o seu mesmo querer. Ora, nenhuma das outras coisas queridas por Deus é para Ele a causa do querer. Mas, entre elas, uma é causa da outra a fim de que haja uma ordenação para a bondade divina. E assim se entende por que, em razão de uma delas, Deus quer outra.

É evidente, contudo, que não se deve afirmar um raciocínio na vontade de Deus. Porque onde existe um único ato não se concebe raciocínio, como foi demonstrado a respeito do intelecto[471]. Ora, Deus quer por um único ato não só a sua bondade, mas também todas as outras coisas, uma vez que a sua ação é a sua essência.

Pelo que foi dito, exclui-se o erro de alguns que dizem que tudo procede de Deus por uma vontade simples, de tal maneira que não se deve dar outra razão a não ser porque Deus quer.

Isso é contrário à Escritura Divina, que declara que Deus fez todas as coisas segundo a ordem de sua sabedoria: *Fizestes todas as coisas sabiamente*[472]. E *Deus derramou a sua sabedoria sobre todas as suas obras*[473].

Capítulo 88
Em Deus existe o livre-arbítrio

Do que foi dito, pode-se mostrar que o livre-arbítrio se encontra em Deus.

Diz-se livre-arbítrio a respeito daquelas coisas que alguém quer não necessariamente, mas pela sua livre vontade. Daí que em nós

---

[471] Cf. cap. 57.
[472] Salmo 103,24.
[473] Eclesiástico 1,10.

trium respectu eius quod volumus currere vel ambulare. Deus autem alia a se non ex necessitate vult, ut supra ostensum est. Deo igitur liberum arbitrium habere competit.

Adhuc. Voluntas divina in his ad quae secundum suam naturam non determinatur, inclinatur quodammodo per suum intellectum, ut supra ostensum est. Sed ex hoc homo dicitur prae ceteris animalibus liberum arbitrium habere quod ad volendum iudicio rationis inclinatur, non impetu naturae sicut bruta. Ergo in Deo est liberum arbitrium.

Item. Secundum Philosophum, in III ethic., voluntas est finis, electio autem eorum quae ad finem sunt. Cum igitur Deus seipsum tanquam finem velit, alia vero sicut quae ad finem sunt, sequitur quod respectu sui habeat voluntatem tantum, respectu autem aliorum electionem. Electio autem semper per liberum arbitrium fit. Deo igitur liberum arbitrium competit.

Praeterea. Homo per hoc quod habet liberum arbitrium, dicitur suorum actuum Dominus. Hoc autem maxime competit primo agenti, cuius actus ab alio non dependet. Ipse igitur Deus liberum arbitrium habet.

Hoc etiam ex ipsa nominis ratione haberi potest. Nam liberum est quod sui causa est, secundum Philosophum, in principio metaphysicae. Hoc autem nulli magis competit quam primae causae, quae Deus est.

Capitulum LXXXIX
Quod in Deo non sunt passiones affectuum

Ex praemissis autem sciri potest quod passiones affectuum in Deo non sunt.

Secundum enim intellectivam affectionem non est aliqua passio, sed solum secundum sensitivam, ut probatur in VII physicorum.

existe livre-arbítrio a respeito de quando queremos correr ou andar. Ora, Deus não quer as coisas distintas de si por necessidade, como foi demonstrado[474]. Logo, compete a Deus ter o livre-arbítrio.

Ainda, é o intelecto que, de uma maneira, como foi demonstrado[475], inclina a vontade divina às coisas às quais, por sua natureza, não está determinada. Ora, diz-se que o homem, em comparação com os demais animais, tem livre-arbítrio porque se inclina a querer por um juízo de razão, e não por um impulso da natureza como os irracionais. Logo, existe em Deus o livre-arbítrio.

Igualmente, conforme diz o Filósofo[476]: *a vontade é do fim, mas a eleição é daquelas coisas que são para o fim.* Uma vez que Deus quer a si mesmo como fim e as outras coisas como as que são para o fim, segue-se que, com relação a si mesmo, tenha somente vontade, e com relação às coisas, tenha eleição. Ora, a eleição sempre se faz pelo livre-arbítrio. Logo, compete a Deus o livre-arbítrio.

Além disso, diz-se que o homem é senhor dos seus atos, porque tem livre-arbítrio. Ora, isso compete, em sumo grau, ao primeiro agente, cujo ato não depende de outro. Logo, Deus tem livre-arbítrio.

Pode-se ter isso pela mesma razão do nome. Pois *é livre o que é sua própria causa*, conforme o Filósofo[477]. Logo, isso não compete a nenhum outro mais que à primeira causa, que é Deus.

Capítulo 89
Em Deus não existem paixões afetivas

Do que foi exposto pode-se saber que em Deus não existem paixões afetivas.

Com efeito, de acordo com o apetite intelectivo não existe paixão, mas somente de acordo com o sensitivo, como provou o Filósofo[478].

---

[474] Cf. cap. 81.
[475] Cf. cap. 82.
[476] Aristóteles (384-322 a.C.), em Ética III, 4, 1111b, 26-27.
[477] Aristóteles (384-322 a.C.), em Metafísica I, 2, 982b, 26.
[478] Aristóteles (384-322 a.C.), em Física VII, 3, 247a, 3-248a.9.

Nulla autem talis affectio in Deo esse potest: cum desit sibi sensitiva cognitio, ut per supra dicta est manifestum. Relinquitur igitur quod in Deo non sit affectiva passio.

Praeterea. Omnis affectiva passio secundum aliquam transmutationem corporalem fit: puta secundum constrictionem vel dilatationem cordis, aut secundum aliquid huiusmodi. Quorum nullum in Deo possibile est accidere: eo quod non sit corpus nec virtus in corpore, ut supra ostensum est. Non est igitur in ipso affectiva passio.

Item. In omni affectiva passione patiens aliqualiter trahitur extra suam communem, aequalem vel connaturalem dispositionem: cuius signum est quod huiusmodi passiones, si intendantur, animalibus inferunt mortem. Sed non est possibile Deum extra suam naturalem conditionem aliqualiter trahi: cum sit omnino immutabilis, ut supra ostensum est. Patet igitur quod in Deo huiusmodi passiones esse non possunt.

Amplius. Omnis affectio quae est secundum passionem, determinate in unum fertur, secundum modum et mensuram passionis: passio enim impetum habet ad aliquid unum, sicut et natura; et propter hoc ratione oportet eam reprimi et regulari. Divina autem voluntas non determinatur secundum se ad unum in his quae creata sunt, nisi ex ordine suae sapientiae, ut supra ostensum est. Non est igitur in ipso passio secundum affectionem aliquam.

Adhuc. Omnis passio est alicuius potentia existentis. Deus autem est omnino liber a potentia: cum sit purus actus. Est igitur agens tantum, et nullo modo aliqua passio in ipso locum habet.

Sic igitur omnis passio ratione generis a Deo removetur. Quaedam autem passiones removentur a Deo non solum ratione sui

Ora, nenhum apetite sensitivo pode existir em Deus, uma vez que lhe falta o conhecimento sensitivo, como está claro pelo que foi dito[479]. Logo, em Deus não existe paixão afetiva.

Além disso, toda paixão afetiva se faz com alguma transformação do corpo: por exemplo, contração ou dilatação do coração, ou algo semelhante. Ora, nada disso pode acontecer em Deus, porque não tem corpo, nem potência corpórea, como foi demonstrado[480]. Logo, em Deus não há paixão afetiva.

Igualmente, em toda paixão afetiva o paciente é conduzido, de algum modo, para além de sua disposição comum, normal ou conatural. Um sinal disso é que tais paixões, se intensificadas, matam os animais. Ora, não é possível que Deus seja conduzido, de algum modo, para além de sua condição natural, uma vez que é absolutamente imutável, como foi demonstrado[481]. Logo, é claro que em Deus não podem existir tais paixões.

Ademais, todo apetite que existe de acordo com uma paixão é levado determinadamente a um só objeto, segundo o modo e a medida da paixão, pois, como também a natureza, a paixão é impelida a algo único. Por isso, é necessário que seja reprimida e regulada pela razão. Ora, a vontade divina não se determina por si para uma única coisa entre as que foram criadas, a não ser por ordenação da sua sabedoria, como foi demonstrado[482]. Logo, não existe nEle paixão que proceda de algum apetite.

Ainda, toda paixão é própria de algo que existe em potência. Ora, Deus é totalmente livre de potência, uma vez que é ato puro[483]. Logo, é somente agente; e nenhuma paixão, de modo algum, tem nEle lugar[484].

Portanto, assim toda paixão é afastada de Deus por razão de gênero. Mas algumas paixões são afastadas de Deus não só por razão

---
[479] Cf. cap. 44.
[480] Cf. cap. 20.
[481] Cf. cap. 13.
[482] Cf. cap. 82.
[483] Cf. cap. 16.
[484] Santo Agostinho (354-431), em Sobre a Cidade de Deus, ML 41, 261.

generis, sed etiam ratione speciei. — Omnis enim passio ex obiecto speciem recipit. Cuius igitur obiectum omnino est Deo incompetens, talis passio a Deo removetur etiam secundum rationem propriae speciei. Talis autem est tristitia vel dolor: nam eius obiectum est malum iam inhaerens, sicut gaudii obiectum est bonum praesens et habitum. Tristitia igitur et dolor ex ipsa sui ratione in Deo esse non possunt.

Adhuc. Ratio obiecti alicuius passionis non solum sumitur ex bono et malo, sed etiam ex hoc quod aliqualiter quis se habet ad alterum horum: sic enim spes et gaudium differunt. Si igitur modus ipse se habendi ad obiectum qui in ratione passionis includitur, Deo non competit, nec ipsa passio Deo convenire potest, etiam ex ratione propriae speciei. Spes autem, quamvis habeat obiectum bonum, non tamen bonum iam obtentum, sed obtinendum. Quod quidem Deo non potest competere, ratione suae perfectionis, quae tanta est quod ei additio fieri non potest. Spes igitur in Deo esse non potest, etiam ratione suae speciei. Et similiter nec desiderium alicuius non habiti.

Amplius. Sicut divina perfectio impedit potentiam additionis alicuius boni obtinendi a Deo, ita etiam, et multo amplius, excludit potentiam ad malum. Timor autem respicit malum quod potest imminere, sicut spes bonum obtinendum. Duplici igitur ratione suae speciei timor a Deo excluditur: et quia non est nisi existentis in potentia; et quia habet obiectum malum quod potest inesse.

Item. Poenitentia mutationem affectus importat. Igitur et ratio poenitentiae Deo repugnat, non solum quia species tristitiae est, sed etiam quia mutationem voluntatis importat.

de seu gênero, como também por razão de espécie. — Com efeito, toda paixão recebe a espécie do objeto. Portanto, uma paixão cujo objeto seja totalmente incompatível com Deus será afastada de Deus, também em razão da própria espécie. Ora, tais são a *tristeza* ou a *dor*, cujo objeto é o mal atualmente inerente, assim como o objeto da alegria é o bem presente e possuído. Logo, a *tristeza* e a *dor*, em razão de suas mesmas naturezas, não podem existir em Deus.

Ainda, a razão do objeto de uma paixão não se toma somente do bem ou do mal, como também da maneira como alguém se refere a um deles. Assim, a esperança e a alegria se diferenciam. Portanto, se a mesma maneira de se referir ao objeto, que está incluída na razão de paixão, não cabe a Deus, tampouco essa paixão pode convir a Deus, ainda em razão da própria espécie. Ora, a *esperança*, embora tenha o bem por objeto, entretanto, não é o bem já possuído, mas o bem que deve ser possuído. Mas isso não pode caber a Deus, em razão da sua perfeição que, por ser tão grande, torna impossível receber um acréscimo[485]. Logo, não pode existir *esperança* em Deus, também em razão da sua espécie. E igualmente nem o *desejo* de algo não possuído.

Ademais, assim como a perfeição divina impede a possibilidade de aumento de um bem a ser possuído por Deus, assim também, e muito mais, ela exclui a potencialidade para o mal. Ora, o temor tem em vista o mal que pode ser iminente, assim como a esperança o bem que deve ser obtido. Portanto, é por uma dupla razão de sua espécie que o *temor* é excluído de Deus, porque é próprio apenas do que existe em potência, e porque tem por objeto um mal que pode ser inerente.

Igualmente, a penitência implica uma mudança de apetite. Logo, a razão da *penitência* não é compatível com Deus, não somente porque é uma espécie de tristeza, como também implica uma mudança da vontade.

---

[485] Cf. cap. 28.

Praeterea. Absque errore cognitivae virtutis esse non potest ut illud quod est bonum apprehendatur ut malum. Nec est nisi in particularibus bonis ut alterius malum possit bonum existere alteri, in quibus corruptio unius est generatio alterius: universali autem bono ex nullo particulari bono aliquid deperit, sed per unumquodque repraesentatur. Deus autem est universale bonum, cuius similitudinem participando omnia dicuntur bona. Nullius igitur malum sibi potest esse bonum. Nec potest esse ut id quod est simpliciter bonum et non est sibi malum, apprehendat ut malum: quia sua scientia est absque errore, ut supra ostensum est. Invidiam igitur in Deo impossibile est esse, etiam secundum suae speciei rationem: non solum quia invidia species tristitiae est, sed etiam quia tristatur de bono alterius, et sic accipit bonum alterius tanquam malum sibi.

Adhuc. Eiusdem rationis est tristari de bono et appetere malum: nam primum est ex hoc quod bonum aestimatur malum; secundum vero est ex hoc quod malum aestimatur bonum. Ira autem est appetitus mali alterius ad vindictam. Ira igitur a Deo longe est secundum rationem suae speciei: non solum quia effectus tristitiae est; sed etiam quia est appetitus vindictae propter tristitiam ex iniuria illata conceptam.

Rursus, quaecumque aliae passiones harum species sunt vel ab eis causantur, pari ratione a Deo excluduntur.

Capitulum XC
Quod in Deo sit delectatio et gaudium non tamen repugnat divinae perfectioni

Sunt autem quaedam passiones quae, licet Deo non conveniant secundum quod passiones, nihil tamen ex ratione suae speciei

Além disso, é impossível, a não ser por um erro da faculdade cognoscitiva, que aquilo que é bom seja apreendido como mal. E isso não existe a não ser nos bens particulares, que o mal de um possa ser o bem de outro, nestes a *corrupção de um é a geração de outro*[486]. Quanto ao bem universal, ele nada perde de nenhum bem particular, mas é representado por eles. Ora, Deus é o bem universal e todas as coisas se dizem boas por participação de sua semelhança[487]. Logo, o mal de alguém não pode ser um bem para Ele. E não é possível que apreenda como mal o que é simplesmente bem e que não é mal para Ele, porque a sua ciência não tem erro, como foi demonstrado[488]. Logo, é impossível que exista a *inveja* em Deus, mesmo segundo a razão de sua espécie: não somente porque a inveja é uma espécie de tristeza, como também porque se entristece pelo bem de outro e, assim, entende o bem de outro como um mal para si.

Ainda, têm a mesma razão o entristecer-se do bem e o apetecer o mal; porque o primeiro vem da avaliação do bem como mal, e o segundo, da avaliação do mal como bem. Ora, a ira é o apetite do mal de outro por vingança. Logo, a *ira*, segundo a razão de sua espécie, está longe de Deus, não somente porque é efeito da tristeza, como também porque é apetite de vingança nascido da tristeza de uma injúria recebida.

Por outro lado, todas as outras paixões que são espécies das mencionadas, ou que foram por ela causadas, pela mesma razão, são excluídas de Deus.

Capítulo 90
Não repugna à perfeição divina a existência do prazer e da alegria em Deus

Existem algumas paixões que, embora não convenham a Deus enquanto paixões, entretanto nada do que implicam em razão de sua

---

[486] Aristóteles (384-322 a.C.), em Física III, 8, 208a, 9-10.
[487] Cf. cap. 29.
[488] Cf. cap. 61.

important repugnans divinae perfectioni. Harum autem est gaudium et delectatio.

Est enim gaudium praesentis boni. Neque igitur ratione obiecti, quod est bonum, neque ratione modi se habendi ad obiectum, quod est actu habitum, gaudium secundum suae speciei rationem divinae perfectioni repugnat. Ex hoc autem manifestum est quod gaudium vel delectatio proprie in Deo sit.

Sicut enim bonum et malum apprehensum sunt obiectum appetitus sensibilis, ita et appetitus intellectivi. Utriusque enim est prosequi bonum et fugere malum, vel secundum veritatem vel secundum aestimationem: nisi quod obiectum intellectivi appetitus est communius quam sensitivi, quia intellectivus appetitus respicit bonum vel malum simpliciter, appetitus autem sensitivus bonum vel malum secundum sensum; sicut etiam et intellectus obiectum est communius quam sensus.

Sed operationes appetitus speciem ex obiectis sortiuntur. Inveniuntur igitur in appetitu intellectivo, qui est voluntas, similes operationes secundum rationem speciei operationibus appetitus sensitivi, in hoc differentes quod in appetitu sensitivo sunt passiones, propter coniunctionem eius ad organum corporale, in intellectivo autem sunt operationes simplices: sicut enim per passionem timoris, quae est in appetitu sensitivo, refugit quis malum futurum, ita sine passione intellectivus appetitus idem operatur. Cum igitur gaudium et delectatio Deo non repugnent secundum suam speciem, sed solum inquantum passiones sunt; in voluntate autem sunt secundum suam speciem, non autem ut passiones: relinquitur quod etiam divinae voluntati non desint.

Item. Gaudium et delectatio est quaedam quietatio voluntatis in suo volito. Deus autem in seipso, qui est suum principale volitum, maxime quietatur, utpote in se omnem sufficientiam habens. Ipse igitur per suam voluntatem in se maxime gaudet et delectatur.

espécie é incompatível com a perfeição divina. Essas são a *alegria* e o *prazer*.

Com efeito, a alegria tem por objeto o bem presente. Portanto, nem em razão do objeto, que é o bem, nem em razão do modo de se ter com o objeto, que é possuído em ato, a alegria, nem em razão de sua espécie repugna à perfeição divina. Fica claro, por isso, que a alegria e o prazer existem propriamente em Deus.

Assim como o bem e o mal apreendidos são objetos do apetite sensitivo, assim também o são do apetite intelectivo. Com efeito, é próprio de um e de outro buscarem o bem e evitarem o mal, ou segundo a verdade, ou segundo a avaliação, com essa diferença que o objeto do apetite intelectivo é mais comum do que o do sensitivo, porque o apetite intelectivo tem em vista o bem ou o mal simplesmente, e o apetite sensitivo, o bem ou o mal segundo o sentido; assim como também o objeto do intelecto é mais comum do que o do sentido.

Ora, as operações do apetite são especificadas pelos objetos. Portanto, no apetite intelectivo, que é a vontade, encontram-se operações semelhantes às do apetite sensitivo, em razão da espécie, com essa diferença que no apetite sensitivo existem paixões, por sua união com um órgão corporal, e no intelectivo são operações simples. Por exemplo: assim como, pela paixão do temor, que pertence ao apetite sensitivo, alguém foge do mal futuro, assim também sem paixão, o apetite intelectivo opera o mesmo. Portanto, uma vez que a alegria e o prazer não repugnam a Deus segundo a sua espécie, mas somente enquanto são paixões; entretanto, na vontade estão segundo a sua espécie e não como paixões. Conclui-se disso que também não faltam à vontade divina.

Igualmente, a alegria e o prazer são um repouso da vontade no seu objeto querido. Ora, Deus que é o seu principal objeto querido[489] repousa particularmente em si mesmo, uma vez que tem em si tudo o que lhe é suficiente. Logo, Ele, por sua vontade, alegra-se e se deleita particularmente em si mesmo.

---

[489] Cf. cap. 74.

Praeterea. Delectatio est quaedam operationis perfectio, ut patet per Philosophum, X ethic.: perficit enim operationem sicut pulchritudo iuventutem. Sed Deus perfectissimam operationem habet in intelligendo, ut ex praedictis patet. Si igitur nostrum intelligere, propter suam perfectionem, est delectabile, divinum intelligere erit sibi delectabilissimum.

Amplius. Unumquodque naturaliter in suo simili gaudet, quasi in convenienti: nisi per accidens, inquantum est impeditivum propriae utilitatis, sicut figuli ad invicem corrixantur, pro eo quod unus impedit lucrum alterius. Omne autem bonum est divinae bonitatis similitudo, ut ex supra dictis patet: nec ex aliquo bono sibi aliquid deperit. Relinquitur igitur quod Deus de omni bono gaudet.

Est igitur in eo proprie gaudium et delectatio. — Differunt autem gaudium et delectatio ratione. Nam delectatio provenit ex bono realiter coniuncto: gaudium autem hoc non requirit, sed sola quietatio voluntatis in volito sufficit ad gaudii rationem. Unde delectatio est solum de coniuncto bono, si proprie sumatur: gaudium autem de exteriori. Ex quo patet quod Deus proprie in seipso delectatur, gaudet autem et in se et in aliis.

Além disso, o prazer é uma perfeição da operação, como fica claro pelo que diz o Filósofo: *O prazer aperfeiçoa a operação, como a beleza, a juventude*[490]. Ora, Deus tem, no entender, a sua operação perfeitíssima, como fica claro pelo que foi dito[491]. Ora, se o nosso entender é prazeroso pela sua perfeição, o entender divino será o mais prazeroso para si mesmo.

Ademais, cada um naturalmente se regozija no seu semelhante, como em algo que lhe convém, a não ser por acidente se lhe for um empecilho de uma vantagem própria, *como os oleiros que brigam entre si*[492], porque um impede o lucro do outro. Ora, todo bem é semelhança da bondade divina, como está claro pelo que foi dito[493], e nenhum bem lhe causa alguma perda. Logo, resta disso que Deus se alegra em todo bem.

Existe, pois, nEle propriamente alegria e prazer. — A alegria e o prazer diferenciam-se, no entanto, pela razão, porque o prazer provém do bem ao qual se está realmente unido; e a alegria não o requer, porque para a razão da alegria basta o repouso da vontade naquilo que é querido. Portanto, se se entende propriamente o prazer, diz respeito somente ao bem ao qual se está unido; e a alegria diz respeito a um bem exterior. — Fica claro, assim, que Deus se deleita propriamente em si, e que se alegra em si e nas outras coisas.

Capitulum XCI
Quod in Deo sit amor

Similiter autem oportet et amorem in Deo esse secundum actum voluntatis eius.

Hoc enim est proprie de ratione amoris, quod amans bonum amati velit. Deus autem vult bonum suum et aliorum, ut ex dictis patet. Secundum hoc igitur Deus et se et alia amat.

Adhuc. Ad veritatem amoris requiritur quod bonum alicuius vult prout est eius: cuius

Capítulo 91
O amor existe em Deus

É necessário, igualmente, que o amor exista em Deus como ato da sua vontade.

É próprio da razão do amor que o amante queira o bem amado. Ora, Deus quer o seu bem e o das outras coisas, como está claro pelo que foi dito[494]. Logo, de acordo com isso, Deus se ama e as outras coisas.

Ainda, requer-se para a verdade do amor que queira o bem de alguém, enquanto é bem

---

[490] Aristóteles (384-322 a.C.), em Ética X, 4, 1174b, 31-33.
[491] Cf. cap. 45.
[492] Aristóteles (384-322 a.C.), em Retórica II, 4, 1381b, 16. Cf. em Ética VIII, 2, 1155a, 35.
[493] Cf. cap. 40.
[494] Cf. caps. 74 e 75.

enim bonum aliquis vult solum prout in alterius bonum cedit, per accidens amatur; sicut qui vult vinum conservari ut illud bibat, aut hominem ut sibi sit utilis aut delectabilis, per accidens amat vinum aut hominem, per se autem seipsum. Sed Deus vult bonum uniuscuiusque secundum quod est eius: vult enim unumquodque esse secundum quod in se bonum est; licet etiam unum ordinet in utilitatem alterius. Deus igitur vere amat et se et alia.

Amplius. Cum unumquodque naturaliter velit aut appetat suo modo proprium bonum, si hoc habet amoris ratio quod amans velit aut appetat bonum amati, consequens est quod amans ad amatum se habeat sicut ad id quod est cum eo aliquo modo unum. Ex quo videtur propria ratio amoris consistere in hoc quod affectus unius tendat in alterum sicut in unum cum ipso aliquo modo: propter quod dicitur a dionysio quod amor est unitiva virtus. Quanto ergo id unde amans est unum cum amato est maius, tanto est amor intensior: magis enim amamus quos nobis unit generationis origo, aut conversationis usus, aut aliquid huiusmodi, quam eos quos solum nobis unit humanae naturae societas.

Et rursus, quanto id ex quo est unio est magis intimum amanti, tanto amor fit firmior: unde interdum amor qui est ex aliqua passione, fit intensior amore qui est ex naturali origine vel ex aliquo habitu, sed facilius transit. Id autem unde omnia Deo uniuntur, scilicet eius bonitas, quam omnia imitantur, est maximum et intimum Deo: cum ipse sit sua bonitas. Est igitur in Deo amor non solum verus, sed etiam perfectissimus et firmissimus.

Item. Amor ex parte obiecti non importat aliquid repugnans Deo: cum sit boni. Nec ex modo se habendi ad obiectum: nam amor

dele; se quer o bem de alguém somente porque aproveita ao bem de outro, ama-se acidentalmente. Assim, quem quer conservar um vinho para bebê-lo, ou um homem que lhe seja útil, ou deleitável, acidentalmente ama o vinho ou o homem, e propriamente se ama. Ora, Deus quer o bem de cada coisa enquanto é o bem dela, pois quer que cada coisa exista enquanto é um bem em si mesma, embora ordene também uma à utilidade de outra. Logo, Deus se ama com verdade e as outras coisas.

Ademais, uma vez que cada um quer ou apetece naturalmente o próprio bem, a seu modo, se nisso está a razão do amor pela qual o amante quer ou apetece o bem do amado, segue-se que o amante está para o amado como para aquilo que, de alguma maneira, é uma só coisa com ele. Vê-se, por isso, que a razão própria do amor consiste em que o apetite de um tenda para o outro como para aquilo que, de alguma maneira, é um só com ele. Por esse motivo, disse Dionísio que *o amor é uma virtude unitiva*[495]. Portanto, tanto mais intenso é o amor, quanto maior é aquilo pelo que o amante é uma só coisa com o amado. Com efeito, amamos mais os que nos une a origem de geração, ou uma convivência habitual, ou coisas semelhantes, do que os que somente nos une a sociedade da natureza humana.

Por outro lado, tanto é mais firme o amor, quanto aquilo de onde ele procede nos é mais íntimo. Por isso às vezes o amor que procede de uma paixão torna-se mais intenso do que o amor que procede de uma origem natural, ou de um hábito, mas este mais facilmente passa. Ora, aquilo por onde todas as coisas se unem a Deus, isto é, a sua bondade, que todas as coisas imitam, é o que há de maior e íntimo em Deus, uma vez que Ele é a sua bondade[496]. Logo, em Deus o amor não só é verdadeiro, mas também perfeitíssimo e firmíssimo.

Igualmente, da parte do objeto, que é o bem, o amor não envolve nada que repugne a Deus. Nem por parte do modo de se ter em

---

[495] Dionísio Areopagita (séc. V-VI), em Nomes Divinos, cap. 4, parágrafo 5; MG 3, 713B.
[496] Cf. cap. 38.

relação ao objeto, porque o amor de uma coisa não é menor quando ela é possuída, antes é maior, porque um bem se torna para nós mais afim, quando é possuído. Por isso, nas coisas naturais, o movimento para o fim se torna mais intenso pela proximidade do fim (o contrário, às vezes acontece acidentalmente, quando experimentamos no que é amado algo que repugna ao amor: então, ama-se menos quando se possui). Portanto, o amor, segundo a sua razão específica, não é incompatível com a perfeição divina. Logo, existe em Deus.

Além disso, é próprio do amor mover para a união, como disse Dionísio[497]. Uma vez que, o afeto do amante, por causa da semelhança ou da conveniência entre amante e amado, está de certo modo unido ao amado, o apetite tende para a perfeição desta união, de modo que começada já no afeto, se complete em ato. Por isso, é próprio dos amigos alegrarem-se na mútua presença, no convívio e nas conversações[498]. Ora, Deus move todas as outras coisas para a união e, enquanto lhes dá existir e as outras perfeições, une-as a si, na medida do possível. Logo, Deus se ama e as outras coisas.

Ainda, o amor é o princípio de todo afeto. Não existe alegria e desejo a não ser de um bem amado; não existe temor e tristeza a não ser de um mal que é contrário ao bem amado, e todos os outros afetos originam-se destes. Ora, em Deus existe alegria e prazer, como foi demonstrado[499]. Logo, em Deus existe amor.

Poderia parecer a alguém que Deus não ama isto mais que aquilo. Pois, se são propriamente da natureza mutável a intensidade e a diminuição, não podem convir a Deus, do qual toda mutabilidade está distante. — Por outro lado, nada do que se diz de Deus, por modo de operação, se diz dEle segundo mais e menos, pois não conhece uma coisa mais que outra, nem se alegra mais disto que daquilo.

Deve-se, sim, saber que, uma vez que as outras operações da alma têm um só objeto,

---

[497] Cf. nota 2.
[498] Aristóteles (384-322 a.C.), em Ética IX, 12, 1171b, 29-1172a,1.
[499] Cf. capítulo anterior.

tum, solus amor ad duo obiecta ferri videtur. Per hoc enim quod intelligimus vel gaudemus, ad aliquod obiectum aliqualiter nos habere oportet: amor vero aliquid alicui vult, hoc enim amare dicimur cui aliquod bonum volumus, secundum modum praedictum. Unde et ea quae concupiscimus, simpliciter quidem et proprie desiderare dicimur, non autem amare, sed potius nos ipsos, quibus ea concupiscimus: et ex hoc ipsa per accidens et improprie dicuntur amari.

Aliae igitur operationes secundum solum actionis vigorem secundum magis et minus dicuntur. Quod in Deo accidere non potest. Nam vigor actionis secundum virtutem qua agitur mensuratur: omnis autem divina actio unius et eiusdem virtutis est.

Amor autem secundum magis et minus dupliciter dici potest. Uno quidem modo, ex bono quod alicui volumus: secundum quod illum magis diligere dicimur cui volumus maius bonum. — Alio modo ex vigore actionis: secundum quod dicimur illum magis diligere cui, etsi non maius bonum, aequale tamen bonum ferventius et efficacius volumus. — Primo quidem igitur modo, nihil prohibet dici quod Deus aliquid alio magis diligat, secundum quod ei maius vult bonum. Secundo autem modo dici non potest: eadem ratione quae de aliis dicta est. — Patet igitur ex praedictis quod de nostris affectionibus nulla est quae in Deo proprie possit esse nisi gaudium et amor: — quamvis haec etiam in eo non secundum passionem, sicut in nobis, sint.

Quod autem in Deo sit gaudium vel delectatio, auctoritate Scripturae confirmatur. Dicitur enim in Psalmo: delectationes in dextera tua usque in finem. Prov. 9: delectabar per singulos dies ludens coram eo, dicit divina sa-

somente o amor parece referir-se a dois. Pelo fato de que entendemos ou nos alegramos, devemos, de algum modo, nos referir a algum objeto. O amor, pelo contrário, quer algo para alguém, pois dizemos amar quando queremos um bem para alguém, de acordo com a maneira indicada. Por isso, também, as coisas que muito desejamos, dizemos *desejá-las*, em sentido simples e próprio, e não *as amamos*, mas antes a nós, que muito desejamos aquelas coisas e, por isso, dizemos que elas são amadas imprópria e acidentalmente.

Portanto, as outras operações são ditas mais ou menos somente em relação ao vigor da ação. Isto, porém, não pode acontecer em Deus. Pois o vigor da ação é medido pela potência de quem age, mas toda ação divina tem uma só e mesma potência.

Com efeito, o amor pode ser considerado, mais ou menos, de dois modos. De um modo, da parte do bem que queremos para alguém: assim dizemos que amamos mais aquele a quem queremos um bem maior. — De outro modo, da parte do vigor da ação: assim dizemos que amamos mais aquele a quem queremos um bem, embora não maior, mas um bem igual com maior fervor e com maior eficácia. — Portanto, segundo o primeiro modo nada proíbe que se diga que Deus ame mais a um do que a outro, enquanto quer um bem maior a um deles. De acordo com o segundo modo, não se pode dizer o mesmo, pela razão que foi dita dos outros. — Fica, pois, claro pelo exposto[500] que nenhum dos nossos afetos pode propriamente existir em Deus, a não ser a alegria e o amor; embora esses não existam nEle enquanto paixões, como existem em nós.

A autoridade da Escritura confirma que em Deus existe alegria e prazer. Diz-se: *Viver junto de ti é pleno gozo,/ delícia eterna estar a tua destra*[501], e: *Brincando todo tempo em sua presença*[502], referindo-se à sabedoria divina,

---

[500] Cf. caps. 89 e 90.
[501] Salmo 15,11.
[502] Provérbios 8,30.

pientia, quae Deus est, ut ostensum est. Luc. 15,10: gaudium est in caelo super uno peccatore poenitentiam agente. Philosophus etiam dicit, in VII ethic., quod Deus semper gaudet una et simplici delectatione.

Amorem etiam Dei Scriptura commemorat, Deut. 33,3: dilexit populos; Ierem. 31,3: in caritate perpetua dilexi te; Ioan. 16,27: ipse enim pater amat vos. Philosophi etiam quidam posuerunt rerum principium Dei amorem. Cui consonat dionysii verbum, IV cap. De div. Nom.; dicentis quod divinus amor non permisit ipsum sine germine esse.

Sciendum tamen etiam alias affectiones, quae secundum speciem suam divinae perfectioni repugnant, in sacra Scriptura de Deo dici, non quidem proprie, ut probatum est, sed metaphorice, propter similitudinem vel effectuum, vel alicuius affectionis praecedentis. — Dico autem effectuum, quia interdum voluntas ex sapientiae ordine in illum effectum tendit in quem aliquis ex passione defectiva inclinatur: iudex enim ex iustitia punit, sicut et iratus ex ira. — Dicitur igitur aliquando Deus iratus, inquantum ex ordine suae sapientiae aliquem vult punire: secundum illud Psalmi: cum exarserit in brevi ira eius. — Misericors vero dicitur inquantum ex sua benevolentia miserias hominum tollit: sicut et nos propter misericordiae passionem facimus idem. Unde in Psalmo: miserator et misericors Dominus, patiens et multum misericors. — Poenitens etiam interdum dicitur, inquantum secundum aeternum et immutabilem providentiae suae ordinem facit quae prius destruxerat, vel destruit quae prius fecit: sicut et poenitentia moti facere inveniuntur. Unde Gen. 6,7: poenitet me fecisse hominem. Quod autem hoc proprie intelligi non possit, patet per hoc quod habetur

que é Deus, como foi demonstrado[503]. Lê-se ainda: *Haverá alegria entre os anjos de Deus por um só pecador que se converter*[504]. Também o Filósofo confirma essa verdade: *Deus goza sempre com um prazer único e simples*[505].

Comemora também a Escritura o amor de Deus: *Amou os povos*; *Amei-te com amor eterno*; *O Pai vos ama*[506]. Alguns Filósofos também afirmaram como o princípio das coisas o amor de Deus. Com isto concordam as palavras de Dionísio, quando diz que *o amor divino não permitiu que Ele existisse sem fruto*[507].

Deve-se, contudo, saber que também outros afetos específicos são incompatíveis com a perfeição divina: por exemplo, na Sagrada Escritura diz-se de Deus não em sentido próprio, como foi provado[508], mas em sentido metafórico, devido à semelhança ou dos efeitos; ou de algum afeto precedente. — Digo *devido à semelhança dos efeitos*, porque, muitas vezes, a vontade, ordenada pela sabedoria, tende para aquele efeito para o qual alguém se inclina por paixão defeituosa, pois um juiz pune pela justiça, assim como também o irado, pela ira. — Portanto, às vezes se diz que Deus está **irado**, quando quer punir alguém, ordenado por sua sabedoria, como se lê no Salmo: *Quando em breve a sua ira se acender*[509]. — Diz-se que Deus é *misericordioso*, enquanto por sua benevolência tira as misérias dos homens, assim como também nós fazemos o mesmo por causa da paixão de misericórdia. Por isso, está no Salmo: *O Senhor misericordioso tem misericórdia, é paciente e muito misericordioso*[510]. — Algumas vezes, se diz, também, que Deus está *arrependido,* quando, ordenado por sua eterna e imutável providência, refaz o que antes destruira ou destrói o que antes

---

[503] Cf. caps. 45 e 60.
[504] Lucas 15,10.
[505] Aristóteles (384-322 a.C.), em Ética VII, 15, 1154b, 26.
[506] Deuteronômio 33,3; Jeremias 31,3 e João 16,27.
[507] Dionísio Areopagita (séc. V-VI), em Os Nomes Divinos IV, MG 3, 708B.
[508] Cf. caps. 89 e 30.
[509] Salmo 2,13.
[510] Salmo 102,8.

I Reg. 15,29: triumphator in Israel non parcet, nec poenitudine flectetur.

Dico autem propter similitudinem affectionis praecedentis. Nam amor et gaudium, quae in Deo proprie sunt, principia sunt omnium affectionum: amor quidem per modum principii moventis: gaudium vero per modum finis; unde etiam irati punientes gaudent, quasi finem assecuti. Dicitur igitur Deus tristari, inquantum accidunt aliqua contraria his quae ipse amat et approbat: sicut et in nobis est tristitia de his quae nobis nolentibus acciderunt. Et hoc patet Isaiae 59,15 vidit Deus, et malum apparuit in oculis eius, quia non est iudicium. Et vidit quia non est vir, et aporiatus est, quia non est qui occurrat.

Ex praedictis autem excluditur error quorundam Iudaeorum attribuentium Deo iram, tristitiam, poenitentiam, et omnes huiusmodi passiones, secundum proprietatem, non distinguentes quid in Scripturis sacris proprie et metaphorice dicatur.

Capitulum XCII
Quomodo in Deo ponantur esse virtutes

Consequens est autem dictis ostendere quomodo virtutes in Deo ponere oportet.

Oportet enim, sicut esse eius est universaliter perfectum, omnium entium perfectiones in se quodammodo comprehendens, ita et bonitatem eius omnium bonitates in se quodammodo comprehendere. Virtus autem

fizera, assim como acontecem de fazer os que são movidos pelo arrependimento. Por isso, diz o livro do Gênese: *E Javé se arrependeu de ter feito o homem sobre a terra, e se afligiu em seu coração*[511]. E que isso não se pode entender em sentido próprio é evidente pelo que se tem no livro de Samuel: *Mas a glória de Israel não mente nem se arrepende, pois não é homem para arrepender-se*[512].

Digo, também, *devido à semelhança de algum afeto precedente*, porque o amor e a alegria, que existem em Deus em sentido próprio, são princípios de todos os afetos: o amor, a modo de princípio motor; a alegria, porém, a modo de fim. Por isso, também os irados alegram-se quando punem, como se tivessem conseguido o fim. Diz-se que Deus *se entristece*, quando acontecem coisas contrárias às que ama e aprova; assim como também em nós existe tristeza daquelas coisas que aconteceram contra o nosso querer. Isto está claro no Livro de Isaías: *Javé viu, e indignou-se: Nenhuma justiça ante os seus olhos. Viu que não havia ninguém e admirou-se de que ninguém interviesse*[513].

Pelo que foi dito, exclui-se o erro de alguns Judeus[514] que atribuíam a Deus ira, tristeza, arrependimento e todas as paixões semelhantes em sentido próprio, não distinguindo o que se diz nas Escrituras Sagradas em sentido próprio e metafórico.

Capítulo 92
Como se afirma que em Deus existem virtudes

Em seguida cabe demonstrar, pelo que foi dito, como se deve afirmar a existência de virtudes em Deus.

Com efeito, é necessário que, assim como o seu ser é absolutamente perfeito, compreenda em si, de algum modo, as perfeições de todos os entes[515], assim também a sua bondade compreende em si, de algum modo, as bonda-

---

[511] Gênese 6,7.
[512] 1 Samuel 15,29.
[513] Isaías 59,15.16.
[514] Cf. Maimônides [ou Rabi Moisés] (1135-1204), em Moreh Nebukhim, 1ª parte, capítulo 55.
[515] Cf. cap. 28.

est bonitas quaedam virtuosi: nam secundum eam dicitur bonus, et opus eius bonum. Oportet ergo bonitatem divinam omnes virtutes suo modo continere.

Unde nulla earum secundum habitum in Deo dicitur, sicut in nobis. Deo enim non convenit bonum esse per aliquid aliud ei superadditum, sed per essentiam suam: cum sit omnino simplex. Nec etiam per aliquid suae essentiae additum agit: cum sua actio sit suum esse, ut ostensum est. Non est igitur virtus eius aliquis habitus, sed sua essentia.

Item. Habitus imperfectus actus est, quasi medius inter potentiam et actum: unde et habentes habitum dormientibus comparantur. In Deo autem est actus perfectissimus. Actus igitur in eo non est sicut habitus, ut scientia: sed sicut considerare, quod est actus ultimus et perfectus.

Adhuc. Habitus potentiae alicuius perfectivus est. In Deo autem nihil est secundum potentiam, sed solum secundum actum. In eo igitur habitus esse non potest.

Praeterea. Habitus de genere accidentis est. Quod in Deo omnino non est, ut supra ostensum est. Igitur nec virtus aliqua in Deo secundum habitum dicitur, sed solum secundum essentiam.

Cum autem virtutes humanae sint quibus humana vitá dirigitur; humana autem vita est duplex, contemplativa et activa: quae quidem ad activam vitam virtutes pertinent, prout hanc vitam perficiunt, Deo competere non possunt. Vita enim activa hominis in usu corporalium bonorum consistit: unde et virtutes vitam activam dirigunt quibus his bonis recte utimur. Huiusmodi autem Deo convenire non possunt. Igitur nec huiusmodi virtutes prout hanc vitam dirigunt.

des de todos[516]. Ora, a virtude é uma bondade própria do virtuoso, pois por ela *ele se diz bom e a sua obra, boa*[517]. Logo, é necessário que a bondade divina contenha, a seu modo, todas as virtudes.

É por isso que nenhuma dessas virtudes existe em Deus como hábito, como existem em nós. Ora, não convém a Deus ser bom por alguma outra coisa acrescentada a si, mas pela sua essência, uma vez que é absolutamente simples[518]. E tampouco age por alguma coisa acrescentada à sua essência, uma vez que a sua ação é o seu ser, como foi demonstrado[519]. Logo, a sua virtude não é um hábito, mas é a sua essência.

Igualmente, o hábito é um ato imperfeito, quase um meio entre a potência e o ato. Por isso, os que têm um hábito são comparados aos que dormem. Ora, em Deus o ato é perfeitíssimo. Logo, nEle o ato não é semelhante ao hábito e à *ciência*, mas é um ato último e perfeito, como é o *considerar*.

Ainda, o hábito aperfeiçoa alguma potência. Ora, em Deus nada existe como potência, mas somente como ato. Logo, é impossível que nEle exista o hábito.

Além disso, o hábito pertence ao gênero de acidente. E isto não existe absolutamente em Deus, como foi demonstrado[520]. Logo, nenhuma virtude é afirmada em Deus como hábito, mas somente como essência.

Uma vez que as virtudes humanas são as que dirigem a vida humana, e esta é dupla: contemplativa e ativa, as virtudes que pertencem à vida ativa, enquanto a aperfeiçoam, não podem convir a Deus. Ora, a vida ativa do homem consiste no uso dos bens corporais. Por isso, as virtudes pelas quais usamos retamente desses bens dirigem a vida ativa. Esses bens não podem convir a Deus. Logo, nem estas virtudes enquanto dirigem esta vida.

---

[516] Cf. cap. 40.
[517] Aristóteles (384-322 a.C.), em Ética II, 5, 1106a, 22-24.
[518] Cf. caps. 18 e 38.
[519] Cf. caps. 45 e 73.
[520] Cf. cap. 23.

Adhuc. Huiusmodi virtutes mores hominum secundum politicam conversationem perficiunt: unde illis qui politica conversatione non utuntur, convenire non multum videntur. Multo igitur minus Deo convenire possunt, cuius conversatio et vita longe est a modo humanae vitae.

Harum etiam virtutum quae circa activam vitam sunt, quaedam circa passiones nos dirigunt. Quas in Deo ponere non possumus. Virtutes enim quae circa passiones sunt, ex ipsis passionibus speciem sortiuntur sicut ex propriis obiectis: unde et temperantia a fortitudine differt inquantum haec circa concupiscentias est, illa vero circa timores et audacias. In Deo autem passiones non sunt, ut ostensum est. Igitur nec huiusmodi virtutes in Deo esse possunt.

Item. Huiusmodi virtutes non in parte intellectiva animae sunt, sed in parte sensitiva, in qua sola passiones esse possunt, ut probatur in VII physicorum. In Deo autem non est sensitiva pars, sed solus intellectus. Relinquitur igitur quod in Deo huiusmodi virtutes esse non possint, etiam secundum proprias rationes.

Passionum autem circa quas virtutes sunt, quaedam sunt secundum inclinationem appetitus in aliquod corporale bonum quod est delectabile secundum sensum, sicut sunt cibi et potus et venerea; circa quorum concupiscentias est sobrietas, castitas, et universaliter temperantia et continentia. Unde, quia corporales delectationes omnino a Deo remotae sunt, virtutes praedictae nec proprie Deo conveniunt, cum circa passiones sint; nec etiam metaphorice de Deo dicuntur in Scripturis, quia nec est accipere similitudinem ipsarum in Deo secundum similitudinem alicuius effectus.

Quaedam vero passiones sunt secundum inclinationem appetitus in aliquod spirituale bonum, sicut est honor, dominium, victoria, vindicta, et alia huiusmodi: circa quorum spes, audacias et omnino appetitus sunt for-

Ainda, estas virtudes aperfeiçoam os costumes dos homens no seu comportamento social. Por isso, elas não parecem convir muito àqueles que não têm comportamento social. Logo, muito menos podem convir a Deus, cujo comportamento e cuja vida são muito distantes do modo humano de viver.

Algumas dessas virtudes, que dizem respeito à vida ativa, dirigem as nossas paixões. Não podemos afirmar que em Deus existam essas virtudes. Ora, as virtudes que dizem respeito às paixões são especificadas pelas mesmas paixões, como por seus objetos próprios: por exemplo, a temperança difere da fortaleza, enquanto esta diz respeito à concupiscência e aquela, à audácia e ao temor. Ora, em Deus não existem paixões, como foi demonstrado[521]. Logo, nem essas virtudes podem existir em Deus.

Igualmente, tais virtudes não estão na parte intelectiva da alma, mas na parte sensitiva, a única em que as paixões podem estar, como provou o Filósofo[522]. Ora, em Deus não existe a parte sensitiva, mas somente intelecto. Logo, resulta que em Deus não podem existir tais virtudes, mesmo segundo as razões próprias.

Algumas paixões, que são objeto de virtudes, seguem a inclinação do apetite a algum bem corporal, que é agradável aos sentidos, como a comida, a bebida e o sexo, a cujos desejos referem-se a *sobriedade* e a *castidade*, a *temperança* e a *continência*. Portanto, porque os deleites corporais estão longe de Deus, as referidas virtudes nem propriamente convêm a Deus, uma vez que se referem às paixões, nem também metaforicamente são afirmadas de Deus nas Escrituras, porque não se pode encontrar semelhança delas em Deus, quanto à semelhança de algum efeito.

Algumas paixões, porém, seguem a inclinação do apetite para um bem espiritual, como a honra, o domínio, a vitória, a vingança e outras semelhantes; e a regulá-las a esperança, a audácia e o apetite desses bens

---

[521] Cf. cap. 89.
[522] Aristóteles (384-322 a.C.), em Física VII, 3, 247a-248b, 28.

são a *fortaleza*, a *magnanimidade*, a *mansidão* e outras virtudes semelhantes. Estas, de fato, não podem propriamente existir em Deus, porque se referem às paixões. Entretanto, na Escritura são afirmadas de Deus metaforicamente, devido à semelhança do efeito: *Não há Santo como Javé,/Nada há além de ti;/Não há Rochedo como o nosso Deus*[523]; *Buscai o Senhor, todos os mansos da terra*[524].

Capítulo 93
Existem em Deus virtudes morais ativas

Há algumas virtudes que dirigem a vida ativa dos homens, que não dizem respeito às paixões, mas às ações, como a veracidade, a justiça, a liberalidade, a magnificência, a prudência e a arte.

Uma vez que a virtude é especificada pelo objeto ou pela matéria, as ações que são as matérias ou objetos destas virtudes não são incompatíveis com a perfeição divina, nem essas virtudes, segundo a própria espécie, têm algo que as exclua da perfeição divina.

Igualmente, essas virtudes são perfeições da vontade e do intelecto, pois são princípios das operações sem paixão. Ora, em Deus, estão o intelecto e a vontade que não carecem de perfeição alguma. Logo, elas não podem faltar em Deus.

Ademais, a razão própria de todas aquelas coisas que procedem de Deus no existir está no intelecto divino, como foi demonstrado[525]. Ora, a razão de uma coisa a ser feita, na mente do autor, é arte; por isso diz o Filósofo que a arte é *a reta razão do que será feito*[526]. Logo, existe propriamente *arte* em Deus. Daí dizer a Sabedoria: *Foi a artesã de todas as coisas,/a Sabedoria, que me ensinou*[527].

Igualmente, a vontade divina, naquelas coisas que são distintas dEle, está determinada

---

[523] 1 Samuel 2,2.
[524] Sofonias 2,3 (Vulgata).
[525] Cf. cap. 54.
[526] Aristóteles (384-322 a.C.), em Ética VI, 4, 1140b,4-6.
[527] Sabedoria 7,21.

nem suam, ut supra ostensum est. Cognitio autem ordinans voluntatem ad agendum prudentia est: quia secundum Philosophum, in VI ethic., prudentia est recta ratio agibilium. Est igitur in Deo prudentia. Et hoc est quod dicitur iob 26: *apud ipsum est prudentia et fortitudo.*

Adhuc. Ostensum est supra quod ex hoc quod Deus vult aliquid, vult illa quae requiruntur ad ipsum. Quod autem ad perfectionem alicuius requiritur, est debitum unicuique. Est igitur in Deo iustitia, cuius est unicuique quod suum est distribuere. Unde in Psalmo dicitur: *iustus Dominus et iustitias dilexit.*

Amplius. Sicut supra ostensum est, finis ultimus propter quem Deus vult omnia, nullo modo dependet ab his quae sunt ad finem, nec quantum ad esse nec quantum ad perfectionem aliquam. Unde non vult alicui suam bonitatem communicare ad hoc ut sibi exinde aliquid accrescat, sed quia ipsum communicare est sibi conveniens sicut fonti bonitatis. Dare autem non propter aliquod commodum ex datione expectatum, sed propter ipsam bonitatem et convenientiam dationis, est actus liberalitatis, ut patet per Philosophum, in IV ethicorum. Deus igitur est maxime liberalis: et, ut Avicenna dicit, ipse solus liberalis proprie dici potest; nam omne aliud agens praeter ipsum ex sua actione aliquod bonum acquirit, quod est finis intentus. Hanc autem eius liberalitatem Scriptura ostendit, dicens in Psalmo: *aperiente te manum tuam, omnia*

a um só objeto pelo seu conhecimento, como foi demonstrado[528]. Ora, o conhecimento que ordena a vontade a agir é a prudência, porque segundo o Filósofo: *A prudência é a reta razão das coisas a ser feitas*[529]. Logo, existe *prudência* em Deus, e a ela refere-se Jó, quando diz: *Oh! Como tens ajudado o fraco/ e socorrido o braço do inválido!/ Como tens aconselhado o ignorante/ e a prudência manifestado*[530].

Ainda, pelo fato de que Deus quer uma coisa, quer também o que é requerido por ela, como, foi demonstrado[531]. Ora, o que se requer para a perfeição de cada um, a cada um é devido. Logo, existe a justiça em Deus, à qual pertence distribuir para cada um o que é seu[532]. Por isso, diz o Salmo: *O Senhor é justo e ama a justiça*[533].

Ademais, o fim último, pelo qual Deus quer todas as coisas, não depende de modo algum das coisas que são para o fim, nem quanto ao existir, nem quanto a alguma perfeição, como foi demonstrado[534]. Por isso, não quer comunicar a sua bondade a alguma coisa para que daí algo lhe seja acrescentado, mas porque o mesmo comunicar lhe convém, sendo Ele a fonte da bondade. Ora, dar, não em razão de algum benefício que se espera da doação, mas em razão da mesma bondade e conveniência da doação, é ato de liberalidade, como esclarece o Filósofo[535]. Logo, Deus é sumamente *liberal*. E, como disse Avicena: somente Ele pode ser propriamente dito liberal, porque qualquer outro agente, exceto Ele, adquire pela sua ação algum bem, que é o fim intencionado. A Escritura mostra essa liberalidade divina, dizendo: *Abres a mão e ei-*

---

[528] Cf. cap. 82.
[529] Aristóteles (384-322 a.C.), em Ética VI, 5, 1140b,4-6.
[530] Jó 26, 2.3.
[531] Cf. cap. 83.
[532] Santo Ambrósio (339-397), em Ofícios dos Ministros I, cap. 24, n. 115, ML16,57A.
[533] Salmo 10,7.
[534] Cf. cap. 81.
[535] Aristóteles (384-322 a.C.), em Ética IV, 2, 1120b,4-7.

implebuntur bonitate; et Iac. 1,5: qui dat omnibus affluenter et non improperat.

Item. Omnia quae a Deo esse accipiunt, necesse est ut ipsius similitudinem gerant inquantum sunt, et bona sunt, et proprias rationes in divino intellectu habent, ut supra ostensum est. Hoc autem ad virtutem veritatis pertinet, ut per Philosophum in IV ethic. Patet, ut in suis factis et dictis aliquis talem se exhibeat qualis est. Est igitur in Deo veritatis virtus. Unde Rom. 3,4: est autem Deus verax; et in Psalmo: omnes viae tuae veritas.

Si quae autem virtutes sunt quae ad aliquas actiones ordinentur quae sunt subiectorum ad superiora, talia Deo convenire non possunt: sicut obedientia, latria, vel aliquid huiusmodi quod superiori debetur. — Si etiam aliquarum ex praedictis virtutibus sint aliqui actus imperfecti, secundum illos Deo attribui dictae virtutes non possunt. Sicut prudentia quantum ad actum bene consiliandi Deo non competit. Cum enim consilium sit quaedam quaestio, ut dicitur in VI ethic.; divina autem cognitio non sit inquisitiva, ut supra ostensum est: non potest sibi consiliari esse conveniens. Unde iob 26,3: cui dedisti consilium? forsitan ei qui non habet intelligentiam? et Isaiae 40,14: cum quo iniit consilium, et instruxit eum? secundum autem actum illum qui est de consiliatis iudicare et approbata eligere, nihil prohibet prudentiam de Deo dici.

Dicitur tamen interdum consilium de Deo. Vel propter similitudinem occultationis: nam consilia occulte aguntur; unde quod est in divina sapientia occultum, per similitudi-

los saciados[536]; *Que dá a todos generosamente e sem repreensões*[537].

Igualmente, todas as coisas que recebem de Deus a existência, é necessário que levem consigo a semelhança dEle[538], enquanto existentes e boas e enquanto têm suas próprias razões no intelecto divino, como foi demonstrado[539]. Ora, pertence à virtude da *veracidade*, como o Filósofo deixa claro[540], que alguém em seus atos e palavras se mostre tal qual é. Logo, em Deus existe a virtude da *veracidade*. Por isso, a Carta aos Romanos diz: *Deus é verdadeiro*[541]; e um Salmo: *Todos os teus mandamentos são verdade*[542].

Algumas virtudes, que determinam as ações dos súditos para com os superiores, não podem convir a Deus, como *a obediência, a latria* ou algo semelhante que se deva ao superior.

Se, além disso, algumas das virtudes mencionadas praticam atos imperfeitos, também elas não podem ser atribuídas a Deus, em razão desses atos. Assim, a *prudência* não compete a Deus enquanto ato de aconselhar bem. Uma vez que o conselho é uma *questão*, como diz o Filósofo[543], e que o conhecimento divino não é inquisitivo, como foi demonstrado[544], não pode ser conveniente que se aconselhe. Por isso, diz Jó: *Como tens aconselhado o ignorante?*[545]; e Isaías: *Com quem se aconselhou ele para julgar?*[546]. Mas, enquanto ato que julga o que foi aconselhado e escolhe o que foi aprovado, nada impede que a prudência seja afirmada de Deus.

Não obstante, à vezes, *o conselho* é afirmado de Deus, — seja pela semelhança com o segredo, porque os conselhos se dão secretamente; e por isso o que está oculto na sabe-

---

[536] Salmo 103,28.
[537] Tiago 1,5.
[538] Dionísio Areopagita (séc. V-VI), em Os Nomes Divinos IX, 6, MG 3, 913C.
[539] Cf. caps 40 e 54
[540] Aristóteles (384-322 a.C.), em Ética IV, 13, 1127a,23-26.27-28.
[541] Romanos 3,4 (Vulgata).
[542] Salmo 118,151 (Bíblia TEB).
[543] Aristóteles (384-322 a.C.), em Ética VI,10, 1142a,31-32.
[544] Cf. cap. 57.
[545] Jó 26,3.
[546] Isaías 40,14.

nem consilium dicitur, ut patet Isaiae 25,1, secundum aliam litteram: consilium tuum antiquum verum fiat. Vel inquantum consulentibus satisfacit: est enim etiam sine discursu intelligentis instruere inquirentes.

Similiter etiam iustitia quantum ad commutationis actum Deo competere non potest: cum ipse a nullo aliquid accipiat. Unde Rom. 11,35: quis prior dedit illi, et retribuetur ei? et iob 41,1: quis ante mihi dedit, ut reddam ei? per similitudinem tamen aliqua Deo dare dicimur, inquantum nostra data Deus acceptat. Non igitur sibi competit commutativa iustitia, sed solum distributiva. Unde dionysius dicit, VIII cap. De div. Nom. Quod iustitia laudatur Deus sicut omnibus secundum dignitatem distribuens: secundum illud Matth. 25,15: dedit unicuique secundum propriam virtutem.

Scire autem oportet quod actiones circa quas sunt praedictae virtutes, secundum suas rationes ex rebus humanis non dependent: non enim de agendis iudicare, aliquid dare vel distribuere, solius hominis est, sed cuiuslibet intellectum habentis. Secundum tamen quod ad res humanas contrahuntur, ex his quodammodo speciem sumunt: sicut curvum in naso facit speciem simi. Virtutes igitur praedictae, secundum quod ordinant humanam vitam activam, ad has actiones ordinantur prout ad res humanas contrahuntur, ab eis speciem sumentes. Secundum quem modum Deo convenire non possunt.

Secundum vero quod actiones praedictae in sua communitate accipiuntur, possunt etiam rebus divinis aptari. Sicut enim homo rerum humanarum, ut pecuniae vel honoris, distributor est, ita et Deus omnium bonitatum universi. Sunt igitur praedictae virtutes in Deo universalioris extensionis quam in

doria divina se diz *conselho*, como deixa claro Isaias: *Realize-se realmente o seu conselho*[547]. — Seja porque satisfaz os que o consultam, pois é próprio de quem entende instruir a quem pergunta, sem necessidade de um discurso.

De maneira semelhante, *a justiça* não pode convir a Deus, em razão do ato de comutação[548], porque Ele de ninguém recebe coisa alguma. Por isso, diz a Carta aos Romanos: *Quem lhe terá dado primeiro alguma coisa, para ser pago por ele?*[549]. Por semelhança, entretanto, dizemos dar algo a Deus, enquanto Deus aceita nossos dons. Não compete, portanto, a Ele a justiça comutativa, mas somente a distributiva. Por isso, afirma Dionísio: *Deus é louvado por sua justiça, enquanto a todos distribui conforme a dignidade de cada um*[550], em conformidade com Mateus: *E deu a cada qual segundo a sua capacidade*[551].

Deve-se saber, ademais, que as ações a respeito das quais versam as virtudes citadas não dependem das coisas humanas por suas naturezas, porque julgar as coisas a ser feitas, dar ou distribuir alguma coisa não é próprio somente do homem, mas de todo o que tem intelecto. Ora, na medida em que se limitam às coisas humanas, por elas são especificadas, de alguma maneira. Por exemplo, a curva do nariz especifica o que tem o nariz achatado. Logo, as virtudes citadas, enquanto determinam a vida ativa do homem, são ordenadas a essas ações, e desde que limitadas às coisas humanas são por elas especificadas. Mas, dessa maneira, não podem convir a Deus.

Mas, se as ações referidas são tomadas em sentido geral, podem ser aplicadas às coisas divinas. Assim como o homem é o distribuidor das coisas humanas, como do dinheiro e das honras, assim também Deus é o distribuidor de todas as bondades do universo. Portanto, as virtudes citadas têm uma extensão mais uni-

---

[547] Isaías 25,1 (versão dos LXX).
[548] A justiça comutativa regula o intercâmbio entre pessoas iguais, que se encontram no mesmo plano.
[549] Romanos 11,35.
[550] Dionísio Areopagita (séc. V-VI), em Os Nomes Divinos VIII, 7, MG 3, 893A.
[551] Mateus 25,15.

homine; nam sicut iustitia hominis se habet ad civitatem vel domum, ita iustitia Dei se habet ad totum universum. Unde et divinae virtutes nostrarum exemplares dicuntur: nam quae sunt contracta et particulata, similitudines quaedam absolutorum entium sunt, sicut lumen candelae se habet ad lumen solis. Aliae vero virtutes, quae Deo proprie non conveniunt, non habent exemplar in divina natura; sed solum in divina sapientia, quae omnium entium proprias rationes complectitur; sicut est de aliis corporalibus rebus.

versal em Deus do que no homem, pois, como a justiça humana refere-se à cidade ou à casa, a justiça divina refere-se a todo o universo. Por isso, as virtudes divinas são ditas *exemplares* das nossas, porque as coisas limitadas e particulares são certas semelhanças dos entes absolutos, como a luz de uma vela se compara à luz do sol. — As outras virtudes, porém, que não convêm propriamente a Deus, não possuem exemplar na natureza divina, mas somente na sabedoria divina que compreende as razões próprias de todos os entes[552], como também as das outras coisas corpóreas.

Capitulum XCIV
Quod in Deo sunt virtutes contemplativae

De contemplativis autem virtutibus dubium esse non potest quin Deo maxime conveniant.

Si enim sapientia in cognitione altissimarum causarum consistit, secundum Philosophum, in principio metaphysicae; ipse autem Deus praecipue seipsum cognoscit, nec aliquid cognoscit nisi cognoscendo seipsum, ut probatum est, qui est omnium prima causa: manifestum est quod sibi potissime sapientia debet adscribi. Unde iob 9,4: sapiens corde est: et Eccli. 1,1: omnis sapientia a Domino Deo est, et cum illo fuit semper. Philosophus etiam dicit, in principio metaphysicae, quod est divina possessio, non humana.

Item. Si scientia est rei cognitio per propriam causam; ipse autem omnium causarum et effectuum ordinem cognoscit, et per hoc singulorum proprias causas novit, ut supra ostensum est: manifestum est quod in ipso proprie scientia est:- non tamen quae sit per ratiocinationem causata, sicut scientia nostra ex

Capítulo 94
As virtudes contemplativas existem em Deus

Quanto às virtudes contemplativas, não pode existir a dúvida de que elas convêm a Deus em sumo grau.

Se a sabedoria consiste *no conhecimento das altíssimas causas*, segundo o Filósofo[553], e se Deus se conhece de modo especial e não conhece as coisas senão enquanto se conhece, como foi provado[554], uma vez que Ele é a causa primeira de todas as coisas, é evidente que a *sabedoria* deve lhe ser referida acima de tudo. Por isso, diz Jó: *Ele é sábio de coração*[555], e o Eclesiástico: *Toda sabedoria vem do Senhor, e está sempre com ele*[556]. Diz também o Filósofo: *A sabedoria é patrimônio divino, não humano*[557].

Igualmente, se a ciência é *o conhecimento de uma coisa por sua causa própria*[558] e Ele conhece a ordem de todas as causas e efeitos e, por isso, conhece as causas próprias das coisas singulares, como foi demonstrado[559], é evidente que nEle existe *ciência* de maneira própria, não, porém, causada por raciocínio[560] como

---

[552] Cf. cap. 54.
[553] Aristóteles (384-322 a.C.), em Metafísica I, 2, 982b, 9-10.
[554] Cf. cap. 47.
[555] Jó 9,4.
[556] Eclesiástico 1,1.
[557] Aristóteles (384-322 a.C.), em Metafísica I, 2, 982b, 28-29.
[558] Aristóteles (384-322 a.C.), em I Analíticos Posteriores 2, 71b, 9-11.
[559] Cf. cap. 64.
[560] Cf. cap. 57.

demonstratione causatur. Unde I Reg. 2,3: Deus scientiarum Dominus est.

Adhuc. Si immaterialis cognitio aliquarum rerum absque discursu intellectus est; Deus autem huiusmodi cognitionem de omnibus habet, ut supra ostensum est: est igitur in ipso intellectus. Unde iob 12,13: ipse habet consilium et intelligentiam.

Hae etiam virtutes in Deo sunt exemplares nostrarum, sicut perfectum imperfecti.

Capitulum XCV
Quod Deus non potest velle malum

Ex his autem quae dicta sunt, ostendi potest quod Deus non potest velle malum.

Virtus enim rei est secundum quam aliquis bene operatur. Omnis autem operatio Dei est operatio virtutis: cum sua virtus sit sua essentia, ut supra ostensum est. Non potest igitur malum velle.

Item. Voluntas nunquam ad malum fertur nisi aliquo errore in ratione existente, ad minus in particulari eligibili. Cum enim voluntatis obiectum sit bonum apprehensum, non potest voluntas ferri in malum nisi aliquo modo proponatur sibi ut bonum: et hoc sine errore esse non potest. In divina autem cognitione non potest esse error, ut supra ostensum est. Non igitur voluntas eius potest ad malum tendere.

Amplius. Deus est summum bonum, ut supra probatum est. Summum autem bonum non patitur aliquod consortium mali: sicut nec summe calidum permixtionem frigidi. Divina igitur voluntas non potest flecti ad malum.

Praeterea. Cum bonum habeat rationem finis, malum non potest incidere in voluntate nisi per aversionem a fine. Voluntas autem divina a fine averti non potest: cum nihil possit

a nossa ciência, que é causada por demonstração. Por isso, dizem as Escrituras: *Deus é o Senhor das ciências*[561].

Ainda, se o conhecimento imaterial de algumas coisas, sem discurso, é dito intelecto, e como Deus tem este conhecimento de todas as coisas, como foi demonstrado[562], segue-se que existe o *intelecto* em Deus. Por isso, diz Jó: *Nele há ciência e poder, conselho e discernimento ele os tem*[563].

Essas virtudes são, em Deus, exemplares das nossas, como o perfeito é para o imperfeito.

Capítulo 95
Deus não pode querer o mal

Do exposto, pode-se demonstrar que Deus não pode querer o mal.

Com efeito, a virtude de um ser é aquilo pelo qual se age bem. Ora, toda operação de Deus é operação de virtude, uma vez que a sua virtude é a sua essência, como foi demonstrado[564]. Logo, não pode querer o mal.

Igualmente, a vontade nunca se inclina para o mal, a não ser por um erro existente na razão, ao menos em relação à escolha de algo particular. Uma vez que o objeto da vontade é o bem conhecido, ela não pode inclinar-se ao mal a não ser que lhe seja proposto, de algum modo, como bem, e isso não pode acontecer sem erro. Ora, no conhecimento divino não pode existir erro, como foi demonstrado[565]. Logo, a vontade de Deus não pode tender para o mal.

Ademais, Deus é o sumo bem, como se provou[566]. Ora, o sumo bem é incompatível com o mal, assim como algo muitíssimo quente não suporta a mistura com o frio. Logo, a vontade divina não pode inclinar-se ao mal.

Além disso, como o bem tem a razão de fim, o mal não pode introduzir-se na vontade a não ser que ela se afaste do fim. Ora, a vontade divina não pode afastar-se do fim, uma

---

[561] 1 Samuel 2,3.
[562] Cf. cap. 57.
[563] Jó 12,13.
[564] Cf. cap. 92.
[565] Cf. cap. 61.
[566] Cf. cap. 41.

velle nisi volendo seipsum, ut ostensum est. Non potest igitur velle malum.

Et sic patet quod liberum arbitrium in ipso naturaliter stabilitum est in bono. Hoc autem est quod dicitur Deut. 32,4: Deus fidelis et absque iniquitate; et Hab. 1,13: mundi sunt oculi tui, Domine, et respicere ad iniquitatem non potes.

Per hoc autem confutatur error Iudaeorum, qui in talmut dicunt Deum quandoque peccare et a peccato purgari; et luciferianorum, qui dicunt Deum in Luciferi deiectione peccasse.

Capitulum XCVI
Quod Deus nihil odit, nec odium alicuius rei ei convenire potest

Ex hoc autem apparet quod odium alicuius rei Deo convenire non potest.

Sicut enim amor se habet ad bonum, ita odium se habet ad malum: nam his quos amamus, bonum volumus; his vero quos odimus, malum. Si igitur voluntas Dei ad malum inclinari non potest, ut ostensum est, impossibile est quod ipse rem aliquam odio habeat.

Item. Voluntas Dei in alia a se fertur, ut supra ostensum est, inquantum, volendo et amando suum esse et suam bonitatem vult eam diffundi, secundum quod possibile est, per similitudinis communicationem. Hoc igitur est quod Deus in rebus aliis a se vult, ut in eis sit suae bonitatis similitudo. Hoc autem est bonum uniuscuiusque rei, ut similitudinem divinam participet: nam quaelibet bonitas alia non est nisi quaedam similitudo primae bonitatis. Igitur Deus unicuique rei vult bonum. Nihil igitur odit.

vez que nada pode querer, a não ser querendo-se, como foi demonstrado[567]. Logo, não pode querer o mal.

Fica, assim, claro que nEle o livre-arbítrio está naturalmente fixado no bem. É isso que o Deuteronômio diz: *É Deus fiel, sem injustiça/ íntegro e perfeito*[568] e Habacuc, também: *Tens os olhos puros demais para ver o mal*[569].

Com isso refuta-se o erro dos judeus, que no *Talmud*[570] dizem que Deus, às vezes, peca e se purifica do pecado, e o dos *Luciferianos*[571], que Deus pecou na queda de Lúcifer.

Capítulo 96
Deus não odeia coisa alguma, e não lhe pode convir o ódio de alguma coisa

Do exposto fica claro que ódio de alguma coisa não pode convir a Deus.

Com efeito, assim como o amor está para o bem, o ódio está para o mal, pois queremos o bem a quem amamos e o mal, a quem odiamos. Portanto, se a vontade de Deus não pode se inclinar para o mal, como foi demonstrado[572], é impossível que Ele odeie alguma coisa.

Igualmente, a vontade de Deus se inclina às coisas distintas de si, como foi exposto[573], e enquanto quer e ama o seu ser e a sua bondade, deseja difundi-la, na medida do possível, comunicando a sua semelhança. Portanto, é isso que Deus quer nas coisas distintas de si: que nelas exista a semelhança de sua bondade. Com efeito, nisto está o bem de cada coisa, a saber, participar da semelhança divina, pois qualquer bondade nada mais é que uma semelhança da bondade primeira[574]. Portanto, Deus quer o bem para cada coisa. Logo, nada odeia.

---

[567] Cf. cap. 74.
[568] Deuteronômio 32,4.
[569] Habacuc 1,13.
[570] Talmud: a fonte de informação para Santo Tomás era um texto de Nicolau Donin (um judeu convertido) que resumiu os erros do Talmud em 35 artigos e os denunciou ao Papa Gregório IX, em 1238.
[571] Luciferianos: como doutrina foi condenado no século IV o bispo de Cagliari, na Sardenha. Como crença reúne sequazes de Lúcifer e acreditam em dois princípios, um do bem e o outro do mal.
[572] Cf. capítulo anterior.
[573] Cf. cap. 75.
[574] Cf. cap. 40.

Adhuc. A primo ente omnia alia originem essendi sumunt. Si igitur aliquid eorum quae sunt odio habet, vult illud non esse: quia hoc est unicuique bonum. Vult igitur actionem suam non esse qua illud in esse producitur vel mediate vel immediate: ostensum est enim supra quod, si Deus aliquid vult, oportet quod illa velit quae ad illud requiruntur. Hoc autem est impossibile. Quod quidem patet, si res per voluntatem ipsius in esse procedant: quia tunc oportet actionem qua res producuntur esse voluntariam. Similiter si naturaliter sit rerum causa: quia, sicut placet sibi sua natura, sic placet sibi omne illud quod sua natura requirit. Nullam igitur rem Deus odit.

Praeterea. Illud quod invenitur in omnibus causis activis naturaliter, praecipue in primo agente necesse est inveniri. Omnia autem agentia suo modo suos effectus amant, secundum quod huiusmodi: sicut parentes filios, poetae poemata, artifices sua opera. Multo igitur magis Deus nullam rem odit: cum ipse sit omnium causa.

Hoc autem est quod dicitur Sap. 11,25: diligis omnia quae sunt, et nihil odisti eorum quae fecisti.

Dicitur autem similitudinarie Deus aliqua odire. Et hoc dupliciter. — Primo modo, ex hoc quod Deus, amando res, volens eorum bonum esse, vult contrarium malum non esse. Unde malorum odium habere dicitur, nam quae non esse volumus, dicimur odio habere: secundum illud Zach. 8,17: unusquisque malum contra amicum suum ne cogitetis in cordibus vestris, et iuramentum mendax non diligatis: omnia enim haec sunt quae odi, dicit Dominus. Haec autem non sunt effectus ut res subsistentes, quarum proprie est odium vel amor.

Ainda, todas as coisas têm a origem de sua existência do primeiro ente. Portanto, se odeia alguma dessas coisas que existem, quer que ela não exista, porque o existir é o bem de cada coisa. Assim, quer que não exista a sua ação, pela qual alguma coisa é dada à existência, mediata ou imediatamente, pois foi demonstrado[575] que, se Deus quer alguma coisa, deve querer aquilo que é requerido para essa coisa. Ora, isso é impossível. Entretanto, isso é claro se as coisas têm a sua existência proveniente da vontade de Deus, pois então é necessário que a ação pela qual as coisas são dadas à existência seja voluntária. Igualmente, se é a causa natural das coisas, por isso, assim como lhe agrada a sua própria natureza, agrada-lhe tudo aquilo que a sua natureza requer. Logo, Deus não odeia coisa alguma.

Além disso, aquilo que é naturalmente encontrado em todas as causas eficientes, deve ser encontrado, principalmente, no primeiro agente. Ora, todos os agentes amam, a seu modo, os seus efeitos, enquanto tais: como os pais amam os filhos; os poetas seus poemas; os artistas suas obras. Logo, muito mais Deus não odeia coisa alguma, uma vez que Ele é a causa de todas as coisas.

Isso é o que diz a Sabedoria: *Sim, amas todos os seres e não sentes aversão por nada do que fizeste*[576].

Entretanto, diz-se, por semelhança, que Deus odeia algumas coisas, e isso de duas maneiras. — Primeira, porque Deus, amando as coisas, quer que exista o bem delas e quer que não exista o mal contrário. Por isso, se diz ter ódio dos males, porque aquilo que queremos que não exista, dizemos que o odiamos, como se lê em Zacarias: *Não maquinar em vosso coração o mal um contra o outro e não amar o falso juramento, são coisas que eu odeio, oráculo de Javé!*[577]. Estas coisas não são efeitos tais como coisas subsistentes, das quais se tem propriamente ódio e amor.

---

[575] Cf. cap. 83.
[576] Sabedoria 11,24.
[577] Zacarias 8,17.

Alius autem modus est ex hoc quod Deus vult aliquod maius bonum quod esse non potest sine privatione minoris boni. Et sic dicitur odire: cum magis hoc sit amare. Sic enim, inquantum vult bonum iustitiae vel ordinis universi, quod esse non potest sine punitione vel corruptione aliquorum, dicitur illa odire quorum punitionem vult vel corruptionem: secundum illud Mal. 1,3: *esau odio habui*; et illud Psalmi: *odisti omnes qui operantur iniquitatem; perdes omnes qui loquuntur mendacium: virum sanguinum et dolosum abominatur Dominus.*

— Segunda maneira, porque Deus quer um bem maior que não pode existir sem a privação de um bem menor. E assim se diz odiar, quando isto é antes amor. Se Ele quer, por exemplo, o bem da justiça ou a ordem do universo, o que não pode existir sem a punição ou a corrupção de alguns, diz-se que Deus odeia aquelas coisas das quais quer a punição ou a corrupção, como diz Malaquias: *Ora, amei Jacó, mas odiei Esaú: Eu fiz de suas montanhas uma desolação e de sua herança, descampados de desertos*[578].

Capitulum XCVII
Quod Deus est vivens

Ex his autem quae iam ostensa sunt, de necessitate habetur quod Deus est vivens.

Ostensum est enim Deum esse intelligentem et volentem. Intelligere autem et velle non nisi viventis est. Est igitur Deus vivens.

Adhuc. Vivere secundum hoc aliquibus attributum est quod visa sunt per se, non ab alio moveri. Et propter hoc illa quae videntur per se moveri, quorum motores vulgus non percipit, per similitudinem dicimus vivere: sicut aquam vivam fontis fluentis, non autem cisternae vel stagni stantis; et argentum vivum, quod motum quendam habere videtur. Proprie enim illa sola per se moventur quae movent seipsa, composita ex motore et moto, sicut animata. Unde haec sola proprie vivere dicimus: alia vero omnia ab aliquo exteriori moventur, vel generante, vel removente prohibens, vel impellente. Et quia operationes sensibiles cum motu sunt, ulterius omne illud quod agit se ad proprias operationes, quamvis non sint cum motu, dicitur vivere: unde intelligere, appetere et sentire actiones vitae sunt. Sed Deus maxime non ab alio, sed a seipso operatur: cum sit prima causa agens. Maxime igitur ei competit vivere.

Capítulo 97
Deus vive

Do que foi demonstrado, deve-se concluir que Deus vive.

Com efeito, foi demonstrado que Deus entende e quer[579]. Ora, entender e querer são propriedades somente de quem vive. Logo, Deus vive.

Ainda, o viver é atribuído a alguns porque parecem se mover por si mesmos e não por outro. Por isso, as coisas que parecem ser movidas por si mesmas, cujos motores o vulgo não percebe, dizemos, por semelhança, que vivem. Por exemplo, a *água viva* de uma fonte fluente, e não a água de uma cisterna ou de um poço parado; ou *o mercúrio*, que parece ter algum movimento. De modo próprio, movem-se por si mesmas somente as coisas que movem a si mesmas, compostas de uma parte motora e de outra movida, como nas coisas animadas. Por isso, dizemos que somente estas coisas propriamente vivem, pois todas as outras são movidas por algo exterior que as gera, ou que lhes afasta os obstáculos, ou que as impulsiona. E, porque as operações sensíveis se fazem com movimento, dizemos viver tudo aquilo que age em suas próprias operações, embora não tenha movimento. Por isso, entender, desejar e sentir são ações da vida. Ora, Deus age, em sumo grau, por si mesmo e não por outro,

---

[578] Malaquias 1,3.
[579] Cf. caps. 44 e 72.

Item. Divinum esse omnem perfectionem essendi comprehendit, ut supra ostensum est. Vivere autem est quoddam esse perfectum: unde viventia in ordine entium non viventibus praeferuntur. Divinum igitur esse est vivere. Ipse igitur est vivens.

Hoc etiam auctoritate divinae Scripturae confirmatur. Dicitur enim Deut. 32,40, ex ore Domini: dicam, vivo ego in aeternum; et in Psalmo: cor meum et caro mea exultaverunt in Deum vivum.

uma vez que é a primeira causa eficiente. Logo, viver compete, em sumo grau, a Deus.

Igualmente, o ser divino compreende toda a perfeição do ser, como foi demonstrado[580]. Ora, viver é um existir perfeito. Por isso, na ordenação dos entes, os que são vivos preferem-se aos não vivos. Ora, o ser divino é viver. Logo, Ele vive.

Isso é confirmado pela Escritura divina: pelo Deuteronômio: *É tão verdadeiro quanto eu vivo para sempre*[581]; e pelo Salmo: *Meu coração e minha carne exultam ao buscar o Deus vivo*[582].

Capitulum XCVIII
Quod Deus est sua vita

Ex hoc autem ulterius patet quod Deus sit sua vita.

Vita enim viventis est ipsum vivere in quadam abstractione significatum: sicut cursus non est secundum rem aliud quam currere. Vivere autem viventium est ipsum esse eorum, ut patet per Philosophum, in II de anima: cum enim ex hoc animal dicatur vivens quod animam habet, secundum quam habet esse, utpote secundum propriam formam, oportet quod vivere nihil sit aliud quam tale esse ex tali forma proveniens. Deus autem est suum esse, ut supra probatum est. Est igitur suum vivere et sua vita.

Item. Ipsum intelligere est quoddam vivere, ut patet per Philosophum, in II de anima: nam vivere est actus viventis. Deus autem est suum intelligere, sicut supra ostensum est. Est igitur suum vivere et sua vita.

Amplius. Si Deus non esset sua vita, cum sit vivens, ut ostensum est, sequeretur quod esset vivens per participationem vitae. Omne autem quod est per participationem, reduci-

Capítulo 98
Deus é a sua vida

Do exposto, fica claro que Deus é a sua vida.

A *vida* do que vive é o mesmo *viver* significado de maneira abstrata, como a *corrida* não é, na realidade, outra coisa do que *correr*. Diz o Filósofo: *O viver, para os que vivem, é o mesmo ser deles*[583]. Uma vez que se diz que o animal tem vida, porque tem alma, que lhe dá o existir por ser sua própria forma, é necessário que o viver nada mais seja do que existir que de tal forma procede. Ora, Deus é o seu próprio existir, como foi provado[584]. Logo, é o seu viver e a sua vida.

Igualmente, o mesmo entender é um viver, como diz o Filósofo[585], pois viver é o ato do que vive. Ora, Deus é o seu entender, como foi demonstrado[586]. Logo, é o seu viver e a sua vida.

Ademais, se Deus não fosse a sua própria vida, uma vez que vive, como foi demonstrado[587], resultaria que viveria por uma vida participada. Ora, tudo que é por participação

---

[580] Cf. cap. 28.
[581] Deuteronômio 32,40.
[582] Salmo 83,3.
[583] Aristóteles (384-322 a.C.), em Ética II, 4, 415b.13.
[584] Cf. cap. 22.
[585] Aristóteles (384-322 a.C.), em Sobre a Alma II, 2, 413a.22-23.
[586] Cf. cap. 45.
[587] Cf. capítulo anterior.

tur ad id quod est per seipsum. Deus igitur reduceretur in aliquod prius, per quod viveret. Quod est impossibile, ut ex dictis patet.

Adhuc. Si sit vivens Deus, ut ostensum est, oportet in ipso esse vitam. Si igitur non sit ipse sua vita, erit aliquid in ipso quod non est ipse. Et sic erit compositus. Quod supra improbatum est. Est igitur Deus sua vita.

Et hoc est quod dicitur Ioan. 14,6: ego sum vita.

Capitulum XCIX
Quod vita Dei est sempiterna

Ex hoc autem apparet quod vita eius sit sempiterna.

Nihil enim desinit vivere nisi per separationem vitae. Nihil autem a seipso separari potest: omnis enim separatio fit per divisionem alicuius ab alio. Impossibile est igitur quod Deus deficiat vivere: cum ipse sit sua vita, ut ostensum est.

Item. Omne illud quod quandoque est et quandoque non est, est per aliquam causam: nihil enim seipsum de non esse in esse adducit, quia quod nondum est, non agit. Divina autem vita non habet aliquam causam: sicut nec divinum esse. Non igitur quandoque est vivens et quandoque non vivens, sed semper vivit. Est igitur vita eius sempiterna.

Adhuc. In qualibet operatione operans manet, licet interdum operatio transeat secundum successionem: unde et in motu mobile manet idem subiecto in toto motu, licet non secundum rationem. Ubi igitur actio est ipsum agens, oportet quod nihil ibi per successionem transeat, sed totum simul maneat. Intelligere autem et vivere Dei ipse est Deus, ut ostensum est. Igitur eius vita non habet successionem, sed est tota simul. Est igitur sempiterna.

reduz-se ao que é por si mesmo. Logo, Deus seria reduzido a uma coisa anterior, pela qual viveria. O que é impossível, pelo que já foi esclarecido[588].

Ainda, se Deus vive, como foi demonstrado[589], é necessário que haja vida em Deus. Se, pois, Ele não é a sua vida, haverá algo nEle que não é Ele mesmo. E assim, será composto. O que já foi refutado[590]. Logo, Deus é a sua vida.

O mesmo é afirmado por São João: *Eu sou a vida*[591].

Capítulo 99
A vida de Deus é eterna

Do exposto aparece que a vida de Deus é eterna.

Nada deixa de viver, a não ser pela separação da vida. Ora, nada pode se separar de si mesmo, pois toda separação é feita pela divisão de uma coisa de outra. Logo, é impossível que Deus deixe de viver, uma vez que Ele é a sua vida, como foi demonstrado[592].

Igualmente, tudo aquilo que às vezes existe, e às vezes não existe, é por alguma causa. Por isso, nada leva a si mesmo do não existir ao existir, porque o que ainda não existe não age. Ora, a vida divina não tem causa alguma, como não a tem o ser divino. Portanto, não é às vezes vivo e às vezes não vivo, mas Ele vive sempre. Logo, a sua vida é eterna.

Ainda, em qualquer operação o que obra permanece, embora, às vezes, a operação passe sucessivamente. Por isso, no movimento, o móvel permanece o mesmo em seu sujeito durante todo o movimento, embora não segundo a razão. Portanto, onde a ação é o mesmo agente, aí é necessário que nada passe por sucessão, mas que tudo permaneça simultaneamente. Ora, o entender e o viver de Deus é o mesmo Deus, como foi demonstrado[593]. Por-

---

[588] Cf. cap. 13.
[589] Cf. capítulo anterior.
[590] Cf. cap. 18.
[591] João 14,6.
[592] Cf. capítulo anterior.
[593] Cf. caps. 45 e 98.

Amplius. Deus omnino immobilis est, ut supra ostensum est. Quod autem incipit aut desinit vivere, vel in vivendo successionem patitur, mutabile est: nam vita alicuius incipit per generationem, desinit autem per corruptionem, successio autem propter motum aliquem est. Deus igitur neque incoepit vivere, neque desinet vivere, neque in vivendo successionem patitur. Est igitur eius vita sempiterna.

Hinc est quod dicitur Deut. 32,40, ex ore Domini: vivo ego in aeternum; I Ioan. Ult.: hic est verus Deus et vita aeterna.

Ademais, Deus é absolutamente imóvel, como foi demonstrado[594]. Aquilo que começa a viver, ou deixa de viver, ou que em sua vida é sujeito de sucessão, é mutável, porque a vida de alguma coisa começa por geração, desaparece por corrupção e a sucessão procede de algum movimento. Portanto, Deus nem começa a viver, nem deixa de viver, nem sofre sucessão no viver. Logo, a sua vida é eterna.

E isso o que o Deuteronômio diz: *É tão verdadeiro quanto eu vivo para sempre*[595]. São João diz: *Ele é o verdadeiro Deus e a vida eterna*[596].

Capitulum C
Quod Deus est beatus

Restat autem ex praemissis ostendere Deum esse beatum.

Cuiuslibet enim intellectualis naturae proprium bonum est beatitudo. Cum igitur Deus sit intelligens, suum proprium bonum erit beatitudo. Non autem comparatur ad proprium bonum sicut quod in bonum nondum habitum tendit, hoc enim est naturae mobilis et in potentia existentis: sed sicut quod iam obtinet proprium bonum. Igitur beatitudinem non solum desiderat, sicut nos, sed ea fruitur. Est igitur beatus.

Amplius. Illud est maxime desideratum vel volitum ab intellectuali natura quod est perfectissimum in ipsa: et hoc est eius beatitudo. Perfectissimum autem in unoquoque est operatio perfectissima eius: nam potentia et habitus per operationem perficiuntur; unde et Philosophus dicit felicitatem esse operationem perfectam.

Perfectio autem operationis dependet ex quatuor. — Primo, ex suo genere: ut scilicet sit manens in ipso operante. Dico autem operationem in ipso manentem per quam non fit

Capítulo 100
Deus é bem-aventurado

Fica por demonstrar que Deus é bem-aventurado.

O bem próprio de qualquer natureza intelectual é a bem-aventurança. Portanto, uma vez que Deus é inteligente, o seu bem próprio será a bem-aventurança. Ora, não se refere ao próprio bem como o que tende a um bem ainda não possuído, porque isso é próprio de uma natureza móvel e que existe em potência, mas ao que já possui o próprio bem. Logo, não somente deseja a bem-aventurança, como nós, mas dela desfruta. Logo, é bem-aventurado.

Ademais, aquilo que é desejado ou querido, em sumo grau, pela natureza intelectual é perfeitíssimo nela, e isso é a sua bem-aventurança. Ora, o que é perfeitíssimo em cada coisa é a sua operação perfeitíssima, uma vez que a potência e o hábito se aperfeiçoam pela operação; por isso o Filósofo diz que a *felicidade* é a *operação perfeita*[597].

A perfeição da operação depende de quatro coisas: — Primeiro, de seu gênero, a saber, que seja permanente no que obra. Chamo operação permanente no que obra aquela

---

[594] Cf. cap. 13.
[595] Deuteronômio 32,40.
[596] 1 João 5,20.
[597] Aristóteles (384-322 a.C.), em Ética X, 7, 1177a, 12-13.

aliud praeter ipsam operationem: sicut videre et audire. Huiusmodi enim sunt perfectiones eorum quorum sunt operationes, et possunt esse ultimum: quia non ordinantur ad aliquod factum quod sit finis. Operatio vero vel actio ex qua sequitur aliquid actum praeter ipsam, est perfectio operati, non operantis, et comparatur ad ipsum sicut ad finem. Et ideo talis operatio intellectualis naturae non est beatitudo sive felicitas.

Secundo, ex principio operationis: ut sit altissimae potentiae. Unde secundum operationem sensus non est in nobis felicitas, sed secundum operationem intellectus et per habitum perfecti.

Tertio, ex operationis obiecto. Et propter hoc in nobis ultima felicitas est in intelligendo altissimum intelligibile.

Quarto, ex forma operationis: ut scilicet perfecte, faciliter, firmiter et delectabiliter operetur. Talis autem est Dei operatio: cum sit intelligens; et suus intellectus altissima virtutum sit, nec indiget habitu perficiente, quia in seipso perfectus est, ut supra ostensum est; ipse autem seipsum intelligit, qui est summum intelligibilium; perfecte, absque omni difficultate, et delectabiliter. Est igitur beatus.

Adhuc. Per beatitudinem desiderium omne quietatur: quia, ea habita, non restat aliud desiderandum; cum sit ultimus finis. Oportet igitur eum esse beatum qui perfectus est quantum ad omnia quae desiderare potest: unde boetius dicit quod beatitudo est status omnium bonorum congregatione perfectus. Sed talis est divina perfectio quod omnem perfectionem in quadam simplicitate comprehendit, ut supra ostensum est. Ipse igitur est vere beatus.

Item. Quandiu alicui deest aliquid quo indigeat, nondum beatus est: quia eius desiderium nondum est quietatum. Quicumque

pela qual não se faz outra coisa além da mesma operação, como ver e ouvir. Tais operações são perfeições daqueles que as obram e podem ser algo último, porque não se ordenam a algo feito que seja o fim. Entretanto, a operação ou a ação, da qual resulta algum ato distinto dela, é perfeição da obra e não daquele que obra e se refere ao mesmo ato como a um fim. E, por isso, essa operação de natureza intelectual não é a bem-aventurança ou a felicidade.

Segundo, do princípio da operação, a saber, que seja de uma potência elevadíssima. Portanto, não temos a felicidade pela operação do sentido, mas pela operação do intelecto, aperfeiçoado pelo hábito.

Terceiro, do objeto da operação, a saber, porque a felicidade última existe em nós em entender o mais alto inteligível.

Quarto, da forma da operação, a saber, que seja perfeita, fácil, firme e deleitável. Ora, esta é a operação de Deus, uma vez que é inteligente e que o seu intelecto é a mais alta das faculdades, e não necessita de um hábito que o aperfeiçoe, porque é perfeito em si mesmo, como foi demonstrado[598]. E Ele que é o mais alto dos inteligíveis se entende perfeitamente, sem nenhuma dificuldade, e com deleite. Logo, é bem-aventurado.

Ainda, a bem-aventurança tranquiliza todo desejo, porque, uma vez possuída, não lhe resta outra coisa a desejar, uma vez que é o último fim. Portanto, é necessário que seja bem-aventurado quem é perfeito quanto a todas as coisas que pode desejar. Por isso, Boécio diz que *a bem-aventurança é o estado perfeito pela reunião de todos os bens*[599]. Ora, esta é a perfeição divina que compreende toda perfeição com certa simplicidade, como foi demonstrado[600]. Logo, Ele é verdadeiramente bem-aventurado.

Igualmente, ninguém é bem-aventurado enquanto carece do que necessita, porque o seu desejo não está ainda tranquilizado. Por-

---

[598] Cf. cap. 45.
[599] Boécio (480-524), em Consolação da Filosofia, prosa 2, ML 63, 724A.
[600] Cf. caps. 28 e 31.

igitur sibi sufficiens est, nullo indigens, ille beatus est. Ostensum est autem supra quod Deus non indiget aliis: cum a nullo exteriori sua perfectio dependeat; nec alia vult propter se sicut propter finem quasi eis indigeat, sed solum quia hoc est conveniens suae bonitati. Est igitur ipse beatus.

Praeterea. Ostensum est supra quod Deus non potest velle aliquod impossibile. Impossibile est autem ei aliquid advenire quod nondum habeat: cum ipse nullo modo sit in potentia, ut ostensum est. Igitur nihil potest velle se habere quod non habeat. Quicquid igitur vult, habet. Nec aliquid male vult, ut supra ostensum est. Est igitur beatus: secundum quod a quibusdam beatus esse perhibetur qui habet quicquid vult et nihil male vult.

Eius etiam beatitudinem sacra Scriptura protestatur, I Tim. Ult.: *quem ostendet suis temporibus beatus et potens.*

tanto, é bem-aventurado aquele que se basta e que de nada necessita. Foi demonstrado[601] que Deus não necessita dos outros, uma vez que a sua perfeição não depende de nada exterior, e não quer as outras coisas para si como para um fim, como se necessitasse delas, mas somente porque isso convém à sua bondade. Logo, Ele é bem-aventurado.

Além disso, foi demonstrado[602] que Deus não pode querer algo impossível. É impossível que receba alguma coisa que ainda não possui, uma vez que Ele não está, de modo algum, em potência, como foi demonstrado[603]. Portanto, nada pode querer ter que não o tenha. Tudo o que quer, tem. E não quer mal algum, como foi demonstrado[604]. Logo, é bem-aventurado, segundo o que alguns afirmaram: *aquele que tem o que quer e nenhum mal quer*[605].

Também a Sagrada Escritura declara essa bem-aventurança de Deus: *Ele será apresentado, em seu devido tempo, pelo Senhor bendito e único, Rei dos reis e Senhor dos senhores*[606].

Capitulum CI
Quod Deus sit sua beatitudo

Ex his autem apparet quod Deus sit sua beatitudo.

Beatitudo enim eius est intellectualis operatio ipsius, ut ostensum est. Supra autem ostendimus quod ipsum Dei intelligere sit sua substantia. Ipse igitur est sua beatitudo.

Item. Beatitudo, cum sit ultimus finis, est id quod quilibet natus habere, vel habens, principaliter vult. Ostensum est autem supra quod Deus principaliter vult suam essentiam. Sua igitur essentia est eius beatitudo.

Capítulo 101
Deus é a sua bem-aventurança

Do exposto fica claro que Deus é a sua bem-aventurança.

A bem-aventurança de Deus é a sua operação intelectual, como foi demonstrado[607]. Ora, demonstramos[608], também, que o entender de Deus é a sua substância. Logo, Ele é a sua bem-aventurança.

Igualmente, uma vez que a bem-aventurança é o fim último, é aquilo que principalmente quer, seja aquilo que naturalmente pode ter ou aquilo que já tem. Ora, foi demonstrado[609] que Deus quer principalmente a sua essência. Logo, a sua essência é a sua bem-aventurança.

---

[601] Cf. caps. 81 e 82.
[602] Cf. cap. 84.
[603] Cf. cap. 16.
[604] Cf. cap. 95.
[605] Santo Agostinho (354-431), em Sobre a Trindade XIII, 6, ML 42 1020.
[606] 1 Timóteo 6,15.
[607] Cf. capítulo anterior.
[608] Cf. cap. 45.
[609] Cf. cap. 74.

Ainda, cada qual ordena para a sua bem-aventurança tudo o que quer, pois ela é aquilo que não é desejado por causa de outra coisa, e nela termina, para que não seja infinito o movimento do desejo de quem deseja uma coisa por causa da outra. Portanto, uma vez que Deus quer todas as coisas pela sua bondade[610], que é sua essência, é necessário que Ele, que é a sua bondade e a sua essência, seja também a sua bem-aventurança.

Além disso, é impossível existir dois sumos bens, pois se a um faltasse o que o outro tem nenhum dos dois seria perfeitíssimo. Ora, Deus é o sumo bem, como foi demonstrado[611]. Demonstrar-se-á, também, que a bem-aventurança é o sumo bem porque é o fim último. Portanto, a bem-aventurança e Deus são idênticos. Logo, Deus é a sua bem-aventurança.

Capítulo 102
A bem-aventurança divina, perfeita e singular, excede toda outra bem-aventurança

Do que foi exposto, pode-se considerar, ainda, a excelência da bem-aventurança divina.

Quanto algo está mais próximo da bem-aventurança, tanto mais perfeito é bem-aventurado. Portanto, se alguém se diz bem-aventurado pela esperança de alcançar a bem-aventurança, de nenhuma maneira a sua bem-aventurança se compara à daquele que já a conseguiu em ato. Portanto, está mais próximo da bem-aventurança aquele que é a mesma bem-aventurança. E isso foi demonstrado de Deus[612]. Logo, Ele é bem-aventurado de modo singular e perfeitamente.

Igualmente, uma vez que o deleite é causado pelo amor, como foi demonstrado[613], onde é maior o amor, é maior também o deleite na conquista do amado. Ora, cada um, em condições de igualdade, mais ama a si mesmo do que outra coisa. E um sinal disto é o fato de que quanto alguém é mais próximo de nós,

---

[610] Cf. cap. 75.
[611] Cf. cap. 41.
[612] Cf. capítulo anterior.
[613] Cf. cap. 9.

beatitudine, quae est ipsemet, quam alii beati in beatitudine quae non est quod ipsi sunt. Magis igitur desiderium quiescit, et perfectior est beatitudo.

Praeterea. Quod per essentiam est, potius est eo quod per participationem dicitur sicut natura ignis perfectius invenitur in ipso igne quam in rebus ignitis. Deus autem per essentiam suam beatus est. Quod nulli alii competere potest: nihil enim aliud praeter ipsum potest esse summum bonum, ut ex praedictis patere potest; et sic oportet ut quicumque alius ab ipso beatus est, participatione beatus dicatur. Divina igitur beatitudo omnem aliam beatitudinem excedit.

Amplius. Beatitudo in perfecta operatione intellectus consistit, ut ostensum est. Nulla autem alia intellectualis operatio eius operationi comparari potest. Quod patet non solum ex hoc quod est operatio subsistens: sed quia una operatione Deus seipsum ita perfecte intelligit sicut est, et omnia alia, quae sunt et quae non sunt, bona et mala. In aliis autem intelligentibus intelligere ipsum non est subsistens, sed actus subsistentis. Nec ipsum Deum, qui est summum intelligibile, aliquis ita perfecte potest intelligere sicut perfecte est: cum nullius esse perfectum sit sicut esse divinum, nec alicuius operatio possit esse perfectior quam sua substantia. Nec est aliquis alius intellectus qui omnia etiam quae Deus facere potest, cognoscat: quia sic divinam potentiam comprehenderet. Illa etiam quae intellectus alius cognoscit, non omnia una et eadem operatione cognoscit. Incomparabiliter igitur Deus supra omnia beatus est.

tanto mais naturalmente o amamos. Portanto, mais se deleita Deus em sua bem-aventurança, que é Ele, do que os outros bem-aventurados na bem-aventurança que não é o que eles são. Logo, quanto mais se tranquiliza o desejo, tanto mais perfeita é a bem-aventurança.

Além disso, o que é por essência é melhor do que aquilo que se diz tal por participação, como a natureza do fogo se encontra mais perfeita no mesmo fogo do que nas coisas queimadas. Ora, Deus é bem-aventurado por sua essência, e isso não pode convir a nenhum outro, porque nenhum outro, a não ser Deus, pode ser o sumo bem, como deixa claro o que já foi dito[614]. Assim, é necessário que, qualquer outro que é bem-aventurado por Ele, seja dito bem-aventurado por participação. Logo, a bem-aventurança divina excede toda outra bem-aventurança.

Ademais, a bem-aventurança, como foi demonstrado[615], consiste na operação perfeita do intelecto. E nenhuma outra operação intelectual pode ser comparada à operação de Deus. O que é evidente, não somente porque é uma operação subsistente; mas também, porque por uma única operação Deus conhece a si mesmo tão perfeitamente como Ele é, e todas as outras coisas, as que existem e as que não existem, as coisas boas e as más. Ora, nos que são dotados de inteligência o entender não é subsistente, mas o ato do que subsiste. Ninguém pode conhecer Deus, que é sumamente inteligível, tão perfeitamente como perfeitamente Ele é, uma vez que o existir de nenhuma coisa é perfeito como o existir divino, nem a operação de alguma é mais perfeita que a substância de Deus. Não existe, também, outro intelecto que conheça tudo o que Deus pode fazer, porque assim compreenderia a potência divina. Ora, as coisas que outro intelecto conhece, ele não as conhece todas por uma única e mesma operação. Logo, Deus é incomparavelmente bem-aventurado sobre todas as coisas.

---

[614] Cf. cap. 41.
[615] Cf. cap. 100.

Item. Quanto aliquid magis est unitum, tanto eius virtus et bonitas perfectior est. Operatio autem successiva secundum diversas partes temporis dividitur. Nullo igitur modo eius perfectio potest comparari perfectioni operationis quae est absque successione tota simul: et praecipue si non in momento transeat, sed in aeternum maneat. Divinum autem intelligere est absque successione totum simul aeternaliter existens: nostrum autem intelligere successionem habet, inquantum adiungitur ei per accidens continuum et tempus. Divina igitur beatitudo in infinitum excedit humanam: sicut duratio aeternitatis excedit nunc temporis fluens.

Adhuc. Fatigatio, et occupationes variae quibus necesse est contemplationem nostram in hac vita interpolari, in qua consistit praecipue humana felicitas, si qua est praesentis vitae; errores, dubitationes, et casus varii quibus subiacet praesens vita; ostendunt omnino incomparabilem esse humanam felicitatem, praecipue huius vitae, divinae beatitudini.

Amplius. Perfectio divinae beatitudinis considerari potest ex hoc quod omnes beatitudines complectitur secundum perfectissimum modum. De contemplativa quidem felicitate, habet perfectissimam sui et aliorum perpetuam considerationem. De activa vero, non vitae unius hominis, aut domus aut civitatis aut regni, sed totius universi gubernationem.

Falsa etiam felicitas et terrena non habet nisi quandam umbram illius perfectissimae felicitatis. Consistit enim in quinque, secundum boetium: scilicet in voluptate, divitiis, potestate, dignitate et fama. Habet autem Deus excellentissimam delectationem de se, et universale gaudium de omnibus bonis, absque contrarii admixtione. Pro divitiis vero habet

Igualmente, quanto mais algo é unificado, tanto mais a sua virtude e a sua bondade são mais perfeitas. Ora, uma operação sucessiva divide-se segundo as diversas partes do tempo. Portanto, de nenhum modo a sua perfeição pode ser comparada à perfeição da operação que é sem sucessão e toda simultaneamente, e principalmente se não passa num momento, mas permanece eternamente. Ora, o intelecto divino é sem sucessão e existe eternamente[616], todo simultaneamente, ao passo que o nosso entender tem sucessão, uma vez que está unido acidentalmente à continuidade e ao tempo. Logo, a bem-aventurança divina excede infinitamente a humana, como a duração da eternidade excede a do tempo que agora flui.

Ainda, as fadigas e as várias ocupações que necessariamente nesta vida se interpõem à nossa contemplação, na qual consiste principalmente a felicidade humana, — se existe alguma na vida atual —, e os erros, as dúvidas e os vários acontecimentos aos quais está sujeita a vida atual mostram que a felicidade humana, sobretudo a desta vida, é totalmente incomparável com a bem-aventurança divina.

Ademais, pode-se pensar a perfeição da bem-aventurança divina enquanto ela abraça todas as bem-aventuranças de modo perfeitíssimo. Quanto à felicidade contemplativa, ela tem perfeitíssima e perpétua consideração de si e dos outros. Quanto à felicidade ativa, ela tem o governo não da vida de um homem, de uma casa, de uma cidade ou de um reino, mas de todo o universo.

A falsa e terrena felicidade não tem senão uma sombra daquela felicidade perfeitíssima. Segundo Boécio, ela consiste em cinco coisas: *prazer, riquezas, poder, dignidade e fama*[617]. Ora, Deus tem excelentíssimo deleite de si e a alegria de todos os bens, sem mescla de coisa alguma contrária[618]. — Quanto às riquezas, Deus tem em si uma total suficiência de

---

[616] Cf. cap. 55.
[617] Boécio (480-524), em Consolação da Filosofia, prosa 2, ML 63.724ª-728A.
[618] Cf. cap. 90.

omnimodam sufficientiam in seipso omnium bonorum, ut supra ostensum est. Pro potestate habet infinitam virtutem. Pro dignitate habet omnium entium primatum et regimen. Pro fama habet admirationem omnis intellectus ipsum utcumque cognoscentis.

Ipsi igitur qui singulariter beatus est, honor sit et gloria in saecula saeculorum. Amen.

todos os bens[619]. — Quanto ao poder, Deus tem poder infinito[620]. — Quanto à dignidade, Deus tem o primado sobre todos os entes, e o governo deles[621]. — Quanto à fama, Deus tem a admiração de todo intelecto que o conhece de algum modo.

A Ele, portanto, que é bem-aventurado de um modo singular, honra e glória pelos séculos dos séculos. Amém.

---

[619] Cf. cap. 100.
[620] Cf. cap. 43.
[621] Cf. cap. 13.

Autores citados

Algazel [ou Al Ghazali] (1053-1111)
Nasceu em Tus na Pérsia. Foi professor em Bagdá, É considerado Filósofo, Teólogo, Jurista e Místco. Foi um islamita ortodoxo.
Obras citadas: Destruiçao dos Filósofos, em especial contra Avicena e de Alfarabi (século X), que foi Mestre de Avicena e promoveu, entre os árabes, as obras de Aristóteles.

Amaury de Bène (†1207), professor de lógica e teologia em Paris. Foi condenado, por suas doutrinas, em 1204 pela Universidade de Paris, e em 1207 pelo Papa Inocêncio III.
Obras citadas: Nada escreveu e as suas ideias foram divulgadas pelos seus discípulos, os Amauricianos.

Anaxágoras (500-428 a.C.)
Nasceu em Clazomenas, na Jônia. Filósofo grego pré-socrático. Entendeu o universo composto de infinitas sementes dependentes de um primeiro motor espiritual ou Nous.
Obra citada: Física.

Aristóteles (384-322 a.C.)
Nasceu Estagira, na Tácia. Santo Tomás o chama de O Filósofo.Em Atenas foi discípulo de Isócrates e depois de Platão, por cerca vinte anos. Em 335 funda a escola do Liceu que durou treze anos, Com o apoio de Alexandre, de quem por dois anos fora preceptor, forma uma biblioteca com importantes documento. Sua obra é vatíssima, mas conhecemos um pouco mais 150. Afastou-se da doutrina das Ideias de Platão e explicou a natureza composta de matéria e forma que se referem como potência e ato. Entender, conhecer, pensar são as atividades mais nobres. Assim, Deus é ato puro, primeiro motor imóvel.
Obras citadas: Tópicos, Metafísica; Física; Ética; Analícos Posteriores, Sobre as Partes dos Animais, Sobre o Céu e o Mundo, Sobre a Geração e a Corrupção, Sobre a Alma, Meteorologia, Sobre a Verdade, Categorias, Retórica.

Averrois [Ibn Roschd] (1126-1198), o Comentador.
Nasceu em Córdoba e faleceu em Marraquesh. Dedicou sua vida ao estudo de Aristóteles. Afirmou que Avicena deformara o pensamento de Aristóteles. Foi condenado pelas autoridades mulçumanas e reabilitado antes da morte. O bispo de Paris, em 1270 e em 1277, condenou o averroismo.
Obras citadas: Comentaria in Opera Aristotelis, Physica, Metafísica, De Anima.

Avicena (980-1037)
Nasceu em Bukhara e faleceu em Hamadan (Irã). Filósofo e médico na Escola de Bagdá. Como filósofo, desenvolveu os estudos sobre Aristóteles com temas platônicos. Como médico, escreveu o Cânon da Medicina, utilizado no Oriente e no Ocidente até o século XVIII como manual de Medicina.
Obra citada: Suficiência.

Boécio (480-524)
Nasceu em Roma e faleceu em Pavia. Estudou em Atenas onde aprendeu, com Platão, Aristóteles e outros, os elementos da sabedoria antiga. Romano, Boécio é cristão e tentou uma síntese entre os dois mundos culturais, que teve muita influência em toda a Idade Média.
Obras citadas: Sobre a Trindade, Consolação da Filosofia.

Cassiano, João (360-435)
Nasceu na Cítia Menor (no Império Romano do Oriente) e faleceu em Marselha, na França. Monge em Belém e depois no Egito. Em Constantinopla foi amigo de João Crisóstomo. Em 404, vai a Roma buscar a liberdade de Crisóstomo, exilado então pela imperadora Eudóxia. Em 415, fundou em Marselha dois mosteiros, um de monges e outro de monjas. Publica então as Instituições Cenobíticas e as Conferências que exprimem a tradição espiritual do Egito. Considerado semipelagiano manteve distância entre Pelágio e Agostinho.
Obra citada: Faz-se apenas menção de Cassiano, salientando o espírito da sua obra.

Clemente de Alexandria (†215)
Nasceu provavelmente em Atenas em 150 e faleceu durante a perseguição de Sétimo Severo, refugiado na Palestina. Foi professor na Escola de Teologia de Alexandria, influenciado pelo filósofo Panteno. Foi apologeta, catequista e sobretudo pedagogo. Sua obra Hino ao Cristo Salvador expressa a sua teologia.
Obra citada: Faz-se apenas menção de Clemente, salientando o espírito da sua obra.

David de Dinant (ca.1160 – ca.1217)
Ignora-se quando nasceu e quando faleceu. O Concílio de Paris, em 1210, o condenou juntamente com Amaury de Bène e os seus Quaternuli foram queimados. É um filósofo panteísta, afirmando ser Deus a matéria de todos seres, isto é, idêntico à matéria-prima.
Obra citada: Faz-se apenas menção de David de Dinant, salientando o espírito da sua obra.

Dionísio Areopagita (séc. V-VI), pseudônimo de um autor do Oriente.
Suas obras: A Hierquia Celeste, A Hierarquia Eclesiástica, Os Nomes Divinos (que Santo Tomás de Aquino comentou), e a Teologia Mística influenciaram tanto o Oriente como o Ocidente nos estudos sobre os anjos, sobre a liturgia, sobre Deus e sobre o conhecimento e a prática mística.
Obras citadas: Hierarquia Celeste, Os Nomes Divinos.

Dionísio de Alexandria (200-255)
Nasceu em Alexandria e faleceu na perseguição de Décio e Valeriano, exilado para a Líbia. Discípulo de Orígenes, foi diretor da Escola Catequética e bispo da cidade em 247.
Obra citada: Faz-se apenas menção de Dionísio.

Egidio Romano [ou Gilles de Rome] (1246-1316)
Nasceu em Roma. Ermitão da Ordem de santo Agostinho, discípulo de santo Tomás de Aquino, professor em Paris e arcebispo de Bourges em 1295. Títulos: Doctor fundatissimus e Thelogorum princeps. Obras princpais: De Regimine Principum e De Summi Pontificis Potestate.
Obra citada: Sobre os Erros dos Filósofos.

Liber de Causis (Anônimo) — O texto latino é uma tradução de autores árabes. Santo Tomás de Aquino (1225-1274) comentou o texto em Exposição sobre o livro De Causis (Cf. Suma Teológica I, questão 14, artigo 6 em Respondo) e Santo Alberto Magno (1193-1280) em O livro Dé Causis e o processo do universo.

Maimônides [ou Rabi Moisés] (1135-1204)
Nasceu em Córdoba [Espanha]. Rabino judeu, filósofo e médico, viveu em Fez [Marrocos], na Palestina e em Fostat [Velho Cairo] onde se tornou líder da comunidade judia (1171). Em sua obra mais difundida Guia dos Indecisos [Dux Neutrorum seu Dubiorum] propõe um acordo entree a razão [a filosofia de Aristóteles] e a fé [a revelação mosaica].
Obras citadas: Guia dos Indecisos, Moreh Nebukim.

Platão (427-347 a.C.)
Nasceu em Atenas. Iniciou os estudos com os ensinamentos de Hieráclito e aos vinte anos fez-se discípulo de Sócrates por oito anos. Após a morte de seu mestre (399 a.C.), vai para Megara e hospeda-se na casa de Euclides. Durante vários ano andou pela Magna Grécia frequentando os Pitagóricos e

depois tentando em vão tomar parte em política. Retorna para Atenas e funda uma escola de filosofia, a Academia, que dirigida por ele até a sua morte, durante quarenta anos, ajudou inúmeros jovens a encontrar a verdade que têm em si mesmo. Justiniano a dissolverá em 529. Conhecemos 36 Diálogos e 13 Cartas. Nos primeiros séculos influenciou fortemente o pensamento cristão.
Obras citadas: Fedro, Timeu, Fedon.

Pugio Fidei (O Punhal da Fé) = É uma obra do teólogo dominicano Ramón Martí (+ 1284), escrita contra os Mouros e os Judeus. Procura mostrar a falsidade da religião dos Judeus. É uma obra polêmica.

Ramón Martí (†1284)
Nasceu em Subirat na Catalunha. Estudou línguas orientais. Foi censor do Talmud e não o condenou inteiramente. Escreveu dois livros contra os judeus: Capistrum Judaeorum [o Martelo dos Judeus] e Pugio Fidei. Viveu no convento de Barcelona.
Obra citada: Pugio Fidei.

Simônides (556-468 a.C.), poeta lírico
Nasceu na Ilha de Ceos. Viveu em Atenas, na Tessália e na Sicília onde faleceu. São muitos os autores gregos e latinos que mencionam e comentam elogiosamente os seus versos. Restam apenas fragmentos de papiro e as citações.
Obra citada: em Aristóteles, Ética.

Santo Agostinho de Hipona (354-431)
Nasceu em Tagaste e morreu em Hipona [Argélia]. Batizado por santo Ambrósio em 387, foi ordenado bispo de Hipona em 395. Filósofo, teólogo e escritor tem o título de Doctor Gratiae. Seu pensamento marcou o mundo cristão medieval. Santo Tomás o cita abundantemente.
Obras Citadas: Comentário Literal ao Gênesis, Solilóquios, Sobre a Verdadeira Religião, De Haeresibus, [*em nota*], De Natura Boni contra Manichaeos, [*em nota*], Contra Epistolam Manichaei quam vocant Fundamenti, [*em nota*], Sobre a Trindade, Sobre a Cidade de Deus, Oitenta e três Questões.

Santo Ambrósio de Milão (339-397)
Nasceu em Tréveris [Tier na Alemanha] e faleceu em Milão. Irmão de santa Marcelina e são Satiro. Diplomata e advogado. Eleito bispo de Milão, em oito dias foi batizado e ordenado sacerdote. Suas obras abrangem comentários da sagrada escritura, textos dogmáticos, morais e éticos, cartas e hinos, que atualmente foram e são utilizados em documentos oficiais da Igeja Católica. Foi um pastor zeloso defensor dos fracos e dos pobres.
Obra citada: Os Ofícios dos Ministros.

Santo Anselmo de Cantuária (1033-1109)
Nasceu em Aosta [Itália] e faleceu em Canterbury. Monge beneditino foi abade em Le Bec-Helloin [Normandia] e sucedeu a Lanfranco, de quem fora aluno, como Arcebispo de Canterbury (1093). O estudo da ciência teológica e a defesa da liberdade da Igreja marcaram a sua vida. Estuda os dogmas utilizando os recursos da razão de uma maneira original e metódica. Suas obras: Monologium, Proslogium e outras. — Os conflitos com os soberanos o acompanharam como arcebispo até o fim de sua vida, a ponto de deixar a Inglaterra por Roma e durante tres anos sentir-se exilado impedido de retornar.
Obra citada: Proslogium.

São Cirilo de Alexandria (380-444)
Nasceu em Alexandria e faleceu em Alexandria. Em 412 é eleito Patriarca de Alexandria. Em 429, recorre a Roma contra Nestório, patriarca de Constantinopla, que afirmava duas pessoas em Cristo, a divina e a humana. Convocado o concílio pelo imperador em Éfeso, Nestório é deposto e Maria é proclamada theotokos, Mãe de Deus. Autor de comentários exegéticos, de tratados dogmáticos e apologético, de numerosas homilias e cartas. É Doutor da Igreja [Doctor Incarnationis].
Obra citada: Adversus Anthropomorphitas.

Santo Epifânio de Salamina (†403)
Nasceu em Eleuterópolis [Palestina] e faleceu em naufrágio voltando para Salamina [Chipre]. Monge no Egito, de novo na Palestina funda um mosteiro em Ad onde viveu por trinta anos dedicados ao estudo de líguas e de diversas áreas de conhecimento. Aí foi ordenado sacerdote. Em 367 é consagrado bispo de Salamina. Foi um ardente defensor da fé de Niceia e adversário de toda espécie de heresia.
Obra citada: Panarium ou Adversus Hereses (elenco de oitenta heresias).

Santo Hilário de Poitiers (315-367)
Nasceu em Poitiers e faleceu em Poitiers. Convertido foi batizado em 345. Ainda casado foi aclamado bispo de Poitiers. As questões arianas ocuparão sua vida. Em 356, no Sínodo de Béziers, convocado pelo imperador Constâncio, para tratar da questão ariana, Hilário foi condenado e expulso para a Frígia. Aí escreve o Tratado sobre a Trindade, uma obra antiariana. Em 360, volta a Poitiers, escreve várias obras e funda um mosteiro em sua diocese. É Doutor da Igreja.
Obra citada: Sobre a Trindade.

São João Damasceno (675-749)
Nasceu em Damasco, daí o sobrenome. Morreu em Mar Sabas (perto de Jerusalém). Monge, teólogo, combateu os iconoclastas e deixou obras de exegese, de ascética e de moral. Embora se refira apenas aos Padres gregos, ignorando os Padres latinos, influenciou os teólogos do período escolástico. É Doutor da Igreja.
Obra citada: A Fé Ortodoxa.

Talmud: é o Livro Sagrados dos judeus. A fonte de informação para Santo Tomás era um texto de Nicolau Donin (um judeu convertido) que resumiu os erros do Talmud em 35 artigos e os denunciou ao Papa Gregório IX, em 1238.

Tertuliano (160-230)
Nasceu em Cartago. A cronologia de sua vida e de suas obras atualmente é muito discutida. Advogado, convertido foi como catequista um apologista e polemista contra as heresias. Escreveu as suas obras em latim. Mais tarde deixou a Igreja, fazendo-se montanhista.
Obra citada: Faz-se apenas menção a Tertuliano, salientando o espírito da sua obra.

Referências bíblicas

Para a tradução das referências bíblicas foi utilizada A BÍBLIA — MENSAGEM DE DEUS, Loyola, São Paulo, Brasil, 1994, Reedição, Janeiro de 2003.

NOVO TESTAMENT0
Efésios, 1 Coríntios, Hebreus, João, 1 João, Lucas, Mateus, 2 Pedro, Romanos, Tiago, 1 Timóteo.

ANTIGO TESTAMENTO
Deuteronômio, Eclesiástico, Êxodo, Gênesis, Habacuc, Isaías, Jeremias, Jó, Lamentações, Malaquias, Números, Provérbios, 1 Reis, Sabedoria, Salmo, 1 Samuel, Sofonias, Zacarias.

Índice

Plano geral da obra 5
Tradutores da edição brasileira 7
Introdução geral 9
Ordem e método desta obra 31

LIVRO PRIMEIRO

INTRODUÇÃO [cc. 1 a 9] 35
  1 Qual é **o ofício do sábio**? 35
  2 **A intenção do autor** 37

  3 Pode-se manifestar **a verdade divina**? Como? 38
  4 Propõe-se convenientemente aos homens, como objeto de fé, **a verdade divina que a razão humana alcança** 41
  5 Propõe-se convenientemente aos homens, como objeto de fé, **as verdades que a razão não pode investigar** 43

  6 **Consentir** naquilo que é de fé, **ainda que exceda a razão**, não é leviandade 46
  7 A verdade da razão **não é contrária** à verdade da fé cristã 48
  8 Como a razão humana **se comporta diante da** verdade de fé 49

  9 **Ordem e método desta obra** 50

A EXISTÊNCIA DE DEUS [cc. 10 a 13] 53
  10 A **opinião dos que afirmam que não se pode demonstrar a existência** de Deus, uma vez que esta existência é evidente por si mesma 53
  11 **Refutação** da opinião acima mencionada e **solução** das razões acima mencionadas 54

  12 Opinião dos que afirmam que Deus é não pode ser demonstrada, **a não ser unicamente pela fé** 57

  13 **Razões para provar a existência de Deus** 59
    Pelo movimento / Pela causalidade eficiente / Pelos graus de perfeição / Pela finalidade.

A ESSÊNCIA DE DEUS [cc. 14 a 27] 70
  14 **Para o conhecimento** de Deus deve-se usar **a via de remoção** [*Negativa*] 70

  15 Deus é **eterno** 71
  16 Em Deus **não existe potência passiva** 73
  17 Em Deus **não há matéria** 74

  18 Em Deus **não há composição** 76
  19 Em Deus **nada existe violento ou contra a natureza** ... 77

20 Deus **não é corpo** 78
21 Deus **é a sua essência** 89
22 Em Deus **o ser (a existência) e a essência são idênticos** 90
23 Em Deus **não há acidente** 94
24 **É impossível** designar o ser divino pela adição de **alguma diferença substancial** 96

25 Deus **não está em gênero algum** 97
26 Deus **não é o ser formal** de todas as coisas 100
27 Deus **não é a forma de um corpo** 104

AS PERFEIÇÕES DE DEUS [cc. 28 a 102] 106
28 **A perfeição divina** 106
29 **A semelhança das criaturas** 108

30 **Nomes que se podem predicar de Deus** 110
31 A perfeição divina **e a pluralidade de nomes** não repugnam à simplicidade de Deus 112
32 Nada se predica **univocamente** de Deus e das outras coisas 113
33 **Nem todos os nomes** se dizem de Deus e das criaturas de modo **puramente equívoco** 115
34 Aquilo que se diz de Deus e das criaturas diz-se **analogicamente** 117
35 Muitos nomes dados a Deus não são **sinônimos** 118
36 **Como o intelecto forma uma proposição** acerca de Deus 119

37 Deus **é bom** 120
38 Deus **é a própria bondade** 121
39 Em Deus não pode haver **mal** 122
40 Deus **é o bem de todo bem** 124
41 Deus **é o sumo bem** 125

42 Deus **é único** 126
43 Deus **é infinito** 133

44 Deus **é inteligente** 137
45 **O entender** de Deus é **a sua essência** 141
46 Deus **não entende** por nenhuma outra coisa **que por sua essência** 142
47 Deus **entende perfeitamente a si mesmo** 143
48 Deus conhece, **primeiramente e por si**, somente a si mesmo 145
49 Deus conhece **outras coisas distintas de si** 147
50 Deus tem **conhecimento próprio** de todas as coisas 148
51-52 Razões para investigar **como a multidão de noções existe** no intelecto divino 152
53 **Solução da dúvida precedente** 154
54 Como a essência divina, una e simples, é a semelhança própria de todos os inteligíveis... 155
55 Deus entende **simultaneamente** todas as coisas 158

56 O conhecimento de Deus **não é habitual** 160
57 O conhecimento de Deus **não é discursivo** 162
58 Deus não entende **compondo e dividindo** 165
59 Não se exclui de Deus **a verdade dos enunciáveis** 166
60 Deus **é a verdade** 169
61 Deus **é a verdade puríssima** 170
62 A verdade divina **é a primeira e suma verdade** 172

63 Razões dos que querem subtrair a Deus o conhecimento dos singulares 173
64 Ordem do que se deve dizer sobre o conhecimento divino 175
65 Deus conhece **os singulares**.. 176
66 Deus conhece **as coisas que não existem**... 180
67 Deus conhece os singulares que são contingentes futuros 184
68 Deus conhece **os movimentos da vontade**... 188
69 Deus conhece **os infinitos**... 190
70 Deus conhece **as coisas vis**.. 195
71 Deus conhece **o mal**.. 198

72 Deus é dotado **de vontade**.. 202
73 **A vontade divina** é sua essência... 205

74 **A essência divina é o objeto principal** da vontade divina 206
75 Deus, **no querer a si mesmo**, quer também as outras coisas 207
76 Deus **se quer e** as outras coisas **por um só ato da vontade**......................... 209
77 A multiplicidade dos objetos queridos **não é incompatível** com a simplicidade divina...... 211
78 A vontade divina **se estende a cada um dos bens particulares**................. 212
79 Deus quer também as coisas que ainda não existem................................... 213
80 Deus quer **necessariamente** seu existir e sua bondade 215
81 **Não é por necessidade** que Deus quer as coisas distintas de si 217
82 Razões que levam a consequências inaceitáveis, **caso Deus não queira necessariamente** as coisas distintas de si 219
83 **É por necessidade de suposição** que Deus quer algo distinto em si mesmo 222
84 A vontade de Deus **não quer o impossível em si mesmo**......................... 224
85 A vontade divina **não suprime a contingência** das coisas, **nem lhes impõe necessidade absoluta**.. 225
86 **Pode-se indicar a razão** da vontade divina 226
87 **Nada pode ser causa** da vontade divina... 228
88 Em Deus **existe o livre-arbítrio**... 228
89 Em Deus **não existem paixões afetivas** 229
90 Não repugna à perfeição divina **a existência do prazer e da alegria** em Deus 232
91 **O amor** existe em Deus 234

92 Como se afirma que em Deus **existem virtudes** 239
93 Existem em Deus **virtudes morais ativas** 242
94 **As virtudes contemplativas** existem em Deus.. 246
95 Deus **não pode querer o mal**... 247
96 Deus **não odeia coisa alguma**, e não lhe pode convir o ódio de alguma coisa 248

97 Deus **vive** 250
98 Deus **é a sua vida**... 251
99 A vida de Deus **é eterna**... 252
100 Deus **é bem-aventurado** 253
101 Deus **é a sua bem-aventurança** 255
102 A bem-aventurança divina, perfeita e singular, **excede toda outra bem-aventurança** 256

Autores citados.. 261

Referências bíblicas 265

A arte de formar-se implica imaginação, criatividade.
A complexa realidade faz-se exigente.

Mediante textos que se inscrevem naqueles tipos de saber próprios da Filosofia e da Teologia, que há séculos caracterizam a tradição jesuíta, sem se fechar, porém, a outras áreas do conhecimento, a Coleção FAJE quer incrementar o debate junto ao público universitário e demais interessados pelo conhecimento. A arte de formar-se implica imaginação, criatividade.

Conheça demais volumes dessa coleção em www.**loyola**.com.br

Siga-nos: @edicoesloyola

Edições Loyola
Jesuítas

Edições Loyola

editoração impressão acabamento
rua 1822 n° 341
04216-000 são paulo sp
T 55 11 3385 8500/8501 · 2063 4275
www.loyola.com.br